LES COMPACTS

LES COMPACTS

1. **Les œuvres ~ clés de la musique**
   Jean-Jacques Soleil et Guy Lelong
   Préface de Maurice Fleuret
2. **Les grandes découvertes de la science**
   Gerald Messadié
3. **Les stars du sport**
   Jean Boully
4. **Les films ~ clés du cinéma**
   Claude Beylie
5. **Les grandes affaires criminelles**
   Alain Monestier
6. **Les stars du football**
   Jean Boully
   Préface de Thierry Roland
7. **Les grandes figures des mythologies**
   Fernand Comte
8. **Les acteurs français**
   André Sallée
9. **Les grandes inventions de l'humanité**
   Gerald Messadié
10. **Les maîtres spirituels**
    Jacques Brosse
11. **Le cinéma de Hollywood**
    Philippe Paraire
12. **Les grands navigateurs en solitaire**
    Benjamin Lambert
    Préface d'Alain Bombard
13. **Les grandes inventions du monde moderne**
    Gerald Messadié
14. **L'histoire de France des origines à 1914**
    Pierre Bezbakh
15. **Les maîtres de l'occultisme**
    André Nataf
16. **Les grands créateurs de jazz**
    Gérald Arnaud
    et Jacques Chesnel
    Préface de Claude Nougaro
17. **Florilège de la chanson française**
    Jean-Claude Klein
18. **50 ans de musique rock**
    Philippe Paraire
    Préface de José Artur
19. **Les stars du Tour de France**
    Jean Boully
20. **Les maîtres du cinéma français**
    Claude Beylie
    et Jacques Pinturault
21. **Histoire de la France contemporaine de 1914 à nos jours**
    Pierre Bezbakh
22. **Les livres sacrés**
    Fernand Comte
23. **Les stars du rugby**
    Richard Escot
    et Jacques Rivière
    Préface de Serge Blanco

Robert Deleuse

Les maîtres du roman policier

Bordas

Responsable d'édition : Olivier Juilliard
Édition : Bernadette Jacquet
Préparation : Ghislaine Malandin
Correction : Nathalie Éloïse-Pillerault
Composition et mise en pages : Edicompo - 51063 Reims

Achevé d'imprimer en mars 1991 par :
Imprimerie Jean-Lamour, Maxéville

Dépôt légal : avril 1991

ISBN 2-04-019557-2
ISSN 0985-505X

Sommaire

Avant-propos

A Jean-Marie Émond,
mon maître ès libertés

Comme le lecteur aura pu le constater à la lecture du sommaire, l'ordre chronologique a prévalu sur l'ordre alphabétique. A cela une raison simple mais fondamentale autour de laquelle s'est articulée l'idée originelle : parcourir cent cinquante ans de littérature «policière» en tentant de rassembler le maximum d'informations tout en la resituant dans le contexte historique. Dans cette perspective, il allait de soi qu'au plus on mentionnerait d'auteurs, au plus on tutoierait la difficulté. C'est pourquoi le lecteur voudra bien ne tenir compte (dans cette chronologie) que des auteurs apparaissant en gras dans le sommaire. Ce qui ne signifie pas pour autant que les autres ont été exclus de cet ordre. A l'exception de ceux présentés en groupe, on peut même dire que, pour la plupart d'entre eux, la chronologie a été respectée. Toutefois, quelques-uns dérogent à la règle.

Il ne paraît pas davantage superflu de conseiller à ce même lecteur de lire cet ouvrage de manière continue, comme il le ferait avec un roman, plutôt que de vouloir y entrer au petit bonheur la chance, auquel cas il risquerait d'y perdre la vue d'ensemble des actes et des gens, de même que l'idée-maîtresse qui a guidé de bout en bout cette entreprise.

Par ailleurs, la consensualité n'étant que le sédiment de l'uniformisation de la pensée, qu'on n'attende pas de ce «dictionnaire» qu'il adopte le profil fuyant de la neutralité bienveillante. Dès qu'il s'agit de prendre parti, il n'hésite pas. Il faut dire que son auteur a la faiblesse de croire que, face à toutes ces idées bien arrêtées qui régissent et meublent le monde, les vôtres et les siennes ont su rester en alerte et donc en mouvement.

Remercier ici tous ceux qui, au cours de ces huit mois de travail intensif, m'ont permis de ne pas voyager seul serait impossible. Sachez que la plupart d'entre vous figurent en bonne place dans ces pages où vos ouvrages les plus connus comme vos travaux les plus anonymes sont cités, même s'il est clair que les propos qui vont suivre n'engagent que moi-même. Ce que j'ai voulu, par-dessus tout, c'est dire un enthousiasme et le faire partager.

Un dernier mot avant de céder la page au texte proprement dit : voici vingt ans, un professeur de philosophie m'a appris à penser hors des cadres établis, à me forger des faits et des hommes une opinion qui soit la mienne et non celle que colporte la rumeur ou l'institution. Je lui dois beaucoup de mon indépendance d'esprit. C'est à lui, vingt ans après, que je dédie cet ouvrage.

Ouverture

« Pour être juste, autrement dit pour avoir sa raison d'être, la critique doit être partiale, passionnée, politique, c'est-à-dire faite à un point de vue exclusif, mais au point de vue qui ouvre le plus d'horizons. »

Charles Baudelaire

Genre littéraire prisé ou méprisé par excellence, le roman policier n'a pas à rougir ni à s'enorgueillir de la situation qui lui est faite, laquelle diffère fort peu, par ailleurs, de celle qu'a connue le roman généraliste lui-même et qui ne l'a jamais privé de connaître l'expansion sauvage que l'on sait, en un peu plus de trois siècles, rasant tout ou presque sur son passage, au point de faire tomber dans les oubliettes de l'Histoire des pans entiers d'expressions littéraires pourtant fort en veine à l'époque même où il se battait, seul contre tous, pour une reconnaissance officielle. Il faut bien dire que sans les multiples angles de tir qu'il s'est offerts pour assurer une puissance de feu continue et polyvalente, le roman généraliste aurait sans doute disparu de la surface des lettres tant les attaques à son encontre furent portées sans ménagement aucun. Mais, d'intrigues épistolaires en stratagèmes picaresques, d'expédients sentimentaux en imbroglios fantastiques, de machinations policières en fabulations gothiques, de trames « sciences-fictives » en noirs desseins, il a su multiplier les percées pour se dégager de la poche restante où on aurait aimé le voir se maintenir et faire céder un à un barrages et entraves pour venir asseoir son autorité et l'y inscrire, jusqu'à ces dernières décennies, sans trop de problèmes.

Le roman policier (de type énigmatique, dit déductif, et de type social, dit noir) constitue une de ces armées qui contribuèrent, au cours du temps, à imposer le roman comme contrée dominante sur la carte littéraire.Voici pourquoi, ce type romanesque spécifique n'a pas à rougir ni à s'enorgueillir de la situation qui lui est faite dans la république des lettres. D'une part, parce qu'il a participé lui aussi, dans sa particularité même, de l'immarescible ascension du généralissime roman, libérant une littérature coincée dans ses carcans formalistes. D'autre part, parce que, dans sa singularité propre, il est tout aussi responsable de l'évincement progressif de nombre d'autres genres au profit quasi unique du seul univers romanesque.

Le problème qui s'est posé avec lui, au regard du roman généraliste ou généralissime (fait de tous les autres romans : *Le Procès* est-il un roman de procédure judiciaire comme l'on dit de *Quai des Orfèvres* qu'il est un roman policier ? *Typhon* ou *Moby Dick* sont-ils des romans maritimes comme l'on dit de *Un linceul n'a pas de poches* ou de *La Position du tireur couché* qu'ils sont des romans noirs ? etc.), c'est qu'à l'inverse de beaucoup d'autres bataillons littéraires, il ne s'est pas laissé noyer dans la nasse. Bien au contraire, il a réussi à profiter du ghetto dans lequel les gens de bon goût voulaient l'enfermer pour se forger un univers à soi, une langue personnelle et une respiration singulière compris dans une dynamique d'évolution permanente et qui lui ont peu à peu permis de transgresser les interdits déclarés du saint des saints littéraires. Il conviendrait de ne plus faire mine d'oublier que ce ne sont ni Gaboriau ni Leroux qui sont allés à Dickens, pas plus que Burnett n'est allé à Faulkner, mais l'inverse. De même que Lupin, Poirot, Maigret, Marlowe et consorts ne sont pas devenus aussi célèbres et universels que les Tartuffe, Don Quichotte, Hamlet et compagnie par le fait du seul facteur hasard.

Une origine controversée

L'opinion communément admise a ceci de commun avec la rumeur qu'elle est souvent inexacte et ceci de voisin avec la calomnie qu'il en reste toujours quelque chose. En ce qui concerne le roman policier, cette opinion veut que ce type de littérature ait vu le jour par l'unique plume d'un poète et journaliste américain de trente-deux ans. Les exégètes les plus scrupuleux sont même capables de citer les date et lieu de naissance très précis de ce roman-là : avril 1841, dans le *Graham's Magazine*, à Philadelphie. Voilà la preuve d'une belle conscience professionnelle. D'éminents analystes ayant décidé une fois pour toutes qu'il n'était pas question d'admettre que la fiction policière eût pu précéder la police organisée elle-même, et que celle-ci ne serait effectivement née qu'au XIXe siècle, il est clair, en cette occurrence, que l'année 1841 est seule à même de marquer la date symbolique. Mais est-ce bien suffisant ?

L'argument principal des adhérents à cette idée reçue rejoint celui du critique britannique George Bates qui notait : « Si Chaucer n'a rien dit des aéroplanes, c'est qu'il n'en avait jamais vu. Comment donc pourrait-il y avoir des récits policiers avant que les policiers n'existent ? » Voilà un raccourci à peine torride qui n'explique pas pourquoi Jules Verne a songé aux vaisseaux interplanétaires bien avant leur envoi dans l'espace. D'autant que si les aéroplanes n'existaient pas du temps de Geoffrey Chaucer, il y avait beau temps déjà que la police avait eu tout loisir pour commettre ses légendaires bavures.

C'est, en effet, en Égypte, trois mille ans avant notre calendrier, que se manifestèrent les premiers symptômes d'une police organisée, confiée à un nomarque qui cumulait les fonctions de commissaire du gouvernement et de président du tribunal. Le XIe statut du code de Ménès (l'un des premiers rois pharaons) stipulait : « On coupera le poing aux faux-monnayeurs, le nez aux femmes adultères et le membre viril aux hommes violant des jeunes filles. » Pour ne pas être en reste, la Chine ancienne avait, pour sa part, affecté un fonctionnaire de police à chaque rue avec pour mission de tenir un fichier des habitants et de surveiller les éléments subversifs. Fouché et Vidocq n'ont rien inventé... Quant à l'empire Inca, il n'avait rien trouvé de mieux que de soumettre jour et nuit, au contrôle d'un mayoc, des groupes de dix familles, avec pour mission de surveiller chacun des membres dans son travail, ses relations et jusqu'au nombre des accouchements dans la maison.

En France, quand elle n'était pas encore tout à fait la France, c'est le roi Clotaire II qui établit la fonction de commissaires-enquêteurs, ascendants des premiers commissaires de police. Près de deux siècles plus tard, l'empereur Charlemagne, plus connu pour avoir inventé l'école, n'en créa pas moins la première sûreté publique...

La police organisée existait donc bien avant la lettre romanesque et elle fonctionnait comme elle a toujours su le faire : en s'appuyant sur les témoignages, les dénonciations et les renseignements de ses indicateurs. Car si, comme le prétendent George Bates et ses adeptes, « l'enquête policière professionnelle » n'avait réellement existé qu'au XIXe siècle, comment, alors, aurait-on pu procéder à l'arrestation de Louis-Dominique Bourguignon, alias Cartouche, dénoncé aux forces de l'ordre par l'un de ses ex-bras droits ? Comment aurait-on pu ordonner les enquêtes qui conduisirent à la pendaison de Gilles de Rais ou Pierre de Giac ? En attendant Vidocq ? Il n'y a qu'à croire, d'autant que La Reynie était déjà passé par là...

William Shakespeare, à qui l'on pourrait attribuer l'une des multiples paternités littéraires du type policier, n'a pas eu la patience d'attendre le XIXe siècle. Dans son théâtre grevé de complots, d'énigmes, d'enquêtes, de règlements de comptes, il est une pièce que ne désavoueraient pas les maniaques de la datation irrévocable. Il s'agit de *Henri VI* et, plus spécifiquement, de cette réplique de Warwick : « Voyez comme le sang s'est porté à la face. J'ai souvent observé des êtres morts naturellement : le corps est d'un aspect cendré, blême, incolore, le sang ayant reflué en masse vers le cœur agonisant [...]. Mais voyez comme son visage est noir et gonflé de sang. Ses prunelles, plus saillantes que lorsqu'il vivait, ont le regard fixe et sinistre d'un homme étranglé. Ses cheveux sont dressés, ses narines dilatées par la convulsion. Il est impossible qu'il n'ait pas été assassiné. Le moindre de ces signes en fournirait la preuve. » On ne saurait être plus convaincant. Nous sommes en 1592. La poudre porphyrisée, le film gélatiné, l'analyse thermo-différentielle ou l'étude spectronimique n'ont pas encore cours. Et pourtant, trois siècles avant le grand Holmes (qui n'a jamais mieux dit), Warwick donne du cadavre de

Glocester une description que n'aurait pas désapprouvée l'honorable Ti Jen Tse soi-même. Mais l'on pourrait tout aussi bien citer, plus loin encore dans le temps, tous ces «grands caciques bateaux» que sont les Hérodote, Lysias, Homère, Tacite, Plutarque et quelques autres qui surent si bien sceller le drame et l'épopée antiques à l'intrigue criminelle. Quant à l'*Œdipe* de Sophocle, inutile de dire ici, dans le détail, combien son thème générique a supporté de reproductions romanesques, théâtrales et de pillages psychanalytiques sans pour autant perdre de sa hauteur, de son intérêt et de son actualité. «Si Dieu n'existait pas, notait Fedor Dostoïevsky, tout serait permis.» Autrement dit, Adam aurait pu se laisser aller avec Ève en toute impunité et leurs progénitures s'entre-tuer sans conséquence. Seulement voilà : à cette époque-là, Big Father Jéhovah existait encore et n'en perdait pas une miette. Il suspecte donc Caïn d'avoir trucidé Abel. C'est là que tout commence, le reste n'est qu'engrenage...

L'Histoire de l'humanité admet pêle-mêle et sans broncher l'homme de Tautavel, les artistes de Lascaux, la femme préjinzanthrope aussi bien que les chevaliers de Malte, la guerre de Sécession, la Commune de 1871, etc. De même que l'histoire plus spécifique du cinématographe, pour savoir réellement de quoi elle parle, ne peut se contenter d'une seule date et d'un seul nom (28 décembre 1895, Louis Lumière) et négliger ceux de Méliès, d'Edison ou de Pathé aussi bien que ceux de Marey, Plateau, Fitton et Paris ou de l'étude du phénomène de persistance rétinienne qui remonte à Ptolémée via Newton sans oublier la caverne platonicienne avec ses ombres mouvantes qui n'est pas si éloignée que cela de la roue de Faraday. Et l'on pourrait ainsi additionner les exemples à l'infini.

C'est en quoi nous ne comprenons pas très bien la raison pour laquelle le roman policier devrait se voir dispensé d'une préhistoire qui lui appartient en propre et qui s'étend approximativement de la tragédie grecque au drame shakespearien, ainsi que d'une protohistoire qui lui revient de fait et qui s'étale grosso modo de Zadig à la rue Morgue en passant par *Le Château d'Otrante*, *Les Mystères d'Udolphe*, *Le Moine*, *Frankenstein*... n'en déplaise aux forcenés de la datation inamissible et à la critique bien penchante qui ne saurait mêler torchons plus blancs que blancs et serviettes un rien douteuses ou, si l'on aime mieux, la bonne grande littérature adulte à la petite mineure teigneuse qu'incarnent à ses yeux le roman policier et ses dérivés.

Erreur sur le père

De la même manière qu'on a voulu clouer à l'aide d'une date pointue l'origine de l'intrigue policière de fiction, on a voulu compresser le roman policier de type énigmatique/déductif dans un étau tellement serré qu'on a fini par l'étouffer. En ce sens, Edgar Allan Poe constitue la plus mauvaise référence possible, sans pour cela que l'auteur y soit pour quelque chose. Car Poe n'est pas le père stricto sensu du roman policier et il ne l'est même devenu, par la grâce de quelques quidams en mal d'idoles, qu'à son corps défendant. N'écrivait-il pas lui-même : «Les hommes d'aujourd'hui ont besoin de choses brèves, courtes, bien digérées, en un mot de journalisme au lieu de dissertations.» Exit donc, chez lui, l'idée d'œuvre romanesque et plus encore de pavé. C'est en quoi la réflexion de Michel Zéraffa, dans son introduction aux *Histoires extraordinaires*, prête à sourire quand il note : «Né plus tôt et en Angleterre, Poe eût écrit un *Hauts de Hurlevent*. Né à la fin du XIXe siècle, on l'imagine l'auteur de *Le Bruit et la Fureur*.» Écrire cela, c'est ne rien comprendre à la nature même de l'œuvre d'Edgar Poe et, corollairement, la dénaturer. Car au concept de roman, Poe choisit celui de conte et il rédige *Double Assassinat dans la rue Morgue* (avril 1841), bientôt suivi par deux autres récits de la même veine, *La Lettre volée* (novembre 1841) et *Le Mystère de Marie Roget* (décembre 1842). Mais à la différence d'une Anna K. Green qui emploie sciemment l'expression de «detective story» pour sérier un type de littérature bien déterminée (*L'Affaire Leavenworth*, 1878), Edgar Poe, lui, n'adjoint pas au mot conte l'épithète de policier ou de détective, mais le substantif de «ratiocination». Ainsi donc, selon Edgar Allan lui-même, Poe écrit des contes de ratiocination. De plus, Poe ne crée pas un personnage entièrement nouveau : le détective qui, tel que le fait justement remarquer Francis Lacassin, appartient «à l'auteur et personnage des *Mémoires de Vidocq*», parus en 1828 et que Poe a lus puisque son Dupin n'est rien d'autre que l'homonyme d'un mathématicien auquel le premier flic de France fait allusion dans «ses» *Mémoires*. Toutefois, poursuit Lacassin dans *Mythologie du roman policier*, Poe «a eu le mérite de créer un archétype littéraire : le détective amateur, l'homme qui collectionne les énigmes comme d'autres les objets». En ce sens, l'on peut dire de Poe qu'il est bien le créateur de ce personnage littéraire nouveau. Le problème avec ce raisonneur-né, c'est qu'il use son esprit de déduction jusqu'à la corde et, en même temps, l'esprit littéraire proprement dit. Il ne s'agit plus de faire vivre des personnages, mais de résoudre une énigme comme on dirait une équation. Il ne s'agit donc plus de littérature, mais de mathématique. «La seule présence de Dupin, expliquent Boileau-Narcejac dans *Le Roman policier*, rend inutiles d'autres personnages, avec leurs conflits, leurs peines, leurs douleurs. Avec lui, le lecteur n'a ni le temps ni le désir de s'apitoyer, de frémir. Il se donne seulement l'illusion de penser. Ce qui est sacrifié au départ, c'est la peur. Poe ébranle bien nos nerfs par le spectacle rapide d'un crime épouvantable, mais il ne module pas cette émotion brute, il n'en fait pas un sentiment savamment nuancé. La cruauté n'est là que pour lancer l'enquête, lui donner en quelque sorte sa vitesse initiale.» Ce qui intéresse Poe, c'est le problème posé et son élucidation. Partant, dans la plupart des cas de faits divers, Poe se moque comme d'une guigne du réalisme et de la réalité. Il ratiocine, répétant à l'envi l'attitude mécaniste du joueur d'échecs. De quoi s'agit-il, en effet ? Comme le démontre François Fosca dans son *Histoire et Technique du roman policier*, ni plus ni moins que de régler son affaire à un mystère d'apparence aussi inextricable que celui de la Sainte Trinité. «Plus un cas paraît extraordinaire, note Fosca, plus il est facile à résoudre. Lorsque l'on a éliminé toutes les impossibilités, ce qui demeure, bien qu'incroyable au premier abord, est la solution juste.»

C'est à partir de là que Thomas Narcejac s'est posé à son tour la question de savoir si le roman policier était vraiment de la littérature. Dans l'essai qu'il a écrit avec son complice Pierre Boileau (*op. cit.*), le célèbre tandem cite une réflexion d'un nommé Paul Alexandre au sujet de la «vraie» et de la «fausse» littérature : «Pour écrire un roman policier, on doit obligatoirement tenir ses personnages en mains de la première à la dernière page, comme le montreur tient ses marionnettes ; il est absolument impossible de leur accorder la moindre liberté, de se laisser guider par eux comme le fait presque toujours un bon romancier [...]. La nécessité du mystère est présente de la première à la dernière ligne ; elle sclérose chaque description, chaque dialogue, chaque analyse de caractère.» Décomposons : tout d'abord, Paul Alexandre oppose, comme tout esprit limité qui se respecte, les auteurs de romans policiers aux bons romanciers. Le refrain est connu, nous n'insisterons pas. «La nécessité du mystère, écrit ce M. Alexandre, sclérose chaque description.» Ainsi, quand Gaboriau (qui n'était pas un foudre littéraire) écrit : «Bougival est un pays aimable, peuplé tous les dimanches de canotiers et de canotières» ou lorsque Leroux note : «Le presbytère n'a rien perdu de son charme ni le jardin de son éclat», ils sclérosent. Mais quand Proust écrit : «Longtemps, je me suis couché de bonne heure», il aère. En hauteur et en profondeur. Selon Paul Alexandre, Proust n'est pas conditionné par sa première ligne. Il peut ensuite laisser libre cours à son imaginaire, son style, ses personnages. Il n'y a qu'à croire. Poursuivons : «La nécessité du mystère sclérose le dialogue.» Ainsi, quand on lit dans *La Nuit du carrefour* l'échange suivant : «— Vous maintenez toutes vos déclarations ? — Je les maintiens. — Vous vous rendez compte de ce qu'elles ont d'invraisemblable ? — Je m'en rends compte, mais je ne puis mentir. — Vous espérez être remis en liberté faute de preuve formelle ? — Je n'espère rien.» Toujours d'après M. Alexandre, Georges Simenon sclérose. En revanche, quand on lit : «— Paestra, c'est le nom. Rodrigo Paestra. — Rodrigo Paestra. — Oui, et celui qu'il a tué, c'est Perez. Toni Perez. — Toni Perez... A quelle heure a-t-il tué Perez ?», il va de soi que dans son *Dix Heures et demie du soir en été*, Marguerite Duras aère. Cela se sent tout de suite, non ?

Même Boileau-Narcejac qui citent, en appui de leur démonstration, cette «réflexion» de Paul Alexandre ne peuvent pas y croire complètement. Toutefois, ils n'en doutent pas moins. Assez en tout cas pour écrire : «Il est vrai que les rapports entre l'imagination et l'intelligence ne sont pas exactement les mêmes quand on écrit un roman et quand on invente un roman policier.»

Et d'abord, pourquoi devrait-on «écrire» un roman généraliste mais «inventer» un roman dit policier ? Il nous faut, je crois, revenir à Edgar Allan Poe et à sa *Genèse d'un poème*. «S'il est une chose évidente, écrit Poe, c'est qu'un plan quelconque, digne du nom de plan, doit avoir été soigneusement élaboré en vue du dénouement, avant que la plume n'attaque le papier. Ce n'est qu'en ayant sans cesse la pensée du dénouement devant les yeux que nous pouvons donner à un plan son indispensable physionomie de logique et de causalité en faisant que tous les incidents tendent vers le développement de l'intention.» Tout est parti de là. De la transformation de ce postulat en vérité universelle et inébranlable. Le plan comme absolu indépassable. L'opération étau. Le «lime, sculpte, cisèle» de Théophile Gautier appliqué à la mathématique dévoreuse de littérature. C'est pourquoi, en dehors des raisons exposées plus haut, faire d'Edgar Poe le seul «inventeur» du roman policier stricto sensu, c'est non seulement rétrograder ce type de littérature au rang d'un «immobile» mécanicien, calculateur et «enfermatoire», mais aussi fausser totalement la partie qui se joue. Car, dans le même temps que Poe crée effectivement son personnage de détective amateur, il tue dans l'œuf le type de littérature qu'il pouvait réellement lui associer, mais qu'il n'a nullement pressenti, masqué qu'il était par les impératifs de sa propre logique contraignante. Ses adeptes et autres disciples moutonniers ne feront qu'enferrer le roman-problème dans cette voie de porte étroite qui conduit au ghetto. Ils le savent bien, d'ailleurs, eux qui ne considèrent pas *Une ténébreuse affaire* de Honoré de Balzac (publié la même année que *Double Assassinat dans la rue Morgue*) comme un roman policier. N'y a-t-il pas, cependant, dans ce roman, une enquête, un suspense, une énigme, des rebondissements et même une cour d'assises ? Que lui manque-t-il alors pour être un vrai roman policier ? Écoutons Boileau-Narcejac : «Balzac, créateur torrentueux, a toujours aimé le mystère pour le mystère, le drame pour le drame. Il n'est pas l'homme de l'ambiguïté. Surtout, il n'est pas un romancier capable d'écrire une histoire à l'envers, d'en imaginer la fin avant le début.» D'autant mieux, ajouterons-nous, qu'il n'est aucunement question pour Balzac de détective cérébral qui ne saurait faire fonctionner que sa seule matière grise. Or, d'une part Balzac n'avait pas besoin de ce type de personnage puisque son roman s'inspirait d'un fait divers réel, mais, d'autre part, s'étant lié d'amitié avec François Vidocq, il savait bien (comme le dira plus tard Malraux pour Faulkner) que ce ne sont pas «Moustachu ni Tapinois qui font prendre le meurtrier en fuite, mais la police des garnis». Ou, si l'on préfère, que le détective cérébral qui fait avancer ses petites cellules grises sur un tas d'indices, comme le joueur d'échecs avance ses pions sur l'échiquier, ne pourrait rien dans *Une ténébreuse affaire* contre celui qui a décidé de faire marcher les grandes jambes de ses indics. Car, ici, le romancier est libre, spontané, explorateur. Et son roman est policier parce qu'il réunit en même temps nombre d'ingrédients et de conditions pour qu'il le soit. Il n'invente pas : il crée. Et son imaginaire prend le pas sur l'intelligence. Ce que Hitchcock a très bien résumé quand il déclarait : «Il y a quelque chose de plus important que la logique, c'est l'imagination.» Comme il se doit dans tout roman qui se respecte : policier ou pas.

Ainsi, la porte que Poe entrebâille pour mieux la laisser se refermer sur les doigts de cette typique littéraire fœtale, Balzac, lui, l'ouvre en grand pour y laisser s'engouffrer les écrivains de bonne compagnie dont Émile Gaboriau (via Charles Barbara) sera le chef de file.

La base de tout roman policier ne saurait se résumer à une histoire de local clos et de plan à rebours. Les règles instituées par Poe ne regardent que lui-même, tout comme, plus tard, celles de Van Dine, Knox et autres faiseurs de règlements intérieurs à bon marché. Le romancier écrit comme il sent. Et davantage encore, comme il peut. A l'allure à laquelle produisait Georges Simenon, il serait étonnant qu'il ait pris le temps de peaufiner de savantes théories. En revanche, Michel Butor (auteur d'une poignée de romans généralistes) avouait dans un entretien avec Madeleine Chapsal : «Je ne puis commencer un roman qu'après en avoir étudié pendant des mois l'agencement, qu'à partir du moment où je me trouve en possession de schémas dont l'efficacité expressive me paraît enfin suffisante.» Ainsi, pendant que Simenon agirait (selon certains) en romancier dit littéraire, Butor, lui, se comporterait (toujours d'après ces mêmes certains) en auteur de romans dits policiers, type de littérature qu'il semble par ailleurs honnir, puisque dans le même entretien il l'accole avec mépris au roman pornographique.

C'est la diversité même du roman policier qui en fait sa richesse et son originalité. Pourquoi vouloir le réduire à l'unidimensionnalité ? C'est pourquoi, à la définition de Régis Messac : «Le roman policier est un récit consacré avant tout à la découverte méthodique et graduelle, par des moyens rationnels, des circonstances exactes d'un événement mystérieux», nous préférerons celle de François Fosca : «On peut définir sommairement le roman policier en disant que c'est le récit d'une chasse à l'homme, mais ceci est essentiel, d'une chasse où l'on utilise ce genre de raisonnement qui interprète les faits en apparence insignifiants pour en tirer une conclusion.»

Cette dernière définition, moins contraignante et plus ouverte, possède en outre l'avantage de jeter un pont vers le roman policier social qui va faire imploser les sacro-saints commandements du roman policier de type énigmatique dont les Anglais étaient passés maîtres.

Quatre fausses bonnes idées

Là aussi, quelques pendules méritent d'être remises à l'heure. Comme pour le roman policier première formule, arrêtons-nous sur son bulletin de naissance. Une première fausse bonne idée veut que le roman noir soit né de la grande crise de 1929. Le seul inconvénient présenté par cette thèse réside dans le fait que la revue *Black Mask*, instigatrice du susdit, a été fondée dès avril 1920, par les éditeurs Henry Mencken et George Nathan afin de renflouer les caisses d'une autre de leur revue (dénommée *Smart Set*), bon chic bon genre, mais financièrement exsangue. Toutefois, il est vrai que ce roman-là est bien le roman d'«une» crise, d'un conflit. Contrairement aux énigmes des Poe, Doyle, Christie, Van Dine et autres cousins, imperturbables continuateurs du «whodunit», les adeptes du «what'sgunon» s'en vont arpenter les trottoirs à hauteur de caniveau. Tout leur travail d'écrivains va s'articuler non plus autour du problème à résoudre, mais autour de l'action à dérouler. Leurs récits ne jouent plus sur la gamme d'un raisonnement pointu, mais sur les odeurs d'un langage écru et ils ne servent plus de subtils faire-valoir à un fin limier, mais de révélateurs objectifs aux vices d'une société sclérosée. Ici, cette «chasse à l'homme» dont parlait François Fosca pour désigner le roman policier, dans son sens le plus général, est portée à son paroxysme. Et elle ne pouvait exister que là, à cette époque. La grande crise apportera de l'eau à son moulin, mais, au même titre que les Speak Easy, Dillinger, Al Capone, Eliot Ness et quelques autres, c'est la Constitution américaine elle-même avec son dix-huitième amendement (rédigé en 1917, voté en 1919 et opérationnel jusqu'en 1934) qui va lui donner corps. Cet amendement, note Jacques Cabau dans *La Prairie perdue*, «qui interdit la fabrication, le transport et la vente de toute boisson alcoolisée sur le territoire des États-Unis, livre l'Amérique aux bootleggers. Jamais la pègre ne fut aussi puissante, aussi organisée qu'à cette époque où l'Américain va chez son bootlegger-gangster comme on va au café».

Une deuxième fausse bonne idée veut que le roman policier social se soit débarrassé d'une simple chiquenaude du roman policier énigmatique. Que les «durs à cuire» des années 20 aient écarté d'un simple geste du bras les petits fours et vieilles dentelles des années d'avant. Un mot de Chandler a contribué à la défense de cette thèse lorsqu'il a écrit à propos de Hammett qu'il «a sorti le crime de son vase vénitien pour le flanquer dans le ruisseau». Il va de soi que ce raccourci chandlérien relève davantage de la polémique à chaud que de la froide analyse. Mais d'aucuns petits malins ont cru bon de l'utiliser pour faire croire que le roman de laboratoire était mort au profit d'un roman noir, social, engagé, ce qui ne correspond pas tout à fait à la réalité. Que la structure-carcan du roman policier déductif ne lui ait pas permis de tenir la dragée haute à son rival est une affaire entendue, même s'il conserve la confiance de très nombreux aficionados. Que sa tendance au «calculatoire» l'ait acculé à se pousser lui-même dans ses derniers retranchements est tout aussi vrai, même si certains de ses descendants parviennent encore à composer de beaux morceaux de bravoure... Mais, historiquement, ceux qui adhèrent à la thèse de l'enterrement de l'un par l'autre se trompent lourdement. Sans le roman policier de premier type, le roman noir n'aurait probablement pas vu le jour de manière si précoce et certainement pas sous la forme scripturale qui, d'emblée, a fait son succès et sa valeur. De plus, il ne faut pas oublier que lorsque Dashiell Hammett publie *La Moisson rouge* (dès 1927, en feuilleton dans *Black Mask*), Agatha Christie, représentante du «whodunit», n'en est encore qu'à l'orée de sa carrière et que l'essentiel de son œuvre reste à venir. Qu'en France, Albert Pigasse fonde sa collection Le Masque, la mettant au service d'auteurs à énigmes dûment raisonnées, et qu'Arthur Conan Doyle (alors âgé de 68 ans) publie dans *Liberty Magazine* la dernière aventure de Sherlock Holmes... Le roman policier social ou roman noir n'a pas porté de coup de grâce à un roman policier énigmatique (ce n'était pas son but), pas plus d'ailleurs qu'il ne l'a renouvelé. Il a aussi simplement que fermement réussi à élargir la palette d'une typique littéraire qui, sans lui, se serait repliée sur des règles quelque peu absconses et il a su apporter, tant à la littérature qu'au cinéma, un style de langue syncopée et d'images à vif en prise directe sur la réalité de son temps. Roger Nimier a écrit de Kafka qu'il «a fait du fantastique un élément naturel». On pourrait dire du roman noir qu'il a fait du roman déductif et sophistiqué un fait du quotidien à fleur de peau.

A ce propos, d'ailleurs, la troisième fausse bonne idée au sujet du roman noir a trait à son style qui relèverait de l'instinct, de la spontanéité. Rien n'est plus erroné que cette affirmation. Lorsqu'en 1920, soit sept ans avant que *La Moisson rouge* de Hammett ne paraisse en feuilleton et que la nouvelle *Les Tueurs* d'Hemingway ne soit publiée, le poète, dramaturge et philosophe américain Thomas Stearns Eliot note : «Le seul moyen d'exprimer une émotion de façon artistique, c'est de trouver un ensemble d'objets, une situation, un enchaînement d'événements qui seront la formule de cette émotion particulière, de telle sorte que, quand les faits extérieurs sont donnés, l'émotion est immédiatement évoquée», il démontre que l'idée de l'épure, du direct, du dégraissage, propre au style «tough» qui va faire fureur, est déjà dans l'air. De même, dans sa biographie sur Hammett, Richard Layman nous apprend qu'en février 1922, le futur père du roman noir profite d'un cours de formation professionnelle offert par le Bureau des anciens combattants pour s'inscrire au cours de sténographie et d'écriture du Munson's Business College de San Francisco afin de pouvoir exercer le métier de reporter-journaliste. Voilà pour l'instinct de Hammett. Quant à celui d'Hemingway, il n'en est pas moins travaillé que celui de son illustre contemporain. L'homme qui récrit trente-neuf fois le dernier chapitre de *L'Adieu aux armes* n'est pas un instinctif, mais un technicien. C'est de ce style, qui emprunte à la philosophie behavioriste, que s'inspireront aussi les cinéastes italiens du néo-réalisme et le premier d'entre eux, en particulier, Luchino Visconti, dans son fulgurant *Ossessione* (1942, interdit par la censure fasciste) adapté du célèbre roman de James Mallahan Cain, *Le facteur sonne toujours deux fois*. Aussi bien Hammett qu'Hemingway, la nouvelle de l'un comme le roman de l'autre sont le fruit de longues années de répétition, de travail, dans lesquelles l'instinct ne pouvait être que l'ennemi de l'art.

La quatrième fausse bonne idée qui court sur le roman noir (il en existe d'autres, mais nous arrêterons là) concerne, bien évidemment, son géniteur spirituel. Jusqu'à ces dernières années, seul le nom de Dashiell Hammett brillait au firmament. Depuis quelque temps, il s'est trouvé quelques explorateurs besogneux pour extraire des fonds de tiroir, où il aurait pu rester à croupir, celui de Caroll John Daly. L'homme est né à Yonkers, dans l'État de New York, le 14 septembre 1889. Après des études cahotiques, il se retrouve successivement directeur de salles de cinéma à Atlantic City, gérant de biens immobiliers, magasinier, directeur d'une entreprise d'alarmes, etc. Son premier texte publié par *Black Mask* est une nouvelle de huit pages intitulée *Dolly*. Nous sommes en octobre 1922, date à laquelle Hammett a délibérément choisi de publier dans le très chic *Smart Set* et sa nouvelle à lui (*La Flèche de Parthe*) paraît également à cette époque. De son côté, en publiant *Dolly*, Caroll John Daly fut à l'origine des histoires diurnes de *Black Mask* qui n'ont qu'un rapport très éloigné avec les fictions de la future «hard boiled school». A l'instar de Poe, Daly va être le premier à créer un nouveau type de héros urbain : le détective dur à cuire. Mais, à l'image de son ancêtre, il rate le coche du label qu'il a contribué à façonner. Son Terence Mack, que Jean-Jacques Schléret qualifie de «premier détective privé moderne de la littérature policière», n'est guère plus crédible dans son microcosme de violence délibérée que ne l'était le chevalier Dupin dans son univers de cellules grises. De plus, note Richard Layman, la prose de Daly est médiocre. «La violence de ses histoires est gratuite et tellement exagérée qu'elle dépasse de loin les limites de la vraisemblance.» Il en sera de même avec tous les héros de Caroll John Daly, y compris son protagoniste fanion, le privé Race Williams qui préfigure le sadisme d'un Spillane ou le fascisme rampant d'un Adams. Parue le 15 mai 1923, la première aventure de Terence Mack n'aura aucune commune mesure avec celle que Dashiell Hammett consacrera le 1er octobre de la même année, dans sa nouvelle *Arson Plus*, à son fameux Continental Op, détective rondouillard, anonyme, d'âge moyen et de taille semblable, qui exerce son métier de façon professionnelle. Les héros de Daly sont des personnages hors du commun que l'on ne rencontre nulle part dans la réalité : impitoyables, infaillibles, sans cœur et sans accroche. Au contraire, les protagonistes de Hammett se fondent dans la multitude. Ils sont crédibles, plausibles, sans peur mais non sans failles. «Hammett, écrivait Raymond Chandler dans *Lettres*, a remis l'assassinat entre les mains de gens qui le commettent pour des raisons solides et non pour fournir un cadavre à l'auteur [...]. Il colla ces gens sur le papier, tels qu'ils sont dans la vie et il leur donna le style et les réactions qui sont habituellement les leurs dans des circonstances données.» Une fois encore, il ne suffit pas de créer un personnage pour se voir systématiquement intronisé pape d'une nouvelle école littéraire. Ce serait trop simple et la littérature foisonnerait d'exemples de ce genre. C'est pourquoi, si l'Underwood de Daly a tiré quelques semaines avant celle de Hammett, il ne fait aucun doute qu'elle s'est enrayée aussi vite pour laisser place à un esprit de plus grande envergure qui, à force de travail et de technique, a été le premier à créer la seule surface viable à une chaussée suffisamment carrossée pour qu'elle puisse tenir la route tout au long de ces décennies, parvenant même grâce au talent de ses meilleurs conducteurs à jeter le trouble dans le mental affecté de la littérature avec un grand L. C'est le style de Dashiell Hammett qu'ont cherché à imiter nombre d'auteurs du monde entier sans jamais y parvenir réellement. C'est ce même style qu'André Gide loua dans son *Journal* quand il y écrivit le 16 mars 1943 : «Lu avec un intérêt très vif (et pourquoi ne pas oser le dire, avec admiration) *Le Faucon maltais* de Dashiell Hammett, dont j'avais déjà lu, mais en traduction, l'étonnante *Moisson rouge*. [...] En langue anglaise, ou du moins américaine, nombre de subtilités des dialogues m'échappent ; mais dans *La Moisson rouge*, ces dialogues sont menés de main de maître et en remontrent à Hemingway ou à Faulkner même, et tout le récit est conduit avec une habileté, un cynisme implacables. C'est, dans ce genre très particulier, ce que j'ai lu de plus remarquable.»

Et Louis Aragon, à la mort de Hammett, en janvier 1961, lui rendit hommage en ces termes, dans *Les Lettres françaises* : «Dashiell

Hammett… à qui l'on reconnaîtra la paternité d'un genre décrié, mais qui, à mon sens, domine ce siècle, plus haut que Faulkner et Hemingway, sans mésestimer l'œuvre de ceux-ci. Il m'est impossible de laisser le silence se faire sur sa tombe sans avoir dit cela.» Au-delà des faits eux-mêmes, la messe semble dite. A ceci près que, pour ne pas donner l'impression de vouloir tirer un trait définitif sur cette question et pour remettre aussi un peu de suspens dans le jeu des provenances, nous aimerions faire partager aux lecteurs le très court extrait de cette nouvelle, behavioriste avant le mot, tout empreinte d'un climat devancier de la «hard boiled school» :

«Il parlait encore ; Mateo avait armé son fusil et le couchait en joue en lui disant : "Que Dieu te pardonne !" L'enfant fit un effort désespéré pour se relever et embrasser les genoux de son père ; mais il n'en eut pas le temps. Mateo fit feu, et Fortunato tomba raide mort. Sans jeter un coup d'œil sur le cadavre, Mateo reprit le chemin de sa maison pour aller chercher une bêche afin d'enterrer son fils.»

A l'époque où parut cette nouvelle, on loua son style concis, sa force continue et sa parfaite simplicité d'exposition. C'était en 1829. Autrement dit, cent ans pile avant la parution en édition brochée de *La Moisson rouge* de Hammett. Cette nouvelle s'intitulait *Mateo Falcone*. Son auteur avait nom Prosper Mérimée. Il comptait avec les Maupassant, Flaubert et consorts parmi les auteurs préférés de Dashiell Hammett lequel connaîtra la célébrité avec son fameux… *Faucon maltais*.

Les années de pierre

1841-1928. De l'entrée en lice du premier détective amateur aux premiers pas littéraires du Maigret de Georges Simenon, c'est entre ces deux dates que viennent se caler nos années de pierre. Des années de construction pour un genre littéraire qui se cherche, mais qui va assez vite passer du balbutiement au succès. Des années de destruction aussi, pour un genre humain confronté à une Première Guerre mondiale à côté de laquelle paraissent bien dérisoires les quelques cadavres de papier qui jonchent la trouée du roman policier. La vulgarité n'est pas nécessairement dans le camp de ceux que l'on montre du doigt. En 1845, Alexandre Dumas avait publié *Le Comte de Monte-Cristo* et, en 1856, Jean-Auguste Ingres avait peint *La Source*. Un an plus tard, le 29 janvier 1857, s'ouvrait le procès de Flaubert (*Madame Bovary*), tandis que celui de Baudelaire (*Les Fleurs du mal*), qui était déjà à l'instruction, se déroulera à partir du 20 août. En 1863, aux U.S.A., venait au monde William Randolph Hearst, fils du magnat des mines, qui construira à son tour un empire : dans la presse. En attendant, il a treize ans quand les tribus Sioux et Cheyennes, commandées par Sitting Bull, infligent une cuisante défaite au général Custer, sur les bords de Little Bighorn. En Allemagne, Nikolaus Otto met au point le premier moteur à explosion. En 1879, en France, naît la première fédération syndicale nationale, celle des chapeliers ; elle sera suivie deux ans plus tard par celle des travailleurs du livre, l'année même où la loi du 16 juin, dite loi Jules Ferry, établit la gratuité de l'enseignement, rendu obligatoire et laïc ; mais, déjà, le manque de personnel fut un sérieux frein à son application. Ces années-là sont également celles d'une invention (le cinématographe des frères Lumière) qui deviendra une branche industrielle florissante pour quelques habiles marchands, ainsi que la motrice d'un art neuf (le septième, selon la définition de Riccioto Canudo) grâce au génie de Georges Méliès. De l'autre côté des Alpes, l'Italien Guglielmo Marconi établit la première communication par T.S.F. En même temps, nos années de pierre voient la naissance de Mirbeau (1848) et de Maupassant (1850), de Pirandello (1867) et d'Alain (1868), de London (1876), de Joyce (1882) et de Kafka (1883), de Bachelard (1884) et de Carco (1886), de Céline (1894), de Giono et de Pagnol (1895), de Dos Passos (1896), d'Aragon (1897) et de Bove (1898), de Sartre (1905) et de Beckett (1906), de Gracq (1909) et de Kern (1919). Les disparitions de Stendhal (1842) et de Balzac (1850), de Nerval (1855) et de Baudelaire (1867), de Dumas, Mérimée et Lautréamont (1870), de Flaubert (1880) et de Dostoïevsky (1881), de Hugo et de Vallès (1885), de Rimbaud (1891) puis de Verlaine (1896). L'assassinat d'Émile Zola (1902), le militant de l'Affaire Dreyfus qui, dès 1871 (année où Adolphe Thiers écrasa dans le sang la Commune de Paris), avait entrepris la rédaction de ses *Rougon-Macquart*. Ces années-là virent aussi défiler en France deux républiques et un empire, pendant que la jeune Amérique finissait de «génocider» ses Indiens et abolissait l'esclavage des Noirs au prix d'une meurtrière guerre de Sécession ; que l'Italie, en plein cœur du Risorgimento, résonnait du nom des Chemises rouges de Garibaldi, connaissait d'intenses moments révolutionnaires avant que la «dictature parlementaire» de Giolitti ne prélude à la prise du pouvoir des Chemises noires de Mussolini. L'Angleterre, déjà aux prises avec sa question irlandaise, voyait naître ses célèbres trade-unions, imprimait *Le Manifeste* de Marx-Engels et entrait dans sa fastueuse période coloniale. En Chine, Mao Zedong fondait le parti communiste chinois, quatre ans après que la révolution bolchevik avait triomphé à Moscou. Elle ne durera que quelques printemps. En 1927, commenceront les grandes purges staliniennes. Trotsky, dauphin pressenti de Lénine, sera déporté à Alma-Ata... Sept ans auparavant, aux États-Unis encore, en avril 1920, était née la revue *Black Mask* qui allait être le pourvoyeur du futur roman policier social, dit roman noir. Le 15 de ce même mois, à South Braintree, le caissier d'une fabrique de chaussures et son garde du corps, qui convoyaient une sacoche contenant 30 000 dollars, étaient abattus par deux braqueurs et délestés de leurs fonds. Après une enquête sommaire, les policiers arrêtaient, sur dénonciation anonyme, deux anarchistes d'origine italienne : Nicola Sacco et Bartolomeo Vanzetti. L'erreur judiciaire était en marche : elle ne s'arrêterait plus d'avancer... Mort en 1841, à l'aube de ces années de pierre, le poète Aloysius Bertrand écrivait : «Il n'y a pas de serrure dont le crime n'ait la clef.»

Poe Edgar Allan
(1809 - 1849)

Le paradigme infernal

Un siècle avant la lettre, il a pressenti l'avènement de la science des machines. Cette prémonition fait de lui le premier cybernanthrope de l'histoire littéraire.

De la vie de Charles Baudelaire, Sartre a écrit qu'elle avait été une «expérience en vase clos». C'est en 1841 que le futur traducteur de Poe entreprend la rédaction des *Fleurs du mal*, autrement dit l'année même où celui-ci publie dans le *Graham's Magazine* de Philadelphie son fameux *Double Assassinat dans la rue Morgue* qui fera de lui, à tort, l'unique créateur du roman policier et, à raison, l'inventeur d'un personnage sinon nouveau à tout le moins archétypique : celui du détective amateur. Et c'est précisément dans le lieu clos d'un appartement, situé au quatrième étage d'un immeuble ancien, que le chevalier Charles-Auguste Dupin va s'employer à résoudre une énigme sans mobile apparent. De quoi s'agit-il ?

Nous sommes à Paris, en 1841, dans le quartier Saint-Roch. Il est 3 heures du matin. Soudain, les habitants de la rue Morgue sont réveillés par une suite de cris horribles qui proviennent de l'appartement habité par Mme L'Espanaye et sa fille Camille. Pour pénétrer dans l'appartement, les premières personnes arrivées sur les lieux doivent enfoncer la porte verrouillée de l'intérieur. Quand elles réussissent à entrer, c'est un décor de désordre et de saccage qui s'offre à elles : meubles brisés, matelas éventrés... Mais pas la moindre trace des deux occupantes. C'est alors qu'on remarque une quantité anormale de suie dans le foyer. «On fit une recherche dans la cheminée et, chose horrible à dire, on en tira le corps de la fille, la tête en bas, qui avait été introduite de force et poussée par l'étroite ouverture jusqu'à une distance assez considérable.» Quant à la mère, on retrouvera son corps dans la petite cour pavée située à l'arrière du bâtiment. «Là gisait le cadavre de la vieille dame, avec la gorge si parfaitement coupée que, quand on essaya de le relever, la tête se détacha du tronc.»

Avis favorable
«Pour la première fois en littérature, le lecteur passe de l'obscurité à la lumière au fil d'un récit qui ressemble à un tour de magie. Poe et Dupin, le montreur et sa marionnette, plus d'un siècle après leur apparition sur la scène du crime, ont peut-être un petit air guindé. Le chapeau et la canne sont sans aucun doute un peu poussiéreux, mais le mystère et sa résolution conduisent à notre émerveillement, et cela seul compte» (François Rivière, *Les Couleurs du noir*, Éd. du Chêne, 1989).

▪ Un nommé Dupin

Un appartement bouclé de l'intérieur, pas le moindre indice à se mettre sous la loupe, pas la plus petite issue secrète et même un conduit de cheminée qui interdit tout passage à un être humain, il n'en faut pas plus à la police pour tâtonner, s'empêtrer, tourner en rond. C'est alors qu'arrive le chevalier Charles-Auguste Dupin. Jeune homme de bonne souche, il s'est retrouvé démuni suite à quelques revers aussi malencontreux que successifs. Au moment du double crime, il cohabite dans le faubourg Saint-Germain en compagnie d'un jeune étranger qu'il a rencontré dans un cabinet de lecture de la rue Montmartre. Et ce sera cet ami justement, ce jeune étranger donc, qui va raconter les géniales déductions de Dupin. «Qu'on ne s'imagine pas, prévient-il, que je vais dévoiler un grand mystère ou écrire un roman. Ce que j'ai remarqué dans ce singulier Français était simplement le résultat d'une intelligence surexcitée, malade peut-être.»

C'est en lisant les éditions du soir de la *Gazette des tribunaux* que les deux compères engagent la conversation sur l'affaire de la rue Morgue. Et si le narrateur n'a guère d'opinion sur le sujet, en revanche Dupin, lui, est très intéressé. Dans une tirade critique sur les méthodes trop ponctuelles de la police (façon Vidocq), il laisse entrevoir son art tout particulier du raisonnement. «La vérité n'est pas toujours dans un puits [...]. Nous la cherchons dans la profondeur de la vallée : c'est au sommet des montagnes que nous la découvrirons.» C'est pourquoi, une fois sur les lieux et plus exactement en ce lieu clos et hermétiquement fermé de l'intérieur, Dupin va concentrer son attention sur la fenêtre «de la chambre de derrière», parfaitement close elle aussi, afin de démontrer que c'est par cet endroit que le meurtrier s'est introduit dans l'appartement. Reste à trouver la preuve, autrement dit la faille. Ce qu'il fera. Seulement voilà : un mur lisse, haut de plusieurs mètres, sépare cette fenêtre du sol. Qu'à cela ne tienne : à cinq pieds et demi de ladite fenêtre court une chaîne de paratonnerre : «Mon but, explique Dupin, est de vous prouver d'abord que la chose a pu se faire, en second lieu et principalement, d'attirer votre attention sur le caractère très extraordinaire, quasi surnaturel de l'agilité nécessaire pour l'accomplir.» Et voilà. Le tour est presque joué. Il le sera totalement quand Dupin «découvrira», sous la chaîne, un ruban noué d'un nœud marin de type maltais.

▪ L'écrivain sudiste

Né à Boston le 19 janvier 1809, d'Elizabeth Arnold et de David Poe, comédiens ambulants, le jeune Edgar se retrouve orphelin à l'âge de 3 ans. Abandonné de tous, il est recueilli par les Allan, de riches négociants de Richmond. Il devient Edgar Allan. «Cette adoption, note Jacques Cabau, fait de Poe un sudiste.» Les Allan s'embarquent en 1815 pour l'Angleterre. Edgar Allan y séjournera cinq ans. En 1826, il entre à l'université de Virginie. Il se met à boire, joue, s'endette et finit par se brouiller avec M. Allan. C'est le retour à Boston où il publie *Tamerlan and Others Poems*, puis l'engagement dans l'armée fédérale pour cinq ans sous le pseudonyme d'Edgar A. Perry. Admis à West Point, il en est exclu quelques mois plus tard et part se réfugier auprès de sa tante paternelle, à Baltimore. Vivant au jour le jour dans un garni, il décide de concourir à un prix de la nouvelle offert par le *Baltimore Saturday Visiter* et décroche la récompense (100 dollars) avec le *Manuscrit trouvé dans une bouteille*. Après quoi, il devient directeur de la revue *Southern Literary Messenger*. Une crise d'alcoolisme le contraint à quitter son poste. Il en sera de même au *Burton's Gentleman Magazine*, au *Graham's Magazine* et au *Broadway Journal*.

La démocratie à la mode nordiste le rebute. Il affiche des idées de droite, à la sauce du Sud profond. En 1842, il rencontre Charles Dickens et ils discutent de la nécessité d'un copyright international. Il vient de publier le *Double Assassinat dans la rue Morgue* (avril 1841), *La Lettre volée* (novembre 1841),

Hypothèse

«Peut-être, le seul véritable disciple de Dupin en France est-il l'abbé Faria. Du fond de son cachot du château d'If, d'après le récit que Edmond Dantes lui fait de sa vie et de son entourage, l'abbé déchiffre le complot dont le jeune Marseillais a été victime et lui en désigne les responsables. Mais les premières traductions françaises de Poe datent de 1846 et *Le Comte de Monte-Cristo* a paru en 1844. Les deux auteurs ont dû se rencontrer dans le cachot d'un autre prêtre emprisonné : Campanella» Francis Lacassin, *Mythologie du roman policier*, U.G.E. 10/18, 1974).

s'apprête à terminer *Le Mystère de Marie Roget* (un fait divers américain transposé en France) et à éditer *Le Scarabée d'or*. Poète, journaliste, Poe ne se sent pas à l'aise dans le roman. C'est un homme de sprint pas un coureur de fond. Pire, il ne croit pas au roman. Dans ses contes (de ratiocination, de terreur, de science-fiction), il fait court. Ce qui ajoute encore à l'imperturbable logique de ses raisonnements qui prend souvent les choses et le monde à rebours du courant. Pour Poe, tout ce qui est inexpliqué n'est pas inexplicable.

Grand consommateur des théories de Laplace, c'est de la définition d'une «combinatoire universelle» qu'il s'est inspiré pour donner vie, entre autres et plus particulièrement, à son chevalier Dupin. Sa *Genèse d'un poème* rejoint en bien des points l'*Introduction à la théorie analytique des probabilités* du susdit Laplace. L'intelligence seule doit régner en maître, car seule l'intelligence conduit à l'intelligibilité. Avec Poe, la préhension du monde et des choses ne peut reposer que sur l'analyse. Tout doit être donné, planifié, «avant même que la plume n'attaque le papier». Rien ne doit être laissé au hasard, à l'incertitude, au flou artistique. «Du journalisme, tempête-t-il, pas de dissertations.» Ce roman-machine qui tue le roman, ce personnage-automate qui tue le personnage n'en annoncent pas moins les temps modernes.

Il y a aussi chez Poe, note encore Jacques Cabau, «ce qui marque la littérature sudiste jusqu'à Faulkner : le flamboyant souci de l'agonie et de la rhétorique». En 1847, meurt Virginia, la fille de sa tante paternelle, qu'il avait épousée onze ans plus tôt. S'ensuivent des crises d'éthylisme et des dépressions. Une tentative de suicide. En France, la traduction de Baudelaire commence à le faire connaître. Le 3 octobre 1849, Edgar Poe est trouvé sans connaissance. Il meurt quatre jours plus tard, à l'âge de 40 ans.

Alchimie

«Comment le public éclairé de cette seconde moitié du XIXe siècle n'aurait-il pas fait confiance à de si grands auteurs, alors que la science était en train de transformer le monde ? Le savant n'était-il pas une sorte de voyant, confronté à un univers tout semblable à un cryptogramme ? Si l'étoffe des choses est la même de la roche au cerveau, n'est-il pas aussi facile de créer une technique policière qu'une physique ou une chimie ? Qu'est-ce, en définitive, que la technique policière ? C'est la preuve par les indices substituée à la preuve par le témoignage» (Thomas Narcejac, *Le Roman policier, une machine à lire*, Éd. Denoël/Gonthier, 1975).

Deux jugements sur Poe

«Les États-Unis ne furent pour Poe qu'une vaste prison qu'il parcourait avec l'agitation d'un être fait pour respirer dans un monde plus aromal que cette grande barbarie éclairée au gaz ; sa vie intérieure, spirituelle de poète et même d'ivrogne n'était qu'un effort pour échapper à cette atmosphère antipathique» (Charles Baudelaire).

«Après avoir lu Poe, la révélation de quelque chose dont la critique n'a point l'air de se douter. Poe, une littérature nouvelle, la littérature du XXe siècle : le miraculeux scientifique, la fabulation par A + B, une littérature à la fois monomaniaque et mathématique. De l'imagination à coup d'analyse, Zadig juge d'instruction, Cyrano de Bergerac élève d'Arago, les choses ayant plus de rôle que l'homme, l'amour cédant la place aux déductions, la base du roman déplacée et transportée du cœur à la tête, du drame à la solution du problème» (Edmond et Jules Goncourt).

Balzac Honoré de

(1799 - 1850)

L'Histoire en déshabillé

L'homme qui voulut concurrencer l'état civil, être le greffier de son temps, finit par toucher tous les gens et, partant, à tous les genres.

Balzac a 42 ans quand il publie *Une ténébreuse affaire*, en vingt-cinq feuilletons, dans le journal *Le Commerce*, du 15 janvier au 20 février 1841. Il ne lui reste que neuf ans à vivre. Autant dire que son œuvre est déjà derrière lui. Même si *La Rabouilleuse*, *Les Paysans*, *La Cousine Bette*, *Le Cousin Pons* ne sont pas encore écrits, l'essentiel des quatre-vingt-cinq volumes (sur les cent quinze prévus) qui constitueront *La Comédie humaine* est déjà inscrit aux greffes de la littérature.

▪ Hors les lois

Le roman fut publié en volume deux ans plus tard par les éditions Souverain et reparut trois ans après au chapitre des *Scènes de la vie politique* qui était déjà le sous-titre que Balzac lui avait donné lors de sa parution en feuilletons. De ce chapitre de son œuvre exemplaire, *Une ténébreuse affaire* est sans doute le plus connu, le plus flamboyant aussi. Il est parfaitement ridicule d'écrire à son propos que «l'auteur a toujours montré beaucoup de curiosité pour les jeux de la politique» puisque cela sous-tend que Balzac aurait eu une curiosité particulière alors même que toute son œuvre contredit ce soi-disant particularisme ainsi que toute spécificité, sans compter que s'il est une œuvre littéraire monumentalement politique, c'est bien dans son ensemble l'œuvre de Balzac.

▪ Mises au point

Historiquement, *Une ténébreuse affaire* précède le *Double Assassinat dans la rue Morgue* de Poe. De surcroît, il s'agit bien d'un roman et non d'un conte. C'est en quoi aussi, Poe n'est pas l'inventeur du «roman» policier, ce qui ne signifie pas pour autant que Balzac le soit de même à lui tout seul. L'erreur que l'on a commise à son propos, c'est de lui refuser le label sous le seul prétexte que les règles codifiées par Poe étaient aussi inébranlables que les Tables de la Loi. Or, s'il est un système dont la raison même d'être est le défi permanent à toute espèce de loi, c'est bien le système de la fiction, antisystème par excellence. Que l'on puisse aujourd'hui encore, cent cinquante ans après sa parution, soutenir que *Une ténébreuse affaire* ne fonctionne pas comme un roman policier, ce n'est ni plus ni moins occulter tout ce qui (hors ces fameuses règles) existe en matière de roman policier ou de roman noir.

Ainsi, quand Régis Messac note dans son brillant *Detective Novel et l'Influence de la pensée scientifique* : «Si Corentin mérite des compliments, il faut faire des réserves au sujet de Balzac, car il a eu le tort de nous raconter les événements en détail avant de les faire découvrir par Corentin, ce qui enlève tout leur sel aux raisonnements de celui-ci», il se laisse enfermer dans un certain type de rai-

Correspondances

«Je ne suis ni un homme, ni un ange, ni un diable, je suis une espèce de mécanique à littérature, je suis hébété de travail» (*Lettre* à Samuel Berthoud du 18 août 1831).

«Tu me demandes de t'écrire en détail mais, ma pauvre mère, tu ne sais donc pas encore comment je vis ? Quand je puis écrire, je fais mes manuscrits, quand je ne fais pas mes manuscrits, j'y pense» (*Lettre* à sa mère du 15 juillet 1832).

«Le mariage serait un repos. Mais où trouver une femme ? [...] Les veilles et le café me tuent. J'étais si bien fait pour la joyeuse et paisible existence du foyer» (*Lettre* à Zulma Carraud du 1er janvier 1833).

Lettre à Mme Hanska
« La *Ténébreuse Affaire* a paru hier en volume et fait son fracas. Il y en a qui disent que c'est un chef-d'œuvre » (Balzac, le 2 mars 1843).

Vu de la critique
« Le roman de M. de Balzac éveille un intérêt d'une nature exactement semblable à celui qu'excitent toutes les causes renfermées dans les fastes criminels. La critique littéraire doit donc se borner à blâmer l'ensemble de cet ouvrage dont les détails ne sont point de sa compétence » (*La Revue des Deux Mondes*, juin 1843).

sonnement. D'une part, parce que les règles édictées par Poe n'existaient pas au moment de la publication du roman et que Régis Messac a beau jeu de parler a posteriori. D'autre part, parce que le dessein de Balzac n'est pas de saler le côté purement analytique au risque d'affadir sa toile de fond, mais de tenter d'équilibrer les deux, ce qui implique une implosion de fait, avant l'esprit et la lettre, de ces « règles » futures.

Néanmoins, un suspens demeure qui se situe sur l'essentiel, à savoir le point de vue du lecteur : Corentin, à ce moment-là de l'interrogatoire du brigadier, va-t-il oui ou non percer à jour tout le mystère, découvrir d'un coup, d'un seul, toute la vérité ? Enfin, il faut resituer la position de Balzac dans son contexte : celui du roman-feuilleton triomphant auquel notre écrivain est bel et bien obligé de se rallier sous peine de végéter. Le temps n'est guère à la recherche, à l'invention littéraire. Il est à la production. Et Balzac, qui n'a jamais cessé de le faire, continue.

■ Le roman d'un complot

Une ténébreuse affaire est un formidable thriller politique qui, pour l'époque, pousse bien plus loin le bouchon que tous ceux de nos auteurs contemporains du même genre dont on ne finit pas de nous citer les noms aux hit-parades des romans vedettes. De même, on peut encore se demander comment se débrouillent les policiers Corentin et Peyrade pour ne pas mettre la main sur le trésor enfoui par les Simeuse dans leur propriété. Et là où un raisonneur-né à la Dupin ou, plus tard, un logicien racé à la Holmes auraient vu une inconcevable lacune, Balzac, lui, élude la question. « En fait, note judicieusement René Guise, les policiers qui devraient découvrir le trésor en cherchant le sénateur, ne trouvent pas parce qu'ils ne cherchent pas. Et ils ne cherchent pas parce qu'ils savent où est le sénateur ; ce qu'ils veulent, c'est uniquement faire condamner les Simeuse qu'ils savent innocents. » C'est bien là tout le problème autour duquel est nouée l'intrigue. L'intrigue et non l'énigme.

Une ténébreuse affaire est l'histoire romancée d'un des multiples complots de Fouché. Il s'agit de la mise en scène d'une diabolique machination humaine à connotation politique et non de la mise en pièces d'une savante mécanique à prétention scientifique. Le zoo humain agencé ici par Balzac ne permet pas l'acclimatation de primate, fût-il de dernière minute.

■ Son côté visionnaire

Plus loin encore, Régis Messac explique : « Ce que Balzac a peut-être le mieux vu, c'est l'intérêt de chasse, de poursuite, qu'il y a dans beaucoup de romans policiers ; encore devait-il cette idée à Cooper dont un critique disait qu'il développe toujours le même sujet : une fuite, une poursuite, une surprise. » Deux réflexions sur les observations de Régis Messac. En premier lieu, Balzac n'a pas vu « l'intérêt de la chasse » qu'il y a dans les romans policiers pour la bonne raison qu'avant lui, il n'y a pas (à proprement parler) de romans policiers. En revanche, son indéniable côté visionnaire lui a sans doute permis d'entrevoir (mais d'entrevoir seulement) l'intérêt que pourrait susciter une situation de poursuite, de chasse donc, dans un roman. Ce qu'expliquent d'une autre manière R. Amadou et R. Kanters dans leur *Anthologie littéraire de l'occultisme* quand ils remarquent : «En cent ans de vie posthume, l'œuvre de Balzac a entièrement changé d'éclairage. Après avoir inquiété par les excès d'un romantisme superbe, elle a été emprisonnée sous l'étiquette réaliste. Elle s'en est peu à peu délivrée à mesure que l'on se rendait mieux compte que si Balzac a été fidèle à une réalité, c'est à la réalité de ses visions.»

▪ L'influence de Scott

En second lieu, je ne crois pas que Balzac ait emprunté à Fenimore Cooper. Ou, plus précisément, il y a toute raison de croire que son œuvre tire davantage du côté de quatre écrivains britanniques : l'Irlandais Charles-Robert Maturin, l'Écossais Walter Scott, les Anglais Ann Radcliffe et Matthew Gregory Lewis. Cela ne date d'ailleurs pas du roman dont il est question ici, mais des toutes premières œuvres de Balzac, tandis qu'il publiait sous les pseudonymes de Lord R'Hoone ou Horace de Saint-Aubin.

Dès 1822, il publie *Le Vicaire des Ardennes* où apparaît le personnage d'Argow, préfiguration de Vautrin. Deux ans plus tard, Argow revient dans un roman au titre significatif : *Annette et le Criminel*. Or, Cooper, fondateur du roman américain, ne publie *L'Espion* qu'en 1821. Il y a peu de chances, alors, pour que le jeune Balzac l'ait lu tandis qu'il rédige *Le Vicaire des Ardennes*. Sans compter qu'en 1836, quand ces deux romans paraîtront en un volume unique, il choisira comme titre générique *Argow le pirate*. Clair hommage à Walter Scott (dont Cooper lui-même s'inspira d'ailleurs) et qui avait écrit un roman intitulé *Le Pirate*.

▪ Un roman des policiers

Les invraisemblances, lacunes, diversions, digressions, les révélations hâtives, les suspenses détruits qui jalonnent *Une ténébreuse affaire* et que tout esprit scientifique sera conduit à dénoncer comme des erreurs sur le genre (un genre, faut-il le rappeler, qui n'existe pas puisqu'il est en passe de se faire !) ne sont en réalité que des chausse-trappes dont se sert Balzac pour mieux noyer le poisson. Et c'est en quoi aussi, il se rapproche de Fenimore Cooper (sans avoir besoin de l'imiter) puisque tel que l'écrit Jacques Cabau à propos de *La Prairie* : «L'invraisemblance est ici une convention toute shakespearienne. *La Prairie* est comme le théâtre élisabéthain un lieu imaginaire, un champ clos symbolique où s'affrontent quatre groupes de personnages. Elle est climat plutôt que végétation, symbole plus que réalité.»

Parallèle
«J'ai beaucoup lu Balzac quand j'étais jeune homme, quand j'avais quinze ou seize ans. Balzac était pour moi ce qu'était Homère pour les anciens Grecs, et Balzac a influé plus ou moins consciemment sur certains de mes drames, par exemple sur *L'Otage*... Et même l'intrigue de *Une ténébreuse affaire* n'est pas sans ressemblance. Je dois dire que, quand j'ai écrit *L'Otage*, je ne pensais pas du tout à Balzac, et c'est absolument inconsciemment que ces ressemblances se sont produites. Néanmoins, Toussaint Turelure est un personnage balzacien et la dramaturgie des Coufontaine est certainement imprégnée d'une atmosphère balzacienne» (Paul Claudel, *Mémoires improvisés*).

Réalisme
«Si Balzac avait été un romancier réaliste, il n'aurait jamais écrit *La Comédie humaine* dans laquelle il avançait sans plan et au hasard. On pose toujours la même question à propos de Shakespeare : "Où a-t-il connu tous ces personnages, ces rois et ces princes, ces amoureux, ces jaloux, ces ivrognes, ces femmes sauvages et douces, ces commères, ces esprits ailés, ces bretteurs et ces assassins ?" Mais il est facile de comprendre qu'il ne les a jamais connus et que c'est précisément pour cela, en raison même de sa liberté, qu'il a pu les mettre au jour. De même Balzac» (Kléber Haedens, *Une histoire de la littérature française*).

Références
Amadou (R.) et Kanters (R.), *Anthologie littéraire de l'occultisme*, Seghers, 1975.
Cabau (J.), *La Prairie perdue*, Éd. du Seuil/Points, 1981.
Haedens (K.), *Une histoire de la littérature française*, «Les Cahiers rouges», Grasset, 1970.

Voilà ce que sont les Corentin et Peyrade, le sénateur Malin et autres Simeuse et Laurence de Cinq-Cygne dans les années 1800. Les symboles et les jouets d'une époque de complots et de machineries politiques dont le summum sera atteint avec l'attentat (bien réel, lui) contre le Premier consul, le 24 décembre de cette année-là. *Une ténébreuse affaire* n'est ni plus ni moins que le thriller politique de l'histoire littéraire et, corollairement, le premier roman des policiers puisque c'est bien d'un tel régime dont il est question ici.

Sue Eugène

(1804 - 1857)

Une épopée du pauvre

Nouvelles
Les défuntes éditions Encre ont fait paraître en 1985 un recueil de nouvelles, présentées par Roger Martin, dans lequel des habitués du roman policier tutoyaient de courtes fictions énigmatiques ou noires signées Apollinaire, Balzac, Tristan Bernard, Léon Bloy, Paul-Louis Courier, Georges Duhamel, Pierre Louÿs, Maupassant, Mérimée, Mirbeau, Pergaud, Charles-Louis Philippe, Jules Renard, Villiers de L'Isle-Adam...

Après une série de romans de mœurs et de romans historiques, ce fils de médecin célèbre qui exerça lui-même dans la marine et qui était entré en littérature en 1831 avec deux romans très fournis en actes de pirateries (l'un d'eux fut dédié à Fenimore Cooper, l'auteur du premier roman américain), Eugène Sue subit l'influence de Fournier et de Proudhon et adhère aux théories du socialisme. Le succès commercial, sinon littéraire, vient en 1842 avec la parution en dix volumes des *Mystères de Paris*, premier roman français publié par un journal dans son feuilleton quotidien. Situés dans des décors très fortement contrastés (ruelles sordides et taudis mal famés contre amples avenues et riches maisons), des personnages hauts en couleur s'y démènent dans des quotidiens contorsionnés, socialement miséreux et moralement déplorables.

Dans son *Histoire de la littérature française*, Kléber Haedens (qui, par ailleurs, ne semble pas porter dans son cœur celui qu'il appelle «le riche et mondain romancier socialiste») est néanmoins contraint de reconnaître qu'il possède un sens aigu du fantastique social. «Les bouges, les souterrains, les prisons, les rives de la Seine, les taudis, les officines de notaires crapuleux et les somptueuses demeures sont les lieux fatidiques où se déroulent des drames sublimes, misérables et cruels». Après cette épopée du pauvre, viendront *Le Juif errant* (1844-1845), *Les Sept Péchés capitaux* (1847-1849), *Les Mystères du peuple* (1849-1856).

Barbara Charles

(1817 - 1866)

Le fantôme d'un précurseur

« Le feu avait achevé de consumer les astres et les hommes. Brusquement, toute activité cessa comme si un jugement eût été proche » (Raymond La Villedieu).

Le 19 septembre 1866, une fenêtre de la Maison Dubois s'ouvre. Un homme se perche sur le rebord et saute dans le vide. Un an plus tôt, sa femme et le plus jeune de ses fils venaient d'être emportés par l'épidémie de choléra qui sévissait à Paris. Il avait nom Charles Barbara et était âgé de 49 ans. Il avait publié deux romans et cinq recueils de nouvelles. Né le 5 mars 1817 à Orléans, Charles Barbara fut l'ami de Baudelaire avec qui il partagea le même prénom, les mêmes initiales et un identique engouement pour les œuvres d'Edgar Poe. En 1846, il collabore à la revue d'Arsène Houssaye (*L'Artiste*) et écrit à son ami Léon Noël : « Je suis en plein début, c'est assez te dire que je suis dans les déceptions jusqu'au cou. »

▪ Aucune époque ne l'a épargné

Deux ans plus tard, c'est le retour à Orléans pour créer un journal républicain (*Le Démocrate*) dont la parution ne dépassera pas les quatre mois. En 1850, il regagne Paris, fréquente les réunions de la brasserie Andler, rue Hautefeuille, où se retrouvent Courbet, Duranty, Delman, Buchon... Ses nouvelles sont publiées dans le *Bulletin de la Société des Gens de lettres* et dans *La Revue de Paris* dirigée par Maxime Du Camp. Il est remarqué par Sainte-Beuve et Barbey d'Aurevilly. En 1855, paraît *L'Assassinat du Pont-Rouge*. « Le nom de cet écrivain, note Hervé Delouche, est ignoré des dictionnaires ; son œuvre, qui compte deux romans et cinq recueils de nouvelles, ne se trouve que parcimonieusement chez les bouquinistes connaisseurs. Quant à son existence [...] elle est celle d'un écorché, sans cesse dans le besoin. Son roman contient beaucoup de l'émotion, de la fébrilité et de l'angoisse qui imprégnaient les récits fantastiques. Illustration moderne du crime de Caïn, "le crime inexpiable", il se situe bien sûr dans l'archéologie d'un genre pas encore défini : le roman policier. Mais, admirateur de Poe, tout comme Baudelaire, Barbara est un véritable précurseur : il met en scène un crime mystérieux, utilise un juge comme révélateur et fournit un mobile (l'argent) à l'assassin. Il suggère de plus toutes les données d'un crime parfait. » Aucune époque n'aura épargné Charles Barbara. Ni la sienne ni toutes celles qui se sont succédé et qui l'ont injustement oublié. C'est pourquoi, bien au-delà des querelles de clochers, la réédition de son roman, *L'Assassinat du Pont-Rouge*, aux Éditions du Griot, valait mieux qu'une messe.

Préface

Dans le superbe texte qu'il lui a consacré en préface à *L'Assassinat du Pont-Rouge* (1855), le poète Sylvain Goudemare écrit : « Barbara, écrivain méconnu, n'a pas tenu sa juste place parmi ses contemporains. Son talent est immense et ses livres quasi introuvables. La littérature est ainsi faite de rééditions : parce que le temps, patient alphabet, compose avec ses caractères. Et la modernité n'a jamais compté sur le présent. »

Référence

Delouche (H.), article dans l'hebdomadaire *Révolution*, octobre 1989.

Hugo Victor
(1802 - 1885)

Un auteur sur les marges

« Une société qui ne voudrait pas se laisser critiquer serait comme un malade qui ne voudrait pas se laisser guérir » (Victor Hugo).

Victor Hugo a 60 ans quand il achève *Les Misérables* (1862). Douze années de travail lui auront été nécessaires pour mener à bien l'entreprise. La critique n'apprécie guère le produit final : elle se tait ou elle grommelle. Mais le succès public, lui, est foudroyant. En quelques heures, on s'en est arraché près de quatre mille exemplaires et les ateliers de lectures publiques ne désemplissent pas. *Les Misérables* n'est pas, bien entendu, un roman policier stricto sensu. Il n'empêche, comme l'écrit Denis-Fernandez Recatala, que « la poursuite de Jean Valjean, le forçat innocent, par Javert est l'un des moteurs narratifs du roman qui signale que la justice ne s'identifie pas à la loi incarnée aveuglément par le policier ». Sans compter que ce double thème de la traque (chasseur/gibier) et de la confrontation (loi/ hors-la-loi) va faire les beaux jours du roman noir à venir. De plus, le thème du double y est abondamment traité dans l'opposition Valjean/Javert d'une part (les deux réunis rappelant un certain Vidocq, ex-bagnard reconverti en premier flic de France et que Hugo avait rencontré en 1849) et d'autre part avec l'évidente gémellité de ces deux frères d'âme que sont Valjean alias Fauchelevent et Marius.

Enfin, de même que Hugo jette ici par-dessus bord les sempiternelles bonnes hystériques et autres servantes réductrices, censées représenter le peuple dans les romans bourgeois, pour faire entrer le peuple en littérature, soixante-sept ans plus tard (à peine) Dashiell Hammett sortira de la même façon le roman policier de ses

Dime-Novels
C'est en juin 1860 qu'apparurent sur le marché américain les Dime-Novels, ainsi nommés parce que peu coûteux. A l'origine, ils racontaient les histoires des « héros » de la prairie (Buffalo Bill, Kit Carson...). Mais, quand l'espèce urbaine commença à grignoter l'espace herbeux, les Dime-Novels cédèrent eux aussi le terrain qu'ils occupaient, non sans que leur diffusion ait dépassé les cent millions d'exemplaires...

Record
33 adaptations filmiques. Cela suffit à placer *Les Misérables* en tête de tous les box-offices mondiaux. La première version date de 1907. La deuxième de 1911 (réalisateur : Albert Capellani ; rôle de Jean Valjean : Henry Krauss). En 1925, la réalisation est de Henri Frescourt et Gabriel Gabrio est Valjean. Puis ce sera au tour de Harry Baur dans le film de Raymond Bernard en 1934, avec Charles Vanel en Javert. Aux U.S.A., Charles Laughton l'incarnera également dans le film de Richard Boleslawski, en 1935. En Égypte, Abbas Farès l'a interprété dans la version de Kamal Selim, en 1944. En Italie, le rôle reviendra à Gino Cervi dans le film de Riccardo Freda, en 1946. Au Japon, Sessu Hayakawa l'incarnera dans la réalisation de Daisuki Itoh, en 1949. En France encore, à deux reprises, Jean Valjean apparut sur les écrans. En 1958, dans le film de Jean-Paul Le Chanois, sous les traits de Jean Gabin (Bernard Blier était Javert et André Bourvil, Thénardier). En 1982, Lino Ventura fut le Valjean de Robert Hossein (Michel Bouquet en Javert, Jean Carmet en Thénardier).

appartements cossus et conçus pour ses vases clos personnels en y introduisant l'individu du caniveau. Certes, Eugène Sue était passé par là, mais la manière Hugo débouche sur une emblématique de la représentation qui dépasse celle de son prédécesseur en ce qu'elle ne s'attache pas à l'aspect extérieur des individus, mais en ce qu'elle décrit un mouvement vertical qui part toujours du dedans pour atteindre le dehors.

▪ Présence des thèmes

Trente ans auparavant, Hugo s'était déjà évertué dans *Notre-Dame de Paris* (1831) à décrire la faune, la langue et les coutumes des truands. Pas question là non plus de parler de roman policier, sinon que quelques thèmes y sont déjà en place et, même si la cathédrale domine toute l'œuvre, c'est bien une mécanique de la fatalité égale à celle des tragédies antiques (inspiratrices du roman policier) qui traverse ce roman, entraînant ses personnages dans le forfait, le meurtre et la mort. Toutefois, la présence de Hugo dans cet ouvrage vient moins de ces deux monuments de la littérature populaire que d'une œuvre de jeunesse brutale à souhait, d'une noirceur d'encre et qui est longtemps passée inaperçue. L'auteur la composa à l'âge de 21 ans et l'intitula *Han d'Islande* (1823). «Plus qu'un véritable personnage, remarque Ugo Dettore, c'est l'expression de la brutalité la plus féroce qui soit dans la littérature narrative européenne. Sa violence bestiale peuple tout le roman tandis que s'organise autour de ce buveur de sang humain un véritable sabbat d'êtres sanguinaires : un bourreau, un ignoble gardien de morgue, des assassins, des scélérats [...]. L'horreur qu'il suscite chez le lecteur en fait, peut-être en raison même de l'outrance avec laquelle il est dépeint, l'une des créations les plus suggestives de la littérature romantique.» Toutes ces raisons fondent la présence de l'auteur dans cet ouvrage.

Han vu par Hugo

« L'auteur de cet ouvrage, depuis le jour où il en a écrit la première page, jusqu'au jour où il a pu tracer le bienheureux mot FIN au bas de la dernière, a été le jouet de la plus ridicule illusion. S'étant imaginé qu'une composition en quatre volumes valait la peine d'être méditée, il a perdu son temps à chercher une idée fondamentale, à la développer bien ou mal, dans un plan bon ou mauvais, à disposer des scènes, à combiner des effets, à étudier des mœurs de son mieux : en un mot, il a pris son ouvrage au sérieux» (Victor Hugo, préface de *Han d'Islande*).

Pierre Alexis Ponson du Terrail (1829-1871)

Né à Montmaur et mort à Bordeaux, vicomte de son titre, Pierre Alexis de Ponson dit Ponson du Terrail est le créateur d'un personnage qui a traversé les décennies tant par la fascination qu'il a exercé dans les esprits que par l'épithète qui en a découlé. Car c'est bien de Rocambole que vient l'adjectif qui monte aux lèvres pour désigner une péripétie un rien extravagante, à peine incroyable, comme le furent les aventures du susdit, aussi relevées et fortes en odeurs que ces variétés d'aulx dont, semble-t-il, son père spirituel s'est inspiré pour le baptiser. Cet ancien garçon de café, disciple du criminel Sir Williams, apte à commettre tous les méfaits (de la simple association de malfaiteurs aux pires meurtres en passant par le chantage, le rapt, l'extorsion et autres joyeusetés) est en réalité un auxiliaire idéologique de la Loi, avec laquelle il se confondra d'ailleurs après que son créateur (qui l'avait fait assassiner) l'aura ressuscité à la demande de ses lecteurs, piliers de feuilletons. Au-delà de l'incrédulité qu'il suscite, Rocambole n'en a pas moins marqué son époque et influencé nombre de feuilletonistes et de romanciers (Souvestre-Allain, par exemple, mais aussi Leblanc et Leroux) voire des poètes (tel Lautréamont qui le cite dans l'un de ses *Chants de Maldoror*).

Références

Dettore (U.), *Le Dictionnaire des personnages*, «Bouquins», Laffont-Bompiani, 1984.
Lecatala (D.F.), *Le Monde du polar*, Éd. M.A., 1986.

Gaboriau Émile

(1832 - 1873)

Le père fondateur

« C'est l'alchimiste qui a découvert la pierre philosophale. Il a lancé le roman policier, et l'a lancé loin » (Michel Lebrun).

Bis repetita

On se souvient de cette affaire qui défraya, la chronique judiciaire : deux jeunes gens se servaient d'une fille pour appâter de riches dragueurs, pénétrer chez eux et les assassiner. Dans son *Detective Novel*, Régis Messac raconte qu'un dénommé Peuchet, dans ses *Mémoires*, parle d'un agent sous Louis XIV qui, chargé d'élucider le mystère de plusieurs disparitions, finit par se convaincre que les coupables se servaient d'une jolie femme en guise d'appât pour attirer dans un traquenard des jeunes gens riches qu'ils dévalisaient puis tuaient. Cet agent de la police royale avait nom Lecoq.

Référence

Bonniot (R.) est l'auteur d'une admirable enquête intitulée *Émile Gaboriau ou les Origines du roman policier*, Éd. J. Vrin, 1985.

Le 9 novembre 1832, à 10 heures du soir, Marguerite-Stéphanie Magistel, épouse Gaboriau, mettait au monde un garçon que son père, Charles-Gabriel Émile, alla faire enregistrer à la mairie de Saujon en Saintonge sous les prénoms de Étienne, Émile. La famille ne demeura que quelques mois à Saujon car le père, receveur de l'Enregistrement, fut muté à Saint-Pierre-d'Oléron, comme il le sera à nouveau, quatre ans plus tard, à La Rochelle, puis à Tarascon et, enfin, à Saumur. Nous sommes en 1844. Émile Gaboriau est âgé de 12 ans. Il entre au collège communal en qualité de demi-pensionnaire, en classe de 5e. Le directeur d'établissement n'est pas très satisfait du jeune élève Gaboriau. En 1847, il finit par redoubler.

« La bibliothèque municipale de Saumur, note Roger Bonniot, était alors logée au collège. Est-ce là que l'élève Gaboriau trouva une pâture pour assouvir la faim de lectures vivantes que devait lui laisser le triste enseignement dogmatique imposé en classe ? ». Ce que l'on sait, c'est que son œuvre fera souvent allusion à ses lectures de jeunesse qu'il signalera çà et là par l'intermédiaire de ses personnages : Fenimore Cooper (dans *La Corde au cou*, *Monsieur Lecoq*, *Le Dossier 113*), Stendhal (dans *Le 13e Hussards*, *L'Affaire Lerouge*), mais aussi Ann Radcliffe, Edgar Poe et Honoré de Balzac dont il avait, toujours selon Roger Bonniot, « une connaissance parfaite de *La Comédie humaine* ».

Après quelques pérégrinations (rupture avec la famille, engagement volontaire dans la cavalerie, etc.), il gagne Paris à la remorque d'emplois très variés avant de trouver une place dans une maison de roulage de la rue Saint-Martin où il aurait rempli (les opinions divergent) les fonctions de chef d'écurie ou de comptable. C'est au cours de ces années, en compagnie de camarades, tout aussi démunis que lui, qu'il parle de littérature dans les cafés et, notamment, de *Madame Bovary* qui vient de paraître. D'après les sources de Roger Bonniot, il aurait un jour déclaré aux trois amis avec lesquels il vivait dans un garni de la rue de la Harpe : « C'est un très beau roman, mais qui ne s'adresse qu'à une seule classe de la société. Le temps n'est pas loin où apparaîtra une nouvelle couche de lecteurs pour lesquels il faudra écrire des romans spéciaux, quelque chose comme de l'Alexandre Dumas et du Frédéric Soulié rapetissés... Retenez bien ce que je vous dis : le jour où le journal à un sou sera réellement fondé, je gagnerai trente mille francs par mois. » Nous sommes en 1857.

▪ Plus qu'un simple disciple

En attendant le jour de gloire, il collabore à plusieurs journaux et principalement : *Le Journal illustré*, *La Lecture*, *La Vérité pour tous*, *Le Tintamarre*, par l'intermédiaire de chroniques et de poèmes. Il écrit aussi les paroles d'une opérette, *Le Faux Faust*. C'est en 1863 qu'il va remettre au journal *Le Pays*, où il travaille, *L'Affaire Lerouge*. Le résultat est décevant. Et ce n'est que trois ans plus tard, quand le feuilleton reparaît au *Soleil*, qu'il reçoit un accueil enthousiaste.

L'influence de Poe est indéniable : «C'était à croire qu'une main furieuse avait pris plaisir à tout bouleverser. Enfin, près de la cheminée, la face dans les cendres, était étendu le cadavre de la veuve Lerouge. Tout un côté de la figure et les cheveux étaient brûlés, et c'était miracle que le feu ne se fût pas communiqué aux vêtements.» A quelques détails près, on se croirait revenu, vingt-deux ans plus tôt dans l'appartement des L'Espanaye. Mais ce ne serait dire qu'à moitié. Car Gaboriau n'est pas simplement un disciple de Poe. Nous l'avons dit : il a aussi été un lecteur assidu de Balzac et de sa *Comédie humaine* qu'il connaît sur le bout des doigts. De plus, il a pressenti avant d'autres le triomphe du roman-feuilleton. Dans *Double Assassinat dans la rue Morgue*, quand Dupin et le narrateur prennent connaissance des meurtres, tout commence comme dans un feuilleton. Mais tout s'arrête aussitôt pour ne s'en tenir qu'au raisonnement abrupt. *L'Affaire Lerouge* ne s'ouvre pas autrement.

▪ Un anti-Dupin

Mais Gaboriau, lui, à l'instar de Balzac, crée des personnages, des vrais : le père Tabaret alias Tirauclair et surtout le fameux Lecoq qui va prendre de plus en plus de place dans ses romans. Or, Lecoq est un anti-Dupin. Que sait-on de ce dernier ? Trois fois rien. Mais de Lecoq, Gaboriau nous apprend qu'il est issu d'une riche famille normande, qu'il a reçu une solide éducation. Bachelier, il a fait son droit. Après quoi, des revers de fortune, comme il s'en produit beaucoup à cette époque, l'ont contraint d'exercer divers métiers dont un emploi chez un astronome qui va décider de sa carrière. En effet, alors qu'il est tenté par un gros coup, l'astronome lui dit : «Quand on a vos dispositions et qu'on est pauvre, on devient un voleur fameux ou un policier illustre.» On sait ce qu'il en résultera. Boileau-Narcejac écrivent à son propos dans *Le Roman policier* : «Lecoq n'est pas brillant. Il se trompe souvent. En revanche, il est beaucoup plus vrai que Dupin. Ses enquêtes ne portent plus sur des mystères aussi accablants que ceux du local clos ; elles tendent à révéler des caractères. L'énigme n'est plus dans les choses, mais dans les êtres [...]. Les personnages, dès le début, sont en situation et le lecteur ignorant ce qu'ils pensent, ce qu'ils cachent, est plongé dans le doute. La tâche propre du policier est moins de rendre intelligibles des indices en apparence absurdes que de ramener au jour le passé des protagonistes.» Cette fois, nous y sommes.

Entre ce père la rigueur d'Edgar Poe et le bouillonnant remueur d'intrigues qu'était Balzac, entre l'inconditionnel défenseur du texte bref et le monumental empereur du roman, Gaboriau arrive juste à l'heure pour réaliser la synthèse. Littérairement, ça ne vaut plus grand-chose. Mais littéralement, un palier vient d'être franchi. Décors et personnages sont plantés. Il ne reste plus qu'à les ajuster, les resserrer.

Un précurseur
« Invité par le journal de Bennett, j'ai fait la connaissance de Gaboriau. *Le Crime d'Orcival* a des parties remarquables ; quand on songe au temps où ce livre fut écrit, force est de considérer Gaboriau comme un précurseur, le père de toute la littérature détective actuelle. J'admire en particulier les pages où Lecoq explique à Planet sa méthode ; depuis, on n'a rien fait de mieux » (André Gide, *Journal*, 7 juillet 1932).

Confidence
« Lecoq n'était qu'une misérable savate ! Son unique mérite était de posséder une énergie indomptable. Je peux dire que cette œuvre m'a causé un véritable malaise. Tout le problème se résumait ainsi : identifier un détenu inconnu. J'y serais parvenu en vingt-quatre heures. Lecoq, lui, a passé environ six mois ! On pourrait l'utiliser comme sujet d'étude à l'usage de ceux qui se préparent à la carrière de détectives afin de leur montrer les fautes à éviter » (Confidence de Sherlock Holmes au docteur Watson dans *Une étude en rouge*).

Dostoïevsky Fedor Mikhaïlovitch

(1821 - 1881)

La poétique du souterrain

«Je vous dirai à mon sujet que je suis un enfant du siècle, enfant de l'incroyance et du doute jusqu'à ce jour, et le serai même jusqu'à la tombe» (Fedor Dostoïevsky, 1854).

Carnet de notes
«Avec un réalisme intégral, trouver l'homme dans l'homme. C'est par excellence un trait russe... On me dit psychologue. Ce n'est pas vrai, je suis seulement un réaliste au sens supérieur, c'est-à-dire que je représente toutes les profondeurs de l'âme humaine» (Fedor Dostoïevsky).

Dans son passionnant essai sur le roman américain (*La Prairie perdue*), Jacques Cabau note : «*Le Faucon maltais* est un roman policier. Il ne manquera pas d'esprits sérieux pour s'étonner de le voir rangé parmi les œuvres littéraires.» Concernant Dostoïevsky, et pour paraphraser Jacques Cabau, nous pourrions écrire à l'inverse : *Crime et Châtiment* est un roman dit littéraire. Il ne manquera pas d'esprits obtus pour s'alarmer de le voir classé parmi des œuvres policières. Et pourtant...

Comme beaucoup d'œuvres de Dostoïevsky, *Crime et Châtiment* (1865) est aussi le roman du double, thème essentiel, emblématique même de l'univers romanesque policier. Le double, la doublure, la duplicité. Raskolnikov est deux. Mais à l'inverse de Goliadkine (dans *Le Double*, 1846) lui est deux en dedans. Le mépris avec lequel Goliadkine 2 traite Goliadkine 1 et le processus de dégradation qui s'ensuit à l'encontre de ce dernier, dans le conflit qui l'oppose à son sosie, se transforme dans *Crime et Châtiment* en une lutte tout aussi humiliante entre le je et le moi de Raskolnikov. Mais ici, contrairement à la partie d'échecs que se jouaient les deux Goliadkine (voir chez Stevenson, Jekyll et Hyde), le souterrain est intégralement intérieur, étanche et fermé du dedans. Et c'est là que tout se noue. Car, à sa manière, *Crime et Châtiment* est aussi le roman d'un local clos. Le plus meurtrier possible puisqu'il s'agit d'un duel avec soi-même, en son propre moi verrouillé. Le conflit entre le quotidien et le Destin, la raison et Dieu, l'ordre et la transgression. Raskolnikov est tout à la fois sa propre liberté et sa vraie cellule carcérale. Pour se libérer de cette dualité, il n'a guère qu'une issue. Elle tourne assez vite à l'idée fixe.

▪ Tout est-il permis ?

S'étant convaincu que le crime, en le projetant hors du cadre commun, lui permettra de se situer au-delà de lui-même et des autres (d'en sortir en s'élevant), il finit par assassiner. Écoutons Dostoïevsky raconter lui-même le cheminement de son héros au rédacteur en chef de la revue *Le Messager* : «C'est le compte rendu psychologique d'un crime. L'action est actuelle [...]. Un jeune homme, renvoyé de l'université, d'origine modeste et vivant dans le plus complet dénuement, poussé par sa légèreté d'esprit, par la fragilité de ses principes, cédant à l'influence de certaines idées bizarres, mal digérées, qui sont dans l'air, a décidé de tuer une vieille femme, conseillère titulaire et usurière [...], et cela afin de faire le bonheur de sa mère qui vit au fond de la province, d'arracher sa sœur qui travaille comme gouvernante chez des propriétaires, aux entreprises

Référence
Cabau (J.), *La Prairie perdue*, Éd. du Seuil/Points, 1981.

déshonnêtes du maître de maison [...]. Par tout cela, naturellement, il effacera son crime, si l'on peut désigner par crime cet acte commis contre une vieille femme, sourde, bête, méchante et malade qui ne sait pas elle-même pourquoi elle vit et qui serait peut-être morte de sa belle mort un mois plus tard.» Tel est Raskolnikov. Et le monde qui l'entoure n'est pas plus brillant. On y côtoie des alcooliques, des prostituées, des parvenus, bref un univers noir digne de ce que seront les Personville et autres Frisco et Chicago des années 30. Sans oublier, au-dessus de tout ce salmigondis, Sa Majesté l'Argent, monstre d'insalubrité publique symbolisé ici par la vieille usurière à qui Raskolnikov fait avaler son bulletin de naissance.

▪ Meurtre et culpabilité

C'est à ce moment-là, explique Dostoïevsky, que se développe tout le processus psychologique du crime. «Des questions laissées sans réponse se dressent devant l'assassin, des sentiments insoupçonnés et imprévisibles tourmentent son âme. La justice divine et la loi des hommes finissent par l'emporter et le contraignent à se livrer lui-même.» Car pour l'auteur, il est clair que tout serait permis, si seulement Dieu n'existait pas. C'est à cet endroit précis que se dresse la frontière entre la liberté et l'arbitraire. Frontière qu'a franchie Raskolnikov en se considérant comme supérieur aux autres et qui l'a conduit en droite ligne vers un territoire hors de lui, qu'il ne peut assumer sans se mettre de nouveau en question.

Roman du crime et de la culpabilité à la fois, *Crime et Châtiment* est bel et bien un roman policier. L'objet-énigme existe. Il a simplement été transféré du centre vers la périphérie. Ce n'est pas le crime lui-même ici qui intéresse, mais ce que le criminel va faire de son acte, puis comment le juge va le conduire à prendre acte de ce crime. Prétendre que ce roman n'est basé que sur la seule culpabilité, qu'il ne suit pas la logique classique de l'énigme, qu'il en appelle à la seule métaphysique, c'est non seulement passer à côté d'un titre parfaitement explicite, mais réduire à sa plus simple expression toute l'œuvre de Dostoïevsky dont *Crime et Châtiment* constitue la charnière. Individu social géminé, Raskolnikov est aussi le symbole d'une société malade qui, à son image, cède à ses ombres et ne peut plus produire que son propre néant. Si le roman policier à implications sociales (de type noir) est bien le roman d'une crise, alors *Crime et Châtiment* est bien un roman policier, au même titre que *Le Procès* de Kafka, *Todo Modo* de Leonardo Sciascia, *La Promesse* de Friedrich Dürrenmatt... Ou alors, les mots n'ont plus de sens.

Pierre-François Lacenaire
Né en 1800 à Francheville et guillotiné le 8 janvier 1836 en place publique, il assassina à coups de hache une veuve impotente et son fils. A ses heures perdues, il était également poète. Après sa mort, ses *Mémoires et Révélations* connurent un grand succès de librairie. L'on a dit que Dostoïevsky s'était servi de lui pour composer la silhouette de Raskolnikov. Quoi qu'il en soit, ce quatrain écrit par Lacenaire n'aurait pas pu être désavoué par le protagoniste de Dostoïevsky :
« Il est un secret qui me tue
Que je cache aux regards curieux
Vous ne voyez ici que la statue
L'âme se cache à tous les yeux. »

Sur le roman
« On ne lisait que lui tout au long de cette année 1866, et les amateurs de lecture n'avaient que lui à la bouche. On en parlait en se plaignant généralement de sa puissance écrasante et de l'impression pénible qu'il produisait ; les lecteurs aux nerfs solides en étaient presque malades, et les autres étaient obligés d'interrompre la lecture » (N. Shakhov, *Souvenirs sur Dostoïevsky*).

Collins William Wilkie

(1824 - 1889)

Un devancier magique

« Wilkie Collins demeure l'un des rares romanciers victoriens à propos desquels on peut parler d'intrigues » (G. K. Chesterton).

Sur Collins

« Sa *Pierre de lune* préfigure aussi bien le récit d'aventures que le roman policier moderne. Les faits y sont rapportés par la plume de divers protagonistes et si parfois les événements sortent de toute crédulité, Collins s'écrie qu'il s'est servi de la réalité et qu'il ne faut pas s'en prendre à lui si la réalité dépasse souvent la fiction. Les fils de l'action deviennent encore plus inextricables dans *La Dame en blanc* où le suspens ne connaît pas de répit » (Fereydoun Hoveyda, *Petite Histoire du roman policier*, Éd. du Pavillon, 1965).

Référence

Rivière (F.), *Les Couleurs du noir*, Éd. du Chêne, 1989.

C'est en 1868 que Collins publie dans *All the Year Round*, journal que dirige son ami Dickens, la fameuse *Pierre de lune* que nombre de spécialistes considèrent comme le plus beau roman policier qui ait jamais été écrit. Le poète, dramaturge et critique américain Thomas Stearns Eliot écrivit à son propos : « Tout ce qu'il y a de bon et d'efficace dans la narration policière moderne se trouvait déjà dans *La Pierre de lune*. Les auteurs postérieurs ont ajouté l'usage des empreintes et autres bagatelles du même genre, mais pour le fond, ils n'ont réalisé aucun progrès en ce qui concerne la personnalité ou les méthodes du sergent Cuff. Le sergent Cuff est le policier parfait. Nos policiers modernes sont le plus souvent des machines efficaces mais anonymes, que l'on oublie au moment même où l'on ferme le livre, ou alors trop typés comme Sherlock Holmes. [...] A l'inverse, le sergent Cuff possède une personnalité réelle et attrayante : il est brillant sans être infaillible. » Pour autant Collins n'en était pas à son coup d'essai. Huit ans auparavant, il avait déjà fait paraître un roman intitulé *La Dame en blanc* qui avait été un énorme succès de librairie. Dans son ouvrage, *Les Couleurs du noir*, François Rivière raconte : « Dickens et Collins s'échappaient souvent de Londres pour de courts séjours parisiens, escapades au cours desquelles [...], ils courtisaient de jeunes personnes, mangeaient du foie gras et buvaient du champagne. Mais ils fréquentaient également les librairies et c'est dans l'une d'elles que Collins fit l'acquisition de plusieurs volumes de comptes rendus de procès célèbres qui le passionnèrent. »

▪ Une certaine magie

De ce recueil des causes célèbres de Maurice Méjan, William Wilkie Collins s'inspira pour écrire *La Dame en blanc*. Novateur dans la forme du récit, le père du roman policier anglais le fut aussi sur le fond même du problème puisqu'il est à l'origine d'une règle qui imposait à l'auteur de délivrer dès les premiers chapitres tous les indices nécessaires à la solution de l'énigme, tout comme il est à l'origine de l'idée de voir figurer le coupable parmi ceux des personnages que l'on soupçonne le moins. A l'heure où des éditeurs et des critiques jugent de la qualité d'un polar au nombre de litres d'hémoglobine et de jurons orduriers lancés à tout bout de propos, il serait peut-être bon de se replonger (toutes proportions gardées) dans *La Dame en blanc* ou *La Pierre de lune* de W. W. Collins, romans dans lesquels Gilbert K. Chesterton décelait une certaine magie. Car c'est cela, aussi, le pouvoir du vrai romancier.

Stevenson Robert Louis

(1850 - 1894)

L'homme qui racontait des histoires

« Il illuminait tout un côté du globe et peuplait, à lui seul, une province entière de notre imagination » (Henry James).

La présence de Stevenson dans cet ouvrage, de même que la surface qui lui est dévolue pourront paraître déplacées aux yeux d'aucuns gardiens du temple. Mais il ne s'agira, alors, que d'une apparence, d'un faux-semblant car, en réalité, Stevenson mérite amplement de figurer en bonne place parmi ceux qui ont contribué à l'avancée du roman policier, cette cheville ouvrière noble du roman populaire. En premier lieu, parce que plusieurs de ses écrits sont directement ancrés dans le genre. Ensuite, parce que son influence sur des auteurs comme Conan Doyle ou Chesterton est indéniable. Enfin, parce qu'il reste l'un des auteurs de son temps (et sans doute même de bien d'autres temps) qui a le mieux réfléchi sur la problématique romanesque.

Né à Edinburgh, le 13 novembre 1850 (année de la mort de Balzac) Robert Louis Stevenson séjourne pour la première fois en France (sur la Côte d'Azur) à l'âge de 13 ans. Trois ans plus tard, il rédige un roman historique puis s'inscrit à l'université où il accomplit ses études de droit. De 1875 à 1880, nouveaux voyages en Provence, à travers l'Écosse et en Californie pour y rejoindre Fanny Osbourne qu'il épousera contre l'avis de sa famille. En 1883, paraît son premier chef-d'œuvre (*L'Île au trésor*) ainsi qu'un autre roman en feuilletons (*La Flèche noire*). L'année suivante, d'inquiétants problèmes de santé le contraignent à regagner l'Angleterre. Il se lie d'amitié avec le romancier Henry James et va composer son deuxième chef-d'œuvre : *Le Cas étrange du Dr. Jekyll et de Mr. Hyde* (1886).

▪ Anatomie d'une dualité

Ce roman qui servira ici d'exemple (mais on pourrait aussi bien lui adjoindre la nouvelle *Le Club du suicide* ou son roman à quatre mains *Un mort encombrant*) est essentiellement le roman de la dualité. Du double donc et du dédoublement. Thème que Stevenson n'est ni le premier ni le dernier à aborder, mais que, contrairement à ses devanciers ou à ses suiveurs, il pousse aux frontières du possible. Car, chez lui, la problématique du double (un des mots clés de la littérature policière) et, plus exactement, du dédoublement de la personnalité (Charcot et Bernheim sont déjà là et Freud s'annonce) ne se satisfait pas de voir agir un seul et même individu comme c'était le cas avec Shelley ou Dostoïevsky, voire deux êtres antinomiques comme chez Conan Doyle (avec Holmes/Moriarty), mais il en enfante physiquement un second. La métamorphose est kafkaïenne trente ans avant la lettre.

Jekyll/Hyde ne joue(nt) pas sur le registre de l'opposition entre le Bien et le Mal, comme cela a été souvent dit à tort, mais,

Opinion

« Le roman, qui est une œuvre d'art, existe non par ses ressemblances avec la vie, inévitables et matérielles [...], mais par son incommensurable différence avec elle, différence délibérée et significative, constitutive de la méthode et du sens de l'œuvre » (Extrait de *Henry James - Robert Louis Stenvenson : une amitié littéraire*, édition établie et présentée par Michel Le Bris, Verdier, 1987).

Films
En 1941, Victor Fleming adapte le roman de Stevenson, *Dr. Jekyll et Mr. Hyde* (avec Spencer Tracy, Ingrid Bergman, Lana Turner). En 1963, le grand Jerry Lewis renverse la problématique hydienne dans son *Dr. Jerry et Mister Love*, film comique évidemment, mais grinçant et cruel aussi (avec Jerry Lewis, Stella Puray, Del More).

a contrario, sur leur complémentarité pour ne pas dire leur confondaison. Et c'est de cette dualité (en même temps que de la confrontation entre le désir de Jekyll assouvi dans les accomplissements de Hyde) que naissent à la fois et le crime et l'enquête. Henry Jekyll va à Hyde par la nécessité de laisser s'exprimer l'autre part de lui-même sans laquelle il n'est pas totalement lui, même si en Edward Hyde il n'est pas davantage un autre mais toujours lui dans l'autre en ce que sa personnalité peut s'y affirmer pleinement, résolument, hors tout carcan moralisateur. Hyde, quant à lui (cette bête qui sommeille), ne revient jamais à Jekyll par simple assouvissement de ses actes (et de ses actes seuls, car Hyde n'a pas de désirs) une fois ses forfaits nocturnes accomplis, mais uniquement pour échapper à la police. Sans compter que ce «champ de bataille de deux tendances», né dans l'esprit de l'auteur une nuit de cauchemar, est aussi l'illustration d'un moment paroxystique de la crise œdipienne au bout de laquelle Hyde finira par avoir raison de Jekyll.

■ Le conteur d'histoires

Dualité, disions-nous, double donc, et dédoublement. N'oublions pas la duplicité sociétale. Jekyll incarne la partie émergée de la bonne société victorienne, tandis que Hyde en représente la face enfouie, crépusculaire, dissimulée. L'autre côté de la vérité. Jekyll/Hyde, ce n'est pas aussi simplement le jour et la nuit, mais cette part de la nuit qui se terre en chacun de nos jours et qui a fait dire à Henry James que ce roman faisait songer «à la lumière d'une fin d'après-midi par un dimanche brumeux d'hiver, lorsque les objets inanimés eux-mêmes prennent une sorte d'aspect maléfique». Un an après la publication de cette œuvre qui connaîtra un retentissant succès, Stevenson perd son père et entreprend une longue croisière dans les mers du Sud. Après avoir parcouru plusieurs îles, il se fixe à Vailima, dans les Samoa, où il s'éteint, le 3 décembre 1894, des suites d'une congestion cérébrale. Il avait 44 ans. Les indigènes lui avaient donné un surnom : «Tusitala», qui signifie le conteur d'histoires.

Un style
« L'originalité de Stevenson, qui explique que ses textes n'ont pas pris une ride, tient à ce qu'il ne tente même pas d'opposer aux "contenus" des naturalistes un autre contenu, pas plus qu'il n'essaie d'opposer à cette idéologie une autre idéologie : aucun dogme chez lui, aucune leçon, mais la recherche, toujours plus minutieuse, de ce qui dans tout sens figuré ne peut être réduit à un sens propre, de ce qui dans une fiction ne peut pas se dire autrement – bref, de ce que peut bien vouloir dire "raconter une histoire". Or, échappant obstinément aux idées, aux contenus, aux caractères, aux psychologies, aux sociologies, aux idéologies, il reste ceci, sans quoi il n'est pas de fiction qui tienne : sa forme – ce que Stevenson appelle "the plastic part of literature". En somme, s'il fallait résumer sa démarche : contre l'impérialisme des conteurs, la nécessité de la forme, contre le matérialisme, et d'ailleurs tous les "ismes", l'évidence de l'image» (Michel Le Bris, *Une humble remontrance à bâtons rompus sur le roman).*

Référence
Le Bris (M.), *Une humble remontrance à bâtons rompus sur le roman*, revue *Roman* n° 22, Presses de la Renaissance.

Dickens Charles

(1812 - 1870)

La marque du destin

«Le mystère tient en deux points d'interrogation : Edwin Drood est-il mort ? Qui est M. Datchery ? Pour moi, ces deux questions ont une seule réponse» (Paul Kinnet).

Les personnages se distinguent des réalités humaines, expliquait Albert Camus, en ce qu'ils vont toujours au bout de leurs actes. En écrivant *Le Mystère d'Edwin Drood*, Charles Dickens n'en était certes plus à son coup d'essai, mais il accomplit, néanmoins, un coup de maître. En effet, en décédant avant d'avoir écrit le mot de la fin, il emporta le secret du dénouement avec lui, dans sa tombe.

▪ Un mystère en suspens

Tout commença au retour d'une longue et exténuante tournée de lectures publiques à travers les États-Unis qu'il fut contraint d'interrompre en raison d'un état de santé très critique. Rentré en Angleterre, il écrit à son ami John Forster qu'il lui est venu une idée «très curieuse et très neuve» pour sa nouvelle histoire. Il ajoute que cette idée n'est pas communicable dans l'intérêt même du roman. Mal lui en prend puisque le 8 juin de l'année suivante, alors que les premiers chapitres commencent de paraître en fascicules, chez Chapman et Hall à Londres, et qu'il n'a pas encore bouclé l'histoire, «après une longue journée de labeur, raconte Jacques Baudou, il écrit une dernière phrase et pose sa plume pour aller dîner. Victime d'une attaque d'apoplexie, il meurt le lendemain en laissant son roman inachevé à jamais et le mystère de son titre irrésolu» (Préface au roman).

▪ Une solution parmi d'autres...

De 1870 à 1987, plus de mille articles et même des ouvrages entiers seront consacrés à la résolution de cette énigme. Conan Doyle et Austin Freeman se jetteront dans la mêlée. Le premier en 1927 au cours d'une séance de spiritisme, le second (plus sérieusement) dès 1924 dans un roman intitulé *Le Mystère d'Angelina Frood*, une enquête de son fameux Dr Thorndyke, le détective qui a sans doute le mieux exprimé la pensée scientifique, le raisonnement déductif à partir de faits connus de tous. Gilbert Keith Chesterton et John Dickson Carr ne ménageront pas davantage leurs efforts. Et puis, en 1956, un auteur belge répondant au nom de Paul Kinnet, traduisant le roman de Dickens, imagine une chute qui lève le voile sur ce long mystère. C'est cette version qu'ont choisi de nous présenter les Éditions de l'Instant, en 1987, dans la collection dirigée par Roger Martin. «Je n'ai pas lu tous les commentaires qu'on a pu faire sur *Le Mystère d'Edwin Drood*, explique Paul Kinnet, mais j'en ai lu beaucoup. Jamais chez aucun commentateur, je n'ai pu trouver l'argument capable de faire rejeter cette solution qui est la plus simple.» Aux lecteurs d'apprécier.

Perspicacité

«En 1841, parut dans une revue, *Barnaby Rudge*, roman de Dickens qui contient le récit d'un crime mystérieux. Ayant lu les premiers chapitres qui avaient été publiés, Edgar Poe démonta et reconstitua le mystère et, alors que rien dans les pages déjà offertes au public ne pouvait le faire prévoir, il annonça ce que serait le dénouement. Une telle perspicacité stupéfia, paraît-il, Dickens» (François Fosca, *Histoire et Technique du roman policier*, Éd. Nouvelle Revue critique, 1937).

Green Anna Katharina

(1846 - 1935)

La première femme

Née à Brooklyn, fille d'un avocat bien en cour, épouse d'un riche industriel, elle a publié en un peu moins de cinquante ans, trente-deux romans, sept recueils de nouvelles, une pièce en vers et une plaquette de poèmes. En 1878, elle publie *L'Affaire Leavenworth* qui lui vaudra un immense succès. Considérée comme la première femme auteur de romans policiers, c'est elle aussi qui employa pour la première fois l'expression de «detective story». Ce roman, deux fois adapté au cinéma, a été traduit en France en 1950 (Le Masque) sous le titre : *Le Crime de la 5e Avenue.*

Zola Émile

(1840 - 1902)

L'approche naturaliste

Conviction
«On m'a reproché ma passion. C'est vrai, je suis un passionné et j'ai dû être injuste souvent. La faute est là, même si ma passion est haute, dégagée de toutes les vilenies qu'on lui prête. Mais je l'avoue encore, je ne donnerais pas ma passion pour la veulerie complaisante et le misérable aplatissement des autres» (Émile Zola, 15 janvier 1882).

C'est à l'âge de 27 ans qu'Émile Zola devient le Zola de la postérité. Très exactement en décembre 1867, quand paraît *Thérèse Raquin*. Ce roman nous intéresse ici à plus d'un titre. D'abord parce qu'il pose le premier jalon de ce que l'auteur a lui-même désigné comme «la méthode d'observation basée sur l'expérience même» et qu'il illustre parfaitement ce que vont être ses futurs *Rougon-Macquart*. Ensuite, et surtout, parce que, tant dans sa forme que sur le fond, Thérèse Raquin tire vers le roman policier. Dans sa géniale biographie de l'auteur (*Bonjour, M. Zola*), Armand Lanoux écrit : «Pour le fond, l'influence de Taine triomphe [...]. L'intrigue [...] a été fournie par un roman d'Adolphe Belot et Ernest Daudet : *La Vénus de Gordes*, dans lequel les auteurs, après avoir fait tué un mari par l'amant de sa femme, envoient le couple aux assises.» Et Armand Lanoux poursuit : «On trouve aussi parmi les sources probables un roman de Charles Barbara : *L'Assassinat du Pont-Rouge*.» Intrigue criminelle, influence de la pensée scientifique, progression romanesque essentiellement tragique autrement dit : antimélodramatique, tout est là pour désigner le flirt de Zola avec le roman policier, flirt qu'il appuiera à plusieurs reprises et, notamment, dans *La Bête humaine* (1890) avec Jacques Lantier, son criminel-né, irrépressiblement lié à la thématique du roman de psychologie criminelle.

T

Ne pas
Affranchir

CORRESPONDANCE-RÉPONSE

Valable du : 1er janvier 1992
au : 31 décembre 1992

A utiliser seulement en France métropolitaine et dans les départements d'Outre-Mer

BORDAS

AUTORISATION 4058 75

75681 PARIS CEDEX 14

Vous venez d'acheter un ouvrage de la collection "LES COMPACTS"
Les éditions BORDAS aimeraient mieux vous connaître pour mieux vous informer.
Pour cela, nous vous remercions de compléter cette carte et de nous la retourner sans l'affranchir.
Vous recevrez gratuitement en retour notre catalogue.

---

1 – Vous venez d'acheter le titre suivant : ....

....

2 – Est-ce le premier titre de la collection "LES COMPACTS" que vous achetez ?

- ☐ oui
- ☐ non, vous avez déjà |__|__| COMPACTS

3 – Vous avez découvert ce livre :

- ☐ en librairie
- ☐ par la presse
- ☐ par relation
- ☐ autre : ....

4 – Pourquoi avez-vous acheté ce livre ?

- ☐ pour compléter votre culture générale
- ☐ pour l'intérêt du thème abordé
- ☐ pour répondre à un besoin précis d'information
- ☐ autre raison : ....

5 – Vous l'avez acheté dans le cadre :

- ☐ de votre scolarité
- ☐ de votre enseignement
- ☐ de votre profession
- ☐ autre motif : ....

6 – Comment avez-vous acquis ce livre ?

- ☐ vous l'avez acheté pour vous
- ☐ vous (ou un membre de votre foyer) l'a acheté pour toute la famille
- ☐ quelqu'un vous l'a offert

7 – Avez-vous des enfants de moins de 18 ans ?

☐ oui ☐ non |____| combien

8 – Quel est votre principal centre d'intérêt ....

....

9 – Vous êtes : ☐ un homme ☐ une femme

10 – Quel est votre âge ? |__|__| ans

11 – Quelle est votre profession ? ....

....

Nom ....
Prénom ....
Adresse ....
....
Code postal |__|__|__|__|__| Ville ....
Téléphone (facultatif) ....

Conan Doyle Arthur

(1859 - 1930)

Un logicien de légende

« Nous ne trouvons rien chez lui qui n'ait existé avant lui, mais l'amalgame est plus concentré, plus intelligemment combiné, plus pur d'éléments parasites que partout ailleurs » (Régis Messac).

En cette année 1893, dans le courant du mois d'octobre, l'Angleterre vit des instants agités. Abandonnant leur légendaire flegme, des milliers de sujets de Sa Très Gracieuse Majesté s'agitent et s'angoissent. Il y a ceux qui, tels les agents de la City de Londres, coiffent soudain leurs melons d'un crêpe noir, une dizaine de parlementaires qui interpellent le gouvernement à la Chambre et des centaines d'ouvriers qui se mettent en grève. Que se passe-t-il donc ? Des manifestations orchestrées par les trade-unions en pleine expansion auraient-elles débouché sur une sanglante répression policière ? Quatre ans après son dernier forfait, Jack l'Éventreur serait-il revenu à Whitechapel semer la terreur parmi les prostituées et les habitants du quartier ?

La réalité est beaucoup plus complexe. Un homme vient de mourir. Il a été précipité au fond d'un gouffre suisse par le criminel qu'il pourchassait. Or cet homme n'est pas n'importe qui. Pour ne pas être un policier, au sens strict du terme, il n'en est pas moins détective. Mais pas n'importe quel détective consultant. Et pas seulement un individu même britannique, mais un personnage, une figure, déjà une légende. Pourtant, le premier responsable de cette mort (que les Anglais considèrent comme une catastrophe nationale) note dans une lettre qu'il adresse à un ami : « Je ne pourrais le faire revivre au moins pour quelques années. J'ai une telle overdose de lui, comme d'un pâté de foie gras dont j'aurais trop mangé, que l'évocation même de son nom me donne encore la nausée. » Et, malgré les protestations, les pétitions, les injonctions, les supplications, le père de Sherlock Holmes tiendra bon. Le résident du 221 Baker Street, appartement B au premier étage, restera au fond du précipice helvétique dix années durant. Ce n'est qu'en 1903, en effet, que Conan Doyle daignera le tirer des chutes du Reichenbach, même si deux ans plus tôt, et pour être agréable à sa mère, il avait repris sa plume pour raconter l'histoire du *Chien des Baskerville* où Holmes enquêtait sur une affaire antérieure à sa mort. Après quoi, celui que le docteur Watson qualifia de « logicien le plus incisif et policier le plus dynamique d'Europe », s'effaça de nouveau dans la vie de son père spirituel.

▪ Une vie mouvementée

En 1906, Conan Doyle est battu pour la deuxième fois aux élections législatives et sa femme meurt. L'année suivante, il s'intéresse à une affaire criminelle et parvient, à la manière de son héros, à prouver l'innocence de l'accusé. Il récidivera deux ans plus tard avec un autre accusé, condamné à mort pour meurtre,

Pedigree
Le 22 mai 1859 à Edinburgh (Écosse) naît, de Mary Foley et de Charles Doyle, Arthur Horatius Conan Doyle, cadet d'une famille de sept enfants. Contrairement à ce que l'on peut croire, les Doyle étaient originaires de Normandie et avaient émigré en Irlande au XIVe siècle. Conan était le nom de son parrain, Michel Conan.

Poème
« Je réussis mon plan
Si je donne une heure de joie
A un enfant qui attend d'être un homme
Ou à l'homme qui est encore un enfant »
(Arthur Conan Doyle, 1912).

Un nommé Hume
En 1887, un Néo-Zélandais répondant au nom de Fergus Hume publie un roman policier intitulé *The Mystery of a Handom Cab*. Ce roman obtint un tel succès qu'il fut longtemps considéré comme le best-seller du « whodunit » en langue anglaise du XIXe siècle.

Jules Bonnot
« Venu présenter le Congrès spirite de Paris, Conan Doyle s'en alla jusqu'à Lyon pour visiter le Musée du crime installé par le Dr Locard dans le grenier du palais de justice. Tombant en arrêt devant un portrait, il s'écria : "Mais c'est Jules, mon ancien chauffeur !" Le Dr Locard, étonné, chercha à le détromper : "Maître, vous devez faire erreur, c'est Bonnot, le bandit Jules Bonnot." Eh bien oui. Bien avant ses tragiques exploits [...] cet excellent mécanicien avait vécu en Angleterre, et il passa quelque temps au service de Conan Doyle » (Francis Lacassin, *Mythologie du roman policier*, t. 1).

dont il réussira à faire commuer la peine en prison à vie. En 1907, il se remarie avec une jeune femme qu'il a rencontrée une dizaine d'années plus tôt. En 1911, il participe à un rallye automobile qui traverse l'Allemagne, l'Angleterre, l'Écosse et accomplit son baptême de l'air. En 1916, il se trouve en reportage sur les fronts de guerre français et italien, rencontre Clemenceau à Paris, puis se passionne, milite même en faveur du spiritisme et donne à travers le monde entier des conférences. En 1929, de retour d'une tournée au Danemark, en Suède et en Hollande, il est très affecté par une angine de poitrine. Il meurt quelques mois plus tard, le 7 juillet 1930, à l'âge de 71 ans.

Trois ans auparavant, en 1927, dans *L'Aventure de Shoscombe Old Place*, publiée dans *Liberty Magazine*, il avait raconté l'ultime enquête de Sherlock Holmes, dont la carrière littéraire avait débuté très exactement quarante ans plus tôt, dans *Une étude en rouge*, publiée dans le *Beeton's Christmas Annual* où elle était, d'ailleurs, passée totalement inaperçue. Néanmoins, c'est là que tout a démarré. Même si le succès ne viendra que quatre ans après avec *Un scandale en Bohême*, c'est bien en 1887 que s'ouvre la légende.

▪ Ce matin-là...

Tout au moins éditorialement. Car l'enquête proprement dite de Holmes contenue dans *Une étude en rouge* remonte, elle, à 1881 et, plus précisément encore, au 4 mars de cette année-là, si l'on en croit le docteur Watson en personne, lequel aura mis six ans avant de se décider à raconter cette subtile affaire de détection. Ce matin-là donc, tandis que Holmes et son nouvel ami devisent de tout et de rien à la fois, un commissionnaire remet au détective consultant une lettre de Tobias Gregson, un des limiers du Yard. Dans cette lettre, on apprend que vers 2 heures du matin, au 3 Lauriston Gardens, l'agent de ronde a vu une lumière brûler à une des fenêtres de la maison. Comme il savait la demeure inhabitée, il a aussitôt pensé à mal et quand il s'est décidé à pénétrer dans la maison, il a découvert le cadavre d'un homme élégamment vêtu. Dans ses poches se trouvaient des cartes de visite au nom de Enoch J. Drebber, de Cleveland (Ohio). Aucun vol ne paraissait avoir été commis. Et si des taches de sang ont pu être relevées dans la pièce, le corps de la victime ne portait aucune blessure. « Si vous avez le temps de passer ici, dans le courant de la matinée, écrivait l'inspecteur Gregson, vous serez certain de m'y rencontrer. J'ai donné l'ordre qu'on ne touche à rien tant que vous ne seriez pas venu. » Bref, la police se perd en conjectures et elle fait appel à Holmes qui, par le passé, a déjà rendu quelques services de ce genre aux officiels.

En fait, depuis 1874, Holmes a participé çà et là à diverses enquêtes. Fasciné par la perspicacité et la personnalité de son compagnon, Watson est tout aussi scandalisé par son ignorance culturelle. Il note à ce propos : « Ainsi en littérature contemporaine, en philosophie et en politique, il me paraissait à peu près nul. Un jour, que je lui citais Thomas Carlyle, il me demanda avec la plus parfaite candeur qui il était et ce qu'il avait fait. Mais je faillis tomber à la renverse lorsque je découvris qu'il ne connaissait ni les théories de Copernic ni la composition du système solaire. »

Dans sa somptueuse étude sur le personnage de Conan Doyle,

Mythologie du roman policier, Francis Lacassin trouve le cher docteur un rien sévère. Il fait remarquer que Holmes cite des auteurs latins dans le texte, qu'il fréquente d'assez près la littérature française en général et Flaubert en particulier, etc. Toutefois, la réflexion de Watson est à rapprocher de celle de Roger Bonniot en ce qui concerne, cette fois, les méthodes de Holmes et son brillant esprit de déduction. Est-il concevable, demande, dans sa préface à Monsieur Lecoq, le biographe de Gaboriau (dont Holmes avait brocardé le personnage de Lecoq) que de l'examen d'un chapeau melon, il puisse aboutir à la conclusion que « la pointe du chapeau dénote un crâne important, contenant par suite un cerveau exceptionnellement développé, à n'en pas douter celui d'un intellectuel ». Et Roger Bonniot de s'exclamer : « Quand on pense que ces lignes ont pu être écrites par un médecin ! »

▪ Un parallèle évident

La magie de Holmes, qui rend Watson si admiratif face à ses déductions, ne vient pas d'un don d'extralucidité, mais, tout au contraire, d'un facteur d'extrême lucidité. Holmes ne se contente jamais de voir les êtres et les choses. Il les observe, les étudie pour mieux les connaître et pouvoir ainsi les interpréter. Cependant, la méthode est loin d'être nouvelle. Avant lui, les Dupin, Tabaret et autres Lecoq se sont amusés à ce petit jeu et, avant eux encore, le Zadig de Voltaire (1747) qui s'inspira lui-même des *Aventures des princes de Serendip* pour décrire le cheval du roi et la chienne de la reine qu'il n'avait jamais vus.

Écoutons Zadig expliquer ses déductions au Premier eunuque : « J'ai vu sur le sable les traces d'un animal et j'ai jugé aisément que c'étaient celles d'un petit chien. Des sillons légers et longs imprimés sur de petites éminences de sable, entre les traces de pattes, m'ont fait connaître que c'était une chienne dont les mamelles pendantes indiquaient qu'elle avait fait des petits depuis peu. » Notons tout de suite que, dans ce brillant exercice, Voltaire emploie le verbe « voir » pour « observer » et non simplement pour dire qu'il a simplement vu en passant. Ensuite « m'ont fait connaître » autrement dit « m'ont enseigné ». Enfin, « j'ai compris » c'est-à-dire « j'en ai déduit que ».

Revenons à *Une étude en rouge*. Que dit Holmes : « Nous sommes en présence d'un assassinat commis par un homme. Cet homme mesure six pieds de haut ; il est tout jeune encore ; il a de petits pieds par rapport à sa taille ; il porte de gros souliers à bouts carrés et fumait un cigare trichinopoly. Il est venu ici en compagnie de sa victime dans un fiacre à quatre roues traîné par un cheval qui avait trois fers usés et un fer neuf à l'antérieur droit. Selon toute probabilité, l'assassin a une mine florissante et les ongles de la main droite anormalement longs. » Étonnant, non ? C'est pourquoi, quand Conan Doyle dans ses *Mémoires et Aventures* rend hommage à ses trois principales sources d'inspiration, Edgar Poe, Émile Gaboriau et son ancien maître Joseph Bell, et quand Francis Lacassin complète avec pertinence « l'influence de l'esprit scientifique qui baigne l'Europe vers la fin du XIXe siècle », il serait injuste d'occulter le rôle d'un Voltaire dont Conan Doyle, féru de littérature française, ne pouvait ignorer le *Zadig*.

Ce même Voltaire qui dut influencer un autre auteur de

Empreintes
« Les détectives de roman ont toujours la chance pour eux. L'assassin a généralement une jambe de bois et les empreintes qu'il laisse ne sont pas bien difficiles à suivre. Le malheur, dans la vie réelle, c'est cette manie qu'ont les assassins de déambuler avant d'être amputés » (Ronald A. Knox).

Joseph Bell
« Gaboriau m'avait séduit par l'élégante façon dont il agençait ses intrigues et le magistral détective de Poe, M. Dupin, avait été depuis mon enfance un de mes héros favoris. Mais pouvais-je leur adjoindre quelque chose de mon propre fond ? Je songeai à mon ancien maître, Joseph Bell, à sa figure d'aigle, à ses allures bizarres, à son don étrange de remarquer certains détails. S'il était détective, il arriverait sûrement à faire de cet exercice captivant mais sans but quelque chose de plus semblable à une science exacte. »

Références
Gaboriau (É.), *Monsieur Lecoq*, Éd. de l'Instant.
Lacassin (F.), *Mythologie du roman policier*, U.G.E. 10/18, 1974.
Lebrun (M.) et Schweighaueser (J.-P.), *Le Guide du polar, histoire du roman français*, Syros, 1987.

romans policiers, dont nous parle Michel Lebrun dans *Le Guide du polar français*, un nommé Henry Cauvain, ancien trésorier général, né en 1847 et mort cinquante-deux ans plus tard, auteur de romans historiques et mélodramatiques ainsi que de deux romans policiers : *La Main sanglante* et surtout *Maximilien Heller*. Ce dernier roman, explique Michel Lebrun, «comporte un criminel de génie, un crime en chambre close et un enquêteur résolument privé. On peut y faire des comparaisons amusantes. Heller aime les chats, comme Holmes. Holmes se dope à l'héroïne, Heller prend de l'opium. Comme Holmes, il pratique le raisonnement logique. Comme Holmes, il possède un confident médecin, le narrateur de l'histoire [...]. Tout pourrait laisser croire, poursuit Michel Lebrun, que Cauvain imbibé de Gaboriau a également lu Conan Doyle et lui a emprunté une foule de détails». Seulement voilà : il y a un petit problème, une légère faille. Le roman de Henry Cauvain (*Maximilien Heller* dont on notera au passage que le patronyme commence par la même lettre que Holmes) date de 1886, autrement dit il précède d'un an *Une étude en rouge* de Conan Doyle.

A croire que notre médecin écossais avait toutes les raisons d'aimer la littérature française, tous genres confondus. Du conte philosophique au roman populaire, elle lui a beaucoup donné et il lui aura finalement peu rendu. C'est élémentaire.

Freeman Richard Austin
(1862 - 1943)

Un remarquable technicien

Alias Holmes
Le 7 mai 1896, à Philadelphie, mourait un nommé Herman Webster Mudget accusé de plus de deux cents meurtres sexuels avec tortures à la clef. Devenu médecin, il changea de nom et devint le docteur Holmes. Il fut arrêté en 1895 par des détectives de l'agence Pinkerton pour escroquerie aux assurances et ce n'est qu'après que la police remonta sa sanglante filière.

Ce fonctionnaire a 45 ans quand il publie en 1907 son premier roman, *L'Empreinte sanglante*. Docteur spécialisé en oto-rhino-laryngologie, Freeman était issu d'une famille modeste et c'est grâce à une bourse d'études qu'il avait pu suivre les cours de médecine générale au Middlesex Hospital Medical College où il subit de l'un de ses enseignants, le légiste Alfred Taylor, la même bénéfique influence que son illustre aîné Conan Doyle avec le Dr Joseph Bell.

En 1924, dans un essai intitulé *L'Art du roman policier*, il notait : «Une forme de littérature qui suscite l'enthousiasme d'intellectuels cultivés ne peut présenter intrinsèquement aucun caractère de bassesse.» Son héros est le docteur Thorndyke. Sa méthode consiste à questionner les faits plutôt que les gens et il possède une culture immense. Dans une lettre datée du 13 décembre 1949, adressée à Hamish Hamilton, Raymond Chandler écrit : «Cet Austin Freeman est étonnant. Dans son genre, il est sans égal[...]. C'est un technicien si remarquable qu'on en vient à oublier que c'est aussi un excellent écrivain. C'est lui qui a inventé l'inverted detective story. Il avait prouvé la possibilité de truquer des empreintes et le moyen de les détecter bien avant que la police n'y songe» (*in Lettres*).

Leblanc Maurice

(1864 - 1941)

Le roman d'un renard

«J'adorais le Cyrano de la pègre, Arsène Lupin, sans savoir qu'il devait sa force herculéenne, son courage narquois, son intelligence bien française, à notre déculottée de 1870» (J.-P. Sartre).

Plus encore que Sherlock Holmes avec Conan Doyle, s'il est une créature qui a dévoré son créateur, c'est bien Arsène Lupin. Il faut dire que Maurice Leblanc l'a bien cherché. Ainsi, dans *L'Aiguille creuse*, très exactement six semaines après la sarabande du château d'Ambrumésy, Maurice Leblanc est seul chez lui. «C'était la veille du 14 Juillet, écrit-il. Il faisait une chaleur d'orage et l'idée de sortir ne me souriait guère.» Bref, il prend connaissance de la presse. Bien entendu, on y parle de l'affaire d'Ambrumésy et de la tentative de meurtre sur la personne du jeune Isidore Beautrelet. Soudain, il sent une présence étrangère à ses côtés. Il sursaute, se lève, cherche une arme des yeux. «C'était un jeune homme au visage énergique, aux longs cheveux blonds et dont la barbe, un peu fauve de nuance, se divisait en deux pointes courtes. Son costume rappelait le costume sobre d'un prêtre anglais et toute sa personne, d'ailleurs, avait quelque chose d'austère et de grave qui inspirait le respect.» Passé le premier choc, notre auteur questionne l'intrus. Celui-ci sourit, se montre très affable. «Cherchez bien [...]. Un de vos amis. Un ami d'un genre un peu spécial.» Leblanc n'en croit pas ses oreilles. L'homme qui est là devant lui, chez lui, en cette veille de fête nationale, est le même homme qu'on avait laissé pour mort dans une crypte. Son nom : Arsène Lupin, évidemment... Et si la chose, c'est-à-dire la rencontre entre le créateur et sa créature, ne s'était produite qu'une seule fois, passe encore. Mais Leblanc a répété à deux ou trois reprises le processus et ce, dès le premier tome des aventures d'*Arsène Lupin, gentleman cambrioleur*. Après cela, comment en vouloir aux lecteurs ? Voyez Dieu : s'abaisse-t-il en permanence à venir discuter le coup avec ses propres créatures ?

▪ L'enchanteur nourrissant

L'art de Lupin (ou de Leblanc), tout le monde le sait, c'est l'art du travestissement. A cet égard, ils avaient l'un comme l'autre fixé d'emblée la règle du jeu. Dès *L'Arrestation d'Arsène Lupin*, ce dernier déclare : «Pourquoi aurais-je une apparence définie ? Mes actes me désignent suffisamment.» Et c'est ainsi qu'il passe avec l'habileté d'un virtuose, presque négligemment, de la peau d'un timide professeur à celle d'un médecin (*Le Bouchon de cristal*), de l'uniforme d'explorateur à celui de gendarme (*La Demoiselle aux yeux verts*), du rang de prince à celui de grand d'Espagne (*813*), de la condition de vénérable membre de l'Institut à celle de châtelain (*L'Aiguille creuse*), etc. Chaque apparition est un numéro d'anthologie. Car Lupin est avant tout un personnage qui nous fait

Insert
«Votre article m'a donné une grande joie... une grande joie mêlée d'un peu de larmes. Mon cher ami, je vais vous dire une chose qui vous étonnera, une chose qui est tout de même un peu attristante : votre étude est la première qui paraisse sur mon œuvre littéraire. Avant Lupin, je défie qu'on trouve dans un seul journal, un seul véritable article sur un seul de mes livres» (Maurice Leblanc, 31 janvier 1913. Cité dans la revue *Europe* n° 604-605, août-sept. 1979).

Lupin
« Lupin est presque toujours l'homme pris de court, affaibli de surcroît par quelque passion exigeante et, à la limite, pas tellement empressé de se battre. Il est avant tout l'homme provoqué, mis au défi. Alors, il ne se connaît plus. Renonçant subitement aux soupirs et au bel canto, il devient un être de feu, le saint Michel au dragon, qui peut tout, en un clin d'œil » (Boileau-Narcejac, *Le Roman policier*, Payot, 1964).

son numéro. Homme libre, esprit frondeur et indépendant, cocardier à ses heures, il est partout et nulle part, mais toujours là où il faut quand cela dérange. De la base au sommet, c'est-à-dire très précisément à l'endroit exact où personne ne l'attend jamais. Surtout pas les riches qu'il prend un malin plaisir à dépouiller ni les institutions qu'il se plaît à narguer ni le système sociétal qu'il met à rude épreuve.

Il possède tellement d'identités, joue tellement de rôles, accumule tant d'aventures (sentimentales, délictueuses, politiques) qu'on se demande parfois comment il se souvient qu'il est né en 1874 (c'est d'ailleurs l'année où Sherlock Holmes, alors étudiant à Oxford, a aidé pour la première fois la police à débrouiller une enquête) de Mademoiselle d'Andrezy (décédée douze ans plus tard) et de Théophraste Lupin (professeur de boxe emprisonné aux U. S. A. pour escroquerie) ; qu'il est veuf en premières noces de Clarisse d'Étigues et en secondes de Raymonde de Saint-Véran ; qu'il a contracté un mariage blanc avec une nommée Angélique de Sarzeau-Vendôme, laquelle est aussitôt allée se cloîtrer au couvent des dominicaines sous le nom de sœur Marie-Auguste ; qu'il est deux fois père: d'un fils légitime, né en 1895 et enlevé par Joséphine de Balsamo (alias la comtesse de Cagliostro), et d'une fille non reconnue, Geneviève d'Ernemont.

▪ Il est le peuple…

Il est l'amant dont les épouses rêvent, le père auquel les filles se raccrochent, le gendre que les belles-mères espèrent en secret pour leurs progénitures. Il peut être, il est même, tout cela à la fois et davantage encore si l'on cumule ses fonctions, ses titres, ses identités, ses nationalités avec lesquels il se plaît à nous enjouer sans jamais se complaire, car Lupin est le contraire de la retenue. Dans tous les sens du terme, il dépense et se démène sans compter. Contre la perversité des puissants, leurs fourberies, leurs crimes de lèse-humanité. Ce qu'il vole, ce gentleman monte-en-l'air aux déguisements insaisissables, c'est moins des tableaux et des bijoux que l'âme d'une classe sociale en proie à la déliquescence et s'il s'avance masqué, c'est parce qu'il n'ignore pas que c'est la marque même des possédants, leur cheval de Troie permanent, leur atout maître.

On a reproché à Leblanc de ne faire évoluer son personnage que dans des milieux huppés et aristocratiques. Mais que ferait-il chez le peuple cet anti-Rodolphe ? Il est le peuple. Lui, Lupin. Le peuple des révoltes, de la gouaille, de la fronde. Quand Boileau-Narcejac remarquent : « Le grand Lupin est un faible qui se prouve et nous prouve avec éclat qu'il est le plus fort», ils n'ont pas tort. Allons plus loin : si le peuple était Lupin comme Lupin est à ce point le symbole d'un certain peuple, alors tout deviendrait possible. « A quelque temps de là, écrit Jacques Bens, j'eus la chance de découvrir une dizaine d'Arsène Lupin [...]. Cette fois, j'étais pris et bien pris.» Tout Lupin est là. Celui qui vous prend ainsi (par la main, pas à la gorge) avec cette élégance si accomplie qu'elle en devient naturelle, jusqu'à vous saisir (de bonheur et non d'effroi) pour vous conduire de la nuit vers le jour, ce ne peut être que lui : le seul, l'unique, le subtil, le téméraire, l'as du système D, le Fregoli des poulaillers de haute cour, l'incomparable, l'insaisissable Arsène Lupin qui porte en lui toute la noblesse des peuples.

Référence
Bens (J.), revue *Roman* n° 24, Presses de la Renaissance.

Leroux Gaston

(1868 - 1927)

Le bon bout de la raison

«Il avait pris l'habitude de signaler la fin de ses séances de travail en ouvrant la fenêtre par laquelle il tirait un coup de feu, autorisant la vie à recommencer» (François Rivière).

A partir du 15 juillet 1905, si la vie de Maurice Leblanc fut intimement liée à celle d'Arsène Lupin, en revanche celle de Gaston Leroux ne fut que momentanément soudée à celle de Joseph Joséphin dit Rouletabille. Outre le succès foudroyant du gentleman cambrioleur, cela s'explique aussi par le fait que l'œuvre de Leroux, intrinsèquement plus faible que celle de Leblanc, est aussi beaucoup plus éclatée : romans-feuilletons, reportages sociaux, romans fantastiques, romans policiers... Sans compter que le personnage de Chéri-Bibi ou *Le Fantôme de l'Opéra* ont sans doute contribué à tasser quelque peu les aventures du jeune reporter lequel, mis à part *Le Mystère de la chambre jaune* (1907) et *Le Parfum de la dame en noir* (1909), n'interviendra plus dans des romans à caractère «policier». De surcroît, notent Michel Lebrun et Jean-Paul Schweighaueser, il apparaît clairement que Gaston Leroux «a commis une erreur de distribution alors qu'il a parfaitement réussi son Chéri-Bibi, héros anti-héros. Relisons *Le Mystère* et sa suite... Le véritable héros n'en est-il pas Larsan, le criminel invisible ? Le criminel aux multiples visages qui se fait passer pour mort à la fin du premier épisode pour revenir tirer les ficelles dans le suivant?». Mais Larsan, lui aussi, est contrecarré par l'auteur dans son élan vers la gloire et sa mort casse une nouvelle fois le ressort de la mécanique. Ici donc, le crime ne paie pas.

■ Des personnages un peu faibles...

C'est vrai qu'on aurait pu rêvé à un Larsan en forme de Lupin mâtiné de (futur) Fantomas ou vice versa, ainsi qu'à un Rouletabille taillé dans un costume à la Lecoq. Au lieu de cela, Gaston Leroux a délibérément choisi de rester en deçà. Joseph Joséphin est Rouletabille, Larsan est (et n'est pas) Larsan et, au milieu d'eux, Mathilde Stangerson se retrouve entre marteau et enclume. Le local était parfaitement clos, l'idée de départ un rien géniale, mais il y manque l'essentiel : des personnages, des vrais, pas des caricatures. Le pâle Sinclair, la très perturbée Mathilde Stangerson, le faible Darzac, sans parler des seconds couteaux dont on sent bien qu'ils n'ont été ajoutés aux autres que pour permettre à l'auteur de tirer à la ligne, tout cela ne convainc plus guère et ajoute au malaise généré par le didactisme outrancier du langage. Ainsi donc, si «le presbytère n'a rien perdu de son charme ni le jardin de son éclat», on ne peut pas en dire autant de l'œuvre de Leroux dont il faut cependant lire *Le Mystère de la chambre jaune*, ne serait-ce que pour le secret de ce vase clos...

De François Fosca :

« L'auteur a cru bon de colorer le problème en le plongeant dans une continuelle atmosphère d'angoisse obtenue avec des moyens faciles et mélodramatiques, et qui devient vite insupportable. L'insistance sur certaines phrases [...], l'aspect hagard et effaré qui ne quitte pas les personnages, tout cela est bien gros et bien gauche » (*Histoire et Technique du roman policier*, Éd. Nouvelle Revue critique, 1937).

Souvestre-Allain

L'archange de la nuit

«Il est le plus court chemin de la vie dangereuse à la dernière grimace du supplicié» (Ernst Moerman).

Sax Rohmer (1883-1959)
Expédié en reportage dans le quartier chinois de Londres, le jeune Arthur Henry Ward en revient avec un personnage de criminel notoire qu'il désignera sous le nom de Dr Fu-Manchu. « Imaginez, écrivait-il, un homme de haute taille, mince, félin, à la face de Satan, au crâne rasé, aux yeux bridés, magnétiques, verts comme ceux d'un chat. Supposez-lui la cruelle intelligence de l'Asie entière accumulée dans un puissant cerveau [...]. Imaginez cet être terrible et vous avez le portrait du Dr Fu-Manchu, le péril jaune incarné en un seul homme. » Sa confrontation avec le commissaire Smith durera, l'espace de quatorze romans (Le Masque).

Référence
Lebrun (M.) et Schweighaueser (J.-P.), *Le Guide du polar, histoire du roman policier français*, Syros, 1987.

«Je suis le maître de tout, de l'heure et du temps [...]. Je suis la Mort.» Voilà. Les grands mots sont lâchés. L'anti-Lupin vient de naître. Nous sommes le 10 février 1911. Une silhouette noire, envoûtante, envahit les murs de Paris et l'étal des libraires. Fantomas apparaît. Il est l'œuvre d'un auteur à quatre mains (Pierre Souvestre, 1874-1914 et Marcel Allain, 1885-1969) autant que d'un éditeur, Arthème Fayard, qui le lance, telle une savonnette, à grand renfort de publicité. Aussitôt, une sorte de frénésie va s'emparer de l'intelligentsia et chacun monte au créneau pour louer ce «génie du mal». Apollinaire, Soupault, Cendrars, Jacob, Cocteau, Desnos, Artaud... tous y vont de leurs couplets ou complaintes. Jacob et Apollinaire vont même jusqu'à fonder une société des amis de Fantomas, Cocteau le cite dans *Opiums*... Il eût réellement existé, ce Fantomas (qui avait failli s'appeler Fantomus) que personne n'aurait, le jour de son exécution, levé le petit doigt pour empêcher sa tête de rouler dans le panier à sciure. Devant le phénoménal succès, les cinq ouvrages prévus au départ vont se transformer en trente-deux volumes.

▪ Enfantasme d'un mythe

«Cette accumulation d'invraisemblances, écrivent Michel Lebrun et Jean-Paul Schweighaueser, ce monument d'incohérences qui ne recoupe qu'arbitrairement l'affabulation policière, est néanmoins incontournable.»

Fantomas donc, le maître de l'univers, la quarantaine avantageuse et sportive. Il ne s'effraie de rien et ne craint personne ; ce sont plutôt les autres qui ont tout à redouter de lui. Ceux qu'il a décidé de malmener comme ceux qui se mettent en travers de sa route. Tiré à quatre épingles, il est (à visage découvert) le prototype de l'homme du monde : chic et guindé. Moulé dans son habit noir, il devient (cagoule en tête) l'archétype du criminel féroce : malfaisant et impitoyable. Son adversaire premier est un inspecteur de la Sûreté, fonctionnaire classique qui répond au nom de Juve. Un homme qui ne s'en laisse guère compter, même si Fantomas marque toujours plus de points que lui. Fandor, de son prénom Jérôme, est un jeune reporter qui, pour d'autres raisons que Juve, donne lui aussi la chasse au criminel. Son allure extérieure (élégant, sportif) le rapproche de Fantomas, homme du monde. Lady Beltham, veuve d'un lord anglais, représente la femme épanouie. Elle est tombée dans les bras de Fantomas, sans savoir à qui elle avait à faire. Depuis, elle ramasse les pots cassés. Hélène, la fille de Fantomas, est amoureuse du reporter Fandor. Si tous ces personnages stéréotypés ont marqué une époque, ils sont aujourd'hui un peu passés de mode.

Chesterton Gilbert Keith

(1874 - 1936)

Le petit arpenteur du bon Dieu

«Les gardiens des lois partent toujours des hommes, et quand ils découvrent les dieux l'affaire est déjà entendue : le livre est fini» (François Coupry).

En 1925, quand il publie un article intitulé *Comment écrire un roman policier ?*, Gilbert Keith Chesterton note : «Que l'on comprenne bien que j'écris cet article comme quelqu'un de totalement conscient de ne pas avoir réussi à écrire un roman policier.» Dès 1908, pourtant, c'est-à-dire deux ans avant de créer un des enquêteurs parmi les plus originaux de toute la «detective story», il avait publié un roman intitulé *Un nommé Jeudi* qui vaut le détour. Intellectuel brillant (journaliste, critique, poète, essayiste, romancier), il avait tenu, dès 1901, à marquer sa position vis-à-vis du roman policier, en écrivant dans *The Spectator* un article intitulé *Défense de la detective story*, dans lequel il affirmait : «Elle est la première et jusqu'ici la seule branche de la littérature populaire où se trouve exprimé un certain sentiment poétique de la vie moderne [...]. Sous ce rapport, elle est *L'Iliade* de la grande ville.» Mais, à cette époque-là, Chesterton n'était pas encore en mesure de passer de la théorie à l'acte.

▪ Le sacerdoce d'un prêtre

Ce n'est qu'en 1907, quand il rencontre le père John O'Connor, «un petit homme au visage glabre, l'air réservé mais malicieux», que l'idée va germer en lui, tout comme c'est du père O'Connor que, quinze ans plus tard, il recevra sa conversion au catholicisme.

Le père J. Brown apparaît pour la première fois en 1910, dans une nouvelle intitulée *La Croix bleue*. «Il avait l'air tout à fait quelconque, une tête ronde aux cheveux bruns et un nez camus tout rond [...]. Ses yeux étaient aussi tristes que la mer du Nord. Sa courte taille lui donnait l'apparence d'un gros et noir cryptogramme [...]. L'homme était la personnification de la simplicité et de la maladresse.» Cela n'ôte rien à sa rapidité d'esprit et à son sens aigu du comportement humain. Il ne lui faut bien souvent que quelques minutes pour désigner le coupable, quelquefois un jour et, de temps à autre, il réussit même à prévenir le délit ! Prototype du détective casanier, le père Brown ne se déplace pratiquement jamais sur les lieux du délit. Quand il le fait, c'est davantage par acquis de conscience que pour métrer la longueur d'une empreinte ou la marque d'un cigare. Car ce qui l'intéresse en vérité, c'est moins les indices laissés par la perpétration du crime que l'intention enfouie du criminel. Ce n'est pas en soulevant les tapis de l'évidence que l'on débusque la vérité, mais en sondant les consciences.

Cette «authentique quenelle du Suffolk» finit toujours moins par aller au criminel qu'il ne décide le criminel à venir jusqu'à lui, apportant un démenti cin-

«Le criminel est un artiste créateur, le détective n'est qu'un critique» (G.-K. Chesterton, *La Croix bleue*).

«La solitude veut dire qu'on est entouré d'espaces vides et c'est justement ce qui vous met en évidence» (G.K. Chesterton, *Le Dieu des gongs*).

«Tout beau crime repose, en dernier ressort, sur un simple fait, sur un fait qui n'a rien de mystérieux en lui-même. C'est en déguisant ce fait et en détournant l'attention des spectateurs que le criminel nous trompe» (G.K. Chesterton, *Les Pas étranges*).

Référence
Narcejac (T.), *Le Roman policier : une machine à lire*, Denoël/Gonthier, 1975.

glant à Paul Morand qui prétendait que l'objectif du roman policier ne consistait pas à «sonder les ténèbres des âmes, mais à actionner des marionnettes par un impeccable mouvement d'horlogerie». C'est pourquoi, comme le montre Thomas Narcejac dans *Le Roman policier : une machine à lire*, quand le père Brown fait appel à la Raison, ce n'est pas du tout le même type de raison que celle de Dupin, de Lecoq, de Holmes voire de Rouletabille (celle qu'il faut prendre par le bon bout), mais bien «la raison qui nous a été donnée de Dieu pour distinguer le vrai du faux et marquer le nord de l'évidence comme une boussole fidèle».

■ 51 enquêtes

Chesterton écrit dans *L'Homme à la clef d'or* : «Un grand nombre de mes petites histoires criminelles pivotent autour d'un personnage central que j'ai nommé le père Brown, prêtre catholique dont la simplicité extérieure unie à une subtilité secrète formaient quelque chose qui n'était pas très éloignée de ce qu'on pourrait appeler un caractère, du moins dans ce qu'il fallait pour les besoins de ces sortes d'histoires, plus esquissées que fouillées.» Il en écrira cinquante et une entre 1910 et 1936, l'année de sa mort. Après sa conversion, en 1922, Chesterton qui, au début de sa carrière littéraire s'était montré le biographe attentif et brillant de Dickens et de Shaw, écrira des monographies religieuses de saint François d'Assise et de saint Thomas d'Aquin. Quant à son père Brown, il restera longtemps encore comme le bon sens près de chez vous à la recherche des âmes perdues et l'œil de Dieu dans la tombe qui, toujours, fixe Caïn.

Biggers Earl Derr

(1884 - 1933)

Un Chinois qui vous veut du bien

Né à Warren, dans l'État de l'Ohio, Biggers sort de l'université de Harvard pour entrer dans le journalisme au *Boston Traveler*. Il y assure une chronique théâtrale en alternance avec une chronique humoristique. En 1913, il écrit son premier roman policier. Mais ce n'est que douze ans plus tard que le succès le prendra par la main sous les traits d'un inspecteur chinois répondant au nom de Charlie Chan que Biggers créa en réaction à «tous ces Chinois stupides et démodés» dont la littérature abonde. Le sien sera sympathique et servira l'ordre. Avec lui naît un roman policier humoristique de qualité qui ne lâche pas la proie du délit pour l'ombre d'une grimace. Fort du principe qu'un «voyage de mille lieues commence toujours par un premier pas», c'est en 1925, dans *La Maison sans clefs*, qu'il apparaît pour la première fois. Suivront les superbes *Le Perroquet chinois* (1926), *Derrière ce rideau* (1928), *Le Chameau noir* (1929), *A la rescousse* (1930) et *Le Gardien des clefs* (1932) qui boucle la série.

Christie Agatha Mary Clarissa

(1890 - 1976)

Le charme désuet de la bourgeoisie

«Le tour de force de Christie est celui d'un auteur totalement à l'aise dans son art et pour qui les artifices du récit policier semblent avoir été inventés» (François Rivière).

Le 15 mars 1932, invitée par *Le Club des Masques* à se confier à ses lecteurs, Agatha Christie déclare : «Pendant la guerre, je discutais un jour avec une de mes amies des difficultés que présentent la conception et la réalisation d'un roman policier. J'eus tout à coup l'intuition et la certitude que je pourrais en écrire un [...]. C'est pour tenir cette gageure que j'écrivis *La Mystérieuse Affaire de Styles*. Je trouvai aussitôt un éditeur et depuis lors je suis restée fidèle au roman policier.» Il n'est pas tout à fait exact que notre auteur ait trouvé preneur sur-le-champ. Non seulement elle rencontra pas mal de difficultés à faire éditer son roman, mais, de surcroît, il ne connut guère qu'un succès d'estime. Si l'on ajoute qu'antérieurement à cet ouvrage, son premier roman, *Snow over the desert*, n'a jamais été accepté, on peut parler de débuts pour le moins laborieux. Mais les gens qui réussissent ont, c'est bien connu, la faculté d'écarter de leur mémoire les détails propres à ombrager leur succès. Or, en 1932, Agatha Mary Clarissa Christie, née Miller, est déjà une sorte de célébrité.

▪ Une année phare

En fait, tout semble s'être joué six ans auparavant, en 1926, l'année de la publication du fameux *Meurtre de Roger Ackroyd*. Cette année-là, en effet, deux événements vont se produire dans la vie de l'épouse du colonel Archibald Christie. Tout d'abord, son roman (le cinquième) obtient un franc succès. La controverse née du fait que son auteur a quelque peu bousculé les règles du sacro-saint roman d'énigme n'y est pas pour rien. De plus, vient se greffer, quelques semaines après la sortie en librairie, un fait divers dont elle est elle-même la protagoniste. Le 3 décembre 1926, après avoir laissé une lettre à son mari et une autre à sa secrétaire, Agatha Christie disparaît apparemment sans laisser de traces. L'affaire va agiter le landernau littéraire, journalistique et policier une semaine durant, jusqu'à ce qu'un jeune reporter du *Daily Mail* la retrouve (via un joueur de banjo) dans une station thermale du Yorkshire, sous le nom de Mme Neale. Elle déclare alors qu'elle souffre d'amnésie. L'un dans l'autre (polémique autour du roman et controverse autour d'une disparition), Agatha Christie est lancée. Le succès ne la quittera plus.

Dans une enquête de l'U.N.E.S.C.O., réalisée en 1982, la vente de ses ouvrages était estimée à quatre cents millions d'exemplaires pour soixante-sept romans policiers, trente recueils de nouvelles, plusieurs romans sentimentaux (sous le pseudonyme de Mary Westmacott), des recueils de poèmes, des pièces de théâtre (dont la

Film
La fugue de Mme Christie inspirera à Kathleen Tynan un roman policier intitulé *Agatha* (1978), porté à l'écran par Michael Apted avec Vanessa Redgrave dans le rôle d'Agatha Christie. A noter que Vanessa Redgrave interprétait dans le film de Fred Zinnemann, *Julia*, le rôle générique et avait pour amie le personnage principal du film, Lillian Hellman (Jane Fonda), la compagne de Dashiell Hammett.

Règles
Quelques auteurs ont cru bon d'instituer des règles strictes au roman policier. Voici les dix de Ronald Knox :
I. Le criminel doit apparaître au début de l'histoire et non au dernier moment.
2. La solution du crime doit obéir à la logique sans avoir recours au surnaturel.
3. Seul l'usage d'une seule pièce truquée doit être autorisé.
4. Il est interdit d'employer des poisons inconnus qui ne laissent pas de trace.
5. Aucun étranger à l'aspect sinistre ne doit apparaître (par exemple Chinois).
6. La solution de l'énigme ne doit jamais être le fruit d'un pur hasard.
7. Le détective n'est pas le coupable.
8. Le détective ne doit pas cacher au lecteur des indices ni les motifs de ses déductions.
9. Si un Watson est utilisé dans un roman, il ne doit pas cacher ses opinions.
10. Le recours aux jumeaux ou aux sosies est interdit.

célèbre *Ten Little Niggers*, adaptée de son roman homonyme)...

▪ Le crime paie

Mais ce sont bien entendu ses romans policiers qui lui vaudront cette renommée internationale : *Le Crime de l'Orient-Express* (1934), *La Mort dans les nuages* (1935), *Cartes sur table* et *Meurtre en Mésopotamie* (1936), *Mort sur le Nil* (1937), *Rendez-vous avec la mort* (1938) entre autres avec le fameux Hercule Poirot, mais aussi *L'Affaire Prothéro* (1930), *Un cadavre dans la bibliothèque* (1942), *Jeux de glace* (1952), *Le train de 16 h 50* (1957), etc., avec la très distinguée Miss Jane Marple...

Agatha Christie est née à Torkay, dans le Devonshire, d'une mère anglaise (Margaret Boehmer) et d'un père américain (Frederik Miller) originaire de New York, qui décède alors qu'elle n'a qu'un an. Élevée par sa mère qui l'encourage à la lecture et à l'écriture, elle rédige très tôt des poèmes et des nouvelles. A l'âge de 16 ans, elle est envoyée à Paris pour étudier le chant et la musique : « Mon rêve était de chanter à l'Opéra, mais ma voix était trop grêle pour une si vaste salle et, du reste, je n'ai jamais pu vaincre une timidité nerveuse qui m'ôtait tous mes moyens dès que je paraissais en public. » C'est en 1914, qu'elle épousera le colonel de la R.A.F., Archibald Christie, duquel elle divorcera en 1928 pour se remarier deux ans plus tard avec un jeune archéologue du nom de Max Mallowan. Pendant la Seconde Guerre mondiale, tandis que son époux passe trois ans en Égypte et en Afrique du Nord à guerroyer contre l'Afrikakorps nazi, elle continue d'écrire tout en servant comme auxiliaire dans un hôpital britannique. Les trente années qui suivront ne feront qu'accroître son succès et, quand elle s'éteint, le 12 janvier 1976 à l'âge de 86 ans, le mot de Churchill à son égard prend toute sa vérité : « Agatha Christie ? La seule femme pour qui le crime a payé ! »

L'essentiel de l'œuvre policière d'Agatha Christie tourne autour d'un monument universel, Hercule Poirot, et d'une espèce d'institution locale, Jane Marple. Le premier occupe trente-trois romans, la seconde douze. Si le premier a été patiemment mûri par l'auteur, la seconde, de son propre aveu, entra dans son quotidien de manière si insidieuse qu'elle ne se rendit pratiquement compte de rien. De plus, Hercule Poirot démarre en trombe dans un roman (*La Mystérieuse Affaire de Styles*, 1920), alors que Miss Marple avance à pas feutrés dans une série d'histoires courtes destinées à une revue. D'ailleurs, Christie soi-même la considéra d'emblée comme un personnage mieux adapté à la nouvelle qu'au roman. Ce qui explique sans doute qu'elle n'occupe que le tiers des interventions romanesques par rapport à Poirot.

▪ Poirot, Marple and Co.

Prototype du « armchair detective », Miss Jane Marple est une vieille fille qui résout les énigmes en jouant des aiguilles à tricoter. Passionnée d'ornithologie et de jardinage, ses dons d'intuition et de déduction sont phénoménaux. Sa philosophie est assez simple pour ne pas dire simpliste : les individus que nous sommes étant ce qu'ils sont, pas forcément coupables mais pas suffisamment innocents et donc tous suspects, en étudiant tous les types de comportements, on parvient à se faire de l'humanité une vue d'ensemble assez précise. Surtout quand, à l'instar de Miss Marple, on possède à portée d'yeux un laboratoire aussi propice que celui de son village de St. Mary Mead. Ses assistants : un bataillon de pipelettes. Leur atout préféré : le commérage. On n'y croit pas une minute.

L'autre, le «grand» petit gros homme, spécialiste du fer à friser, avec sa tête en forme d'œuf, ses petits lainages, ses souliers vernis, sa bouteille de teinture, son goût pour la crème de menthe, le cassis et la grenadine, ses actions des mines de Birmanie, l'autre donc, pour en être plus étoffé, n'en est pas plus crédible. Hercule Poirot (puisque tel est son patronyme), le petit émigré belge qui fait fonctionner ses petites cellules grises à la vitesse où Lucky Luke dégaine son revolver, est flanqué du capitaine Hastings, âgé de 30 ans lors de *La Mystérieuse Affaire de Styles*. Ils se sont connus en Belgique, tandis que Poirot tentait de démêler une affaire compliquée et sa façon de procéder avait beaucoup impressionné Hastings. Dans leur essai *Le Roman policier*, Boileau-Narcejac notent : «A aucun moment le lecteur n'entre dans le jeu. Il voit défiler devant lui des individus qui dissimulent tant bien que mal de pauvres passions dont chacune porte une étiquette : avarice, jalousie, rancune, volonté de puissance, etc. Et ces passions, disposées dans le récit comme des rouages [...], ne produisent aucune chaleur, ne communiquent aucune excitation. L'enquête a tout dévoré. Il ne reste que le détective et le détective, comble de disgrâce, est souvent grotesque. Le seul nom d'Hercule Poirot impressionne péniblement [...]. C'est le professeur Nimbus. C'est une caricature.»

▪ Tous les souverains poncifs...

Comment, alors, des protagonistes (et qui plus est de tout premier plan) aussi démesurés dans leurs manies que dans leur physique peuvent-ils engendrer le succès que l'on sait ? Comment des peintures aussi désuètes, des comportements aussi empruntés, des attitudes aussi mièvres peuvent-ils déboucher sur une pareille notoriété ? Comment cette flagrante absence de personnages, ces atteintes à la psychologie la plus primaire, ces artificialités logorrhéennes, ces «caractères» dénués de... caractère, sont-ils à même de soulever un enthousiasme aussi universel ? La réponse est simple. Qu'il s'agisse de la très British Miss Marple, du petit Belge maniéré qu'est Poirot ou des autres intervenants, ce n'est pas là que se situe le véritable tour de force de l'auteur.

A la limite, on pourrait même se poser la question de savoir si toutes ces évidentes caricatures de personnages n'ont pas été modelées de la sorte, autrement dit à dessein par leur créatrice. Car ce qui importe avant tout à cet auteur, ce n'est pas de rendre compte d'un climat, de créer une atmosphère, de dérouler une langue, de donner chair à des personnages. Non. Ce qui lui importe donc c'est de tirer à leur dernière extrémité tous les souverains poncifs du roman policier d'énigme afin d'embarquer le lecteur dans un récit en jouant avec/contre lui le plus longtemps possible au jeu stupide du chat et de la souris pour, finalement, lui amener le fromage sur le plateau de l'aveu. Si on en a fait un peu vite l'unique reine du crime, il n'est pas moins vrai qu'elle incarne un

A propos d'Agatha Christie
«J'ouvris pour la première fois *Le Meurtre de Roger Ackroyd* avec un grand esprit de méthode [...]. A la première ligne, de la première page du texte, Mme Ferras mourait. On commençait à peine à parler du roman policier alors. Le jeu d'esprit d'avant, c'étaient les mots croisés, qui d'ailleurs ne laissent pas d'offrir des liens de parenté. Lancée à Paris, il n'y avait pas cinq ans dans un salon littéraire, la mode en brillait encore d'un éclat presque neuf» (Georges Arnaud, l'auteur du *Salaire de la peur*).

Hercule Poirot, incarné au théâtre par Charles Laughton, l'a également été au cinéma sous les traits d'Albert Finney (*Le Crime de l'Orient-Express*) et de Peter Ustinov (*Mort sur le Nil*).

Référence
Boileau-Narcejac, *Le Roman policier*, Payot, 1964.

des hauts moments du roman policier du premier type qui, plus d'un demi-siècle durant, aura agencé et remporté des parties d'échecs, toutes construites à partir du même moule, contre des millions de lecteurs naïfs et subjugués.

Edgar Wallace (1875-1932)
Roger Martin, dans son *Panorama des maîtres du polar étranger*, présente ainsi Edgar Wallace : « 173 romans, 23 pièces de théâtre, 957 nouvelles et 165 films tirés de ses œuvres. » On ne saurait mieux définir cet industriel de la plume qu'était Edgar Richard Horatio Wallace.

Né à Greenwich, dans une famille modeste, il commença à travailler assez jeune, exerçant toutes sortes de métiers. Après s'être engagé dans l'armée et avoir évité la guerre des Boers, qu'il couvrira toutefois comme reporter pour le *Daily Mail*, il quittera ce journal pour travailler successivement à l'*Evening Standard* puis à l'*Evening Times*. C'est en 1905 qu'il publie son premier roman *Les Trois Justiciers* qui feront l'objet d'une série. A côté de cette suite et de quelques autres héros (notamment John Reeder, l'homme au parapluie), il est aussi l'auteur de romans tels que *L'Homme qui savait*, *Quelqu'un a tué*, etc. En décembre 1926, lors de la «disparition» de Mme Christie, le *Daily Mail* lui demanda son opinion sur l'affaire. Il répondit que, selon lui, l'intention d'Agatha Christie «semble avoir été d'atteindre une personne que sa disparition va plonger dans le désarroi». Il ne devait pas avoir tout à fait tort...

Sayers Dorothy Leigh
(1893 - 1957)

Quartiers chics

Georgette Heyer (1902-1974)
Moins connue que Sayers ou Christie, elle a néanmoins publié une quinzaine de romans policiers dont les intrigues lui étaient fournies par son mari, pasteur. Plus sarcastique que ses consœurs, elle a notamment mis en scène le commissaire Hannasyde du Yard, dans *Un rayon de lune sous le pilori*, 1935 (Fayard).

Descendant du quinzième duc de Denver, Peter Death Bredon Wimsey a fréquenté Oxford. Il est on ne peut mieux raffiné et un rien snob. Il adore Dante Alighieri et se complaît à interpréter au piano des morceaux choisis de J.S. Bach ou d'Alessandro Scarlatti. Sa future femme (qu'il épousera dans *Noces de crime*) se prénomme Harriet et elle écrit des romans policiers. Lui-même est plus connu sous le sobriquet de Lord Peter. Installé au 97 St. George's Square, on le surnomme aussi le «Sherlock Holmes des quartiers chics».

Sa mère spirituelle s'appelle Dorothy Leigh Sayers. Elle est née à Oxford en 1893 et revendique comme influence Maurice Leblanc. En 1915, elle obtient un diplôme en littérature médiévale. En 1921, elle travaille à Londres, dans une agence de publicité. C'est en 1923 que paraît la première aventure de son héros détective flanqué de son valet de chambre, dans *Lord Peter et l'Inconnu*.

Raymond Chandler, dans une lettre à Bernice Baumgarten, en date du 21 avril 1949, disait d'elle : «Elle a essayé de passer avec armes et bagages du côté de ceux qui savent bâtir une histoire, mais ne savent pas écrire, à ceux qui savent écrire, mais qui, bien trop souvent, sont incapables de bâtir une histoire.»

Queen Ellery

Un duo prodigieux

« Si Ellery Queen va jusqu'au cauchemar, qui est tout autre chose que le rêve, c'est à force de logique et pour être bien sûr de mettre le lecteur en échec » (Boileau-Narcejac).

C'est en 1928 que deux cousins de Brooklyn, d'ascendance polonaise, Manford Lepofsky dit Manfred B. Lee (1905-1971) et Daniel Natan dit Frederic Dannay (1905-1982), décident de participer à un concours littéraire organisé par le *McClure's Magazine* et doté de 7 500 dollars. Ils écrivent sous le pseudonyme commun de Ellery Queen un roman intitulé *Le Mystère du chapeau de soie* et décrochent la timbale. Ce prix va décider de leur avenir. Le pseudonyme commun des deux cousins est en même temps le nom du « double » personnage principal. D'une part Richard Queen, inspecteur de la police métropolitaine new-yorkaise (cheveux grisonnants, petite taille, colérique, veuf depuis six ans quand démarre la première enquête), et son fils Ellery (grand, élancé, cheveux noirs, front intellectuel et mains d'athlète, célibataire endurci), auteur de romans à succès. Le premier amoncelle les indices, le second les ajuste. L'un dans l'autre, dans leur appartement de la 87e Rue (dont le maître demeure le cuisinier gitan Djuna), il(s) pose(nt) le roman policier sur une des plus hautes marches.

■ Une palette de genres

Au bout du compte, tant au plan du volume que de la novation, leur apport est considérable. Les aventures d'Ellery et Richard Queen tombent à pic pour venir faire la nique au roman d'énigme puriste même si leurs premiers récits développent, dans un parfait jusqu'au-boutisme, l'idée de roman-jeu, puisque, à la fin de chacun des neuf premiers romans, l'auteur remet au lecteur les clefs de l'énigme à charge pour lui d'actionner le bon pêne. Les romans suivants vont s'éloigner de ces canons verrouillés pour s'orienter vers le récit psychologique et social avec les fascinants *La Décade prodigieuse* (1948) et *Griffes de velours* (1949) puis, dans une troisième veine encore, avec *L'Adversaire* (1963) ou *Et le huitième jour* (1964).

Dans *Underwood U.S.A.*, François Guérif note : « En tant qu'auteurs, Dannay et Lee ont produit des livres de 1928 à 1971 et ont traversé plusieurs périodes [...]. En tant qu'éditeurs, ils ont créé *Ellery Queen's Mystery Magazine* qui a connu plusieurs éditions à travers le monde et qui publie une dizaine de nouvelles par mois depuis 1941. Il faut ajouter une cinquantaine d'anthologies couvrant toutes les périodes du polar depuis 1851. » Si l'œuvre des deux cousins de Brooklyn n'incarne pas, à proprement parler, un tournant, elle n'en est pas moins un des points culminants du genre, tant l'éventail de sa palette l'autorise à traverser les époques, les modes et leurs genres.

Film et prix

En 1971, Claude Chabrol a porté à l'écran *La Décade prodigieuse* (avec Orson Welles, Anthony Perkins, Marlène Jobert, Michel Piccoli). Par ailleurs, Ellery Queen a été à cinq reprises lauréat du prix Edgar Poe et il a reçu, en France, le Grand Prix de littérature policière pour *Et le huitième jour.*

Références

L'œuvre d'Ellery Queen est publiée aux éditions J'ai lu.
Guérif (F.), *Underwood U.S.A.*, Balland, 1980.

Iles Francis
(1893 - 1970)

La ligne de démarcation

«Le roman est là : comme un objet insolite autour duquel il est loisible de tourner. Son ambiguïté est prise dans la masse ; elle est dans le matériau» (Boileau-Narcejac).

Dans la préface à son roman *Jouons au meurtre* (1930), Anthony Berkeley Cox alias Francis Iles note : «Je suis personnellement convaincu que les jours du vieux roman à énigme criminelle pure et simple, qui se fonde uniquement sur une intrigue, sans y ajouter les attraits des caractères, du style et même de l'humour, sont comptés ou, pour le moins, qu'il est entre les mains du syndic de faillite.» Cette affirmation prémonitoire suffirait à sortir Francis Iles du cul-de-basse-fosse où d'aucuns spécialistes l'ont arbitrairement relégué, le ravalant même à un rôle de second couteau qu'il ne mérite nullement. C'est en 1932 que paraît *Préméditation*, un roman exemplaire à plus d'un titre (avec *Complicité* et aussi *Quant à la femme*) que Roger Nimier, dans son avant-propos, a qualifié de «beau récit brumeux».

Before the act (le titre original qui dit bien ce qu'il veut dire) raconte l'histoire d'un homme, le docteur Bickleigh, petit médecin de campagne anglais, qui a pris la décision de se débarrasser de son épouse. A partir de là, n'importe quel disciple du récit miné ou de la raison par le bon bout nous aurait assené un classique et quelconque détective amateur, oisif mais féru d'énigmes, en tête à tête avec sa propre logique, verrouillé dans ses combinaisons assemblées à partir d'indices plus ou moins retors. Mais pour Iles, il l'a dit, ce type de récit lui semble voué au dépôt de bilan. Reste donc à ouvrir la porte de ces champs clos qui exhalent des odeurs de renfermé. Comment ? En renversant le schéma. Ce ne sera plus le détective qui conduira l'enquête et il n'y aura même plus d'enquête à proprement parler (du moins telle que la conçoivent les tenants de Poe, Doyle et consorts), mais le centre de l'affaire s'organisera autour de l'assassin en personne, juste retour des choses, en quelque sorte, envers celui à qui policiers et autres détectives doivent tout de leur universelle célébrité, ainsi que la société tout entière, d'ailleurs, puisque comme l'expliquait le père Marx, «en produisant des crimes comme le poète des vers ou le philosophe des idées et le prêtre des sermons», le criminel a produit aussi tout l'arsenal répressif qui se trouve à ses trousses, mussé dans l'ombre des systèmes, à savoir : le Code pénal, l'appareil policier, la machine judiciaire et leurs épigones.

▪ L'archéologie du crime

C'est avec lui donc et à travers lui (le criminel) que le lecteur avancera dans le désépaississement du mystère. Avec Francis Iles, note l'éditeur dans la présentation du roman, «nous restons constamment aux côtés de l'assassin, assistant à la genèse

Detection Club
En 1928, Anthony Berkeley Cox, dit Francis Iles, crée à Londres le premier Detection Club dont la présidence sera confiée à Gilbert Keith Chesterton. Parmi ses membres les plus célèbres figurent le théoricien Ronald A. Knox et les romancières Dorothy L. Sayers et Agatha Christie...

de son acte, comprenant les souffrances et les tentations nées du milieu où il vit. Nous voyons peu à peu son désir de libération prendre la forme d'un projet de meurtre et nous comprenons d'une manière où se mêlent curieusement la sympathie et la répulsion, l'implacable mécanisme qui le pousse à agir. »

Toutefois, comme le font remarquer Boileau-Narcejac, Francis Iles n'est pas le premier auteur à s'engager dans cette voie. Avant lui, deux de ses compatriotes avaient déjà débroussaillé puis aplani le chemin. Le premier fut Richard Austin Freeman qui « comprit que le détective n'était peut-être pas le personnage le plus intéressant d'un récit policier [...]. C'était, poursuivent Boileau-Narcejac, dans une certaine mesure se priver de l'enquête qui était pourtant la grande découverte de Poe et de ses successeurs. Le problème était posé ».

Vint à sa suite Roy Vickers (1889-1965), célèbre nouvelliste, qui, tout en conservant l'idée de Freeman selon laquelle l'assassin est connu d'emblée, « réintégra soigneusement l'enquête et le raisonnement de son récit ». Cependant Vickers s'en tient au rythme de la nouvelle (les romans qu'il écrivit n'entrent pas dans cette catégorie). Il ne franchit pas le degré qui sépare une « short story » d'un roman parce qu'il pense que ce procédé dit d'« interversion » (Ellery Queen) à la longue risque d'essouffler le lecteur. Il ne comprend pas non plus ce que Iles va saisir dès le prime abord : puisqu'il s'agit de révéler d'entrée de jeu l'assassin, ce n'est plus simplement le récit d'un crime qu'il faut écrire, mais aussi et d'abord sa provenance, son archéologie. Les fondations sur lesquelles il repose.

Ainsi, pour la première fois, tandis que le roman noir social prend son envol outre-Atlantique, un auteur anglais, pressentant la fin prochaine de l'énigme pure et dure, renverse la vapeur et trace entre les tenants de Poe et les futurs disciples de Hammett, une ligne de démarcation qui impose la rencontre avec ses romans injustement éclipsés.

S. S. Van Dine (1888-1939)
Atteint de tuberculose, le très réputé critique d'art Willard Wright s'adonne à la lecture de romans policiers dans le but avoué de rédiger une histoire du roman criminel. Finalement, c'est sous le pseudonyme de S.S. Van Dine qu'il plongera dans le grand bain par l'intermédiaire de son héros, l'aristocrate Philo Vance, le plus cultivé, le plus emprunté et souvent aussi le plus rasoir des détectives romanesques (*La Mystérieuse Affaire Benson*, 1926 ; *L'Assassinat du canari*, 1927 ; *La Mort au jardin*, 1928, etc.). Non content d'utiliser un pseudonyme ridicule pour ne pas empiéter sur sa propre œuvre (mais que reste-t-il de l'œuvre de Willard Wright ?), il va s'autoriser à édicter un certain nombre de règles qui enrégimentent le roman policier dans un carcan abstrus et inepte.

Interversion
« La méthode d'interversion contribua beaucoup au développement du genre, sous un angle entièrement nouveau ; on peut même dire qu'elle fait souche. Nombre de chefs-d'œuvre dérivent de cette idée dans laquelle le lecteur suit pas à pas les événements qui conduisent à la tragédie finale » (Ellery Queen).

Simenon Georges

(1903 - 1989)

L'homme qui cherchait l'homme

«Je ne pense pas à moi comme à un grand romancier, mais comme à un homme qui a écrit beaucoup de romans» (Georges Simenon).

Le lundi 4 septembre 1989, à l'aube, dans sa propriété de Lausanne, s'éteint Georges Simenon. Il avait 86 ans. Parmi les nombreuses déclarations d'hommes publics et de personnalités du monde littéraire et artistique, on relève ce télégramme en provenance de l'Élysée : «Les livres de Georges Simenon resteront les compagnons de générations de lecteurs de tous les continents. Au confluent lui-même de plusieurs cultures, Georges Simenon nous laisse une œuvre qui est devenue patrimoine collectif de l'humanité.»

▪ L'arbre et la souche

Voilà un sentiment qui rend on ne peut mieux compte de ce que furent l'homme et son œuvre : l'auteur aux 700 millions d'exemplaires vendus à travers le monde, traduit en 57 langues, publié dans 40 pays ; l'écrivain aux 25 pseudonymes, aux 400 romans dont plus d'une centaine rédigés «pour les petites cousettes et jeunes vendeuses», à raison de 11 par an pendant plusieurs années, sans compter le reste, ses classiques : les 76 de la P.J. et les 117 dits de la «destinée» ; Simenon le géant, l'homme aux dix mille femmes dont huit mille prostituées, aux deux cents pipes et aux deux bouteilles de bordeaux quotidiennes ; Simenon donc, fils du peuple et père de l'atemporel et universel Jules Maigret.

On ne sait pas très bien ce qu'aurait pu être Simenon sans la littérature (sans doute un rejeton supplémentaire ajouté à cette «masse pathétique et malheureuse» dont parlait John Cowper Powys), mais on peut parfaitement mesurer, à la lumière de son œuvre, ce qu'aurait manqué le XXe siècle littéraire s'il ne s'y était pas mêlé. Car Simenon est à la littérature de notre siècle ce que l'arbre est à la souche : un tout indissociable, une évidence. Déracinez l'un, et l'autre est orphelin.

Dès l'âge de 12 ans il prend contact avec elle par l'entremise des grands Russes Dostoïevsky, Tchekhov et Gogol. Il se plonge aussi dans Balzac, Conrad, Dickens, Dumas, Stendhal... et signe ses compositions françaises Georges Sim. A 16 ans, il doit se mettre au travail. Employé comme commis dans une librairie de Liège, il se fait renvoyer parce qu'il contredit son patron à propos d'une édition originale de Dumas. C'est cette même année qu'il fait la connaissance de Régine Renchon (une artiste peintre qu'il épouse en 1923 et en divorce en 1950 pour épouser, le lendemain même, Denise Ouimet) et qu'il est engagé à *La Gazette de Liège*. En 1921, il fait publier par souscription, presque à compte d'auteur, un court roman de mœurs intitulé : *Au pont des Arches*. Il a 18 ans et son père meurt le 28 novembre. L'année suivante, son service militaire terminé, il quitte Liège et la Belgique pour l'Hexagone et sa

De Max Jacob :
«Ce qui me plaît en vous, c'est l'homme de la foule, cette manière unique de voir l'être dans la fourmilière humaine, qui ne peut venir que d'un très grand esprit, supérieur encore à son ouvrage, pour grand que soit celui-ci.»

capitale. Il commence à rédiger ses «contes galants» dans le journal *Le Matin* où œuvre Colette. En 1923, il s'installe au 21 place des Vosges et ouvre sa série de «romans populaires» avec *Le Roman d'une dactylo*, écrit en une matinée, à la terrasse d'un café. En 1926, tout en continuant de produire contes galants et romans populaires, il collabore à *Paris-Soir*. En 1927, il compte déjà six éditeurs. Étrangers compris, il en totalisera plus de cent cinquante à la fin de sa carrière. En 1928, il acquiert la *Ginette*, un sloop de cinq mètres, sur lequel il va accomplir un tour de France des canaux et rivières en compagnie de sa femme, de sa bonne et de son chien. Un an plus tard, il fait aménager un bateau de pêche, l'*Ostrogoth*, remonte la Seine avant de gagner la Belgique puis la Hollande. Courant septembre, il jette les amarres à Delfzijl près de la frontière germano-batave pour faire radouber son bateau.

▪ Ici commence...

«Ca ne m'empêchait pas de dormir la nuit, mais de jour ça m'empêchait de travailler. Alors, j'ai trouvé un vieux bateau sur le port, une vieille péniche complètement défoncée, pleine de rats, avec de l'eau sur le fond. J'ai disposé trois caisses : une pour la machine à écrire, une pour mon derrière et une autre pour la bouteille de vin rouge. Et je me suis mis à taper là-dedans mon premier *Maigret*». Mais la publication ne va pas de soi. Arthème Fayard n'est pas convaincu par ce commissaire en complet décalage avec ce qui se fait dans le roman policier d'alors. Simenon finira par le convaincre et, vingt ans (mois pour mois) après avoir lancé Fantomas, le 22 février 1931, Fayard réédite son coup de pub en propulsant Maigret sur la scène par l'intermédiaire d'un «bal anthropométrique» auquel est convié le Tout-Paris.

Chronologiquement, par ordre d'édition, le premier *Maigret* publié en 1931 est celui que Simenon écrivit en 1929 à bord de son bateau et intitulé *Piet'r le Letton*. «Le commissaire Maigret, de la Première Brigade mobile, leva la tête, eut l'impression que le ronflement du poêle de fonte planté au milieu de son bureau et relié au plafond par un gros tuyau noir faiblissait. Il repoussa le télégramme, se leva pesamment, régla la clef et jeta trois pelletées de charbon dans le foyer. Après quoi, debout, le dos au mur, il bourra une pipe, tirailla son faux col qui, quoique très bas, le gênait. Il regarda sa montre qui marquait 4 heures. Son veston pendait à un crochet, planté derrière la porte.» Voilà. Le personnage clef de toute l'œuvre de Simenon vient de naître. Il s'est levé «pesamment», a bourré une «pipe», tiraillé son «faux col». En quelques mots, le bonhomme est croqué. Il est déjà beaucoup mieux qu'une silhouette. Pas encore le personnage qu'il va devenir au fil des pages puis de tous les romans, mais, par ses gestes de tous les jours, il nous est déjà familier. Dès le deuxième chapitre, Simenon en précise les origines : «La présence de Maigret au Majestic avait fatalement quelque chose d'hostile. Il formait en quelque sorte un bloc que l'atmosphère se refusait à assimiler. Non pas qu'il ressemblât aux policiers que la caricature a popularisés. Il ne portait ni moustaches ni souliers à fortes semelles. Ses vêtements étaient de laine assez fine, de bonne coupe. Enfin, il se rasait chaque matin et ses mains étaient soignées. Mais la charpente était plébéienne. Il

De John Cowper Powys :
«Avez vous demandé à votre ami s'il a lu mon préféré de tous les auteurs modernes (anglais, américains ou français), je veux dire le grand, l'humain, le sage, le noble, le balzacien, dostoïevskien, dickensien, rabelaisien et gorkien créateur du Sherlock Holmes français (mais qui lui est très supérieur !), l'inspecteur Maigret ? Je parle de Simenon.» (Septembre 1943.)

Référence
Bertrand (A.), *Georges Simenon*, Éd. La Manufacture, 1988 ; de cette excellente étude sont tirés les détails biographiques ci-contre.

Propos
«Si j'étais né dans une H.L.M. des environs de Paris, je serais certainement devenu non pas l'anarchiste cérébral que je suis mais un anarchiste lanceur de bombes et peut-être un tueur.»
«Quand Giscard s'est aperçu qu'à peu de choses près Mitterrand avait le même nombre de voix que lui, il a copié le programme de Mitterrand [...] : la loi sur l'avortement, la pilule, le divorce, le vote à 18 ans. Ils espèrent comme ça canaliser la révolution. Mais quoi qu'ils fassent, elle est en marche.»
«J'ai horreur de tout ce qui est militaire, j'ai horreur des uniformes. J'ai fait le service militaire parce qu'il le fallait bien, mais aucun de mes fils n'a fait le sien.»
«Aucun progrès n'est possible tant qu'on ne change pas les règles de vie. Par exemple, il y a une institution désuète contre laquelle je lutterai tant que je pourrai, c'est le mariage.»
(Extraits d'un entretien avec Francis Lacassin publié dans *Le Magazine littéraire* n° 107, décembre 1975.)

était énorme et osseux. Des muscles durs se dessinaient sous le veston, déformaient vite ses pantalons les plus neufs.»

Il faudra attendre 1950 et *Les Mémoires de Maigret* pour apprendre avec plus de détails qu'il est né à la campagne où son père occupait les fonctions de régisseur, qu'il a perdu sa mère à l'âge de 8 ans et que son père l'a confié à une tante qui habitait dans la région de Nantes. Étudiant en médecine, il doit interrompre ses études à la mort de son père. Il cherche un emploi à Paris et grâce à un voisin de palier, il entre dans la police pour y gravir tous les échelons, de commissionnaire à commissaire en passant par secrétaire de l'O.P.J. du quartier Saint-Georges, époque à laquelle il rencontrera Louise qui deviendra son épouse.

▪ Le peseur d'âmes

Non seulement Maigret n'est pas un flic comme il s'en présente d'ordinaire dans les romans policiers d'énigme, mais de plus il n'a rien de l'extraordinaireté d'un Holmes ou d'un Poirot. La suprême logique déductive, les signes de piste à la loupe, le parler pour ne rien dire ne font pas partie de sa panoplie. C'est que son père spirituel ne joue pas. Il écrit. A l'instar de Dostoïevsky et de son juge Porphyre Petrovitch ou de Balzac avec son Vautrin, Simenon bâtit une œuvre dont Maigret est un rouage essentiel, un passage obligé. Voici comment il nous le donne à voir dans le roman intitulé *La Première Enquête de Maigret* : «Tout jeune, dans son village, il avait eu l'impression que des tas de gens n'étaient pas à leur place, prenaient un chemin qui n'était pas le leur, uniquement parce qu'ils ne savaient pas. Et il imaginait un homme très intelligent, très compréhensif surtout, à la fois médecin et prêtre, par exemple, un homme qui comprendrait du premier coup d'œil le destin d'autrui.» Bref, une sorte de Father Brown dénué de bondieuseries et de Dr Thorndyke qui aurait troqué sa cérébralité pour de l'humanisme. Le tout baigné dans ce qu'Alain Demouzon nomme un contexte très «franco-français». Et Maigret sera cet homme-là. Une espèce de «raccommodeur de destins». Le flic qui s'intéressera moins au crime qu'au criminel, moins à l'indice qu'au geste, moins à l'arme qu'au regard et qui va marquer d'une indéfectible empreinte le roman contemporain.

«Maigret agissait comme les autres. Comme les autres aussi, il usait des outils extraordinaires que les Bertillon, les Reiss, les Locard ont mis entre les mains de la police et qui constituent une véritable science. Mais il cherchait, il attendait, guettait surtout la fissure. Le moment, autrement dit où, derrière le joueur, apparaît l'homme» (*Piet'r le Letton*). Pour atteindre à cette pénétration de l'ombre humaine, il faut beaucoup d'humilité et une bonne dose de convivialité. Aussi, Maigret se gardera-t-il de juger, de décider pour un autre, comme il ne se lancera pas à la poursuite de la vérité par l'entremise de raisonnements bien pensés, mais plutôt en s'imprégnant au fil des heures et des hommes. Maigret n'est pas ce regard d'aigle à la Holmes ni ce futur félin à la Spade. C'est un ruminant qui regarde passer les hommes comme ceux de la race ferroviaire regardent circuler les trains. Dans leur essai *Le Roman policier*, Boileau-Narcejac écrivent : «Résoudre l'énigme pour Maigret, ce n'est pas découvrir la méthode de l'assassin mais expérimenter, vivre à l'essai la crise psychologique qui a provoqué le drame. Le lecteur doit sympathiser avec le coupable. Et justement Maigret est là qui tient la main du criminel, qui tient la nôtre et dirige l'une vers l'autre ces deux mains qui voulaient s'ignorer [...]. D'homme à homme, l'aveu peut jaillir. Grâce à Maigret, l'assassin n'est pas retranché de la communauté humaine. »

▪ La puissance du visionnaire

Et puis, il y a le style Simenon. Avec ses fameux imparfaits et passés simples de l'indicatif, sa proverbiale économie dans l'emploi des épithètes comme des adverbes, son absence du mot pour le mot au profit du « mot-matière ». La langue Simenon, ce dépouillement tant vanté (stupidement qualifié de non-style), c'est Diogène qui, voyant un enfant boire dans le creux de sa main, brise son écuelle en s'écriant : « Cet enfant m'apprend que je conserve encore du superflu. » Et l'homme Simenon, ce quêteur obstiné et permanent, c'est encore ce même Diogène qui, se promenant en plein midi dans les rues d'Athènes, une lanterne à la main, répondait à ceux qui le questionnaient : « Je cherche un homme. »

Toute l'œuvre de Simenon est construite à la fois dans cette langue (qui n'est rien d'autre que de la pudeur, du respect de l'autre) et à travers cette quête (qui n'est rien moins que le sens de sa propre vie). « Il n'est pas possible, quand on considère l'œuvre de Georges Simenon, remarque Jacques Sigaux, dans sa préface aux *Œuvres complètes*, de suivre une division rigoureuse qui placerait d'un côté ses romans à intrigues policières et de l'autre... les autres ; certains romans du cycle Maigret n'ont que des liens extrêmement ténus avec le genre policier et on trouve [...] des romans dont Maigret est absent mais où l'enquête policière joue un rôle primordial. » Quelques exemples : *Le Relais d'Alsace* (publié la même année que *Piet'r le Letton*) s'ouvre sur un vol d'argent liquide dans une chambre d'hôtel et l'enquête est conduite par le commissaire Labbé ; dans *Le Passager du Polarlys*, le capitaine du bateau découvre qu'il transporte à son bord l'homme qui a assassiné une jeune femme à Paris ; dans *Les Fiançailles de M. Hire,* on assassine d'entrée une femme dans un terrain vague ; dans *Le Coup de lune*, dès le lendemain de son arrivée à Libreville, Joseph Timar est confronté à un meurtre ; *Le Locataire* qui, avant même d'arriver à Charleroi, a assassiné un riche Hollandais dans l'express Bruxelles-Paris ; *L'Assassin* dont le titre nous dispense de commentaires sur les intentions du docteur Hans Kupérus ; *L'Aîné des Ferchaux*, *Le Fond de la bouteille* ou *Les Frères Rico*, trois superbes romans noirs dignes de *Black Mask* ; sans parler de *La neige était sale* (sans doute l'un des plus puissants romans de Simenon avec *Lettre à mon juge*) dans lequel on voit le protagoniste, un nommé Frank Friedmaier, individu oisif et glauque, poignarder un sous-officier de l'armée d'occupation pour lui voler son revolver...

Dans son *Histoire de la littérature française contemporaine*, rédigée à la veille de la Seconde Guerre mondiale, René Lalou écrivait : « Les livres de Simenon [...] attestent qu'il possède le talent de constructeur et d'animateur, la faculté de faire concurrence à l'état civil qui sont les dons du vrai romancier. Reste à savoir s'il pourra se

De Paul Morand :
« Il y a donc un style Simenon, comme il y a un style Empire. Il existe aussi un empire Simenon, beaucoup plus vaste que l'empire de Napoléon. »

Références
Boileau-Narcejac, *Le Roman policier*, Payot, 1964.
Simenon (G.), *Œuvres complètes*, Presses de la Cité.

libérer de cette hypothèque de la mort violente qui a pesé jusqu'à présent sur tous ses récits ou s'il a besoin de cette secousse initiale pour déployer sa puissance de visionnaire ?»...

L'année 1972 le voit publier deux romans : le premier, *Maigret et Monsieur Charles*, fait partie du cycle consacré au commissaire ; le second, *Les Innocents* (titre emblématique s'il en est car, pour l'avocat Simenon, l'homme ne peut plaider que non coupable), figure un nouveau chapitre des romans dits de la «destinée». Et puis, c'est fini. Georges Simenon n'écrira plus de fictions. Les ouvrages qui suivront, ses «dictées» (*Un homme comme un autre*, *Des traces de pas*, *Un banc au soleil*, *Tant que je serai vivant*, *Quand vient le froid*, etc.) racontent Simenon.

Le mardi 16 mai 1978, il reçoit un coup de fil de sa fille Marie Jo, âgée de 25 ans. Elle veut lui entendre dire qu'il l'aime. Ce qu'il fait. Et puis elle se tue. D'une balle en plein cœur. Trois ans plus tard, il fera suivre ses *Mémoires intimes* du *Livre de Marie Jo* et ne publiera plus rien de son vivant. C'est en 1913, à l'âge de 26 ans, que Maigret réalisa sa première enquête. Dix ans plus tôt, au 26 de la rue Léopold, à Liège, entre la place Saint-Lambert et le pont des Arches, naissait Georges Simenon. Ce siècle avait trois ans.

Quinze incontournables

La Tête d'un homme (1930), *La Nuit du carrefour* (1931), *Le Chien jaune* (1931), *Le Charretier de la Providence* (1931), *Les Fiançailles de M. Hire* (1933), *L'Assassin* (1935), *Le Testament Donadieu* (1937), *Le Voyageur de la Toussaint* (1941), *La Veuve Couderc* (1942), *L'Aîné des Ferchaux* (1945), *Lettre à mon juge* (1947), *La neige était sale* (1948), *L'Horloger d'Everton* (1954), *Le Train* (1961), *Le Chat* (1967).

Quelques adaptations

De *La Nuit du carrefour* (1932) de Jean Renoir à *Monsieur Hire* de Patrice Leconte (1989), ce sont cinquante-cinq romans de Simenon qui ont été portés à l'écran jusqu'ici. Parmi les réalisateurs, on relève les noms de : Julien Duvivier pour *La Tête d'un homme* (1933) et Henri Decoin pour *Les Inconnus dans la maison* (1942), *L'Homme de Londres* (1943) et *La Vérité sur Bébé Donge* (1952) ; Henry Hathaway avec *Le Fond de la bouteille* (1956), Jean-Pierre Melville avec *L'Aîné des Ferchaux* (1963), Louis Daquin pour *Le Voyageur de la Toussaint* (1943) ; Pierre Granier-Deferre pour *Le Chat* et *La Veuve Couderc* (1971), *Le Train* (1973) et *L'Étoile du Nord* (1981) ; Henri Verneuil pour *Le Brelan d'as* (d'après *Le Témoignage de l'enfant de chœur*, 1952), Marcel Carné pour *La Marie du port* (1950) et *Trois Chambres à Manhattan* (1965), Claude Autant-Lara pour *En cas de malheur* (1958), Luis Saslavsky avec *La neige était sale* (1954), ainsi que Bertrand Tavernier pour *L'Horloger de Saint-Paul* (d'après *L'Horloger d'Everton*), Claude Chabrol pour *Le Fantôme du chapelier* (1982) et Serge Gainsbourg avec *Équateur* (d'après *Le Coup de lune*, 1983).

Adresses

Le Centre d'études Georges Simenon est né le 25 février 1976 à l'université de Liège à l'initiative du professeur Maurice Piron avec l'assentiment du romancier. L'Association des amis de Georges Simenon, administrée par Michel Schepens, réside quant à elle 1 rue de l'Ancien-Presbytère, Boîte 4, 1080 Bruxelles. Pour tout accès au fonds Simenon, le conservateur reçoit sur rendez-vous : Christine Swings, 7 place du 20-Août, 4000 Liège.

Les années de soufre

1929-1950. Mais pour commencer, revenons légèrement en arrière. En août 1927, plus exactement. Quand un homme s'est mis en tête de passer de la nouvelle (genre où il excelle) au roman. Sa dernière «short story» a paru dans *Black Mask* deux mois plus tôt. Dans la touffeur de cette nuit d'été, installé devant sa machine (Remington ou Underwood), il est en train de composer la première partie de ce qui deviendra le genre fondateur du roman noir. Pendant ce temps-là, deux hommes (que l'on avait laissés en suspens dans nos «années de pierre») attendent la mort ou la grâce, au fond de leurs cellules. Ils ont nom Sacco et Vanzetti et ont été reconnus coupables de deux hold-up et de deux assassinats. D'un peu partout dans le monde, les témoignages de sympathie affluent. Des manifestations gigantesques se sont déroulées, réclamant leur grâce et leur relaxation. Jusqu'ici, le gouverneur du Massachusetts, Allan Fuller, n'a pas bronché. Des écrivains, des scientifiques de renommée planétaire et le pape même sont intervenus en leur faveur. Mais ils n'ont fait que repousser l'échéance. Il est 23 heures, ce 22 août 1927 quand les gardiens viennent tirer Nicola Sacco de sa cellule. Un quart d'heure plus tard, il s'assoira sur la chaise électrique. Quarante-cinq minutes après, le fauteuil de nouveau apprêté attend Bartolomeo Vanzetti. Le courant passe une deuxième fois. Il est minuit. Injustice est faite... Cette année-là, Lindbergh sera le premier à traverser l'Atlantique sans escale et la Warner Bros présentera le premier film parlant. Neuf mois avant le fameux 25 octobre 1929, alors que Wall Street allait finir de se convulser dans son Jeudi noir, l'ancien privé de l'agence Pinkerton, chef de file de l'écurie *Black Mask*, publiait enfin en volume, le roman qu'il avait commencé d'écrire deux ans plus auparavant et qui avait paru en quatre feuilletons dans sa revue de prédilection. Secouant sur ses bases le modèle du récit énigmatique au profit d'une histoire à l'eau-forte et au verbe carré, *La Moisson rouge* de Dashiell Hammett ancrait le roman policier du deuxième type dans un réalisme soufré, à l'instar de son époque...

Pierre Teilhard de Chardin (le futur auteur du *Phénomène humain*) mettait à jour, en Chine, les restes du sinanthrope de Pékin. La France commençait la construction de «sa» ligne Maginot dont les effets dissuasifs s'avéreront nuls. Un jeune pilote britannique de vingt-trois ans, Frank Whittle, concevait le turboréacteur. Jean Mermoz et les siens de l'aérospatiale établissaient la liaison entre la France et l'Amérique du Sud. Jean Vigo tournait *Zéro de conduite*. La crise économique, qui incubait depuis quelque temps déjà aux U.S.A., va déferler sur une Europe hagarde et que hantent les nationalismes de tout poil, asseoir un peu partout des dictatures fascistes (Mussolini, Hitler,

Franco, Salazar, Metaxás…), déclencher un deuxième abattoir mondial autrement plus meurtrier que le précédent avec, à la clef, une solution finale pour six millions de Juifs délibérément assassinés ; permettre aux États-Unis (toujours en avance d'une guerre) d'expérimenter sur les populations civiles nippones la première bombe atomique, faire de Staline un homme de bonne compagnie, de la France un pays occupé qu'une minorité de citoyens sauvera du déshonneur en payant pour beaucoup de leur vie cet acte de résistance. Cette époque est aussi pour le cinéma l'opportunité d'une palette de chefs-d'œuvre : des débuts du parlant au néo-réalisme italien, un septième art en pleine possession de ses moyens regarde vivre ou survivre un demi-siècle à feu et à sang. Entre ces deux dates qui illustrent nos années de soufre viennent au monde Yacine et Volponi (1929), Bens (1931), Updike et Arrabal (1932), Sagan et Brautigan (1935), Sollers (1936) et Le Clézio (1940), Modiano (1945), Châteaureynaud, Coupry et Jouet (1947), de Rudder (1950), pendant que repartent Crevel (1935), Kipling et García Lorca (1936), Gramsci (1937), Nizan et Fitzgerald (1940), Saint-Exupéry et Rolland (1944), Desnos (1945), Bernanos et Artaud (1948), Pavese (1950)… Ici et ailleurs encore, Ravel compose son *Concerto pour la main gauche* (1931), la télévision française émet ses premières émissions dans la capitale (1932), le Front populaire emmené par Léon Blum remporte les élections de mai (1936), Trotsky est assassiné à Mexico par un agent du K.G.B. (1940), Sartre fonde *Les Temps modernes* (1945), le premier Festival de Cannes voit le jour (1946), Gide reçoit le prix Nobel (1947), Gandhi est assassiné (1948), commence la guerre de Corée (1950). Dans ses *Incipit*, Louis Aragon note : «Je n'ai jamais écrit mes romans, je les ai lus. Tout ce qu'on en dit sans cette connaissance préalable du fait, ne peut être que vue a priori, jugement mécanique, ignorance de l'essentiel. Comprenez-moi bien : je n'ai jamais su qui était l'assassin.»

Hammett Samuel Dashiell

(1894 - 1961)

Une sorte de géant

« Le seul tremblement d'une cigarette dans la main d'un homme silencieux nous manifeste qu'il aime à en crever le blond mystère féminin qui boit un Martini en face de lui » (Robert Soulat).

Dashiell Hammett possède un avantage conséquent sur la plupart de ses collègues dont on dit qu'ils ont doté la littérature d'un degré supplémentaire : c'est que lui (contrairement à beaucoup d'autres de ces modèles) a été lu et continue de l'être par des générations de lecteurs ce qui, pour un écrivain, constitue à l'évidence l'essentiel. Comme eux aussi, il a été souvent imité, mais jamais égalé et, mieux qu'eux (dans bien des cas), il a généré une école qui n'en finit pas de faire parler d'elle.

Dans une lettre adressée à sa compagne Lillian Hellman, en date du 24 août 1952, il écrit : « Si Proust ne se décide pas bientôt à en finir avec Albertine [...] j'ai bien peur qu'il ne perde un client. » Tout l'apport de Hammett à la littérature est contenu dans cette phrase. Aussi bien son sens de l'humour que sa technique du raccourci. Au roman policier psychologique, hérité du roman-roman bourgeois, il va opposer la narration du comportement. Hemingway et Hammett sont les deux grands ciseleurs de cette nouvelle forme de style qu'on désignera sous le nom de « tough ». Il ne s'agit plus de penser, de discourir et moins encore de ratiociner, mais d'agir et, si besoin est, de cogner. Hammett ne s'en prive pas. Avec *La Moisson rouge* (1929), il frappe les trois coups d'une branche littéraire majeure. Dérivé du roman policier énigmatique, si le roman conserve chez Hammett un aspect mystérieux, c'est aussi le cadet de ses soucis.

▪ Le privé

Dans *Le Faucon maltais* (1930), tout le monde se fiche comme d'une guigne de savoir qui a tué Archer, l'associé de Spade. Son objectif majeur est bien, comme l'a écrit Chandler, « d'extraire le crime de son vase vénitien pour le jeter dans le ruisseau ». D'abord, le détective ne sera plus ce particulier fort spécieux qui collectionne les énigmes comme d'autres les coquillages ou les Remington, mais un privé, très ordinaire dans sa spécialité, en quête permanente d'un client pour assurer ses fins de mois. Le détective existe. Hammett en sait quelque chose, lui qui a exercé ce métier (de façon irrégulière, à cause d'une tuberculose et de la guerre, de 1915 à 1921) dans la célèbre Pinkerton's National Detective Agency. Il occupe donc une fonction sociale, possède une licence, paie son écot au système sociétal. C'est pourquoi Raymond Chandler, dans *Le crime est un art simple*, a une nouvelle fois raison de préciser : « Hammett a remis l'assassinat entre les mains de gens qui le commettent pour des raisons solides et non pour fournir un cadavre à l'auteur ; qui le commettent avec les moyens dont ils disposent et non avec des pistolets de duels ciselés,

Interprétations
Le personnage de Dashiell Hammett a été interprété deux fois à l'écran. Par Jason Robards (entouré de Vanessa Redgrave dans le rôle-titre et de Jane Fonda dans le rôle de Lillian Hellman) dans le film de Fred Zinnemann intitulé *Julia* et par Frederic Forrest dans le film de Wim Wenders intitulé *Hammett* d'après le roman de Joe Gores.

du curare ou des poisons tropicaux. Il a collé ces gens sur le papier tels qu'ils étaient, les a fait parler et penser dans la langue qui était la leur, dans des circonstances données. »

Donc, ici, le privé ne trouve plus la solution du crime, calfeutré dans une robe de chambre molletonnée, au sein d'un appartement cossu, en écoutant pousser la note d'une messe de J.S. Bach, en lisant Dante Alighieri ou en regardant croître les phanérogames angiospermes à pétales épiphytes, pas plus d'ailleurs qu'il n'a le mauvais goût de se trouver en permanence dans des bicoques, des wagons-lits ou sur des paquebots juste avant l'heure précise où doit sonner le crime. En général, il occupe un bureau (seul ou avec un associé, c'est le cas de Spade) ou travaille comme salarié d'une agence (tel le Continental Op). Artisan, il peut employer une secrétaire (comme Spade avec Effie Perrine), mais ce n'est ni une nécessité ni une marque de réussite. Si le privé d'agence est loin de rouler sur l'or, l'indépendant, lui, doit la plupart du temps tirer le diable par la queue. Au départ, les affaires qu'il traite n'ont rien de très juteux et ses clients ne sont jamais nés de la dernière averse. Ni ceux-ci ni celui-là ne sont des enfants de chœur. Ils évoluent dans un monde où le crime est présent partout, sous toutes ses formes, exécutés par des hommes de main à la solde de pégriots bénéficiant d'une couverture judiciaire offerte par les nantis de la politique ou des affaires qui vivent, mussés dans le système, telles des tiques dans le pelage d'un chien. C'est là un des thèmes centraux de *La Clef de verre* (1930).

▪ Poursuites

Citoyen engagé, l'écrivain Hammett n'hésite pas à poser le doigt sur les tares de la société américaine. Tout cela finira par lui coûter cher. Le 9 juillet 1951, il est cité à comparaître devant le United States District Court Judge au sujet d'un fonds de cautionnement du Civil Rights Congress. Il se borne à répondre qu'il s'appelle Samuel Dashiell Hammett et, pour le reste, se réfugie derrière le Ve amendement. Le soir même, il est accusé de manque de coopération et de mépris envers le tribunal et condamné à six mois de prison ferme.

Deux ans plus tard, les serviteurs zélés du sénateur Joseph McCarthy remettent ça. Hammett est appelé à témoigner devant la Commission des activités anti-américaines et accusé de cryptocommunisme. Le manège des questions sans réponse recommence. Il est interrogé par Roy Cohn, l'ancien assistant d'Irving Saypol (responsable de l'exécution de Julius et Ethel Rosenberg).

COHN – Est-il vrai que vous avez récemment purgé une peine de prison pour outrage à la cour ?

HAMMETT – Oui.

COHN – Et à quoi cela était-il dû ?

HAMMETT – Au refus de dire si oui ou non j'étais administrateur du fonds de cautionnement du C. R. C.

COHN – Vous dites donc que c'était pour refus de répondre.

HAMMETT – C'est pour ne pas avoir répondu à cette question, en effet, que je suis allé en prison.

COHN – Eh bien, je vous le demande, étiez-vous administrateur du fonds de cautionnement du C. R. C. ?

HAMMETT – Je refuse de répondre étant donné qu'une réponse pourrait tendre à prouver ma culpabilité.

(Extrait de la biographie de Richard Layman, *Dash*.) Cette

Films

Plusieurs romans de Dashiell Hammett ont été portés à l'écran, certains plusieurs fois. *L'Introuvable* en 1934 dans une réalisation de Woodbridge Strong Van Dyke (avec William Powell, Mirna Loy, Maureen O'Sullivan) ; *La Clef de verre* en 1935 dans une réalisation de Frank Tuttle (avec George Raft, Edward Arnold, Claire Dodd, Ray Milland) ; *Le Faucon maltais* en 1941 dans une réalisation de John Huston (avec Humphrey Bogart, Mary Astor, Gladys George, Peter Lorre, Lee Patrick).

Paul Cain (1902-1966)
Il arrivait au jeune élève Simenon de signer ses compositions françaises Georges Sim. Le vrai nom de Paul Cain est George Sims. Collaborateur de la revue *Black Mask*, sa carrière littéraire est encore plus brève que celle de Hammett. Elle s'étale sur quatre ans seulement, mais marquera nombre d'écrivains du genre. Son roman *A tombeau ouvert* (1933) est l'archétype même du «hard boiled novel».

fois, il évitera l'incarcération, mais ses ouvrages seront retirés des bibliothèques du Département d'État jusqu'à ce qu'Eisenhower intervienne pour qu'ils y soient réintégrés.

La «justice» américaine ne le tint pas quitte pour autant et, le 23 février 1955, il est à nouveau convoqué devant un autre tribunal d'enquête. Mais jamais au cours de ces trois comparutions, et dans le climat de haine et de chasse aux sorcières qui caractérisait l'époque, jamais cet homme diminué par la maladie, à bout de souffle, ne dénonça un seul de ses camarades...

▪ Un styliste de l'«im-signe»

Sa carrière littéraire, commencée en octobre 1922, avec la publication d'une nouvelle intitulée *La Flèche de Parthe* (publiée dans la revue *Smart Set*) s'était achevée le 24 mars 1934 par la publication, dans la revue *Collier's*, d'une ultime nouvelle intitulée *This Little Pig*. Son œuvre donc est brève. Elle comporte cinq romans (*Le Grand Braquage*, *La Moisson rouge*, *La Clef de verre*, *Sang maudit*, *L'Introuvable*), quelques dizaines de nouvelles, des critiques sur le roman policier parues dans *The Saturday Review of Literature* (de 1927 à 1929) puis dans le *New York Evening Post* (d'avril à septembre 1930), ainsi que le texte d'une B. D. (*Agent Secret X-9*) illustré par Alex Raymond, le futur père de Flash Gordon. A quoi s'ajoute des scénarios pour Hollywood où il séjourna à plusieurs reprises.

Ce styliste de l'«im-signe» littéraire, qui a changé le roman du discours en roman de l'image, a également contribué au renouvellement esthétique de la bande dessinée et à la transformation de l'expression cinématographique. Avec lui on passe de la méthode du discours à la philosophie de l'acte, de l'inertie statique à l'énergie du fait en mouvement. «Toute rhétorique est scrupuleusement bannie de son œuvre où les faits sont décrits avec la nudité d'un rapport de police», note Claude-Edmonde Magny dans *L'Âge du roman américain*. Est-ce un hasard si, interrogé dans les années 50, il désignera comme son auteur de mystère préféré Georges Simenon ? Œuvre brève, certes, mais fulgurante et qui a marqué à jamais du sceau de sa valeur la littérature mondiale de ce siècle. C'est le 10 janvier 1961, dans la chambre 823 du Lenox Hill Hospital, que cette mort qu'il avait tant de fois écrite noir sur blanc, et même côtoyée, venait le saisir, emportant du même coup une sorte de géant.

La pulpe du roman noir
En 1920, deux critiques un peu guindés, Henry Mencken et George Nathan, eurent l'idée de génie d'accoler à leur revue *Smart Set* (très chic mais fort peu choc) un périodique d'un tout autre genre, imprimé sur du papier bon marché. Ils la baptisèrent *Black Mask* et son premier numéro parut en avril de la même année. Après plusieurs valses-hésitations rédactionnelles (louvoyant entre les récits de mystère, de western, d'horreur, d'aventure...), ils décidèrent, en 1926, d'en confier la direction à un nommé Joseph T. Shaw qui fut le véritable catalyseur de la future école des «durs à cuire». Concurrent direct du déjà célèbre *Detective Story Magazine* qui éditait depuis 1915 des nouvelles d'énigmes «classiques», Joseph T. Shaw va totalement changer de cap. Il va demander à ses auteurs de s'attacher aux basques des réalités.

Références
Chandler (R.), *Le Crime est un art simple*, dans *Nouvelles*, vol. 1, Presses-Pocket, 1986.
Layman (R.), *Dash, La Vie de Dashiell Hammett*, Fayard, 1981.
Magny (C.-E.), *L'Âge du roman américain*, Éd. du Seuil.

Carr John Dickson

(1906 - 1977)

Un maître de la détection

Il semblerait que John Dickson Carr, né à Union Town en Pennsylvanie, opère un retour en force dans le milieu éditorial et l'on peut dire que ce retour relève de la justesse des choses. Car, avec lui, nous ne sommes pas seulement, simplistement, en présence d'un véritable maître d'œuvre du local clos, mais à la fois au cœur même du problème posé par ce type d'énigme et, bien au-delà, dans un univers typiquement fantastique et irrationnel. Son enquêteur le plus célèbre, Gideon Fell, se trouve bien souvent confronté à des affaires aussi peu ordinaires que le cas des suicidés du manoir de Shira dans *Suicide à l'écossaise* (1941), la surprenante histoire survenue au professeur Rigaud dans *Celui qui murmure* (1946), le très étrange Grimaud de *Trois cercueils se refermeront* (1935) qui constitue avec *La Chambre ardente* (1937) deux romans majeurs de la littérature de détection (Le Masque). Sous Le pseudonyme de Carter Dickson, il a également créé un autre personnage, moins connu que le Dr Fell mais tout aussi perspicace : sir Henry Merrivale. Il est mort le 27 février 1977 après avoir fait paraître la bagatelle de soixante-quatorze romans dont, comme l'écrit Roger Martin, «aucun n'est mauvais et beaucoup sont excellents».

Leslie Charteris (1907)
De son vrai nom Leslie Charles Bowyer Yin, cet Anglais, né à Singapour et naturalisé américain, a créé en 1928 un héros, Simon Templar, alias Sebastian Tombs, dont les initiales S. T. allaient lui donner son surnom et son renom : Le Saint. Le succès considérable qui fut le sien incita son père spirituel à éditer une revue policière, *Le Saint Detective Magazine*. Toutefois, après son passage aux U.S.A., Le Saint, personnage plein d'humour et d'allant, non dénué de sens critique, changea son carquois d'épaule, trempa ses flèches dans le miel et, confiées à des « nègres », ses aventures perdirent peu à peu leur sel originel. Adapté à la télévision, il fut incarné par Roger Moore puis Ian Ogilvy. Au cinéma, on le vit successivement apparaître sous les traits de George Sanders, Louis Hayward, Hugh Sinclair, Jean Marais, etc.

Latimer Jonathan

(1905 - 1983)

Un de la première vague

Considéré par d'éminents analystes du roman noir comme l'un des grands de l'âge d'or, Latimer est le créateur de Bill Crane, héros de cinq romans écrits entre 1934 et 1939 : *Bacchanale au Cabanon*, *Comme la romaine*, *Quadrille à la morgue*, *Les morts s'en foutent* (Série Noire), *Gardénia rouge* et *Noir comme un souvenir* (Rivages/Noir). En 1941, paraît *La Corrida chez le prophète* (sans Bill Crane), roman dans lequel le délire humoristique le dispute à un désenchantement non dénué de cruauté. «S'il s'inscrit lui aussi dans le courant "hard boiled", remarque Claude Mesplède dans *Voyage au bout de la Noire*, il y apporte un grain de folie permanente caractérisé par un humour particulièrement corrosif et efficace, et des situations franchement délirantes.» Après un détour par Hollywood, il revient à l'écriture romanesque dans les années 55 avec deux ultimes romans : *L'Épouvantable Nonne* et *La Poire sur le plateau.* Il est mort d'un cancer, dans sa Californie natale, le 23 juin 1983.

Burnett William Riley
(1899 - 1982)

Dans la jungle des villes

« Il y a, toute proportion gardée, dans cette comédie urbaine, une démarche qui n'est pas sans parenté avec celle de l'auteur de la Comédie humaine *» (Jean-Pierre Deloux).*

Virgil Scott (1914)
Cet enseignant universitaire est l'auteur d'un excellent roman noir intitulé *Jusqu'à la gauche* (1960) à propos duquel François Guérif a écrit : « Le roman de Virgil Scott est un des plus justes sur l'engrenage du gangstérisme ; c'est aussi une des histoires d'amour les plus lyriques de la Série Noire » (Underwood U.S.A., Balland, 1980).

C'est en 1929 (la même année que la publication en volume de *La Moisson rouge* de Hammett et dix ans avant celle du *Grand Sommeil* de Chandler) que William Riley Burnett publie, enfin, aux éditions Dial Press, un roman intitulé *Le Petit César*. Enfin, peut-on dire, car l'auteur n'en était pas à sa première tentative. D'ailleurs, c'est quelque peu échaudé par ses insuccès éditoriaux qu'il avait décidé de quitter Colombus pour Chicago. Et là, d'emblée, ce fut le choc. Subjugué par la métropole, son ambiance, sa faune, ses contacts directs avec les journalistes et les flics de terrain, il rédigea en quelques semaines ce roman qui allait faire date dans la littérature américaine et projeter son auteur sous les sunlights de la célébrité. Un an après, la Warner achetait les droits, confiant la réalisation du film au jeune Mervyn Le Roy et le rôle-titre à Edward G. Robinson. « Je crois, pouvait tranquillement déclarer Burnett en 1980, que *Le Petit César* a eu un impact énorme. Par le fond, l'idée d'un type qui organise un vol, recrute le personnel nécessaire à son exécution, était neuve à l'époque et, par la forme, je renversais les perspectives en montrant le monde du point de vue du gangster » (Entretien avec Jean-Pierre Deloux). Accaparé par Hollywood, il signera entre 1932 (*Scarface* de Howard Hawks) et 1963 (*La Grande Évasion* de John Sturges) nombre de scénarios de films et d'adaptations télévisées (pour des feuilletons tels que *Les Incorruptibles* ou *Bonanza*).

▪ La mécanique urbaine

Mais c'est en 1949, vingt ans après la publication de son premier roman, qu'il livrera son chef-d'œuvre : *Quand la ville dort*, premier volet d'un triptyque urbain composé également de *Rien dans les manches* (1951) et *Donnant, donnant* (1952). *Quand la ville dort* peut être considéré à plus d'un titre comme l'un des plus hauts faits de la littérature noire. Par sa langue d'abord : avec une économie de moyens qui touche à l'ascèse, il donne la mesure de la tragédie qui va se nouer. Par

Donald Henderson Clarke (1887-1958)
Célèbre chroniqueur des années 20, Clarke compose en 1929 une superbe symphonie en noir, un vrai grand chef-d'œuvre qui raconte la naissance et l'irrésistible ascension d'*Un nommé Louis Beretti*. Quatre ans plus tard, son roman *Female* sera attaqué en justice pour pornographie par une ligue pour la suppression du vice. Déboutés en première instance, les pères la pudeur feront appel et le roman finira par être déclaré obscène (cf. *Voyage au bout de la Noire* de Claude Mesplède et J.-J. Schléret).

Références
Entretien de Burnett avec Jean-Pierre Deloux paru dans *Polar* n° 15.
Mesplède (Cl.) et Schléret (J.-J.), *Voyage au bout de la Noire*, Futuropolis, 1982, 2/1985.

son intrigue aussi, on ne peut plus classique (depuis *Le Petit César*), mais dont le montage particulier compris dans une étroite osmose avec l'inhérence des paramètres sociaux confère à l'œuvre une double perspective, à la fois de hauteur et de profondeur à ce point de départ on ne peut mieux banal, quand l'auteur – sans y toucher – tire à lui les ficelles de ses personnages pour une mise à plat sans complaisance de la société américaine.

Chicago, on l'a dit, a joué un rôle capital sur le destin littéraire de Burnett. Mais Chicago en soi et hors le mythe n'est rien. C'est surtout qu'en un peu moins d'un siècle, des romans frontaliers de Fenimore Cooper à ceux de la critique sociale virulente (dont *La Jungle* de Upton Sinclair est un des symboles les plus marquants), l'Amérique a changé de décor. Les grands espaces herbeux ont fait place aux hautes espèces urbaines. Le béton a léché la terre. Pour paraphraser Jacques Cabau, on peut écrire : «comme il y a le Paris de la Restauration chez Balzac et le Paris du second Empire chez Zola», il y a le Chicago de Burnett, le San Francisco de Hammett, la Californie de Chandler, plus tard le New York de McBain ou de Charyn, mais «ce sont des écrivains du XXe siècle». Voilà ce qu'est Chicago. Le symbole. Celui d'une Amérique où l'état sauvage a été chassé par la gens civilisée et tout son cortège de drames et de férocités. La culture a changé de mains : l'homme ne tue plus pour chasser, il va se mettre à chasser pour tuer. Et Chandler peut écrire : «Ce n'est pas un monde parfumé, mais c'est le monde où nous vivons et certains auteurs à l'âme cruelle et froide peuvent en tirer des intrigues amusantes. Le meurtre d'un homme n'a rien de drôle, mais ce qui est parfois drôle, c'est de constater que cet homme a été tué pour trois fois rien et que sa mort porte la marque de ce que nous appelons civilisation.»

La ville devient le passage obligé de notre clientèle de héros, anti-héros et autres seconds couteaux. Elle est tout à la fois l'orifice buccal, le boyau et le rectum de toute cette faune nourricière qui l'alimente tout en se nourrissant d'elle. Elle ingère aussi bien qu'elle est investie. Elle rejette aussi bien qu'elle est désertée. Séductrice aussi bien que séduite, c'est au cœur même de sa matrice que, du jour à la nuit, «horlogièrement», se traitent les affaires qui dépassent la multitude humaine et dans lesquelles elle se trouve pourtant impliquée. C'est au centre de ce décor que Burnett a planté ses tréteaux. Moins fréquenté que certains de ses pairs du *Black Mask*, ce contemporain immédiat de Hammett ne doit rien à personne. Assis à la droite du père Dash, comme lui, il a tout inventé.

Raoul Whitfield (1897-1945)

Après s'être battu en France pendant la Première Guerre mondiale et avoir tâté de l'industrie sidérurgique à Philadelphie, il se convertit au journalisme et vend ses nouvelles à la revue *Black Mask*. *Vivement mes pantoufles* (1930) et *La Vierge fatale* (1932) sont deux pertinentes illustrations de ce qui s'écrivait, à cette époque, dans le milieu du roman noir.

Stanley Ellin (1916)

Ciseleur de «short storie», ses récits le situent parmi les grands Américains du genre : «Quand ses nouvelles sont rassemblées, écrit Jean-Patrick Manchette, on est impressionné de voir que l'on ne se demande pas quels sont les meilleurs textes de ces recueils, mais plutôt quels sont les deux ou trois textes qui sont un peu moins formidables que les autres. Car presque tout est exceptionnel» (*Polar* n°24, 1982). Né à New York, le 6 octobre 1916, il a débuté en littérature, encouragé par son épouse, après la démobilisation. Il est l'auteur d'une dizaine de romans dont les meilleures compositions ont pour titre : *La Peur au ventre* (1948) ; *A double tour* (1952) ; *Miroir, dis-moi* (1972).

Véry Pierre

(1900 - 1960)

Le grand môme

«Les indigènes m'ont donné le titre le plus envié que j'ai jamais eu. Ils m'appellent le raconteur d'histoires» (Robert Louis Stevenson).

Parler de romans policiers sans avoir lu certains auteurs tels Pierre Véry, c'est comme parler de poésie sans s'être confronté à Lautréamont. En rééditant *Goupi-Mains Rouges* (porté à l'écran par Jacques Becker) et *Les Disparus de Saint-Agil* (réalisé par Christian-Jaque), les Éditions du Rocher et Jean-Paul Bertrand ne s'y sont pas trompés : «Chez Pierre Véry, l'énigme naturelle devient un élément qui ajoute à la beauté de son monde, toute poétique. Son talent de conteur le met aux côtés de Simenon et de Malet, mais aussi de Stevenson qu'il admirait et de Chesterton.» Si l'on doit à Anna K. Green l'expression de «detective story», on doit à Pierre Véry celle de «récit de mystère». Et le récit, Véry sait parfaitement le maîtriser. Il sait totalement le conduire. *L'Assassinat du père Noël* (1934) avec ses marquis de Santa Claus, baron de La Faille et autre Cornusse, comme *Le Testament* de Basil Crookes (pastiche de la «detective novel» écrit en 1929, sous le pseudonyme de Toussaint Juge et qui lui vaudra d'être, l'année suivante, le premier lauréat du Grand Prix du roman d'aventures fondé par Albert Pigasse avec des jurés aussi célèbres que Carco, Kessel, Mac Orlan, etc.) en portent témoignage.

■ Véry ne passera pas

Sa manière de restituer l'enfance dans *Les Disparus de Saint-Agil* est tout bonnement prodigieuse. Ah, ce numéro 95 ! C'est la première et la dernière fois qu'un matricule confinera pour nous à la féerie. Et son Prosper Lepicq ? N'est-il pas un rien génial cet avocat dont le passe-temps est de débusquer les criminels afin d'assurer tout à la fois leur défense et son gagne-pain ? Dans la revue *Europe*, Jacques Baudou cite une phrase de Véry qui résume assez bien l'homme et son personnage : «Prosper Lepicq est un personnage inventé pour résoudre des énigmes, mais plus encore pour en créer. Je me soucie moins de logique que de fantaisie.» Ce Don Quichotte de Lepicq (dont le Pança a nom Jugonde) est, au même titre que son créateur, à la poursuite des moulins de la vérité dont les ailes tournoient dans le vide en fonction de l'air du temps. Mais ce qui distingue ce grand môme (admirateur d'Alain Fournier) de ses contemporains écrivants, c'est qu'à la différence de nombre d'entre eux il ne passera pas.

Noël Vindry (1896-1954)
La déclaration de guerre aura été fatale à Noël Vindry. Tout au moins littérairement. L'auteur de *La maison qui tue* (1932), *La Fuite des morts* (1933), *Le Fantôme de midi* (1934) ne s'en est jamais remis et ne mérite sûrement pas l'oubli dans lequel il est tombé. Son héros, le juge Allou, prototype de l'enquêteur cérébral se trouve confronté en permanence à des problèmes de local clos. Ça tourne parfois à la démonstration, mais c'est très souvent astucieux.

Aveline Claude

(1901)

Un franc-tireur

« Ses romans policiers sont devenus des classiques de la littérature policière : c'est-à-dire, sans nul doute, des classiques tout court » (Jacques Baudou).

En 1932, un écrivain français de renom, disciple d'Anatole France, dépose une bombe chez un éditeur. Une bombe dont un flic est le héros. Une bombe, parce que le roman se revendique comme policier et va même, dans sa préface, jusqu'à brocarder joyeusement ceux des critiques précieux et confrères délicats qui vouent le genre au caniveau de la littérature. Le roman a pour titre *La Double Mort de Frédéric Belot*. Il paraît (qui plus est) aux éditions Bernard Grasset. Son auteur a nom Claude Aveline. Il est né à Paris, un 19 juillet (jour de la saint Arsène) : il a 31 ans. Auparavant, Eugène Avtsine dit Claude Aveline (fils d'émigrés russes) avait déjà publié des poèmes, des nouvelles (notamment ses *Trois Histoires de la nuit* qui lui valurent les éloges de Gabriel Marcel et d'André Maurois), quelques essais, des romans (*Le Point du jour* et *Madame Maillard* qui rencontra une critique unanimement enthousiaste), sans compter que, dès 1922, il était devenu lui-même « le plus jeune éditeur du monde » et avait fait la connaissance, trois ans plus tôt, d'Anatole France pour lequel il nourrira une sincère admiration et une forte amitié.

▪ A visage découvert

On le voit, en 1932, Claude Aveline a beau n'avoir fait que tutoyer la trentaine, il est déjà quelqu'un dans la république des Lettres aussi bien, d'ailleurs, que dans l'engagement social. Aussi, ce roman policier, assorti de sa préface provocatrice, fait-il littéralement l'effet d'une bombe. Car, contrairement à quelques-uns de ses confrères qui se sont essayés au genre par le biais du masque pseudonymique, Aveline avance à visage découvert. Et il lance, avec cet humour à la fois tendre et caustique qui n'appartient qu'à lui : « Mon lecteur, il paraît que le présent livre est un roman policier. J'ai lu, voici quelques mois, un article qui décidait sans appel qu'il y a deux genres de romans : d'une part les romans populaires, d'aventure et de police (nommés aussi par lui romans à bon marché) ; de l'autre les romans littéraires. J'ai voulu savoir ce qu'il fallait entendre par roman littéraire. De littéraire, Littré dit : Qui appartient aux belles-lettres. Et les belles-lettres sont définies de la façon suivante : la grammaire, l'éloquence, la poésie. On voit que ce n'est point par le sens précis des mots que nous pourrons éclairer cette distinction mystérieuse. Est-ce par la valeur marchande que l'article en question assigne aux romans de la première catégorie ? Devrons-nous décider qu'un roman littéraire est un roman coûteux ? »

La polémique, en vérité, ne fait que commencer. Elle dure encore aujourd'hui et ne s'étein-

---

Jacques Decrest (1893 - 1954)
Mort la même année que Vindry, ami de Montherlant, Jacques-Napoléon Faure-Biguet dit Jacques Decrest est le créateur du commissaire Gilles qui naquit à la littérature policière, comme son père spirituel, à l'âge de 40 ans, dans un roman intitulé *Hasard*. Comme Maigret, il ne ressemble guère à un O.P.J. traditionnel. Il réside dans un studio, près du Palais-Royal, connaît bien Paris, fume des Boyards papier maïs et boit (en dehors du thé) du whisky Red Label. Il sera le héros d'une vingtaine de romans parmi lesquels : *Les Trois Jeunes Filles de Vienne*, *L'Oiseau poignard*, *La Vérité du septième jour*, *Les Complices de l'aube*, etc.

---

dra pas de sitôt, même si les thèmes du roman policier et du roman noir tendent à être de plus en plus récupérés (pillés ?) par toute une flopée d'écrivaillons bien de chez nous, en mal de lecteurs, et qui n'ont toujours pas compris qu'un crime ou un flic ne suffisent pas à écrire un roman de ce genre-là.

▪ La suite policière

Quoi qu'il en soit, Claude Aveline, lui, qui croit au genre et qui sait parfaitement comme il le dit si bien « qu'il n'existe pas de genres littéraires mineurs », ne s'arrête pas à ce coup de maître. Il écrira encore quatre autres Belot : *Voiture 7, place 15* (1937), *L'Abonné de la ligne U* (1947), *Le Jet d'eau* (1947), *L'Œil de chat* (1970) qui seront tous regroupés par les Éditions du Mercure de France sous le titre générique *Suite policière* en 1987. Toutefois, après *La Double Mort de Frédéric Belot* (dédié à Gabriel Marcel), se pose à l'auteur un problème important. Tout le monde sait de quoi il retourne : un soir que Picard, futur directeur de la P. J., demande au jeune inspecteur Rivière de se rendre au domicile de Frédéric Belot, il le trouve agonisant dans une flaque de sang. Pas encore remis de son choc, il découvre derrière un rideau le corps d'un autre homme, tout à fait mort celui-là, mais qui n'est autre (encore) que Frédéric Belot soi-même... Et le fait est, qu'ayant tué son inspecteur dès la vingtième page, il était difficile à Claude Aveline de le ressusciter par un subterfuge plus ou moins habile. C'est pourquoi, il renversa la problématique faisant de *La Double Mort* le dernier épisode des aventures de Belot et de son génial *Abonné de la ligne U* le premier.

Le succès retentissant de Belot a un peu occulté l'autre part de l'œuvre d'Aveline et c'est injuste. Même si sa *Suite policière*, traduite dans de nombreux pays, marquera un jalon important de la littérature « populaire », il conviendrait de ne pas oublier, comme l'a fort bien souligné Alain Feutry, que sans Aveline, très probablement, la littérature française (celle des belles-lettres) serait orpheline de ce que sa critique a longtemps considéré comme un chef-d'œuvre et qui avait beaucoup emprunté, en réalité, à un roman d'Aveline, justement. Cette œuvre, dont Alain Feutry dans son étude sérieuse, fouillée, démontre sans peine qu'elle s'inspirait d'un roman que Claude Aveline avait publié en 1936 sous le titre *Le Prisonnier*, avait pour auteur Albert Camus et s'intitulait *L'Étranger*. Une cinquantaine de pages après notre introduction, rien n'a véritablement changé : c'est toujours Faulkner qui va à Burnett, c'est encore Dickens qui va à Gaboriau. Et la fête continue...

John Creasey (1908 - 1973)
Vingt-quatre pseudonymes, plus de six cents ouvrages en quarante ans, il a obtenu en 1961 l'Edgar des Mystery Writers of America pour son roman de la veine George Gedeon : *La rousse a le feu sacré*, publié sous le pseudonyme de J.-J. Marric. A côté de cela, il est le créateur d'une foultitude de héros plus ou moins populaires dont le célèbre John Mannering, alias le Baron, héros d'une cinquantaine d'aventures popularisées par la télévision dans les années 60. Parallèlement au Baron, il a créé un personnage de justicier (Richard Rollinson), celui d'un flic du Yard (Roger West), écrit aussi bien des romans sentimentaux que des westerns, édité un magazine policier, siégé comme président de la Crime Writers Association... Mis à part sa série des Gedeon et les premiers pas de son Baron, ce poids lourd de la production est un peu léger.

Référence
Feutry (A.), *Camus lecteur d'Aveline*, Lambda Barre, 1986.

Francis Didelot (1902-1985)
Fils d'un gouverneur des colonies, il accompagne son père aux Antilles, en Guyane et en Afrique. En 1937, il crée le personnage de Samson Clairval, gentleman cambrioleur, et en 1951 (année où Jacques Decrest reçoit le Grand Prix de littérature policière), le commissaire Bigon, héros de treize aventures dont *La Valse des poisons*. Lauréat du prix du Quai des Orfèvres en 1949, pour son *Assassin au clair de lune*, il est aussi l'auteur du fameux *Septième Juré* porté à l'écran par Georges Lautner avec un Bernard Blier transcendant.

Steeman Stanislas-André

(1908 - 1970)

La passion selon S. A. S.

« Ce sont des romans d'énigme dégraissés de toute lourdeur, de tout ennui, reposant généralement sur de très astucieuses trouvailles » (Jacques Baudou).

Le jour où l'on décidera de s'atteler de façon sérieuse à une étude sur le roman policier européen (qui existe), nous constaterons de manière évidente, qu'à côté des chapitres français et anglais, le roman belge saura tenir son rang. Il conviendra alors de restituer à Steeman la place qui lui revient de droit.

▪ Un auteur trop méconnu

Ce véritable passionné du genre qui, pendant la guerre, alla jusqu'à fonder une collection pour permettre aux jeunes auteurs du cru d'exprimer leur imaginaire, ce perfectionniste qui cent fois sur l'œuvre remettait en question son métier, qui réussit à démontrer avec brio qu'un roman policier francophone avait droit de cité dans un univers littéraire dominé par les Britanniques, ce créateur de personnages dont certains ont été interprétés à l'écran par les meilleurs comédiens (Louis Jouvet, Bernard Blier, Raymond Rouleau, Pierre Fresnay, Louis Jourdan, Charles Dullin...), ce véritable écrivain attentif aux changements et qui sut adapter son œuvre aux virages du temps (*Autopsie d'un viol*, écrit en 1964, est une manière de chef-d'œuvre), ce lauréat du Grand Prix du roman d'aventures en 1931 pour *Six Hommes morts* dont le thème préfigure un roman d'Agatha Christie (*Les Dix Petits Nègres*) qui lui est postérieur de huit ans, cet homme tant de fois trahi par les producteurs et dont Clouzot éleva deux titres au rang de classiques du cinéma : *L'assassin habite au 21* (1939) et *Quai des Orfèvres* (1942, d'après *Légitime Défense*), le père d'un des personnages parmi les plus spirituels, les plus denses aussi de la littérature policière, autrement dit le très fameux Wenceslas Vorobeïtchik dit Monsieur Wens (*Six Hommes morts*, *Crimes à vendre*, *Les Atouts de M. Wens*, *Un dans trois*, etc.), ce surdoué qui, dès l'âge de 16 ans, expédiait des contes à un hebdomadaire parisien, lequel les publiait sans soupçonner l'âge de leur auteur, qui écrivit ses premières énigmes en compagnie d'un collègue de *La Nation belge* (Herman Santini alias Sintair) avant de poursuivre seul son chemin dès 1930 avec *Le Doigt volé* (Le Masque) dont Jacques Baudou nous enseigne (dans *Le Vrai Visage du Masque*) « qu'il allait connaître une fortune singulière puisqu'il fut plagié deux fois », cet homme donc, ce véritable écrivain était né à Liège (comme Simenon) le 23 janvier 1908 et il s'éteignit dans la discrétion la plus absolue, à Menton, le 15 décembre 1970.

Puissent ces quelques lignes contribuer à le faire renaître au « grand » public, car Steeman est de ces auteurs qui, pour ne pas être nés en vain, finissent toujours par mourir trop tôt.

Paul Kinnet (1915)

C'est au cours de la Deuxième Guerre mondiale que cet universitaire passé au journalisme commence à écrire pour une collection de romans policiers que dirige S.-A. Steeman. Après la guerre, il traduit pour les éditions Marabout plusieurs auteurs anglo-saxons dont le fameux roman inachevé de Dickens *Le Mystère d'Edwin Drood* pour lequel, selon Jacques Baudou, « il imagine une suite et une fin remarquablement étayées ». En 1975, il entre dans la célèbre collection Le Masque avec une série mettant en scène le commissaire Furnel : *Le Tribunal des sept*, *Une victime de trop*, *Un innocent pour l'échafaud*, etc.

Référence

Baudou (J.) et Schléret (J.-J.), *Le Vrai Visage du Masque*, Futuropolis, 1982.

Cain James Mallahan

(1892 - 1977)

La marche du destin

«Il se différencie des autres en refusant d'introduire un personnage positif qui tire la morale de l'histoire et en privilégiant ce qu'on a appelé plus tard la psychologie criminelle» (François Guérif).

Sans Cain, le roman noir américain manquerait d'un atout majeur. Avec lui, il franchit un palier supplémentaire. En effet, au détective privé, au truand organisé, au flic officiel qui domine jusqu'alors le noir U.S. émergé des productions de *Black Mask*, Cain leur oppose des personnages issus de la multitude anonyme qu'il place dans des conditions telles que leur avancée, souvent chaotique et parfois orageuse, aboutit inéluctablement au crime. «Ses criminels, remarque Claude Mesplède dans *Voyage au bout de la Noire*, mettent en marche un processus qui les conduit à leur perte, le destin jouant ainsi le rôle de policier.»

Dans les années 25, ce fils d'universitaire et de chanteuse d'opéra se met en tête de devenir écrivain et se cherche un style et des histoires. Journaliste, il pense posséder un certain don du récit. Certains de ses articles n'ont-ils pas fait l'objet d'une publication en volume ? Par ailleurs, sa vie active lui ayant permis de se frotter à des milieux aussi divers que celui des assurances, des mines de charbon et des produits congelés, il se dit également qu'il ne sera pas en reste d'imagination. Toutefois, il s'aperçoit très vite qu'il ne suffit pas de savoir rédiger de bons articles ni de posséder tout un stock d'anecdotes plus vraies que nature pour réussir à écrire des nouvelles ou des romans.

Henry Kane (1918)
C'est en 1947 qu'il crée son héros, le détective Peter Chambers dans un roman intitulé *Les Auréoles du dépotoir*, premier d'une trentaine d'aventures dont les excellents : *Un fauteuil en enfer* (1948), *Panier de crabes* (1951), *Embûches de Noël* (1952).

■ Un nommé Lawrence

C'est à peu près à la même époque qu'il fait la connaissance de Vincent Lawrence, dramaturge et scénariste qui, selon Cain lui-même, a eu une influence considérable sur le style hollywoodien. Poussé par Henry Mencken (le rédacteur en chef de l'*American Mercury*), Cain avait écrit quelques nouvelles et cherchait toujours sa voie pour passer le cap de la «short story» et atteindre au roman. C'est alors que Lawrence le prit à part : «Par exemple, Cain, imaginez que je sois à ma fenêtre. Je regarde dans le parc. Il y a deux bancs. Sur l'un, un couple qui se tient tendrement les mains est assis. Aucun intérêt [...]. Sur l'autre, une jeune fille lit un livre. Elle a un petit chien avec elle et, de temps en temps, elle joue avec lui. Elle envoie une balle dans l'herbe et la lui fait rapporter. Un type arrive. Il jette un coup d'œil à la jeune fille et il passe. Mais quand il se retourne pour la regarder une fois encore, je sais tout de suite qu'elle lui plaît et, immédiatement, je me demande ce qui va arriver. Alors, si elle jette son livre, si elle lui saute au cou et l'embrasse, c'est encore de l'amour mais cela m'assomme. Seulement, si elle relève la tête et s'il s'éloigne rapidement, j'apprends qu'ils ne se connaissent pas Je le vois qui s'arrête près d'un marchand de cacahuètes et je me demande ce qu'il va faire. Il achète des cacahuètes, revient vers le banc, s'assoit et ne prête aucune attention à la jeune fille. Mais il caresse gentiment le toutou. Il s'attaque aux cacahuètes, il en épluche une et la lance au chien. Le chien l'attrape et dresse les oreilles pour en avoir une autre [...]. Et voilà que la jeune fille le regarde faire et rit. Le type la salue et se rapproche. Ils jouent tous les deux avec le chien. Ça y est, Cain, il a déclenché quelque chose en moi et je suis intéressé. Je reste là à les surveiller. Je devrais aller travailler, mais j'ai envie de savoir la suite. Et lorsque, au bout d'un moment, le type secoue sa pochette de papier et qu'ils s'en vont tous les trois, elle, lui et le toutou, ils sont devenus mes amants favoris de la journée. C'est la même chose lorsqu'on écrit. Avant que je m'intéresse à votre histoire, je dois m'intéresser aux gens dont vous allez me parler» (préface à la quatrième édition de *Three of a Kind*). Et Cain se le tint pour dit.

▪ Un roman étalon

Naissent alors en lui les personnages de Cora et de Frank Chambers, sans oublier la cheville ouvrière de leur délit : Nick Papadakis, le mari de Cora, l'homme de trop dont il va falloir se défaire pour pouvoir vivre pleinement leur amour. Nous sommes en 1934. James Cain a 42 ans. *Le facteur sonne toujours deux fois* va enthousiasmer Vincent Lawrence et, à sa suite, des millions de lecteurs. En France, il suscitera l'admiration de Gide, puis de Sartre et de Camus. Le cinéma l'adaptera à quatre reprises : dès 1939, c'est Pierre Chenal qui réalise *Le Dernier Tournant*. En 1942, Luchino Visconti impose le style néo-réaliste italien avec *Ossessione*. En 1946, Tay Garnett moule un pull-over blanc pour Lana Turner. En 1981, Bob Rafelson accouple Jack Nicholson et Jessica Lange...

Après ce retentissant succès, James Mallahan Cain publiera une vingtaine d'œuvres plus ou moins représentatives de ce courant noir américain qui colle si bien aux basques de la crise et, parmi lesquelles, domineront le désormais classique *Assurance sur la mort* (1936), porté à l'écran par Billy Wilder dans une adaptation de Raymond Chandler, *Faux en écritures* (1940), l'une des histoires préférées de Cain, *Le Bluffeur* (1942) et surtout *Dans la peau* (1947) qui, à notre sens, doit être considéré comme l'égal du *Facteur* car ce style tant vanté du romancier, taillé à la serpe mais quelquefois ostensiblement dur, apparaît ici à nu, telle la lame d'un poignard sortie naturellement de son fourreau, sans aucun effet de main.

Robert Reeves (1912-1945)
Disparu en mission dans le Pacifique Sud lors du deuxième conflit mondial, Reeves, né à New York trente-trois ans plus tôt, avait accompli des études d'anthropologie avant de ranger ses diplômes pour exercer toutes sortes de métiers. C'est en 1939 qu'il publie son roman *Pas folle la guêpe* (Série Noire) dans lequel apparaît un dénommé Cellini, ami d'enfance du gangster Tony Moro qui l'a adopté dans son gang et enrôlé au poste de comptable. Agréable à lire et rondement mené.

William O'Farrell (1902-1962)
Si *Les carottes sont cuites* (1942) est son œuvre la plus connue, il convient de ne pas oublier le fulgurant *Tu ne tueras point* (1950) qui entraînera le lecteur dans les milieux financiers et les groupuscules nazis new-yorkais. L'auteur en profite pour peindre au couteau deux superbes portraits d'individus négatifs et veules.

Références
Lawrence (V.), préface de *Three of a Kind*, trad. par Sabine Berritz, Gallimard, 1948, 4ᵉ éd.
Mesplède (Cl.) et Schléret (J.-J.), *Voyage au bout de la Noire*, Futuropolis, 1982, 2/1985.

Greene Graham

(1904)

Le fond et la forme

Un des plus grands romanciers de ce siècle a bâti tout un pan de son œuvre avec le matériau d'un genre prétendu mineur et en a profité pour élever la littérature narrative de quelques degrés.

La puissance même du romancier Greene et l'authenticité de son œuvre viennent de ce qu'il est toujours parti d'un monde de faits plus ou moins divers voire plus ou moins occultes pour y faire entrer son univers à lui. A ceux qui objecteront que cet auteur n'a rien à voir avec les romans de genre, nous répéterons ici qu'il ne saurait exister de romans généralistes sans l'addition de toutes les espèces qui le composent. Et cela, même si Greene s'est amusé à qualifier certains de ses romans de «divertissements» par rapport à d'aucunes de ses œuvres jugées (mais par qui donc ?) de plus de poids. Car le romancier, apparemment, s'est bien gardé de séparer nommément son bon grain de l'ivraie. C'est que, peut-être, il avait présent à l'esprit le mot de Nietzsche à propos de la tragédie grecque quand il la qualifia lui aussi de «légère», mais «dans ce que cette légèreté contient alors de plus profond». Quant à ceux qui feront remarquer que l'univers greenien s'est davantage préoccupé des arcanes des services spéciaux que de la faune des commissariats, nous leur conseillerons de ne pas déployer leurs paravents chinois en les faisant passer pour des murs porteurs. Car si John Le Carré demeure, en cette matière, le meilleur élève de Greene, on pourrait en dire autant de maints auteurs de polars.

Le visionnaire
«La puissance de son art vient de son habileté à exprimer avec précision la faiblesse de l'homme contemporain, son absence de certitudes et son manque d'initiative lorsqu'il est confronté à la crise des grands concepts idéologiques, réalisant de plus en plus que toutes les grandes idéologies, depuis le conservatisme jusqu'au marxisme, ont échoué et qu'il n'y a tout simplement pas de recette de bonheur universelle» (Karel Kyncl, *Contreciel* n° 6, oct. 1984).

▪ L'irréductible avancée

Parmi eux, celui qui réussira le mieux à agencer ce système d'horlogerie est sans aucun doute son compatriote James Hadley Chase. Et l'on pourrait même reprendre mot pour mot ce que Juliette Raabe a écrit de lui pour l'accommoder à Greene, quand elle note : «[...] pour Chase la fatalité est une fatalité intérieure, qui œuvre en secret dans le subconscient du héros. Cette approche psychologique est plus classique mais elle possède une dimension dramatique certaine. Lorsque les romanciers américains de l'après-guerre ont voulu intégrer la psychanalyse freudienne, ils se sont généralement fourvoyés dans une vulgarisation superficielle et appliquée et, dans ce genre, seules les œuvres parodiques ont été des réussites. Il en va tout autrement de Chase qui évolue sans difficulté dans la tradition du roman sentimental d'analyse».

Né le 2 octobre 1904 à Great Berkhamstead (dans le Hertfordshire), Graham Greene suit des études à Oxford avant d'entrer dans le journalisme comme reporter et correspondant de guerre, puis en tant que secrétaire de rédaction au *Times* et critique littéraire et filmique au *Spectator*. En 1926, il se convertit au catholicisme. Pendant la Deuxième Guerre mondiale, il est mobilisé dans les Services de renseignements et accomplit des missions, notamment en

Afrique occidentale, sous les ordres d'un certain Kim Philby (la fameuse «taupe» introduite par Moscou dans les services secrets britanniques). Mais il y a beau temps déjà que Greene est devenu le romancier à succès que l'on connaît et que Hollywood (où il exerce, alors, ses talents de scénariste) adapte avec plus ou moins de bonheur.

▪ Un processus de minuterie

«La mort l'atteignit sous la forme d'une douleur intolérable. C'était comme s'il avait eu à accoucher de cette douleur comme une femme d'un enfant. Et dans l'effort, il sanglota, gémit. Puis, à la fin, il accoucha et suivit son unique enfant dans l'immense néant.» Ainsi meurt James Raven, l'assassin disgracié de *Tueur à gages* (1936). En mettant bas d'une douleur. En revenant à la mère aussi dont il n'avait jamais pu envisager sans amertume le suicide et que, soudain, la mort dans le dos, il comprenait, effaçant du même coup la pénible traversée de ses propres affres sociales et psychologiques. Rendant son dernier souffle, Raven naissait enfin à la mort. Mais depuis le départ, le «facteur fatal» s'était mis en marche. Inexorable.

«Un meurtre, pour Raven, ça ne tirait pas à conséquence. Ce n'était qu'un nouveau boulot. Il s'agissait de faire attention. De faire travailler ses méninges. La haine n'entrait pour rien là-dedans.» Voilà. Le processus de minuterie est enclenché. Tout le reste (assassinat non prévu de la vieille secrétaire, dénonciation du voisinage, règlement du contrat en monnaie de singe ou la rencontre avec Anne, seule personne que son infirmité ne repousse pas) fait partie du rouage extérieur. Le destin, lui, vient d'avant et colle à la peau. Les autres ne font que baliser une piste, mais le premier chemin est d'abord en soi... Comme pour Rollo Martins dans *Le Troisième Homme* (1950) qui débarque dans une Vienne occupée par les troupes Alliées pour apprendre que son ami d'enfance Harry Lime est mort des suites d'un accident de la circulation. Martins pourrait tout aussi bien s'en tenir là et repartir pour Londres, d'autant qu'il manque de devises, mais un premier contact déplorable avec un officier de la police britannique va déclencher le processus d'autodestruction. Il se met en tête de prouver que l'accusation de trafiquant qui pèse sur la mémoire de son ami est une invention de la police. Ce faisant, il passe le doigt dans un engrenage qui lui broiera bien plus que le bras.

«Il y a toujours un moment dans l'enfance, a écrit Greene par ailleurs, où la porte s'ouvre et laisse entrer l'avenir.» Dans ce compte à rebours qu'il a lui-même entamé, c'est ce morceau d'enfance, qu'au fin fond de sa quête, Rollo Martins finira par déchirer dans un collecteur de Vienne... Et que dire d'Alfred Jones, le protagoniste du *Dr Fischer de Genève* (1980) qui, au bout de lui-même et au-delà des règles imposées par son odieux beau-père, accomplira le jeu du hasard et de la mort, dans cette étouffante soirée au cours de laquelle Fischer a décidé de mettre à l'épreuve la cupidité de ses relations.

«Cette mort m'appartenait, elle était mon enfant et celui d'Anna Luise également. [...] Je n'étais plus seul – les solitaires, c'étaient eux, le divisionnaire et le docteur Fischer, chacun assis à un bout de la longue table, guettant le bruit de ma mort.» Roman noir et vénéneux où deux mondes intérieurs opposés se té-

Autres romans
Orient-Express (1932), *L'Agent Secret* (1939), *La Puissance et la Gloire* (1940), *Le Fond du problème* (1949), *Un Américain bien tranquille* (1955), *Notre agent à La Havane* (1958), *La Saison des pluies* (1961), *Les Comédiens* (1966), *Le Facteur humain* (1978).

Films
Tueur à gages de Frank Tuttle (1942, avec Alan Ladd, Veronica Lake, Robert Preston) ; *Espions sur la Tamise* de Fritz Lang (1944, d'après *Le Ministère de la peur*, avec Ray Milland, Marjorie Reynolds, Carl Esmond) ; *L'Agent secret* de Herman Shumlin (1945, avec Charles Boyer, Lauren Bacall, Victor Francen, Peter Lorre) ; *Le Troisième Homme* de Carol Reed (1950, avec Orson Welles, Joseph Cotten, Alida Valli, Trevor Howard) ; *Un Américain bien tranquille* de Joseph L. Mankiewicz (1957, avec Audie Murphy, Michael Redgrave, Claude Dauphin).

Nouvelles
Les éditions de l'Instant, sous la direction de Claude Leroy et Roger Martin, faisaient paraître un recueil de 25 nouvelles, intitulé *Récits noirs de l'Antiquité* dont les auteurs avaient noms : Homère, Ésope, Hérodote, Cicéron, Salluste, Pétrone, Thucydide, Tacite, Plutarque, Suétone... Dans l'avertissement, les directeurs de l'ouvrage prévenaient : « La présente anthologie n'entend pas sacrifier à une mode ; elle n'est pas non plus un canular d'anciens khâgneux s'abandonnant aux délices empoisonnés de l'anachronisme. » En fait, si nous sommes loin, ici, des romans noirs tels qu'on les entend aujourd'hui, on s'en rapproche plus qu'il n'y paraît dans l'esprit en ce sens que les uns et les autres tendent à donner un coup d'éclairage sur l'homme et la société.

Références
Lacassin (F.) et Raabe (J.), *Le Magazine littéraire* n° 43, août, 1970.
Raabe (J.), *Le Magazine littéraire* n° 78, juillet-août, 1973.

lescopent soudain sans retenue, pour un combat douteux, au cours duquel, si le bien finit par triompher, le mal a su nicher en lui des béances par où s'échappe le désir du néant et s'insinue le souvenir et ses cortèges de résignation... Autre part encore, dans d'autres lieux et une autre époque, il y a Jean-Louis Chavel du roman *Le Dixième Homme* (1983, d'après un scénario que l'auteur avait écrit pour la M.G.M. et que cette Compagnie avait oublié dans ses archives). L'action s'ouvre dans une prison française, sous l'occupation allemande. Trente otages sont détenus qui doivent désigner eux-mêmes les trois d'entre eux qui seront fusillés à l'aube. L'avocat Jean-Louis Chavel fait partie de ceux qui ont tiré le mauvais sort. Alors, il va offrir sa fortune et ses biens à la famille d'un de ses compagnons d'infortune qui voudra prendre sa place devant le peloton d'exécution. Janvier, un détenu de modeste extraction, désireux de ne pas laisser sa famille dans le besoin, accepte le marché. Quatre ans plus tard, Chavel alias Charlot revient dans ce qui a été son chez lui, à Saint-Jean-de-Brinac, fait la connaissance de la sœur et de la mère de Janvier, et se laisse engager comme domestique. Jusqu'au jour où surgit un autre Chavel... Dans une tension serrée, le système greenien de l'inextricabilité se met en marche et, dès lors, la deuxième vie de Chavel/Charlot ne va plus tenir qu'à un fil. Ce même fil que son destin n'avait pas voulu trancher quatre ans plus tôt.

«L'événement, le coup de théâtre, le trépas, remarquent Francis Lacassin et Juliette Raabe, sont des révélateurs destinés à préciser le choix ou provoquer la prise de conscience : [...]. Chez lui, l'enjeu l'emporte sur le jeu, le combat intérieur sur la poursuite ou la chasse, l'engagement sur le prodige. Le maître de cérémonie du ballet tragique n'est plus la mort mais le destin. Mais non un destin aveugle ou supranaturel : car vient le moment où le héros découvre qu'il est lui-même son destin.»

▪ Un romancier immense

C'est une mécanique impeccable, implacable, que Greene met en place dans chacun de ses romans et qui conduit les protagonistes à se retrouver tôt ou tard face à eux-mêmes. Une sorte de machine infernale dont le cœur d'acier bat au rythme du système horlogier qui le sous-tend. Au fur et à mesure que les secondes égrènent leur avancée, la rencontre approche. Et quand la jonction s'opère, le dernier mot revient toujours à l'irrépressible. Écrivain de l'engagement, Graham Greene a su prendre la mesure de son époque et, tandis qu'il avançait dans son œuvre et dans sa vie, il a mis son art au service des causes oubliées ou censurées (Zaïre, Haïti, Paraguay, Afrique du Sud, etc.), sans pour autant se départir de ses sentiments propres ni suivre aveuglément le premier drapeau venu. Romancier immense, il a été plusieurs fois pressenti pour le prix Nobel. Il est clair que son handicap le plus grand est d'avoir bâti une œuvre solide en y incluant un matériau jugé mineur. L'intelligence humaine, nous le savons, a ses limites. C'est ce qui la différencie de l'ostracisme qui, lui, ne connaît pas de frontières.

Tracy Donald

(1905 - 1976)

L'autre côté de l'ogre Sam

«Bien que très loin de la Tragédie, encore un de ces romanciers que je lis avec bien plus d'intérêt que la plupart des romans littéraires contemporains» (Roger Vailland).

Donald Fiske Tracy dit Don Tracy n'est assurément pas le plus connu des Américains de la Série Noire. Il n'en est pas moins l'un des tout premiers. L'Amérique non plus ne cultive pas outre mesure sa fréquentation (excepté pour les ouvrages qu'il publia sous le pseudonyme de Roger Fuller). Mais elle a ses raisons puisque l'œuvre noire de Tracy la désigne du doigt. Parmi la centaine de romans et les quatre centaines de nouvelles qu'il a publiés, cinq ouvrages sont à mettre en évidence.

Le premier, *Flash*, a été publié en 1934 et aborde déjà les deux thèmes essentiels de Tracy : le racisme et l'alcoolisme.

Le deuxième roman, *Tous des vendus* (1935), fut écrit en état d'urgence financière et ne connut qu'un succès d'estime. Il raconte l'histoire de Benjamin Neischtadt, ex-boxeur professionnel converti en convoyeur de fonds qui braquera le fourgon blindé pour la beauté d'Anna Kreback, une de ces femmes comme seuls les meilleurs romans noirs savent en tracer le portrait.

Le troisième roman, *Neiges d'antan* (1937) se déroule dans un huis clos à quatre angles aigus et une atmosphère à la fois glaciale et irrespirable.

Cette même année, Don Tracy écrit probablement son chef-d'œuvre personnel et, d'une façon plus générale, un très grand roman tout court. Le problème, c'est qu'aucun éditeur n'en veut. Jusqu'à ce que son épouse réussisse à vendre le manuscrit à un éditeur anglais. La critique se montre unanimement élogieuse. L'Amérique s'incline et publie *La bête qui sommeille* (en 1938).

■ De main de maître

L'action se déroule dans un petit port du Maryland avec sa petite vie quotidienne et ses petites gens ordinaires. Il y a aussi Jim Young, le Nègre local, et Kitty, la prostituée de service, qu'on va retrouver morte, assassinée. Alors tout se réveille : la brutalité, le sadisme, la lâcheté, la veulerie, dans une sorte d'hystérie collective qui pue le lynch et l'alcool à plein nez. Pour en réchapper, le pauvre Jim Young n'aura plus que ses jambes pour courir avant que la corde ne lui enserre le cou. Un récit hallucinant, conduit de main de maître, avec des personnages au millimètre et des scènes d'une telle justesse de ton qu'elles en remontrent à bien des littérateurs de nos soi-disant belles-lettres. Vingt-cinq ans plus tard, Tracy reviendra sur le sujet avec le très puissant *Un bloc de haine* auquel se juxtaposera le problème de l'alcoolisme qu'il avait déjà traité à maintes reprises et notamment en 1939 dans *La Vape*. Une écriture charpentée qui prend l'Amérique officielle à contre-pied.

Flash

«Ce livre, explique Tracy, participait de l'école "hard boiled" et il connut un succès immédiat qui m'assura un répit financier. La Warner en acheta même les droits, mais le contrat fut dénoncé par crainte d'une censure possible» (montage d'entretiens réalisé par Roger Martin pour *Hard Boiled Dicks* n° 10).

McCoy Horace

(1897 - 1955)

L'enfer d'un décor

«La grande émotion que nous ressentons à sa lecture, nous la devons essentiellement à l'évidente sincérité qui gouverne chacun de ses romans» (Véronique Auricoste).

Dire que Horace McCoy n'appréciait guère l'Amérique de l'establishment relève de l'euphémisme. Souligner que cette Amérique-là le lui a rendu au centuple procède de la litote. Censurée, dénigrée, honnie, calomniée, l'œuvre de McCoy n'en a pas fini, aujourd'hui même, d'encourir les foudres des multiples et habiles chasses aux sorcières dont ce pseudo paradis démocratique occidental semble s'être fait le parangon, au cours de son Histoire, à l'encontre de ses créateurs les plus protestataires certes, mais aussi les plus talentueux. La violence des attaques portées contre cet auteur est à la mesure de la virulence de ses mises en accusation d'un système tout juste bon à broyer ce qui n'entre pas dans le moule. Et pourtant, au-delà des insultes et du temps, au-delà de la désinformation et des mensonges perpétués, cette œuvre se dresse plus haute que jamais, plus évidente aussi, telle une forteresse imprenable au centre de laquelle souffle le grand vent de la littérature vraie et claque au ciel le drapeau de toutes les révoltes.

De Mesplède et Schléret :
« Ce rejet par l'Amérique d'un de ses auteurs les plus brillants et les plus doués ne peut s'expliquer que par la description impitoyable de la société américaine, des virulentes attaques contre ses éléments les plus représentatifs : le capitalisme, la presse, le cinéma et la dénonciation systématique du rêve américain» (*Voyage au bout de la Noire*, Futuropolis, 1982, 2/1985).

▪ Un réquisitoire sans concessions

C'est près de Nashville, à Pegram (dans le Tennessee), que naît le 14 avril 1897 Horace McCoy. Dès l'âge de 12 ans, il travaille comme vendeur de journaux puis comme démarcheur au porte-à-porte et chauffeur de taxi. Lors de la Première Guerre mondiale, il est versé dans l'U.S. Air Force et combat en France. Blessé, il est rapatrié aux États-Unis. Il retrouve ses trente-six métiers jusqu'en 1922 où il accède au poste de chroniqueur sportif au *Dallasite*, dans lequel il assurera plus tard des reportages sociaux. En décembre 1927, il publie dans *Black Mask* sa première nouvelle. L'année suivante, il en publie quatre. Survient l'implosion économique qui le rejette sur les routes. Cinq années durant, il va parcourir des centaines de kilomètres, à la remorque de nombreux emplois : ouvrier saisonnier, garde du corps, piquet de grève professionnel, videur dans des marathons de danse... C'est de ce dernier «petit boulot» qu'il va tirer la matière de son puissant et atroce *On achève bien les chevaux* (1935) qui, déjà, rencontrera nombre d'obstacles avant de se voir publié. Deux ans plus tôt, il avait rejoint Hollywood et commencé d'écrire des scénarios (dont les plus célèbres sont *Gentleman Jim* pour Raoul Walsh, *Les Indomptables* pour Nicholas Ray, titre ô combien maccoyien !).

Deux ans plus tard, les ennuis éditoriaux de McCoy commencent vraiment avec un roman qui peut être considéré comme son chef-d'œuvre : *Un linceul n'a pas de poches*. Après être passé plus d'un an entre les mains de multiples éditeurs, avoir subi des retouches qui sont autant de coupes obligées, le roman n'a toujours pas trouvé preneur. Comme une des œuvres de Tracy (*La bête qui sommeille*, écrit la même année), le roman de McCoy effraie nos grands démocrates. Il est vrai que ce linceul-là drape la nation américaine dans une étoffe écrue qui a de quoi la serrer aux coudes. Voici comment Marcel Duhamel le présentait aux lecteurs français de la Série Noire : «Ce livre de McCoy est le réquisitoire le plus violent, le plus dépourvu d'espoir aussi, qui puisse être dressé contre ce qu'on appelle l'ordre établi de notre époque, de notre civilisation, pour aller atteindre ce qu'il y a d'éternel dans la condition de l'homme, la perpétuelle soumission de la vérité au mensonge par la lâcheté et l'hypocrisie des individus.» Face aux compromissions et aux veuleries ambiantes, un homme a choisi de parler. Il a nom Mike Dolan et exerce la profession de reporter. Parce que le journal où il travaille refuse de passer un de ses articles sur une finale de base-ball truquée, tout comme il s'est déjà refusé à publier son papier sur l'accident causé par le fils d'un gros ponte local et qu'il ne veut pas davantage entendre parler de manigances du Ku Klux Klan, Mike Dolan démissionne et va fonder un hebdomadaire, *Le Cosmopolite*.

■ Des coups de boutoir

Chaque dossier est un coup porté à la vitrine américaine en même temps qu'un palier franchi par Dolan en direction de sa propre mort. «Voici l'histoire d'un homme qui a entrepris de dire la vérité. Forcément, cette histoire devrait mal finir», prévenait l'éditeur français. Tout comme le roman de Don Tracy, c'est en Angleterre que sera finalement publié *Un linceul n'a pas de poches* dans une version passablement revue. Il ne paraîtra aux États-Unis qu'en 1948 (onze ans plus tard donc) après que l'éditeur lui aura fait subir une nouvelle expurgation, craignant de tomber sous le couperet d'un maccarthysme alors triomphant. Entre-temps, McCoy aura écrit deux autres romans. L'un, *J'aurais dû rester chez nous* (publié en 1938), reprenait le thème des bernés du rêve américain appliqué à Hollywood (déjà abordé avec les personnages de Gloria et de Robert Syberten de *On achève bien les chevaux*) et ses fatidiques perdants (ici Ralph Carston et Mona).

Le second ne fut lui aussi publié que beaucoup plus tard, en 1948. C'est sans doute le roman le plus ambitieux de l'auteur. *Adieu la vie, adieu l'amour* raconte l'histoire d'un jeune lettré, torturé par son enfance et que la soif de pouvoir fait tourner au gangstérisme. Ce personnage, écrit Véronique Auricoste dans son très bel article sur McCoy, «est apparemment le bâtard de la famille. Il semble n'avoir aucune parenté avec les combattants et les victimes précédemment évoqués. Mais s'il constitue un cas particulier, ce n'est qu'une illusion due à l'originalité de sa condition. L'auteur en fait un gangster et non un honnête homme. L'illusion se dissipe quand McCoy nous fait comprendre que Cotter a fait un choix. Il est devenu gangster par haine pour une société dans laquelle il n'a pas pu s'intégrer [...]. Face au gangstérisme officiel sécrété par le système, McCoy nous montre le gangstérisme en tant qu'inadaptation sociale, long chemin violent et suicidaire, une fois de plus».

Les femmes :
Véronique Auricoste : «Sans faire de McCoy un précurseur des mouvements féministes, il faut lui accorder d'avoir su considérer la femme, non pas comme un centre d'intrigues de toutes natures, mais comme une héroïne combative ou victime selon les cas [...]. Elle n'est pas là pour faire diversion amoureuse au combat de l'homme mais pour l'aider, pour y prendre ses propres responsabilités» (revue *Europe*).

Films
Les romans de Mc Coy ont été fort peu exploités (on s'en doute) par le cinéma américain. Sidney Pollack a filmé en 1969, d'une manière proprette et bien-pensante *On achève bien les chevaux*. William Dieterle a mis en scène (sous le titre *Cran d'arrêt*) le roman le plus «optimiste» de McCoy : *Pertes et Fracas*. Quant à *Un linceul n'a pas de poches*, c'est en France qu'il a été réalisé, par Jean-Pierre Mocky, mais sa transposition plaquée dans le contexte franco-français relève du jeu de massacre.

James Curtis
Quand le routier Alf, des Transports d'Aberdeen, charge dans son bahut le dénommé Albert Mathews dit Tout P'tit, il ignore que celui-ci, libéré de prison de fraîche date, est fortement soupçonné du meurtre de son amie Alice. Un passager encombrant pour son *Poids lourd* (1938) lancé sur les routes détrempées d'Angleterre.

De François Guerif :
« Les romans de McCoy sont des réquisitoires contre une société de compromission où la vérité est systématiquement déformée par les médias qui prétendent la servir » (*Underwood U.S.A.*, Balland, 1980).

Référence
Auricoste (V.), article dans la revue *Europe* n° 571-572, nov.-déc. 1976.

Contrairement à ce qui a été écrit ici et là, Horace McCoy ne s'est pas contenté de dépeindre un monde de perdants. Si tel avait été le cas, gageons que l'Amérique institutionnelle ne se serait pas acharnée contre son œuvre comme elle l'a fait.

▪ Un écrivain dissident

Mais, en se servant de ses exemplaires losers, McCoy s'est ingénié à les renvoyer comme autant de boomerangs en pleine face de l'Amérique libérale, les consignant comme les preuves flagrantes de l'échec social de son système. Et c'est cela qui l'a rendu insupportable à l'Amérique de l'establishment. Le pays de « l'éthique protestante et de l'esprit du capitalisme » triomphants n'aime guère qu'on mette en avant ses hordes de « hobos » qu'elle a laissés sur le bord des routes à deux pas de l'ornière, au profit d'une élite sur laquelle le sociologue Wright-Mills fera lui aussi, dans un autre registre, un carton dans les années 60.

A l'instar de quelques-uns de ses contemporains écrivants, McCoy a mis en scène des gens de modestes conditions à qui l'Amérique a fait miroiter son rêve libéral, véritable mouroir aux alouettes où ils sont venus s'engluer sans nuance ni recours. Mais à la différence de ces mêmes contemporains, écrivant sur un identique canevas, il n'a pas choisi, lui, de s'exprimer dans la dentelle. Il ne dilue pas : il injecte. Il ne s'étend pas : il frappe et son allonge coulée dans un style de corps à corps fait mal, très mal. Poussé dans les cordes de ses propres contradictions, l'adversaire se voit contraint de parer au plus pressé. En le calomniant (il serait, selon un certain John Brown, « le plus caricatural des durs à cuire »), en le rabaissant (il ferait, d'après le pauvre Edmund Wilson, dans du sous Cain), en le censurant (la version honteusement édulcorée du *Linceul n'a pas de poches* est parue aux U.S.A. onze ans après sa sortie en Angleterre et deux ans après sa traduction française ; *Adieu la vie, adieu l'amour* a mis huit ans avant de trouver un éditeur). Et lorsqu'il meurt, en 1955, c'est dans une indifférence quasi générale. Décidément, tout porte à croire que McCoy ne s'est pas contenté de frapper fort. Il a aussi touché juste. Les écrivains dissidents ne viendraient-ils pas que du froid ?

Jorge Luis Borges (1899-1986)
Dans *La Mort et la Boussole*, le sacro-saint principe de la déduction est brutalement remis entre les mains du meurtrier. A part cela, la contribution du célèbre auteur argentin au roman policier (du premier type) est loin d'être négligeable. Dès les années 30, il avait rédigé une suite de récits consacrés à des maîtres du crime. Dans les années 40, il composera avec son ami Adolfo Bioy Casares plusieurs parodies de romans policiers publiées à compte d'auteur, avant de rédiger les très fameux *Six Problèmes pour Don Isidro Parodi*, l'enquêteur qui règle les énigmes du fond de la geôle où il se trouve enfermé... Il y a, chez ce duo de narrateurs nés pour se rencontrer, deux mondes qui s'interpénètrent pour mieux s'oublier. Le premier est celui de la réalité sociétale, monde du dehors que le quotidien qui passe et repasse finit par ronger jusqu'à le reléguer dans l'Histoire et ses diverses macérations ; le second est celui de l'imaginaire effervescent, monde du dedans qui, poussé dans ses ultimes extrémités et transformé en œuvre créatrice, est le seul à perdurer.

Chandler Raymond

(1888 - 1959)

Un homme de lettres

«Je dirai même qu'en définitive le héros trouve son intériorité dans l'espace extérieur ; il n'est rien, c'est l'aventure qui le détermine» (Michel Chaillou).

Raymond Chandler est sans nul doute le plus européen des romanciers américains de la «hard boiled school». Il est aussi l'un des rares écrivains du genre à avoir créé un héros universellement connu et adulé sans pour autant se faire gommer par lui. Enfin, dans le sillage de ses collègues, il apparaît tant par son éducation (typiquement britannique), son parcours initiatique (qu'il a pris le temps d'ingérer) que ses écrits mêmes comme l'intellectuel du groupe, celui par qui, inéluctablement, la réflexion devait venir au «noir».

▪ Franchir le pas

Quand il débarque sur la scène éditoriale (celle du roman broché, seul baromètre pris en compte par la critique officielle), nous sommes en 1939. A cette époque-là, Hammett a mis depuis cinq ans déjà un terme à sa carrière d'écrivain ; Cain a publié avec succès *Le facteur sonne toujours deux fois* et *Assurance sur la mort* ; McCoy a écrit son roman maudit : *Un linceul n'a pas de poches* ; Burnett a publié *Le Petit César* depuis dix ans ; Don Tracy quatre de ses plus grands romans dont *La bête qui sommeille*, etc. Bref, tous les grands du «tough» première génération sont déjà passés par là et ont couvert tous les terrains, décrypté toutes les faunes. Or donc, en 1939, à la veille d'éditer son premier roman, où en est Raymond Chandler ? Il est l'auteur de seize nouvelles (dont onze ont été publiées dans *Black Mask*, une dans *Detective Fiction*, quatre dans *Dime Detective Magazine*). Ce n'est pas un inconnu, loin de là, mais il lui manque la consécration du roman. Pourtant, il est l'aîné de tous : six ans de plus que Hammett, quatre de plus que Cain (qui n'a pourtant publié son premier roman qu'à 42 ans), neuf de plus que McCoy, onze de mieux que Burnett, etc. En 1939, Raymond Chandler totalise 51 ans au compteur de sa vie et il n'y a jamais que six ans qu'il a publié sa première nouvelle (*Les maîtres chanteurs ne tirent pas*). Et, cependant, il n'a rien de l'écrivain tardif, épithète inepte pour un homme de cette trempe. Simplement, il ne réussit pas à franchir le pas qui fait d'un excellent nouvelliste un grand romancier. Plus tard, dans *Le crime est un art simple*, il écrira : «Je n'ai pas de faible particulier pour le roman policier en tant que littérature d'évasion. Je dis simplement que toute lecture pour le plaisir est une littérature d'évasion, qu'il s'agisse de grec ancien, de mathématiques supérieures, d'astronomie, de Benedetto Croce ou du *Journal d'un raté*.» Le fait est que Chandler n'a pas encore choisi sa voie. Cette réflexion a beau avoir été écrite ultérieurement, elle ne l'a été qu'à la lumière de son propre vécu intellectuel et psycholo-

Le scénariste
Comme tous les grands romanciers de cette époque, Chandler commit lui aussi un détour par Hollywood, cette «usine à rêves» qui mutila et saigna à blanc tant d'écrivains. Il y écrivit notamment les adaptations de *Assurance sur la mort* pour Billy Wilder (d'après le roman de James Cain) ; *L'Invisible Meurtrier* pour Lewis Allen (d'après le roman de Ethel White) ; *Le Dahlia bleu* pour George Marshall (scénario original) ; *L'Inconnu du Nord-Express* pour Alfred Hitchcock (d'après le roman de Patricia Highsmith).

gique. Et ce n'est, d'ailleurs, que par suite d'un acte «d'auto-cannibalisme» qu'il réussira à franchir la frontière.

En effet, plus de douze de ses nouvelles entreront dans la composition de ses principaux romans, de même que son protagoniste final sera un montage d'au moins deux protagonistes importants de cette époque «nouvellienne» («bon moyen d'apprendre tout en gagnant un peu d'argent en même temps», écrira-t-il dans une de ses correspondances) : l'enquêteur d'assurances Carmady et surtout le privé Mallory, son héros de la première heure (il y a aussi un nommé Ted Malvern qui apparaît dans *Fusillade au Cyrano*).

A l'instar de Hammett, Chandler est un styliste. Mais tandis que le premier ajuste ses coups de patte techniques sur les rings de boxe, le second lance sa griffe dans la confection de haut standing. Le premier procède par uppercuts et crochets directs, le second avance par touches et retouches. Ces deux tempéraments diamétralement opposés dégagent corollairement deux réactions contraires.

▪ Un nommé Marlowe

A 40 ans, Hammett tire un trait sur sa carrière de romancier, Chandler ouvre le livre de la sienne à 51 ans et grave une des pages les plus glorieuses du roman noir. Voici un extrait de son ouverture : «Je portais mon complet bleu poudre, une chemise bleu foncé, une cravate et une pochette assorties, des souliers noirs et des chaussettes de laine noire à baguettes bleu foncé. J'étais correct, propre, rasé, à jeun et je m'en souciais comme d'une guigne. J'avais rendez-vous avec quatre millions de dollars.» L'homme qui se décline de la sorte à l'égotique s'appelle Philip Marlowe. A l'époque du *Grand Sommeil* (1939), il habite tout près de Hollywood Boulevard. Il a la quarantaine. Cheveux noirs grisonnants, yeux marrons, 1,80 m pour 80 kg. Son bureau est situé dans le building Cahuenga, à la hauteur du 615, un deux-pièces avec vue sur cour. Amateur du jeu d'échecs, grand consommateur de café (à la française), il boit son whisky avec modération et si d'aventure on le compare «aux gens qui fréquentent le Country Club [...] il est sobre comme un diacre». Les relations sexuelles ne constituent pas l'essentiel de ses aventures romanesques. Même s'il les aime «laquées, juteuses, coriaces, et perverties jusqu'à la moelle», l'occasion peut fort bien faire le larron à condition toutefois que le parfum ne soit pas trop capiteux ni la dame trop facile. Il déménage assez souvent et n'emploie pas de secrétaire.

«Mon héros ? écrit Chandler dans *Le crime est un art simple*, est relativement pauvre, sinon il ne serait pas détective. C'est un homme ordinaire, sinon il ne pourrait pas fréquenter les gens ordinaires. En matière de psychologie, il est perspicace, sinon il ne connaîtrait pas son boulot. Il se refuse à gagner de l'argent malhonnêtement et ne se laisse insulter par personne sans réagir comme il se doit, en gardant cependant la tête froide. C'est un solitaire, sa fierté, c'est que vous le traitiez en homme fier, sinon vous regretterez de l'avoir rencontré. Il parle comme un homme de son époque, c'est-à-dire avec un humour caustique, un sens aiguisé du ridicule, un profond dégoût pour le factice et un grand mépris pour la mesquinerie. Le roman, tel que je le conçois, c'est l'aventure de cet homme cherchant une vérité cachée, et ce n'en serait pas une si elle n'advenait pas précisé-

Rôles
Pour interpréter le personnage de Marlowe, Chandler avait songé à Cary Grant. On lui offrit successivement George Sanders en 1942, Dick Powell en 1945, Humphrey Bogart en 1946, James Garner en 1969, Eliott Gould en 1973 et Robert Mitchum en 1975 et 1978, sans compter la caméra dite objective de Robert Montgomery en 1947. L'acteur le plus crédible est de loin James Garner. Dommage que le film de Paul Bogert (*La Valse des truands*) pèche par certains côtés excessifs car l'interprétation du comédien est remarquable. Comme le Marlowe romanesque, il sait à merveille exprimer la désinvolture, l'insolence, l'ironie, le culot, le courage, l'amertume aussi et une certaine lassitude.

ment à un homme taillé pour l'aventure.»

▪ Une certaine idée de la littérature

Des sept romans (le huitième est resté inachevé) qui vont faire de lui le détective le plus connu du monde, celui dans lequel Chandler a mis le plus de lui-même, qui est aussi le plus pessimiste et le plus désespéré est sans conteste *Sur un air de navaja* (titre français stupide qui ne traduit en rien *The long Good-bye*) avec lequel, d'ailleurs, Chandler obtint le prix Edgar Poe en 1953. Il y a là un évident désir de s'élever au-dessus de soi et du lot. De rejoindre, quelque part, l'idée qui vingt ans plus tôt lui avait fait choisir la nouvelle d'abord plutôt que le roman d'emblée. Une certaine idée de la littérature. Et Chandler, qui avait déjà inoculé pas mal de lui-même dans les précédents *Marlowe*, renverse la vapeur en entrant tout entier dans ce roman. Le plus hémingwayien des textes de Chandler est aussi, étrangement, son ouvrage le plus abouti. Certes, il nous raconte une histoire criminelle, mais c'est d'amitié et d'amour qu'il nous parle avant tout. Et qui plus est, d'amitié trahie et d'amour failli. Le chassé-croisé des Lennox et des Wade n'est qu'un prétexte pour nommer la solitude, cette capitale de l'intérieur.

Nous sommes loin de la frénésie humoristique qui transperçait *Adieu ma jolie* (1940) et même de l'ironie amère de *La Dame du lac* (1943) qui marque déjà un tournant dans le ton. Il n'est pas davantage question de s'interroger, comme le faisait Marlowe dans *Le Grand Sommeil* : «Qu'est-ce que ça peut faire où on vous met quand vous êtes mort ? Dans un puisard dégueulasse ou dans un mausolée de marbre au sommet d'une grande colline ? Vous êtes mort, vous dormez du grand sommeil, vous vous en foutez de ces choses-là [...] le pétrole et l'eau, c'est de l'air et du vent pour vous» (traduction de Boris Vian). Parce que, ici, dans cet adieu qui n'en finit pas, ce n'est pas du grand Après dont nous entretient Chandler, mais bien de cette mort lente que crée le vide tombé sans bruit à l'intérieur de nous, quand, au cœur de l'immense champ de solitude que recouvrent tant de batailles perdues, nous nous retrouvons seuls face à nous-mêmes et que nous mourons vivants.

Correspondances
16 juin 1949 : «Le fossé artistique entre un très bon roman policier et le meilleur roman sérieux de ces dix dernières années est à peine mesurable comparé au fossé qui sépare ce roman sérieux d'une œuvre quelconque représentative de la littérature grecque au IVe siècle avant Jésus-Christ.»
12 octobre 1955 : «En Angleterre, un écrivain de romans policiers, s'il est bon, en vaut bien un autre. Il n'y a pas ce snobisme qui veut qu'un romancier sérieux de quatrième ordre, sans aucun style ni talent réel, soit par définition considéré comme supérieur à un auteur d'ouvrages de mystère qui a peut-être aidé à régénérer toute une littérature.»
15 janvier 1945 : «Pour un homme comme moi, doué sans exagération, mais ouvert, quel plus grand prestige peut-il exister que d'avoir choisi un genre mineur, minable et complètement foutu et d'en avoir fait un sujet de bagarre pour les intellectuels.»
(Raymond Chandler, *Lettres*.)

L'essayiste
A côté de ses romans, Chandler a réfléchi sur le roman policier et la littérature, le cinéma et Hollywood, le métier d'écrire et... sur lui-même. Parmi ses écrits, sont disponibles en France : *Le crime est un art simple* et les fameuses *Lettres*.

Références
Chandler (R.), *Le crime est un art simple*, dans *Nouvelles*, vol. 1, trad. par Jean Bailhache, Presses-Pocket, 1986 ; *Lettres*, trad. par Michel Doury, U.G.E. 10/18.

Gardner Erle Stanley

(1889 - 1970)

Appelez-moi Maître...

David Dodge (1910)
A 31 ans, ce Californien de Berkeley crée le personnage de Whitney, un expert-comptable chargé d'enquêter sur des affaires de fraudes fiscales et autres détournements qui l'entraînent dans des aventures remuantes comme c'est le cas dans *Le Temps des gros sous* (1941) ou *Trois pelés et un tondu* (1942). Mais son roman le plus connu s'intitule *La Main au collet* (1952), porté à l'écran par Hitchcock en 1955.

Dans une correspondance qu'il lui adresse le 26 janvier 1946, Raymond Chandler écrit : «Quand un livre, n'importe quelle espèce de livre, atteint un certain degré de réussite artistique, c'est de la littérature. Cette intensité peut être affaire de style, de situation, de caractère, de ton, d'émotion ou d'idée, ou d'une demi-douzaine d'autres choses. Cela peut également être une parfaite maîtrise du mouvement de l'histoire [...]. C'est, à mon avis, la qualité que vous possédez plus que tout autre» (*Lettres*). A cette époque-là, il y a treize ans déjà que l'avocat Perry Mason triomphe sur le marché du roman policier. C'est en 1933 que Gardner avait ouvert le bal avec *Sur la corde raide* (Éd. J'ai lu). Auparavant, il avait lui-même exercé la profession d'avocat, dirigé la revue *Black Mask* où il publiera une bonne centaine de nouvelles entre 1923 et 1933 sous de multiples pseudonymes. En 1939, sous le nom de A.A. Fair, et pour concurrencer son rival Rex Stout, il créa les personnages de Bertha Cool et Donald Lam, sensiblement calqués sur le même schéma, héros de vingt-neuf aventures (Le Masque). Cela n'empêcha pas Perry Mason de poursuivre sa brillante carrière : *L'Avocat du diable*, *La Jeune Fille boudeuse*, *Le Canari boiteux*, *Crimes à marée haute*, *La Nymphe négligente*, *La Fortune fantôme*, etc. dont la plupart ont été réédités par J'ai lu. Quatre-vingt-deux affaires au total. De quoi laisser songeur.

Stout Rex

(1886 - 1975)

Humour, délices et orchidées

Références
Plusieurs ouvrages de Rex Stout sont actuellement réédités par U.G.E. 10/18, dans la collection dirigée par Jean-Claude Zylberstein et dans la collection Rivages/Mystère dirigée par François Guérif.

C'est en 1934 que Rex Todhunter Stout (né à Noblesville dans l'Indiana), de retour d'un périple européen, va créer l'un des «armchair» les plus célèbres du monde, le fameux Nero Wolfe, l'homme aux orchidées, secondé par le fidèle Archie Goodwin. Fin gourmet, il a sous la main un excellent cuisinier suisse, Fritz Brenner. Sa passion pour les orchidées (qu'il partage avec son jardinier Théodore Horstmann) est légendaire. Tout ce joli monde réside dans la 35th West Street à New York. En plus de ses dons de déducteur, Nero Wolfe peut s'exprimer couramment en sept langues. L'œuvre de Stout a été couronnée en 1959 par l'obtention d'un grand Master Award. Parmi ses principaux titres signalons : *Fer de lance* (1934), *L'Homme aux orchidées* (1939), *Meurtre au vestiaire* (1950), *Trop de clients* (1960).

Chase James Hadley

(1906 - 1985)

Stratégie de la douleur

« Il n'y a que Chase qui ait su donner une certaine vie froide a des tueurs mal conformés, à forte personnalité » (Gilles Deleuze).

La carrière littéraire de René Brabazon Raymond, alias James Hadley Chase (mais aussi James Docherty, Ambrose Grant et Raymond Marshall), repose sur une légende et un malentendu. La légende veut qu'il ait écrit en l'espace de six week-ends son très fameux *Pas d'orchidées pour Miss Blandish* (1939). Quant au malentendu, il vient du fait que cet auteur d'origine britannique a longtemps été confondu avec un Américain. La critique n'aime pas qu'on la mystifie. Elle préfère de loin se tromper elle-même. Entre la légende et le malentendu d'une part, et son ultime roman *Ça ira mieux demain* (1983), Chase a posé quatre-vingt-neuf jalons de valeur inégale certes, mais qui, tous sans exception, méritent le détour. Ses contradicteurs, des plus impartiaux aux plus hostiles, ont tous été obligés de convenir qu'il leur était difficile de ne pas tomber sous le choc de ses vénéneux récits.

▪ La formule du roman cruel

Fereydoun Hoveyda note, dans sa *Petite Histoire du roman policier* : « Ce que je reproche personnellement à la plupart des romans de Chase [...], c'est justement une mécanique du rebondissement trop apparente et une cruauté qui, loin de rappeler Sade, s'apparente davantage à la pornographie. » Intéressante cette référence à Sade lequel, contrairement à ce que voudrait faire croire Hoveyda (obligé d'avouer trois lignes plus bas qu'il n'a jamais pu lâcher un Chase !), n'a jamais été considéré de son vivant comme un auteur érotique noble, mais bien comme un pornographe de bas quartier. La confrontation sulfureuse entre l'Éros et le Thanatos, parfaitement maîtrisée dans l'œuvre de Chase, peut effectivement renvoyer à l'œuvre du Marquis et, dans cette perspective, nous dirons alors de Chase qu'il est un auteur bien plus sadien que sadique, dans le sens où, tel que l'a écrit Sade lui-même : « La Nature a créé les hommes pour qu'ils s'amusent de tout sur terre, tant pis pour les victimes car il en faut. » De fait, l'analyse la plus sereine et la plus probante qui ait été produite à ce jour sur l'œuvre de Chase revient au duo

Nommer la cruauté

« Le roman cruel n'est pas un roman policier auquel on aurait simplement injecté une certaine dose de cruauté. C'est un roman qui a une structure particulière, comme une plante grasse hérissée de couteaux [...]. C'est pourtant le besoin de savoir, de comprendre coûte que coûte, qui nous pousse à lire avec la plus grande attention les pages les plus odieuses. Ce qui permet à l'auteur de montrer de sang-froid et avec une impassible rigueur [...] des scènes qui, présentées autrement, paraîtraient révoltantes » (Boileau-Narcejac, *Le Roman policier*).

Verdict

« Seul Chase a su peindre "de l'intérieur" les sentiments de ses héroïnes qui se voient détruire les autres et se détruire elles-mêmes, lucidement et invinciblement à la fois. De là vient ce romantisme latent dans l'œuvre de Chase, qui le relie à une tradition littéraire qui va des sœurs Brontë à Mary Webb et à Graham Greene. Une inspiration presque féminine, et d'autant plus étonnante qu'elle s'exprime, chez Chase, à travers la rigueur et la dureté, la netteté implacable des dialogues, la cruauté des gestes rapportés sans fioritures ni voiles d'aucune sorte » (Juliette Raabe, *Le Magazine littéraire* n° 78, juillet-août 1973).

Films
Plusieurs romans de Chase ont été portés à l'écran. Parmi eux : *Eva* de Joseph Losey en 1962 (avec Stanley Baker, Jeanne Moreau, Virna Lisi) ; *Un beau matin d'été* de Jacques Deray en 1964 (avec Jean-Paul Belmondo, Sophie Daumier, Géraldine Chaplin, Georges Géret) ; *La Petite Vertu* de Serge Korber en 1967 (avec Dany Carrel, Jacques Perrin, Robert Hossein, Pierre Brasseur) ; *Pas d'orchidées pour Miss Blandish* de Robert Aldrich en 1971 (avec Kim Darby, Scott Wilson, Tony Musante) ; *La Chair de l'orchidée* de Patrice Chéreau en 1975 (avec Charlotte Rampling, Edwige Feuillère, Bruno Cremer, Simone Signoret, Alida Valli).

Références
Boileau-Narcejac, *Le Roman policier*, Payot, 1964.
Hoveyda (F.), *Petite Histoire du roman policier*, Éd. du Pavillon, 1965.

Boileau-Narcejac, quand ils notent dans *Le Roman policier* : «Le roman noir se taille une place dans la littérature. Il ne veut être qu'un roman à l'état sauvage, un roman de plein vent, mais il l'est sans conteste. Cependant, il lui manque encore quelque chose pour être pleinement le roman de l'après-guerre : la cruauté. C'est James Hadley Chase qui trouve la formule du roman cruel.» Avec ce verdict, nous entrons de plain-pied dans la vérité même des romans de Chase. En anglais, personne ne l'ignore, «chase» signifie poursuite. Et tous ses romans vont tourner autour de cette lancinante thématique. Il y a mieux encore. H, première lettre du second prénom pseudonymique (de James *H*adley), se prononce «eitch» en anglais, tout comme le mot «ache» qui veut dire *douleur*. Or, quoi de mieux que la poursuite pour activer une sensation de douleur que l'écrivain pousse à son paroxysme entre des êtres qui se croisent, s'aiment, se convoitent et se déchirent imparablement ? Le Bien, dans le roman noir de la «hard boiled school», c'est en tout état de cause le héros positif (marginal certes, truand même) grâce auquel inexorablement force reste à la Loi générale de l'État (soit qu'il se perde à son profit) ou à la Conscience particulière du héros lui-même (s'il joue d'entrée le rôle de l'Ordre).

▪ Un univers noir

Avec Chase, même si la Loi finit par garder le dernier mot, il sera bien souvent trop tard, car ses protagonistes, sans d'autre foi que l'intérêt et sans d'autre raison que l'instinct, seront passés par là et les dommages qu'ils auront causés ne se dissiperont pas de sitôt. De face ou de profil, ses personnages relèvent davantage du cliché anthropométrique que de l'album de famille. Ouvrir un Chase, c'est savoir que ce qui va se dérouler a toutes les chances de finir mal, sans jamais savoir avec exactitude ni comment ni pour qui. Là est l'une des grandes lignes de force de cet insatiable remueur d'intrigues. N'épargnant à son lecteur aucune description, il ne lui accorde de surcroît aucun répit. Toutefois, à la différence d'un Gérard de Villiers qui se complaît dans la veulerie gratuite et mercantile, l'art consommé de James Hadley Chase réside dans son écriture fiévreuse et incisive qui tranche dans le vif contextuel et met les nerfs à fleur de peau. Ses romans les plus aboutis (au rang desquels figurent : *Pas d'orchidées pour Miss Blandish*, *Eva*, *La Culbute*, *Un beau matin d'été*, *La Chair de l'orchidée*, *Traquenards*, *La Petite Vertu*, *Lâchez les chiens*, *Un hippie sur la route*, *L'Abominable Pardessus*, *Présumé dangereux*, *Meurtres au pinceau*, etc.), avec leurs portraits au couteau et leur atmosphère électrisée, éclairent l'univers fondamentalement noir de cet auteur en même temps qu'un indéniable souffle d'écrivain.

Peter Cheyney (1896-1951)
Né à Londres, Reginald Evelyn Peter Southoun-Cheyney est d'origine irlandaise. Après des études assez médiocres, il va exercer plusieurs métiers. Il participe à la Première Guerre mondiale. En 1926, nommé commandant adjoint de la police spéciale, il laisse libre cours à ses velléités réactionnaires en brisant les piquets de grève des ouvriers londoniens. Son héros, Lemmy Caution, apparaît en 1936 dans *Cet homme est dangereux* suivi en 1937 par La *Môme vert-de-gris*. Son meilleur roman n'est pas à proprement parler «policier» et s'intitule *Héros de l'ombre*.

Irish William
(1903 - 1968)

Entre chiens et loups

«Paysages crépusculaires parcourus par une festival d'ombres et de lumières, mais où l'on s'entre-tue» (Francis Lacassin).

Il n'est probablement pas l'auteur de romans noirs par lequel on débute, quand on a décidé de goûter à ce genre-là. Cinq ou six noms a priori plus évidents que le sien sautent aux yeux à l'étal des libraires. Pourtant, William Irish est sans doute l'un des représentants parmi les plus emblématiques de cette typique littéraire. Noirs, ses romans le sont tout autant que ceux de ses plus éminents collègues et tout aussi profondément. Comme eux, il fait partie de cette première vague U.S. qui allait contribuer à la crédibilité littéraire d'un genre fondé sur les canons du roman populaire. Mais, de surcroît, il est celui par qui le suspens rejoint le gothique comme personne avant lui n'avait su le faire et comme peu d'autres après lui réussiront à l'imposer. Car, de cet alliage délicat, dont la manipulation exige une maîtrise parfaite du sens de l'écriture, Irish n'en use jamais comme d'une pure et simple astuce narrative.

▪ Du mouvement à la réclusion

C'est surtout qu'au procédé, répété à l'envi de roman en roman, vient s'ajouter sa vision personnelle, intime, des êtres au monde et, mieux encore, des effets de ce monde dans le dedans même des êtres qu'il a choisi d'extirper de la multitude anonyme, le temps d'un récit où l'angoisse monte d'heure en heure comme une fièvre irrémédiable dont ils ne sortent (quand ils en sortent) jamais totalement guéris.

De son vrai nom Cornell George Hopley-Woolrich, il est né le 4 décembre 1903 à New York. Son père(ingénieur des travaux publics) et sa mère (pianiste) divorcent et le jeune Cornell part vivre avec son père au Mexique où la révolution fait rage. C'est le temps des Francisco Madero, Venestiano Carranza, Francisco dit Pancho Villa et Emiliano Zapata. Adolescent, il revient à New York vivre avec sa mère et suivre des études au Columbia College. Il a 22 ans. Une jaunisse l'immobilise. Il se met à écrire son premier roman *Cover Charge* publié l'année suivante avec succès. Puis il abandonne ses études pour l'écriture et publie sous le nom de Cornell Woolrich quatre autres romans d'influence fitzgéraldienne. L'un d'eux (*Les Enfants du Ritz*) ayant remporté un prix de 10 000 dollars et s'étant vu porter à l'écran, Hollywood va faire appel à son auteur pour écrire des scénarios. C'est là qu'il fait la connaissance de la fille d'un producteur qu'il épouse en 1930 pour s'en séparer quelque temps après. Il retourne à New York, chez sa mère, mais sa vie se complique. Il n'arrive plus à placer ses manuscrits. Il commence alors à écrire pour les pulps en pleine expansion. Nous sommes en 1934.

Peu à peu Cornell Woolrich devient William Irish. Six ans le séparent encore de son pre-

Films
Nombreux sont les romans et nouvelles de William Irish qui furent adaptés au cinéma et pour la télévision. Parmi les plus célèbres, citons : *Les mains qui tuent* de Robert Siodmak (d'après *Lady Fantôme*) ; *Fenêtre sur cour* d'Alfred Hitchcock (avec James Stewart et Grace Kelly) ; *La mariée était en noir* (avec Jeanne Moreau) et *La Sirène du Mississippi* de François Truffaut (avec Jean-Paul Belmondo et Catherine Deneuve) ; *J'ai épousé une ombre* de Robin Davis (avec Nathalie Baye, Francis Huster, Richard Bohringer).

Référence
Mesplède (Cl.) et Schléret (J.-J.), *Voyage au bout de la Noire*, Futuropolis, 1982, 2/1985.

James Eastwood (1918)
Les deux romans de cet auteur les plus connus en France, *Bas les masques* et *La Femme à abattre* sont des « novellisations » de scénarios tirés des films de Richard Brooks et de Raoul Walsh, dont le rôle principal était tenu par Humphrey Bogart.

mier jalon : *La mariée était en noir* (1940). En 1942, deux romans voient le jour parmi lesquels un chef-d'œuvre absolu de suspense : *Lady Fantôme* (cette femme que le protagoniste doit absolument retrouver s'il ne veut pas être accusé du meurtre de son épouse, cette femme avec laquelle il a passé la soirée dans des lieux plus que publics et dont aucun témoin ne paraît se souvenir). En 1943, *Les Yeux de la nuit*, une autre réussite, et surtout la suprême *Heure blafarde*. Puis, *Fenêtre sur cour* (1945), *La Sirène du Mississippi* (1947), *J'ai épousé une ombre* (1948), *J'ai vu rouge* (1950), etc.

« La fin de sa vie, notent Claude Mesplède et J.-J. Schléret, est assez dramatique. Quittant rarement la chambre d'hôtel où il vivait avec sa mère, il eut du mal à supporter la mort de celle-ci en 1957. Véritable reclus, alcoolique, diabétique, il lui survécut cependant onze ans dans une solitude totale. Atteint par la gangrène, il dut être amputé d'une jambe et mourut le 25 septembre 1968. » Dans le petit monde du polar où le superlatif est bien trop souvent de mise, c'est peu de dire ici à quel point ce grand écrivain règne en maître incontesté sur les terres de l'angoisse.

Brown Fredric

(1906 - 1972)

Du noir décapant

De Stéphane Bourgoin :
« Spécialiste reconnu des chutes à rebondissements, jeux de mots et des "short short stories", il souffrait pour écrire [...]. Comme sa femme nous l'apprend, sa production journalière dépassait rarement les trois pages. Avant toutes choses, il recherchait un titre frappant [...]. (préface de *Tuer pour passer le temps*, Éd. NéO).

Généralement considéré comme un auteur de science-fiction venu au roman noir, Brown est avant tout un auteur de romans policiers. C'est pourquoi à ceux qui continuent d'écrire que Fredric Brown a écrit « aussi » des romans policiers, il convient de signaler qu'il serait plus juste de dire « surtout » et mieux encore « avant ». Et non seulement avant, mais également de manière plus consistante, puisqu'aux quatre romans de S. F. répondent plus de vingt romans noirs. Bref, Fredric Brown est un auteur de romans noirs qui a également publié des romans de S. F.

C'est trois ans avant sa première nouvelle de S. F. qu'il publie sa première nouvelle policière. Et deux ans avant son premier roman de S. F. qu'il publie son fameux roman *Crime à Chicago* (1947), mettant en scène le duo de détectives Ambrose Hunter (forain) et son neveu Ed (pour lequel il obtient l'Edgar des Mystery Writers of America). « [...] il lui arrivait souvent de se réunir avec des amis écrivains et de les payer pour les meilleures idées de titres [...]. Puis il partait en voyage au hasard des routes avec, comme seuls bagages, un calepin et un stylo car la monotonie des longs trajets de bus le stimulaient pour construire ses intrigues » (Stéphane Bourgoin). Parmi ses réussites marquantes : *Tuer pour passer le temps* (1948, rééd. NéO), *La Belle et la Bête* (1949, Série Noire), *La Nuit du Jabberwock* (1950, rééd. J'ai lu), et son chef-d'œuvre (publié dans la défunte collection Red Label que dirigea François Guérif), *La Fille de nulle part*.

Malet Léo

(1909)

Le père du roman noir français

«Piéton de Paris, ce Léon-Paul Fargue du roman policier fait claquer sous ses talons la chanson des mal-aimés» (Gilles Costaz).

A l'arrivée de Léo Malet, le roman policier français reçoit le même type de décharge qu'avait enregistré son homologue américain avec l'entrée en jeu de Dashiell Hammett. Avec lui, le roman policier hexagonal vire sans transition du blanc cassé au beurre noir. Il quitte soudain ses faux cols pour se colleter avec de vrais durs, se met à exsuder la peur en arpentant les rues, la pipe au bec et la gouaille au vent, avec juste ce qu'il faut de cynisme à froid et d'humour de même teneur pour ne pas oublier les tons vert-de-gris de l'époque.

▪ Un ton nouveau

Cela exhale des odeurs d'irrespect et d'insolence, abat des cartes romanesques qu'on avait peu l'habitude de lire, tranche dans le vif du sujet lui-même en réveillant sans ambages un genre de son sommeil plus ou moins paradoxal pour le plonger dans le réalisme cru des actes de tous les jours, où les concepts de «policiers» ou de «criminels», remis à hauteur d'homme et de quotidien, prennent un aspect palpable. Il y a aussi, dans ce roman, cette façon de parler de l'Occupation sans parler de l'occupant qui est hautement stupéfiante et qui ne relève rien moins que du savoir-faire dans l'art de créer une ambiance. «Nous n'avions jamais rien lu d'analogue, note Thomas Narcejac. C'était drôle, prodigieusement vivant.»

Le succès est immédiat. Empêché de lire le «traduit du vrai ricain», le lectorat (inondé de pseudo-histoires made in U.S.) découvre soudain un ton neuf qui jappe en décors naturels franco-français et où le cossu clinquant des appartements bourgeois cède la place aux ruelles douteuses et aux pavés gluants. Rien que la dédicace fait saliver : «A mes camarades des chaudières du stalag XB et plus particulièrement à Robert Desmond.» Voilà qui est expédié. Le Desmond en cause est un médecin qui a permis à l'auteur de se tirer les pattes du susdit stalag. Là où, d'ailleurs, s'ouvre l'espèce d'avènement qui est aussi une sorte d'événement. Grâce à un imaginaire nourri aux mamelles d'un certain vécu et à un solide coup de plume, du stalag germanique à Paris via Lyon, il n'y a qu'un pas, qu'auteur et héros franchissent allégrement. Le tout s'intitule *120, rue de la Gare*. Nous sommes en 1943. Il est temps de se payer un petit retour sur nos arrières...

Né le 7 mars 1909 à Montpellier, d'un père employé de bureau et d'une mère couturière qui meurent quatre ans plus tard, Léo(n) Malet est élevé par son grand-père, un tonnelier passionné de littérature et admirateur de Jaurès. Après son certificat d'études, il travaille dans une banque, tout en vendant *Le Libertaire*, ce qui lui vaut d'être remercié. A 16 ans, il quitte l'Hérault pour Paris où il est accueilli et logé par l'anarchiste André Colomer. C'est l'époque

Yvan Audouard (1914)
Si c'est en 1949 que ce Méridional (né à Saigon d'un père avignonnais et d'une mère marseillaise), collaborateur au *Canard Enchaîné*, entra en «polarie» aux éditions du Scorpion avec un roman intitulé *Au petit poil*, c'est en 1964 qu'il propose aux éditions Plon une série de huit romans policiers humoristiques ayant pour héros un nommé Antoine Le Vertueux, pégriot de son état et qui ne s'encombre pas des vices (de forme) de l'appareil judiciaire pour régler ses comptes personnels. Avant cela, Audouard avait publié deux romans noirs : *Payer pour voir* (1962) et *Pas de panique* (1963), toujours chez Plon.

des vaches maigres et des petits boulots : manœuvre, «nègre» d'un maître chanteur analphabète, laveur de bouteilles, plâtrier, vendeur de journaux à la criée, etc. Il écrit aussi des textes poétiques qu'il envoie à André Breton. Enthousiaste, celui-ci lui fait part de son désir de le rencontrer. Léo Malet devient membre du groupe surréaliste et l'ami de Breton, de Bataille, de Magritte, de Dali. Il publie des plaquettes de poèmes aux titres évocateurs (*Ne pas voir plus loin que le bout de son sexe*, *J'arbre comme cadavre*, *Hurle à la vie*, etc.). Arrive la guerre. Il évite la mobilisation, mais il est raflé et expédié en Allemagne au stalag XB. Libéré huit mois plus tard grâce à l'intervention du Dr Desmond (donc), il regagne la capitale et renoue avec la vache enragée, mais aussi avec Prévert (grâce auquel il avait figuré dans *Quai des brumes*) et Louis Chavance.

C'est ce dernier qui va lui suggérer d'écrire des romans policiers. Le goût de l'époque, qui est aussi celui de l'éditeur Georges Ventillard et de sa collection Minuit, exige une intrigue américaine. Léo Malet crée le personnage de Johnny Métal et adopte le pseudonyme de Frank Harding. Le premier roman paraît en 1941. Le deuxième, l'année suivante, sous le nom de Léo Latimer. Plus tard, il écrira également sous ceux de Omer et Louis Refreger, Lionel Doucet, Jean de Selneuves.

▪ Un sang noir

Mais c'est deux ans après la création de son journaliste de circonstance que va débouler le vrai Léo Malet : celui qui mettra bas les masques en même temps que les conventions romanesques d'un genre qui, à de rares exceptions près, se traîne à la remorque du roman anglais. Achevé au cours de l'année 42, ce roman a pour titre : *L'homme qui mourut au stalag*. Il met en scène un détective privé à l'américaine (Malet avait lu

Julian Symons (1912)

Biographe de Dickens et Carlyle, de Poe et Conan Doyle, il publie son premier roman policier en 1945. Douze ans plus tard, il reçoit le prix de la Crime Writers Association et, en 1961, l'Edgar Poe Award des Mystery Writers of America. En 1976, il succédera à Agatha Christie à la présidence du Detection Club. Un an plus tard, c'est au tour de l'Académie suédoise de l'honorer avec son grand prix. Parmi ses romans traduits en France : *Le 31 février* (Presses de la Cité), *Une bêtise de faite* (Presses de la Cité), *Mauvaise Presse* (Bourgois/Julliard), *Les Dessous de l'affaire* (Eurédif).

Mickey Spillane (1918)

Dans son *Histoire du roman américain*, Marc Saporta consacre dix pages (sur 504) au roman noir dont une demie à Hammett et deux à Mickey Spillane. Employer quatre fois plus de surface à ce qui n'est, somme toute, qu'un phénomène mercantile (même pas commercial et surtout pas littéraire) au détriment de véritables créateurs tels que Hammett, McCoy, Chandler, Irish, Thompson, Himes, Goodis et tant d'autres, relève d'une bien singulière démarche de la part de ce « spécialiste de la civilisation américaine ». Rendons alors à ce petit César ce qui lui appartient.

Mickey Spillane est un esprit primaire et fascisant, créateur du privé Mike Hammer, parangon de cette Amérikkke qu'a si bien su stigmatiser Roger Martin dans son ouvrage *Voyage en Amérique fasciste*. Son premier roman *J'aurai ta peau* – mais dont le titre original, *I, the Jury*, (*Moi, le Jury*), est hautement plus signifiant – introduit dans le roman noir un personnage d'un genre très particulier, à peine demeuré et qui, visiblement, ne supporte ni les Nègres ni les métèques ni les femmes ni les libéraux ni les communistes et dont les cadavres torturés, mitraillés, fouettés, pendus, jonchent ses enquêtes. N'en déplaise à Philippe Labro (encore un spécialiste de la civilisation américaine !), l'indéniable savoir-faire de l'auteur n'excuse pas tout et l'Amérique du roman noir a produit autre chose que ces romans de vingtième ordre.

Hammett) façon «dur à cuire», mais dont l'humour, le tempérament, les réactions et surtout le décor dans lequel il évolue en font un personnage plutôt original. Malet le propose aux éditions Renard, lesquelles ne donnent pas suite, prouvant par là que le sens olfactif n'est pas leur fort. Le jeune auteur se rabat alors sur les éditions de la S.E.P.E. qui trouvent le titre déplacé, mais qui font néanmoins parvenir le manuscrit à Jacques Decrest (créateur du commissaire Gilles), futur patron de la collection Le Labyrinthe, qui décèle la nouveauté et remarque les talents de conteur du romancier. Entre-temps, Malet a changé son titre. *L'homme qui mourut au stalag* est devenu *Le Retour de Nestor Burma*. Toutefois, Decrest rechigne. Finalement, c'est sous le titre *120, rue de la Gare* que le roman paraîtra en novembre 1943, plaçant sous les feux des projecteurs ce privé de choc, à la repartie facile, au goût aventureux, typiquement français et plus vrai que nature, qui vaudra à son créateur le succès que l'on connaît.

Entre 1943 et 1949, vont paraître sept *Nestor Burma* (*Nestor Burma contre CQFD*, *L'Homme au sang bleu*, *Nestor Burma et le Monstre*, *Le Cinquième Procédé*, *Coliques de plomb*, *Le Paletot sans manches*). Pendant cette période aussi, Léo Malet (outre les romans sous pseudonymes) publie des œuvres dans lesquelles ne figure pas son détective (*L'Ombre du grand mur*, *Le Dernier Train d'Austerlitz*) et surtout les deux premiers volets de son triptyque noir (*La vie est dégueulasse*, *Le soleil n'est pas pour nous*) complété vingt ans plus tard, dans la *Trilogie noire* que publieront les éditions Losfeld, par un troisième titre (*Sueur aux tripes*). Nous sommes en 1953. Il y a quatre ans que Nestor Burma se tait. De plus, jusqu'alors, rien ne le distingue fondamentalement d'un Spade ou d'un Marlowe, excepté bien sûr (et c'est essentiel) son ton personnel qui en fait une figure particulière.

▪ Anatomie d'une capitale

Néanmoins, il lui manque un quelque chose, ce petit rien qui ferait de son père spirituel (très spirituel même) un écrivain à part entière. Ce qu'il manque, en somme, c'est l'idée. «Elle m'est venue, raconte Léo Malet au pont de Bir-Hakeim. Devant ce paysage de Paris, je me suis dit que c'était quand même extraordinaire que personne n'ait jamais pensé à faire un film sur Paris, à part Louis Feuillade. J'ai eu l'idée confuse de romans policiers très différents de *Fantomas* qui se passeraient chacun dans un quartier ou arrondissement». Voilà. Cette fois, le déclic est au rendez-vous. Il en parle à son ami Maurice Renault qui lui répond enthousiaste que l'ensemble pourrait s'intituler *Les Nouveaux Mystères de Paris*. «C'est lui, explique encore Léo Malet, qui a eu l'idée du titre. A partir de là, il s'est mis a faire le tour des éditeurs parisiens. Nillsen, aux Presses de la Cité, n'en a pas voulu. Il n'aimait pas Nestor Burma qu'il trouvait un nom ridicule. Comme il n'aimait pas les noms ridicules, il a pris Hubert Bonisseur de la Bath dont tout le monde sait que ça n'est pas un nom ridicule. Plusieurs autres ont refusé. Finalement, on est tombé sur Laffont qui trouvait ça amusant tout en n'y croyant pas.» Et revoilà Nestor Burma sur la brèche aux côtés de sa dévouée secrétaire Hélène Chatelain et face à son frère ennemi, le flic Florimond Faroux.

Entre 1954 et 1959, quinze volumes sortiront de cette idée,

Jean-Pierre Ferrière (1933)
Ce natif de Châteaudun a publié une soixantaine de romans dont une bonne douzaine de titres contient le mot «cadavres» (au pluriel, comme il se doit). C'est en 1957 qu'il entre dans la danse par l'intermédiaire de ses deux sœurs-détectives : Berthe et Blanche Bodin. Passant de cette veine comique à un genre plus noir (*Les Veuves*, *Constance aux enfers*), il aligne roman sur roman et glisse de la collection La Chouette de Frédéric Ditis au Fleuve Noir, avant de voir certains de ses romans entrer au Livre de Poche et d'autres défendus à l'écran par des actrices de renom : Danielle Darrieux, Michèle Morgan.

Références

Boileau-Narcejac, *Le Roman policier*, «Que sais-je ?» n°1623, P.U.F., 1988, 3e éd.
Malet (L.), entretien avec François Guérif et Richard Bocci publié dans la revue *Polar* n° 8, janvier 1980.
Martin (R.), *Voyage en Amérique fasciste*, Calmann-Lévy.
Saporta (M.), *Histoire du roman américain*, Gallimard, 1976.

Le Hammett français
« Œuvre considérable, qui place Malet auprès des écrivains qui ont le mieux parlé de Paris qu'il connaît par cœur et qu'il décrit avec une fidélité scrupuleuse. Il est, à sa manière, volontairement fruste, un poète de la ville ; moins rugueux, plus sensible, beaucoup plus drôle, il est le Dashiell Hammett français » (Boileau-Narcejac, *Le Roman policier*).

illustrant tous un arrondissement de la capitale et donnant définitivement à son personnage ses lettres de noblesse. Cinq arrondissements (les VIIe, XIe, XVIIIe, XIXe et XXe) ne verront pas le jour dans ce cycle digne des plus grands par les toiles de fond qu'il tisse au-delà des toiles d'araignée qu'il tend. Et sur les quinze volumes, si l'on peut préférer *Brouillard au pont de Tolbiac*, *M'as-tu vu en cadavre ?*, *Boulevard... ossements*, ou regretter les idées qui circulent dans *Les Eaux troubles de Javel*, tous méritent d'être lus, tant chacun d'eux s'emploie à ce qu'on y entre et qu'on s'y laisse transporter, même si d'aucuns ancrent le doute sur certaines dérives ultra-réactionnaires de leur auteur.

Tardivement reconnue, son œuvre portée au pinacle dans les années 75-80 s'est vue quelque peu remise sous le boisseau ces derniers temps, suite aux prises de position à tout le moins condamnables du citoyen Malet. Passant ainsi sans coupure de la position de « génial instigateur du roman noir français » au rôle moins confortable du « notre père qui êtes odieux », ces chauds et froids simultanés ne sauraient entamer la réalité d'une œuvre rivée au temps comme son héros à sa pipe.

Léo Rosten (1908)
L'ancien détective privé Bradford Galt est victime d'un complot à retardement de la part de son ex-associé. Convaincu de meurtre, il est condamné à dix ans de pénitencier. Remis en liberté conditionnelle, il est une nouvelle fois victime d'un coup fourré, mais bien décidé à ne pas être *Fait comme un rat*. Publié en 1945, ce bref et superbe roman, rondement mené, très bien construit, a fait l'objet d'une adaptation cinématographique, réalisée par Henry Hathaway, sous le titre *Impasse tragique*.

Masur Harold Q.

(1909)

Un privé dans la mare

Les Pieds devant (1947), son roman le plus célèbre, met en scène l'avocat Scott Jordan dont la spécialité est d'aller se fourrer dans des situations inextricables. Ici, une blonde voluptueuse et plutôt dévêtue qui a la mauvaise idée de trépasser aussitôt après avoir franchi le seuil de son appartement. Là, dans *La Monnaie de ta pièce* (1950), il se retrouve déguisé en électricien aux prises avec un cadavre dans une baignoire. Ailleurs encore, dans *Sérénade à bout portant* (1949), on sonne à sa porte, il ouvre pour recevoir dans les bras un corps étranger, entre la vie et la morgue. Des intrigues bien construites où l'humour ne perd jamais le sourire...

Goodis David

(1917 - 1967)

Le trente-sixième dessous

«C'était un être très sensible et très désespéré [...]. C'était un homme désespérément seul» (Marvin H. Albert).

Davis Loeb Goodis n'a que 21 ans quand les éditions Dutton publient son premier roman en 1938 ; 29 quand il publie en 1946 son premier roman noir, en feuilleton d'abord dans le *Saturday Evening Post*, puis en volume. Il a 50 ans quand il meurt à l'Albert Einstein Medical Center de Philadelphie.

▪ Au centre des ténèbres

De *Cauchemar* à *La Pêche aux avaros*, il se sera écoulé vingt ans au cours desquels Goodis aura publié quinze romans noirs, fort noirs. Leurs titres, à eux seuls, donnent une idée très précise de l'univers goodisien : *Sans espoir de retour*, *La nuit tombe*, *Vendredi 13*, etc. Fondamentalement pessimiste. Ses personnages semblent un calque parfait de sa propre vie, comme le souligne Harry Altshuler (cité par Cl. Mesplède et J.-J. Schléret dans *Voyage au bout de la Noire*) : Goodis, selon lui, avait tout pour réussir et il a échoué. «Quelque chose, quelque part, alla de travers et ne fit que s'empirer. Il écrivait de plus en plus hâtivement, se répétait, s'accrochait obsessionnellement à un thème unique.»

Ce thème, c'est celui d'un homme que le passé rattrape pour le déchirer littéralement. Certes, le Vincent Parry de *Cauchemar* finira par se dépêtrer de son carcan grâce à l'amour d'Irène, de même que le James Vanning de *La nuit tombe* réussira à s'extirper de sa régressive amnésie grâce à l'intervention d'un flic consciencieux et, une fois encore, grâce à l'amour d'une femme, tout comme le clochard éthylique de *L'Allumette facile,* Andrew Rainey, sera sauvé par l'amour de la tendre Leila, mais tout cela ne s'agence jamais sans causer de profonds dégâts voire un pur et dur retour au néant. Avec le Bevan de *Descente aux enfers* et le Whitey de *Sans espoir de retour* notamment, Goodis s'engage plus loin encore dans son entreprise de démolition, remplaçant le marteau-pilon par le concasseur. «Il y a en France, remarque Denis-Fernandez Recatala dans *Le Monde du polar*, un véritable mythe Goodis [...]. Il tient a la cohérence de son univers, l'un des plus noirs de toute l'histoire du polar. Le héros est une épave qui revient à sa déchéance après avoir entrevu, l'espace d'un instant, la possibilité de s'en sortir». Cette sorte de fatalité qui pèse sur tous ses protagonistes relève du passage obligé. Il ne va pas de la nuit à la lumière, mais demeure, d'un bout à l'autre, qu'elle qu'en soit l'issue, planté au centre des ténèbres comme un couteau en plein cœur. Goodis reste à ce jour le seul auteur de roman noir qui réussisse à faire entendre d'aussi près le bruit d'une âme que l'on broie.

Au cinéma

Cauchemar par Delmer Daves en 1947 (avec Humphrey Bogart, Lauren Bacall, Agnes Morehead) ; *La nuit tombe* par Jacques Tourneur en 1956 (avec Aldo May, Brian Keith, Ann Bancroft) ; *Le Casse* par Paul Wendkos en 1957 puis par Henri Verneuil en 1971 (avec Jean-Paul Belmondo, Omar Sharif, Robert Hossein) ; *Tirez sur le pianiste* par François Truffaut en 1960 (avec Charles Aznavour, Marie Dubois, Albert Rémy) ; *La Lune dans le caniveau* par Jean-Jacques Beineix en 1983 (avec Gérard Depardieu, Nastassia Kinski, Victoria Abril, Vittorio Mezzogiorno) ; *Rue barbare* par Gilles Béhat en 1983 (avec Bernard Giraudeau, Jean-Pierre Kalfon, Christine Boisson, Bernard-Pierre Donadieu) ; *Descente aux enfers* par Francis Girod en 1986 (avec Claude Brasseur, Sophie Marceau, Marie Dubois, Betsy Blair).

Vian Boris
(1920 - 1959)

Le symbole d'une effervescence

« L'hérétique n'est pas celui que l'on brûle sur le bûcher, mais celui qui l'allume » (William Shakespeare).

Terry Stewart (1916-1983)
S'il est une mort qui n'a pas fait grand bruit dans le microcosme polarien, c'est bien celle de Serge Arcouet alias Terry Stewart, le premier romancier hexagonal à se voir publié en Série Noire, dès 1948, avec *La Mort et l'Ange*. Il sera suivi par Jean Meckert alias John puis Jean Amila. C'était l'époque où les Américains faisaient la loi chez Marcel Duhamel et où il valait mieux s'appeler Stewart que Arcouet. En 1954, après une deuxième Série Noire, *La Sueur froide*, il entre au Fleuve Noir, sous le pseudonyme de Serge Laforest, où il publiera une quarantaine de romans pour les collections Spécial-Police et Espionnage.

Référence
Fauré (M.), *Les Vies posthumes de Boris Vian*, U.G.E. 10/18, 1975.

Le 15 juin 1959, Jacques Bens recevait de son ami Boris Vian une lettre dans laquelle il lui écrivait en substance : « Comme tout le monde, je passe ma vie à préparer une image déformée du cadavre que je serai, comme s'il n'allait pas se déformer suffisamment tout seul. Voilà des propos badins, non ? » Huit jours plus tard, a lieu au cinéma Le Marbœuf la projection du film de Michel Gast *J'irai cracher sur vos tombes*, d'après le roman homonyme de Vian alias Vernon Sullivan. « Il est 10 heures, raconte Michel Fauré dans *Les Vies posthumes* de Boris Vian. Il s'installe entre Denis Bourgeois et Jacques Dopagne. Les premières séquences s'animent sur l'écran. "Ces gars-là sont américains comme mon cul !" s'écrie Boris. Il est 10 h 10. Ce furent ses dernières paroles. » Treize ans après la sortie du roman, le film allait lui aussi faire long feu dans le circuit commercial, subissant les foudres de la censure gaulliste. C'est un an avant la parution de *L'Automne à Pékin* et deux avant celle de ce génial suspens que constitue la nouvelle *Les Fourmis* (1949) dans le recueil du même titre, que les Éditions du Scorpion, dirigées par Jean d'Halluin, avaient passé commande à Boris Vian (comme elles le firent pour Raymond Queneau alias Sally Mara, James Hadley Chase alias Raymond Marshall, Thomas Narcejac et Serge Arcouet alias John Silver Lee...) d'un roman noir à l'américaine.

▪ Bas les masques !

Et Boris Vian créa le personnage de Lee Anderson, un « Nègre-blanc », désireux de venger la mort par lynchage d'un frère noir, qui finit par séduire deux femmes blanches qu'il assassinera après leur avoir fait passer deux sales quarts d'heure. Deux jours après sa parution, le roman fut saisi. Il en sera de même avec le deuxième Sullivan, *Les morts ont tous la même peau* (1947), traîné en « justice » et poussé dans la même charrette. Mais si la préface de Vian/Sullivan à son premier roman avait été écrite sur le ton enjoué de l'auteur qui s'apprête à commettre un bon canular, la postface au deuxième interpelle vertement la critique. C'est, qu'entre-temps, l'establishment sociétal a réagi et pas seulement avec le bâillon de la censure. La curée est totale. Il n'empêche : ce n'est peut-être pas un hasard si, quelques années après le coup Sullivan, la mode du pseudo-américain se tarit soudain et que les auteurs hexagonaux peuvent jeter aux orties leurs masques de papier pour écrire enfin tels qu'ils sont. Cela aussi, et entre autres, c'est à Boris Vian qu'ils le doivent.

McGivern William Peter

(1923 - 1982)

Au nom de la loi

«Nul doute qu'un jour, Mc Givern sera reconnu comme un écrivain de très grande envergure, auteur d'une œuvre aussi complexe, aussi profonde que celle de Graham Greene» (Anthony Boucher).

Vingt-sept romans en trente-quatre ans, dont neuf portés à l'écran (notamment par Fritz Lang, Frank Tuttle, Robert Wise, Philippe Fourastié...), quelques séries télévisées (dont *Kojak*, *Madigan*, etc.) et plus de trois cents nouvelles suffisent à préciser l'ampleur quantitative d'une œuvre dont la qualité ne s'est jamais démentie, bien au contraire. De *La mort va plus vite* à *Soldats de 44* (qui a fait de Mc Givern l'égal de Hemingway et de Mailer aux yeux de la critique américaine), la puissance de l'écriture et la diversité des sujets n'ont fait qu'accroître sa réputation.

▪ Hors du commun

Le thème générique de son œuvre est celui du flic passant outre la loi parce qu'il est lui-même corrompu (par ex. le Barry Nolan de *La Planque*, 1951), parce qu'il lutte seul pour nettoyer une ville de ses éléments toxiques (c'est le cas du Dave Bannion de l'excellent *Coup de torchon*, 1953), parce qu'il tente de retrouver le chemin de l'ordre (tel le Mike Carmody de *Quand les poulets ont des dents*, 1954), voire quand il s'agit de se défendre lui-même contre une accusation infondée (comme le Steve Retnick du fulgurant *Colère noire*, 1954). Toutefois, à côté de cette tétralogie (publiée dans la Série Noire), il convient également de faire figurer des romans moins connus mais tout aussi puissants tels que *Sang pour sang* (Éditions de l'Instant) ou *Une question d'honneur*.

A propos de Fritz Lang

« Il se mit à évoquer sa carrière en Allemagne et le jour décisif où Goebbels vint lui offrir le poste de directeur de toute l'industrie cinématographique du Reich. Cela se passait juste avant le repas de midi. Lang dit à Goebbels qu'il était très flatté, qu'il acceptait bien sûr, mais qu'il lui fallait modifier certains projets, décommander des rendez-vous et qu'il y passerait le temps du repas. Ensuite, il écrirait une formule d'acceptation et une lettre pour remercier le Führer de sa générosité. Il regagna son domicile, raconta la scène à sa femme, lui dit de s'habiller comme si elle allait faire son marché et d'aller prendre incessamment le train pour la Suisse [...]. Il commença à détruire papiers et documents et se rendit compte que sa femme ne partait pas [...] Lang lui dit alors, tristement, mais avec fermeté de sortir de la maison et d'aller prendre le train. Deux heures plus tard, il faisait de même... » (Entretien avec Roger Martin, revue *Hard Boiled Dicks* n° 5, février 1983).

A l'écran

Parmi les romans de Mc Givern adaptés à l'écran : *Coup de torchon* (sous le titre *Règlement de comptes*) réalisé par Fritz Lang en 1953 (avec Glenn Ford, Gloria Grahame, Lee Marvin) ; *Quand les poulets ont des dents* (sous le titre *La Trace du crime*) réalisé par Roy Rowland en 1954 (avec Robert Taylor, Janet Leigh, George Raft) ; *La Colère noire* réalisé par Frank Tuttle en 1956 (avec Alan Ladd, Edward G. Robinson, Joanne Dru) ; *Le Coup de l'escalier* réalisé par Robert Wise en 1959 (avec Harry Belafonte, Robert Ryan, Ed Begley, Shelley Winters) ; *Un choix d'assassins* réalisé par Philippe Fourastié en 1967 (avec Bernard Noël, Guido Alberti, Mario David).

Conroy Albert

(1924)

A délivrer sans ordonnance

Suivez la flèche
De la nouvelle de Akutagaway, Hashimoto a écrit pour Akira Kurosawa l'histoire de son film *Rashomon* (1950). Ce scénario a inspiré à Fay et Michael Kanin une pièce que Martin Ritt a adapté à l'écran en 1964 : *L'Outrage*. Ce film, Marvin H. Albert le « novellisera » sous le titre *La Glace à quatre faces*.

... Et plus exactement encore Albert Conroy est l'un des multiples pseudonymes (Anthony Rome, Nick Quarry, Mike Baron, Ian Macalister, etc.) d'un nommé Marvin Hubert Albert. A 28 ans, c'est sous le nom d'Al Conroy qu'il publie son premier roman. Quand il l'utilisera de nouveau, vingt ans après, ce sera pour créer une des séries les plus percutantes sur la Mafia, avec Johnny Morini l'ex-mafieu passé avec armes et biscuits du côté de la loi (*Soldato*, *Refroidissements*, *Le Grand Gâchis*). Sous le nom d'Anthony Rome, il avait créé, dans les années 60, le privé Tony Rome incarné à l'écran par Frank Sinatra dans deux films (*Tony Rome est dangereux* et *La Femme de ciment*). Marvin Hubert Albert est également connu des milieux du septième art où il a hérité du surnom de «roi de la novellisation». En 1974, Richard Fleischer en réalisant *Don Angelo est mort* a offert à Anthony Quinn un de ses meilleurs rôles. C'est cette année-là aussi que Marvin H. Albert s'est installé dans le sud de la France.

Taylor Samuel Wooley

(1907)

Un coup de maître

Référence
Mesplède (Cl.) et Schléret (J.-J.), *Voyage au bout de la Noire*, Futuropolis, 1982, 2/1985.

Samuel Wooley Taylor (qu'il ne s'agit pas de confondre avec Samuel S. Taylor !) est un auteur qui aime bien prendre son temps pour coucher une histoire sur le papier. «Je crois être le seul écrivain qui consente à admettre que le but et l'ambition de mon existence ne sont ni la chasse ni la pêche ni les jupons ni la boisson ni la peinture ni les ballades [...] ni la satisfaction qu'on éprouve à influencer les foules, mais bien remettre cent fois mon ouvrage sur le métier jusqu'à ce que je tienne l'histoire parfaite» (cf. Claude Mesplède et Jean-Jacques Schléret, *Voyage au bout de la Noire*). Cela explique peut-être la rareté de sa production par rapport à certains de ses collègues. Pourtant, cette œuvre rare s'est payé le luxe d'un véritable chef-d'œuvre. L'histoire d'un homme qui se retrouve face à lui-même ou, du moins, confronté à un sosie. Un quidam qui lui ressemble comme seul deux gouttes d'acide savent se ressembler. Ce face à face à tête de cauchemar a pour titre : *Comme un frère*. Il a été écrit en 1948 et publié dans la Série Noire de Marcel Duhamel. Il n'a pas pris une ride et c'est un pur joyau.

Thompson Jim
(1910 - 1977)

L'homme est un chien pour l'homme

«Si le monde est aussi résolument noir, c'est parce que les puissants qui nous gouvernent, les lois qu'ils édictent, ne laissent d'autre solution que le meurtre, la folie ou la mort» (François Guérif).

Le nom de Jim Thompson (et plus exactement de James Myers Thompson) est à rapprocher pour trois raisons au moins de ceux de McCoy et de Goodis. La première est qu'ils sont tous trois de grands écrivains. La deuxième est que leur univers intègre le désespoir absolu. La troisième est qu'ils sont loin d'avoir été traités dans leur pays comme ils le méritaient au vu de leur œuvre et que, s'ils ont réussi à sortir la tête hors de l'eau chez eux, c'est en grande partie grâce à des découvreurs passionnés tels que Marcel Duhamel et François Guérif qui, à partir d'ici, ont fait le travail d'éditeurs qui s'imposait pour tenter de les faire reconnaître là-bas.

Né à Anadarko, dans l'Oklahoma, James Myers Thompson fréquenta le collège et l'université avant d'exercer divers métiers. Dès l'âge de 15 ans, il vendit sa première nouvelle. Il fut également journaliste, notamment au *San Diego Mirror*, au *New York Daily News* et au *Los Angeles Times Mirror*. En 1942, parut son premier roman. Il en écrira vingt-huit au total dont le célèbre *1275 Ames* qui fera l'objet du numéro 1000 de la Série Noire. En 1956 et en 1958, Jim Thompson collabora avec Stanley Kubrick : la première fois pour les dialogues additionnels de *L'Ultime Razzia* d'après le roman de Lionel White, la seconde comme coscénariste de *Les Sentiers de la gloire*, film interdit en France pendant dix-sept ans.

▪ Grand écran

A quatre reprises, le cinéma s'intéressa à ses romans. Ce qui est peu, compte tenu de la qualité de sa production, tellement originale et si exclusive que Noëlle Loriot a eu raison d'écrire dans un article de *L'Express* : «Il est inutile de comparer Thompson à qui que ce soit : il a une forte personnalité, un tel poids que c'est à son propre talent que, désormais, on se référera.» La première adaptation (*Le Guet-apens*) est due à Sam Peckinpah et, malgré les libertés prises par le cinéaste à l'égard du texte, *Le Lien conjugal* (1959), elle rend assez bien la psychologie des personnages thompsoniens, notamment le couple Doc et Carol McCoy (magistralement interprété par Steve Mc Queen et Ali McGraw). La deuxième adaptation (*Killer inside me*) est l'œuvre de Burt Kennedy. Elle est inédite en France et a été réalisée à partir du roman *Le Démon dans ma peau* (1952). La troisième adaptation a marqué le film noir français des années 80. Elle a eu pour maître d'œuvre Alain Corneau (sous le titre *Série noire*, dialogue de Georges Perec) et fut réalisée à partir du roman *Des cliques et des cloaques* (1954). «Pour moi, déclara Perec, c'est très net : il s'agit du mythe d'Orphée. C'est très net en tout cas à la fin : il

Préface
«Sans doute est-ce une erreur que de voir dans l'intrigue, dans la recherche du criminel, l'essentiel du roman policier. Limitée à elle-même, l'intrigue serait de l'ordre du jeu d'échecs, artistiquement nulle. Son importance vient de ce qu'elle est le moyen le plus efficace de traduire un fait éthique ou poétique dans toute son intensité. Elle vaut par ce qu'elle multiplie» (André Malraux, préface au roman de Faulkner, *Sanctuaire*).

Noirs
« Cet auteur, déterminant pour l'évolution du genre, a le mérite d'avoir été suffisamment systématique, jusque dans ses partis pris. Ici, il n'y a que de la tristesse et de la noirceur. Le tout se confondant avec des récits violemment scandés et reflétant une grande détresse. [...] Les héros de Thompson se caractérisent par leur pathologie. Mais là où David Goodis laissait une marge d'indécision chez ses personnages lunaires, Jim Thompson trace l'épure d'un comportement. Rarement, on est allé aussi loin dans la noirceur. Vils, corrompus, mythomanes, lâches, calculateurs, avides, tels sont les héros de Thompson » (Alain Lacombe, *Le Roman noir américain*, U.G.E. 10/18, 1975).

Référence
Perec (G.), entretien paru dans *Polar* n° 2, mai 1979.

s'en va avec Mona, à un certain moment il se retourne et elle se fait écraser par un camion. C'est vraiment écrit : il se retourne, elle n'est plus là. » La quatrième adaptation est due à Bertrand Tavernier (sous le titre regrettable de *Coup de torchon*) d'après le roman *1275 Ames* (1964).

▪ L'Amérique au miroir

Les protagonistes de Thompson, ces anti-héros exemplaires, pourraient tous ou presque entrer, à l'instar de Clinton Brown, dans la rubrique des *Monsieur Zéro*. Aussi bien le détraqué sadique du *Démon dans ma peau* que le couple de gangsters du *Lien conjugal* ou le Joe Wilmot de *Cent Mètres de silence*, tous portent en eux une marque de naissance qui paraît les confiner au centre d'un monde dont le juste milieu n'existerait pas, faute de milieu juste, et dont les limites seraient le néant. A un moment donné, quelque chose surgit du passé et vient mettre à mal une machine aux rouages déjà passablement grippés. Comme un leitmotiv lancinant, le thème de la faute originelle se propage dans tout le corps de ces individus asociaux et la fièvre n'a plus qu'à monter telle une irrépressible fatalité. Les erreurs sont toujours initiales. Mal digérées, elles conduisent à la difformité, à l'image du système (car c'est bien là que se situe le point d'orgue de la dénonciation thompsonienne qui compte pour beaucoup dans l'occultation de son œuvre outre-Atlantique) qui les a enfantées. A côté des romans les plus connus, deux autres ouvrages illustrent au plus fort ce constat : *Le Criminel* (1954) et *Hallali* (1957), ce dernier pouvant être considéré comme un des sommets de l'œuvre de Jim Thompson.

Charles Willeford (1919-1988)
En 1956, Charles Willeford remporte un Award pour son roman *Une fille facile*. En 1964, on le retrouve rédacteur en chef du *Hitchcock's Mystery Magazine* et enseignant à l'université de Miami. En 1968, il devient critique de polars au *Miami Herald*. En 1984, il publie *Miami Blues* qui met en scène le sergent Hoke Moseley et son partenaire Bill Henderson, de la police criminelle de Miami, à la poursuite de Freddy Frenger, un psychopathe hors norme. Un an plus tard, Moseley repart au cassepipe dans *Une seconde chance pour les morts*. Les trois ouvrages cités ont paru en France dans la collection Rivages/Thriller, dirigée par François Guérif, guetteur infatigable. Willeford est un auteur qui mérite d'être reconnu.

Paul Gerrard (1908)
En 1959, Paul Gerrard (de son vrai nom Jean Sabran) reçoit le Grand Prix de littérature policière pour *Deuil en rouge*. En 1978, Paul Berna (alias Paul Gerrard) reçoit le Grand Prix de littérature au Salon de l'enfance pour un ouvrage publié en... 1955, *Le Cheval sans tête*. Auteur éclectique et prolixe, dont certains des ouvrages ne demandent qu'à être lus. *Deuil en rouge* a été réédité par Roger Martin aux Éditions de l'Instant.

Héléna André
(1919 - 1972)

Bande à part

« Il n'y a qu'une seule chose au monde qui puisse véritablement bien dormir, c'est un cadavre. Il y en aurait deux si l'honnête homme existait » (Xavier Forneret).

En 1986, les éditions U.G.E. 10/18 rééditent six romans d'un célèbre inconnu dans une collection dont le titre générique est La Poisse. Le nom de cet auteur, qui apparaît sous les couvertures illustrées par Rochette, ne dit rien à la grande majorité du lectorat. Mort quatorze ans plus tôt dans l'indifférence générale, André Héléna a fait partie de cette cohorte de « lumpen-écrivains » (comme les appelait Éric Losfeld) qui ont sombré dans l'oubli.

▪ Un auteur maudit

Et pourtant, quelques-uns de ses romans valent qu'on s'y arrête : *J'aurai la peau de Salvador* (1949) raconte l'histoire d'un républicain espagnol lancé, en pleine guerre civile, à la poursuite d'un ex-complice qui a retourné sa veste du côté des phalangistes. Dix ans plus tard, avec *Les Clients du Central Hôtel*, il situe son action à Perpignan dans les derniers feux de l'occupation nazie. Pour *Les Flics ont toujours raison* (1949), il se sert d'un tricard comme détonateur à une critique sociale abrupte des méthodes policières, judiciaires et carcérales. Dans *Les salauds ont la vie dure* (1949), il raconte les aventures picaresques d'un demi-sel, sur toile de fond vert-de-gris, et en profite pour mitrailler à vue tout ce qui passe à portée de sa machine. Il en va des auteurs maudits, vraiment maudits, comme des tableaux de maîtres. Bien souvent, il est difficile de distinguer les faux vrais et les vrais faux des vrais de vrais. Avec Héléna, il n'y a pas besoin de photo à l'arrivée. Maudit, il l'a été. Mais écrivain, il le restera.

Day Keene (1904-1969)
De son vrai nom Gunnar Hjerstedt, il est né à Chicago d'un père suédois et d'une mère irlandaise. Après avoir donné des pièces de théâtre et des feuilletons radiophoniques, il fréquente les pulps et commence à publier des romans policiers. « Le personnage central des romans de Keene, écrit François Guérif, c'est toujours la femme avec son double visage, destructrice et salvatrice à la fois. En général, le héros est mené au bord du gouffre par une fille d'Ève personnifiant le mal, mais il est sauvé par une seconde femme personnifiant sinon le bien, du moins la rédemption » (*Underwood U.S.A.*). Parmi ses romans les plus en vue (publiés dans la Série Noire), citons : *Graine de cimetière* et *Deuil immédiat* (1951), *C'est ma fête* et *Coup de chien* (1952), *Vive le marié* (1954, d'où René Clément a tiré le sujet de son film *Les Félins*), *La Bête à l'affût* et *Le Canard en fer blanc* (1956).

Fin de partie
« Son dernier polar refusé au Fleuve Noir, Héléna en est un temps réduit à bâcler de pitoyables polissonneries pour vieux salingues et bidasses à rassis [...]. Il n'échappe à la soupe populaire, in extremis, que grâce à un petit héritage qui lui permet de se retirer, physiquement délabré, à Leucate. La maladie ne l'y lâchera plus. Après trois ans de souffrances, André Héléna meurt sans avoir pu achever son ultime tentative de rachat littéraire : *La Faim de tout*. La fin des haricots, oui » (Bayor, Phil Casoar et Frank Evrard, postface de *Le bon Dieu s'en fout*, U.G.E. 10/18).

Référence
Guérif (F.), en collaboration avec Michel Martens, *Underwood U.S.A.*, Balland, 1980.

Finnegan Robert

(1906 - 1947)

Un écrivain militant

«Je suis très confortablement suspendu au chandelier par les talons» (Robert Finnegan).

Appel
« Rappelez-vous toujours que tout ce que vous avez jamais obtenu, vous l'avez conquis en faisant bloc, avec cette certitude qu'une injustice faite à un est une injustice faite à tous, quelles que soient la couleur de sa peau, sa religion ou ses idées » (R. Finnegan).

Références
L'essentiel des indices biographiques sur Finnegan a pour provenance le n°15 de la revue *Hard Boiled Dicks*, dirigée par Roger Martin, et notamment les travaux critiques de Harry Carlisle, ainsi que les témoignages de Al Richmond et Mary Charter.

Trois romans noirs écrits en l'espace de deux ans et puis la mort des suites d'un cancer du pancréas. Mais *Les Spaghetti par la racine*, *Mensonges de femmes* (1946) et *Des monstres à la pelle* (1947) ont suffi à faire de Finnegan (pseudonyme de Paul William Ryan, né à San Francisco) l'un des maîtres parmi les plus solides du roman noir américain. «Ma famille arrivait à survivre en tenant des garnis à louer. L'un des incidents les plus dramatiques de ma jeunesse se déroula lorsque ma grand-mère surprit M. Winston lorgnant par le trou de la serrure de la salle de bains où se trouvait Mlle Blivens. Ma grand-mère donna un formidable coup de pied au derrière de M. Winston, l'envoyant dinguer contre le bouton de la porte et lui occasionnant un œil au beurre noir. J'en tirai deux leçons : 1) Le crime ne paie pas ; 2) Je vivais dans un monde qui voyait d'un sale œil les plaisirs les plus simples.»

▪ Un écrivain militant

Nourri aux mamelles de la dépression économique qui affecte l'Amérique (rejetant vingt millions d'hommes et de femmes dans le désarroi et la misère), il se lie d'amitié avec des gens fortement engagés dans les conflits sociaux et politiques de l'époque, adopte le pseudonyme de Mike Quin et signe ses premières nouvelles, des articles, des études (dans des revues telles que *Partisan*, *New Masses*, *People's World*) ainsi qu'un pamphlet : *Et nous sommes des millions*. En 1940, ses articles sont réunis en volume et reçoivent les éloges de Théodore Dreiser. C'est après la guerre qu'il s'attelle au genre policier. Romancier de l'engagement (militant syndical actif et membre du parti communiste américain de 1930 à sa mort), son personnage de journaliste, Dan Banion, incarne une nation en proie au doute et à la déception, mais qui, selon ses propres termes, ne renonce jamais et «se bat la tête haute afin que d'autres puissent vivre la tête haute». Son dernier acte d'écrivain combattant, à bout de forces, miné par la maladie (il n'a que 41 ans) sera d'adresser un «adieu à [ses] frères de classe», les enjoignant à rester unis.

Le roman noir américain a souvent produit des auteurs de race pour qui acte littéraire et engagement politique sont irrémédiablement confondus. Le réalisme de leurs fictions, soudé aux réalités de leurs quotidiens, n'en a eu (et n'en a encore) que plus de force et de résonance. De Hammett à Collins en passant par McCoy, Tracy et quelques autres, on ne peut pas dire que le système libéral leur ait fait (leur fasse toujours) beaucoup de cadeaux. Robert Finnegan est l'un d'eux.

Waugh Hillary

(1920)

Introduction à la procédure policière

« Hillary Waugh est un écrivain relativement méconnu en France, alors que son rôle dans la création d'un genre nouveau aurait dû lui conférer une place de choix » (Roger Martin).

C'est en 1947 qu'Hillary Waugh débarque sur le marché du roman noir avec un roman de facture classique, conduit par un couple de privés proches des Nick et Nora Charles de Hammett. Deux ans et trois mois plus tard, la lecture d'un ouvrage de Charles Boswell, relatant dix cas de meurtres bien réels, va totalement changer ses vues sur la littérature. « Je lus ces histoires attentivement, et quand j'eus fini, je n'étais plus le même. Elles avaient une vie, une horreur froide à vous glacer le sang, que je n'avais jamais trouvé ni dans mes lectures, ni dans mes propres romans [...]. Je me résolus donc à écrire un roman policier qui sonnerait vrai comme s'il était la relation d'un cas authentique. »

▪ Un réalisme vrai

L'appréhension structurelle et narrative de l'univers romanesque de l'auteur change, en effet, du tout au tout. En 1952, quand paraît *On recherche*, Waugh balise la piste du roman dit de procédure policière qu'avait défrichée, sept ans avant lui, Lawrence Treat (avec *V comme victime*). Ce n'était là que le début d'une longue suite de réussites dont les étapes les plus mémorables seront : *Le Verrou* (1960), *Il pleuvait cette nuit-là* (1961), *La Faille* (1963), centrées autour du chef Fred Fellows et de son adjoint le sergent Wilks. Puis, à partir de 1968, avec le lieutenant Frank Sessions de la brigade criminelle de Manhattan : *Fin de fugue* (1969), *Fais-moi mourir* (1970). *Vous parlez d'une paroisse* (1990) confirme, s'il était encore besoin, Hillary Waugh au firmament du roman noir. A l'heure où un réalisme de pacotille hante les trottoirs de nos villes de papier, il serait peut-être temps de remonter à la source.

M.E. Chaber
(1910-1981)
De son vrai nom Kendell Foster Crossen, il a publié sous divers pseudonymes une cinquantaine de romans, trois cents nouvelles et quatre cents scripts et scénarios pour la radio et la télévision. Il est l'un des fondateurs des Mystery Writers of America. Son enquêteur d'assurances, Milo March, qu'il crée en 1952 avec *La Saison du bourreau*, lui apportera la notoriété. Au cinéma, son héros prendra les traits de Jack Palance dans le film de John Gilling (*Signes particuliers néant*) d'après le roman *Voué au blanc bleu*, publié à la Série Noire. Roger Martin présente ainsi cet auteur : « Il me semble faire partie de ces écrivains solides qui n'ont peut-être pas flamboyé comme des Thompson ou des Goodis, mais qui ont su pleinement utiliser les ressources d'un genre littéraire dont ils ont contribué de manière décisive à la maturation. »

Héritiers
Hillary Waugh a, semble-t-il, déclenché à son tour de nombreuses vocations et non des moindres, si l'on se met à ranger sous la bannière du roman de procédure policière aussi bien des auteurs comme Ed McBain ou Maj Sjöwall et Per Wahlöö que Nicolas Freeling, Joseph Harrington, Robert L. Pike et nombre d'autres.

Macdonald Ross
(1915 - 1983)

La mort s'habille en privé

Le moins qu'on puisse dire, c'est que cet auteur a rencontré quelques problèmes, chez nous, pour entrer de son vivant dans le Gotha des maîtres du roman noir. Le mieux qu'on puisse faire, maintenant qu'il est mort, c'est de l'y laisser reposer en paix.

Films
Détective privé de Jack Smight en 1966 (titre original *Harper*, d'après *Cadavre en eau douce*, avec Paul Newman, Lauren Bacall, Julie Harris, Robert Wagner et Janet Leigh) ; *La Toile d'araignée* de Stuart Rosenberg en 1975 (avec Paul Newman, Joanne Woodward, Tony Franciosa, Murray Hamilton, Gail Strickland).

Références
Guérif (F.), *Underwood U.S.A.*, Balland, 1980.
Mesplède (Cl.) et Schléret (J.-J.), *Voyage au bout de la Noire*, Futuropolis, 1982, 2/1985.

Au cinéma, Humphrey Bogart fut à la fois Sam Spade et Philip Marlowe d'après Hammett et Chandler, sous la direction respective de John Huston et Howard Hawks. Paul Newman, incarnera à deux reprises (et à neuf ans d'intervalle) le privé de Ross Macdonald : Lew Archer. Dans les deux films *Détective privé* et *La Toile d'araignée*, si le nom du détective devient Harper, c'est bien de Archer et du petit monde de Macdonald qu'il s'agit. Celui-ci, de son vrai nom Kenneth Millar, est originaire de Californie et, après des études universitaires qui le conduisent à un doctorat, professe l'histoire et l'anglais.

▪ Une griffe personnelle

C'est en 1944 qu'il entre en littérature policière avec quatre romans qui ne se départent guère de ce qui s'écrit à l'époque. Dans leur *Voyage au bout de la Noire*, Claude Mesplède et Jean-Jacques Schléret notent : «Ses œuvres de jeunesse sont des tâtonnements et on peut y déceler pêle-mêle l'influence de thèmes traités par d'illustres prédécesseurs : le nettoyage de la ville pourrie (*A feu et à sang*), l'amnésique à la recherche de son identité (*La Boîte de Pandore*), le thriller antifasciste de l'immédiat après-guerre (*A la déloyale* et *Piège sur Hawaï*).»

C'est en 1949 qu'il va trouver sa voie. En devenant Macdonald et en créant son privé Lew Archer. L'influence de Chandler est patente, mais Macdonald réussit à imposer sa griffe personnelle et à donner à sa créature une identité propre. Peu à peu, ses récits s'imposent et son protagoniste atteint à une célébrité somme toute méritée. Toutefois, de fortes réticences demeurent. Traité de «soupe avec une grosse moustache» par Jean-Patrick Manchette, longtemps ignoré par la critique «polarienne» française, il est aussi vertement contré aux États-Unis par Raymond Chandler qui le qualifie «d'eunuque littéraire». Certes, il n'y a pas de quoi crier au génie, mais ses intrigues et leur conducteur tiennent la route et se démoderont sans doute moins facilement que d'aucuns forcenés de la nouveauté à tout prix. «Pour Millar, écrit François Guérif, le roman policier n'est pas une fin. [...] Mais au fur et à mesure que le temps passe, il s'identifie de plus en plus à Lew Archer et les considérations de ce dernier correspondent à des positions prises par l'auteur. Cette "autobiographie" par voies détournées prend des accents très émouvants.» Parmi ses romans traduits en France, chez J'ai lu. *Un regard d'adieu*, *A chacun sa mort*, *Cadavre en eau douce*, *Le Corbillard zébré*, *Le Frisson*.

Highsmith Patricia
(1921)

Meurtres : mode d'emploi

« Elle a réussi à créer son propre univers, un univers où nous pénétrons chaque fois avec un sentiment personnel de danger » (Graham Greene).

Il peut paraître évident, aujourd'hui et a posteriori, que les routes de Patricia Highsmith et d'Alfred Hitchcock étaient faites pour se croiser. Ce à quoi personne ne s'attendait, à l'époque où elles se rejoignirent immanquablement, c'est que la jonction s'opérerait dès la première œuvre de cette jeune romancière qui fut aussi, pour le célèbre M. Hitch, l'occasion de réaliser son quarantième long métrage. Depuis lors, Patricia Highsmith est devenue si célèbre, ses romans ont été traduits en tant de langues et sont toujours lus par tant de gens que tout le monde a un peu l'impression de connaître cette Texane (née Plangam) originaire de Fort Worth, qui a passé toute sa jeunesse à New York, suivi des études au Barnard College avant de publier son premier roman à l'âge de 29 ans et de se voir proposer, du jour au lendemain, le titre fort envié de maître du suspens.

▪ Et si l'on tuait ?

L'Inconnu du Nord-Express donc, relate l'histoire d'un échange de meurtres : Guy Haines, jeune architecte, est en route pour Metcalf en vue de divorcer de son épouse. Dans le train, il fait la connaissance d'un certain Charles-Anthony Bruno. Ils engagent la conversation, qui tourne à la confidence, quand Bruno se met à suggérer à Haines de tuer sa femme à charge pour celui-ci d'assassiner son père. Le meurtre sans mobile. Le crime parfait. Ce thème du meurtre troqué sera repris dans un esprit tout différent par la romancière, quelques années plus tard, avec *Le Meurtrier* : Melchior Kimmel et Walter Stackhouse ne se connaissent pas. Le premier a assassiné sa femme à un arrêt d'autobus. Le second, qui cherche à divorcer de la sienne, a eu connaissance de ce fait divers par la presse. Pas plus lui-même que la police ne soupçonnent Kimmel, mais Walter Stackhouse va échafauder un plan qui doit aboutir aux mêmes résultats avec sa propre épouse. Le problème, c'est que Stackhouse n'est pas Kimmel, que sa femme se suicide sur l'itinéraire de l'autocar qu'il avait décidé de suivre et, qu'en se comportant comme un parfait coupable, il va permettre à la police de remonter la piste Kimmel.

Outre la ressemblance entre les matrices du suspens lui-même, on notera également des similitudes dans le comportement psychologique des protagonistes : le tempérament déterminé des deux vrais assassins (Charles Bruno et Melchior Kimmel) qui s'oppose à la faiblesse voire à la veulerie de leur complice ou de leur imitateur (Guy Haines et Walter Stackhouse) ; la position sociale honorable des faibles maillons de l'engrenage (Haines est architecte, Stackhouse avocat) ; le

Opinion
« Comme les boxeurs, nous commencerons peut-être à nous ramollir passé l'âge de trente ans, à ne plus tenir debout avec quatre heures de sommeil, et nous nous mettrons ensuite à rouspéter contre les impôts, à clamer que le but de la société est de nous rayer de la planète. Il est alors bon de se souvenir que les artistes existent depuis la nuit des temps, comme l'escargot, le cœlacanthe et autres formes inchangées de la vie organique, et cela bien avant que les gouvernements n'aient été inventés » (Patricia Highsmith, *L'Art du suspens*, trad. par Anne Damour, Calmann-Lévy, 1987).

Films
A côté d'Alfred Hitchcock qui a percé à jour *L'Inconnu du Nord-Express*, Patricia Highsmith a vu d'autres réalisateurs s'intéresser à son œuvre. C'est ainsi que le grand René Clément a superbement réalisé *Plein Soleil*, d'après *Monsieur Ripley* (avec Alain Delon et Maurice Ronet) ; que Claude Autant-Lara a adapté *Le Meurtrier* ; que Wim Wenders, lui, s'est attaqué à *Ripley s'amuse* (avec *L'Ami américain*) ; que Claude Miller a tourné *Ce mal étrange* (sous le titre *Dites-lui que je l'aime*) ; que Michel Deville s'est immergé dans *Les Eaux profondes* et que Claude Chabrol a poussé à sa manière (hélas) *Le Cri du hibou*.

Référence
Recatala (D.-F.), *Le Monde du polar*, Éd. M.A., 1986.

fait qu'à un moment donné Bruno comme Kimmel se mettent à exercer des pressions sur Haines et Stackhouse, à imposer leur domination (eux qui souffrent d'un double complexe de frustration et d'impuissance) ; le rôle moteur joué par deux femmes (deux personnages de second plan, mais capitaux) : Anne par rapport à Haines et Ellie au regard de Stackhouse ; la plaque tournante que constituent dans les deux cas le Tony de Kimmel et l'Owen de Haines ; la manière peu orthodoxe des deux enquêteurs dans la conduite de leur affaire... Seule la mise à feu change.

▪ Puissance du récit

Dans *L'Inconnu du Nord-Express*, Patricia Highsmith prend tout son temps pour nous présenter Haines et Bruno. Dans *Le Meurtrier*, au contraire, nous n'avons même pas le loisir de faire la connaissance de Kimmel qu'il commet déjà son crime. Mais c'est aussi pour mieux concentrer toute notre attention sur la personnalité de Walter Stackhouse. Ce processus du glissement très progressif vers le crime est plus fréquent dans l'œuvre de Highsmith que sa mise en action subite. Et cette sorte de lenteur dans l'exposé ne relève ni de la longueur ni de l'indolence, mais d'un mécanisme destiné à placer le lecteur dans un état d'hypnose, d'envoûtement, qui doit le conduire à coller au plus près du protagoniste majeur, lequel se révélera souvent être le facteur de dérégulation de la machine criminelle. Cela s'avérera dans plusieurs romans et notamment avec *Les Deux Visages de Janvier* dont l'un des protagonistes (Rydal) n'est pas sans analogie avec Charles Bruno, ne serait-ce que dans ce sentiment mêlé de haine et de crainte qu'il porte à son père et dont le criminel (Chester) représente ici une sorte de calque parfait. «Pas d'apitoiement, pas de colère, pas de dénonciation, pas de message, écrit avec raison Denis-Fernandez Recatala dans *Le Monde du polar*, rien qu'une œuvre à la cohérence très forte qui se referme (ou qui s'ouvre...) sur elle-même. Lisse et transparente et tirant son mystère de là.» Son mystère, mais aussi ce que Pavese nommait cette «inquiète angoissante», dans tout ce qu'elle a d'indicible et qui en fait toute sa vraie puissance.

Bill Ballinger (1912-1980)
Né dans l'Iowa, William Ballinger suit des études à l'université du Wisconsin où il obtient son doctorat de droit. Son premier roman, *Ne gigote plus*, paraît en 1948 et met en scène le privé Barry Breed et son assistante Sylvia. Suit *Le Cadavre doré* avant que Ballinger ne publie *Version originale*, un roman fabuleux (selon Claude Mesplède et J.-J. Schléret dans *Voyage au bout de la Noire*) dans lequel « la vision des faits racontée par le héros est entrecoupée du récit des événements tels qu'ils se sont réellement passés ». Ballinger a réitéré cette forme de structure à plusieurs reprises, notamment dans *Changement de décor* et *A gorge déployée* (Presses de la Cité).

Amila Jean
(1910)

Sans attendre le grand soir

«Écrire, c'est revendiquer une place pour l'homme dans l'univers, c'est revenir sur l'Histoire pour l'éclairer et lui donner un sens. Moi, je suis une étincelle» (Jean Amila).

Pour tenter d'appréhender l'œuvre de Jean Amila (que Michel Lebrun a comparé non sans justesse à Horace McCoy), il ne faut surtout pas essayer de contourner l'œuvre de Jean Meckert, mais, au contraire, s'y fondre car elle en est l'irréfragable sédiment. Et puis aussi, parce que c'est avec lui que tout a commencé le 24 novembre 1910 quand il naît à Paris d'un père employé à la Compagnie générale des omnibus et d'une mère femme de ménage. En 1917, lors des mutineries qui se produisirent dans les tranchées, ce père fait partie des fusillés pour l'exemple si chers à Pétain (déjà) et à Clemenceau. Sa mère, fortement secouée par la nouvelle de cet assassinat en-la-loi, subira les affres de deux ans d'internement psychiatrique au Vésinet et le jeune Jean Meckert sera versé dans un orphelinat où il passera quatre années de sa vie. A 13 ans, il obtient son certificat d'études primaires et se retrouve au travail, comme apprenti, dans plusieurs ateliers de mécanique. Malgré une tâche contraignante et des horaires très chargés, il consacre le peu de temps qu'il lui reste à la lecture. Appelé sous les drapeaux, il effectue son service militaire à Versailles, dans le génie, où il se distingue par de multiples échappées illégales. Rendu à la vie civile, il se met à exercer toutes sortes de métiers. Mobilisé en 1939, il se retrouve interné en Suisse pendant neuf mois. C'est là, semble-t-il, que lui vient l'idée d'un roman qu'il rédigera pendant que ses compagnons d'infortune «tapaient le carton».

▪ Sa vie est son œuvre

Les Coups paraît en 1942, chez Gallimard, et reçoit félicitations et encouragements de Queneau et de Martin du Gard. Quant à Gide, qui ne tarit pas d'éloges, il note dans son journal, à la date du 3 avril : «*Les Fleurs de Tarbes* pourraient et devraient servir de préface à l'étonnant livre de Jean Meckert.» Lorsqu'on connait l'œuvre et surtout la place occupée par Jean Paulhan dans les lettres françaises, cette suggestion n'est pas un mince compliment. Gide consacrera d'ailleurs au roman l'un de ses *Entretiens imaginaires*. Le thème est simple : Félix, un jeune ouvrier que le comportement de sa maîtresse agace, n'arrive pas à se faire comprendre d'elle. Alors, il hurle et, quand cela ne suffit plus, il frappe. La peinture du milieu social est sans fioritures, sans larmoiements, noir sur blanc, au couteau. C'est aussi un roman qui trace la ligne de démarcation entre une petite bourgeoisie détentrice d'un certain savoir-faire et une classe ouvrière opprimée et compressée. L'année suivante, paraît *L'Homme au marteau*. Entre-temps, Jean Meckert a quitté son em-

Richard Jessup (1925-1982)
C'est, bien sûr, son roman paru en 1963, *Le Kid de Cincinnati* (porté à l'écran par Norman Jewison avec Steve McQueen et Edward G. Robinson), qui a révélé au grand public le nom de Richard Jessup, mais son chef-d'œuvre remonte à son premier roman, publié en 1954 et intitulé *Un bruit de chaînes*.

Un cas exemplaire
Le grand romancier Emmanuel Bove (*Les Amis*, *Un homme qui savait*, *L'Amour de Pierre Neuhart*, etc.) publia en 1933 deux romans typiquement policiers et voulus tels : *La Fiancée du violoniste* sous le pseudonyme de Pierre Dugast et *Le Meurtre de Suzy Pommier* sous son vrai nom. Tout l'univers de Bove le tirait vers le roman policier et, plus encore, vers le roman noir : angoisse, peur, chantage, lâcheté, etc. Or, dans ces deux sauts de carpe qu'il s'octroya de façon avouée, Bove manqua quelque peu sa réception. En revanche, son ultime roman, écrit en 1945, intitulé *Le Piège* (qu'il ne « conçut » pas comme un polar) n'en reste pas moins un suspens parmi les plus pénétrants de la littérature, toutes espèces confondues. Comme quoi le genre ne fait pas plus le romancier que le format de l'ouvrage ne fait le talent.

ploi pour se consacrer à l'écriture. En 1945, c'est *La Lucarne*, autre roman d'une grande importance. En 1947, *Nous avons les mains rouges* raconte l'histoire de résistants qui, après l'armistice, décident de poursuivre la lutte. En 1949, *La Ville de plomb* reprend le thème du couple : ici, un homme qui veut s'évader de la pesanteur du monde et des choses par l'imaginaire, en écrivant des fictions, et qui sera soutenu dans son travail et ses moments de désarroi par sa compagne, une jeune dactylo qui loue ses dons de créateur.

Alternent le roman proprement dit et le journal du romancier qui est aussi le journal du roman en passe de naître. C'est l'année suivante que Jean Meckert entre à la Série Noire sous le pseudonyme de John Amila. Le roman s'intitule *Y'a pas de bon Dieu* et se situe aux États-Unis (comme l'exige, alors, la collection), dans une petite communauté montagnarde de trois cent cinquante âmes en lutte pour sauvegarder des terres que veulent leur ravir des spéculateurs. On le voit, même si Meckert est devenu Amila, même si ses écrits ont changé de couverture, l'homme n'a pas retourné sa veste. Pour lui, Série Noire ou collection «blanche», l'écrivain n'est pas là pour tuer le temps qui passe. D'ailleurs, Meckert est toujours présent. En 1952, paraît sous ce nom, *Je suis un monstre*, le roman d'un meurtre «politique» et d'une révolte. Nous y reviendrons par le biais de Didier Daeninckx.

▪ Écrire, c'est dire

L'année suivante, *Motus* est publié à la Série Noire. Meckert y signe toujours John Amila – mais cela relève du clin d'œil pur et simple puisque, cette fois, le récit se déroule bel et bien en France – et reprend le thème du couple en désagrégation (ici au sortir de la guerre d'Indochine). Ainsi, si Albert Simonin a été le premier auteur français autorisé à courir sans masque pseudonymique à la Série Noire, Jean Meckert (malgré son patronyme de circonstance, américanisé pour les besoins de la chose éditoriale) a été, avec lui et la même année, le premier à situer son roman sur le territoire français. Cinq ans plus tard, il troquera John Amila pour Jean Amila, qui aurait dû être en vérité Jean Amilanar si Marcel Duhamel (grand coiffeur devant l'Éternel) n'avait «tenu» à le raccourcir. En 1964, paraissent deux romans superbes : *Noces de soufre*, qui raconte l'histoire d'un couple déchiré dont le mari réalise un hold-up pour tenter de regagner l'estime de son épouse, et *La Lune d'Omaha*, un pur chef-d'œuvre dans lequel, vingt ans après la fin des

Adaptation
Cinq romans de Jean Amila ont été adaptés au cinéma : *La Bonne Tisane* en 1957 par Hervé Bromberger qui récidivera deux ans plus tard avec *Les Loups dans la bergerie*. *Sans attendre Godot* (sous le titre *Quand la femme s'en mêle*) par Yves Allégret. *Langes radieux* (sous le titre *Fleur d'oseille*) en 1967 par Georges Lautner... Trois de ses œuvres ont été adaptées à la télévision, sur TF1, dans le cadre de la *Série Noire* de Pierre Grimblat (Production Hamster Films) : *Noces de soufre* en 1984 dans une réalisation de Raymond Vouillamoz ; *Pitié pour les rats* en 1985 dans une réalisation de Jacques Ertaud ; et, cette même année, *La Lune d'Omaha* dans une réalisation de Jean Marbeuf.

hostilités, parmi les nombreuses croix de l'immense nécropole militaire d'Omaha-Beach en Normandie, un homme retrouve une tombe sur laquelle figure son nom. Amila n'en finit pas de régler ses comptes avec la guerre et son cortège d'horreurs. En 1982, *Le Boucher des Hurlus*, roman largement autobiographique, nous dit l'épopée d'un jeune orphelin qui a décidé de tuer le général par qui son père a été fusillé et qui a rendu sa mère folle.

▪ Vous avez dit engagé ?

En 1985, *Le Balcon d'Hiroshima* (prix Mystère de la critique), tire sans concessions sur tout ce qui porte un uniforme. On peut y lire notamment : « A Pearl Harbor, les militaires japonais ont commis le crime épouvantable de s'attaquer à des militaires. S'attaquer à des civils, c'est tout de même moins scandaleux, non ? » Au lendemain de mai 68, il a aussi créé un flic en marge (Édouard Magne dit Doudou Magne par sa compagne et Géronimo par ses collègues) qui apparaît dans plusieurs romans (*La Nef des dingues*, *Contest-flic*, *Terminus Iéna*) au cours desquels raison d'État et autres entreprises scabreuses sont mises à mal par ce démolisseur de mythes strictement criminels qu'est Jean Amila. Pour terminer, nous voudrions nous adresser à tous ces spécialistes, savants et fins connaisseurs, qui se chargent d'écrire des histoires toutes faites de la littérature française pour dire à deux d'entre eux au moins que, dans le neuvième tome d'une de ces prétendues histoires qui s'étend « Du surréalisme à l'empire de la critique » (autrement dit, selon leurs auteurs, de 1920 à 1980), ni dans la chronologie ni dans le dictionnaire des auteurs ni même dans l'index ne figure le nom de Jean Meckert. Pourtant, à la page 346 de la partie intitulée « Les années 40 », le titre d'un des chapitres est : « L'écrivain engagé ». Il faut croire que nos spécialistes ont de l'engagement une idée tout à fait personnelle, peut-être même intimiste ? A leur intention donc, cette tranche de vie de l'écrivain en question... En 1970, après un silence de cinq ans, les Presses de la Cité envoient Jean Meckert à Tahiti afin d'y puiser la matière d'un roman. Il en revient avec un sujet explosif qui paraît sous le titre *La Vierge et le Taureau* (1972). A peine distribué, l'ouvrage sera retiré des librairies et mystérieusement racheté dans l'intégralité de son tirage. Plusieurs fois menacé de mort, Jean Meckert finira par être sauvagement agressé et restera plusieurs jours dans le coma. Revenu à la vie, il sera totalement amnésique. « Il m'a fallu, dit-il, réapprendre le sens des mots, la structure des phrases, tout. » Il est vrai que dans ce roman (qui a été gommé du catalogue de l'éditeur) Jean Meckert-Amila y décrivait l'outrance du colonialisme français, les dangers atomiques et bactériologiques. Au fait, vous avez dit engagé ?

Thomas Walsh (1908-1984)
C'est en 1950 qu'il s'attaque au roman noir et démarre sur un coup de maître : *Midi, Gare centrale* (Le Masque) qui obtient l'Edgar du meilleur roman policier et sera adapté au cinéma par Rudolphe Mate avec William Holden dans le rôle du commissaire William Patrick Calhoun, chef du poste de police de la station centrale de Manhattan, confronté avec son équipe d'inspecteurs à un redoutable ravisseur d'enfant.

Par ailleurs
Jean Amila a également écrit deux pièces de théâtre : *Les Radis creux* et *L'Ange au combat* (créées au Théâtre de poche). Un roman pour la jeunesse : *Amilcar, le cochon des Indes* (Hatier, 1964). Un roman de science-fiction : *Le Neuf de pique* (1956, Rééd. NéO). Il a également écrit des scénarios et dialogues de films, notamment pour Maurice Labro et Yves Allégret dont *Méfiez-vous, fillettes* (d'après James Hadley Chase).

Le romanville

Le roman noir est avant tout l'occupant d'un territoire et le contemporain d'un siècle bien déterminé. A la différence de son ascendant (le roman policier de type énigmatique), il est moins le roman du criminel solitaire que celui du crime structuré. De tous les genres romanesques qui ont contribué à façonner puis à fortifier le roman généraliste, il est aussi l'un des derniers nés et, comparé aux œuvres fondatrices de la littérature narrative, il reste un roman excessivement jeune. Son ascendant direct ne compte lui-même que cent cinquante printemps. Mais si le premier préfigurait le XXe siècle (symbolisant le nouveau territoire à l'intérieur d'appartements plus ou moins cossus, fermés à double tour), le second y est entré de plain-pied.

En défoliant les espèces herbeuses au profit d'espaces urbains macadamisés, dortoirisés, la société industrielle a fini par constituer de véritables jungles de béton au sein desquelles se meut la multitude anonyme et compressée dont une infime partie traite d'affaires qui dépassent l'ensemble de la multitude mais auxquelles, pourtant, cet ensemble n'est pas moins relié. Cette concentration spatiale d'une population a abouti à la confection d'un prêt-à-porter urbain, autrement dit d'un système de production culturelle de masse, caractéristique de la société industrielle.

Cette «philosophie culturelle» repose essentiellement sur une atomisation sociopsychologique radicale des contacts personnels entre les individus au profit de rapports personnalisés, gérés par des structures médiatiques qui découlent directement de l'idéologie dominante. Ce processus de distanciation télécommandée a conduit à une dépossession du pouvoir du plus grand nombre et à sa captation par tout un réseau de lobbies, aux intérêts quelquefois divergents, sous-tendus par diverses filières d'exécutants (et même d'exécuteurs), mais unis, au final, pour conserver le pouvoir qu'ils se sont donné puis transmis, pour mieux le corrompre à leur avantage.

Dans cette ville, le roman noir circule comme un poison en eau trouble. De là vient une des raisons fondamentales de sa dépréciation par toutes sortes d'officialités, épigones aboyeurs du pouvoir en place. Jamais typique littéraire n'aura été plus énonciatrice des maux d'un système ni mieux adaptée à la critique sociale de la condition humaine en ce qu'elle a de plus essentiel : sa quotidienneté. Même ses éléments parmi les plus ringards n'ont pu/ne peuvent s'empêcher de nommer la fange et la corruption.

L'observation clinique de la ville (à travers sa mise en représentation de personnages et de situations emblématiques) lui permet de mettre à jour l'anatomie d'un pays tout entier à partir d'une maquette microcosmique d'où se dégagent un à un ses aspects corporels, des cicatrices les plus apparentes aux réactions les plus enfouies, des appendices les plus sensibles aux méplats les plus insolites. Roman de la ville, le roman noir est d'abord le roman de la vie.

Les années de cendre

1951-1965. Un siècle et dix poussières après sa naissance officielle, le roman policier donne l'impression de se chercher un deuxième souffle. Mais ce n'est qu'une apparence et, sous la cendre, couve le feu. Des tisons plus ardents que d'autres attisent le matériau et qu'il s'agisse d'histoires de langages, de structures narratives ou de tamisage sociétal, ils préparent d'ores et déjà les lendemains qui s'enflammeront. Le polar colle aux basques de ce monde et ses récits sont le reflet de la contemporanéité qu'il traverse. Le monde, lui, poursuit bon an mal an son bonhomme de chemin.

Les États-Unis vont élire deux présidents sur trois. D. D. Eisenhower d'abord, puis le surprenant J.F. Kennedy que des magnats de la finance feront assassiner à Dallas en 1963. L.B. Johnson lui succédera, engageant l'Amérique dans le bourbier vietnamien. Auparavant (sous Eisenhower) le maccarthysme avait cloué la démocratie américaine au pilori de ses propres contradictions. On dressera des listes noires et des bûchers en forme de chaise électrique sur laquelle on enverra griller le couple Ethel et Julius Rosenberg. La chasse aux sorcières sera ouverte. La délation érigée en devoir civique sous peine d'enfermement. La gauche américaine et ses intellectuels paieront cher leurs engagements politiques... Pendant ce temps-là, l'U.R.S.S. (qui va passer de Staline à Khrouchtchev puis à Brejnev) continue d'alimenter ses goulags en chair humaine, envoie le premier spoutnik et même le premier homme dans l'espace en la personne de Youri Gagarine. Soljenitsyne, dont *Une journée d'Ivan Denissovitch* avait été autorisé à paraître en 1962, verra deux ans plus tard ses œuvres systématiquement interdites de publication. En 1958, son collègue Boris Pasternak, lauréat du prix Nobel, se verra refuser le visa de sortie pour Stockholm... La France, elle, bascule de la IVᵉ à la Vᵉ République. Refoulée en Corée, défaite à Diên Biên Phu, son armée va perdre sans gloire sa deuxième guerre coloniale en Algérie. En métropole, le S.M.I.G. a atteint 156 francs en 1959, année où meurt Gérard Philipe et où cède, à Fréjus, le barrage du Malpasset. Un an plus tôt, l'équipe de France de football avait terminé troisième de la Coupe du monde et De Gaulle repris le pouvoir à la faveur d'un coup d'État déguisé. En 1964, Jean-Paul Sartre refuse le prix Nobel et, en 1965, Jacques Anquetil remporte son cinquième Tour de France cycliste. Cette année-là ont également lieu les élections présidentielles, les premières au suffrage universel. Et c'est le coup de tonnerre dans le landernau politique : François Mitterrand, candidat unique de la Gauche met Charles De Gaulle en ballottage. Celui-ci l'emportera au second tour, mais la droite bonapartiste a senti passer comme un vent de boulet.

Entre ces deux dates de nos années de cendre, nous quittent Eluard (1952) et O'Neill (1953), Chardin et Mann (1955), Brecht et Calet

(1956), Malaparte (1957) puis Camus (1960), Cendrars et Merleau-Ponty (1961), Faulkner (1962), Cocteau et Fenoglio (1963), Vailland et T. S. Eliot (1965). Arrivent : Brussolo (1951), De Carlo (1952), Roberts et Darol (1954), Bernheim (1955) et Prévost (1956), Leavitt (1961), Ellis et Linda Lê (1964)... De son côté, le cinéma voit éclore de nouvelles étoiles qui balisent sa voie royale : Fellini, Wajda, Godard, Resnais, Pasolini, Antonioni, Cassavetes, Rosi, Bertolucci, Rocha, Jancso, Widerberg, etc. Les anciens ne se portent pas mal non plus et Becker (*Casque d'or*, 1952), Mizoguchi (*Les Contes de la lune vague après la pluie*, 1953), Tati (*Les Vacances de M. Hulot*, 1953), Rossellini (*Le Voyage en Italie*, 1953), Hitchcock (*Fenêtre sur cour*, 1954), Visconti (*Senso*, 1954), Aldrich (*En quatrième vitesse*, 1955), Bergman (*Le Septième Sceau*, 1956), Autant-Lara (*La Traversée de Paris*, 1956), Welles (*La Soif du mal*, 1957), Bresson (*Pickpocket*, 1959), Hawks (*Rio Bravo*, 1959), Buñuel (*Viridiana*, 1961), Étaix (*Le Soupirant*, 1963), Lean (*Le Docteur Jivago*, 1965) sont toujours là et bien là. Mais c'est la musique qui va marquer cette période avec ses déferlantes country, folk, blues et rock. Ses voix ont noms Robert Allen Zimmermann dit Bob Dylan, Joan Baez, Simon and Garfunkel, Elvis Presley, John Mayall, Frank Zappa, James Brown, Beatles, Jerry Lee Lewis, Eddie Cochran, Otis Redding, Gene Vincent, Rolling Stones, Doors, Pink Floyd, Janis Joplin...

Dans la capitale italienne, six pays se réunissent pour signer un traité dit de Rome qui ouvre sur le fameux Marché commun, un serpent de mer dont on va parler trente-cinq ans durant avant d'en voir (en 1993, c'est promis) un bout de nez. Mais les dirigeants du monde ont vieilli et mal vieilli. A Rome déjà, ils n'ont pas compris qu'à la place d'une Europe économique, il fallait construire, d'abord, une Europe identitaire et culturelle, moins publicitaire, certes, mais tellement plus essentielle. Autour d'eux ce monde bouge, mais ils n'en ont cure. Ils ont tort, car il va leur tomber des mains. Quand le charismatique chanteur des Doors, Jim Morrison, déclare : «J'ai toujours été attiré par l'idée de révolte contre l'autorité», on sent bien (dans le contexte) qu'il ne s'agit pas d'une parole en l'air ou isolée. Le feu couve sous la cendre et il suffirait, alors, d'une simple étincelle. Elle va venir.

Dard Frédéric

(1921)

Un auteur et son double

« Même quand il pousse le burlesque jusqu'à l'extravagance, il a toujours soin de jouer sur le mystère. Nul ne possède mieux que lui le métier policier » (Boileau-Narcejac).

On n'y échappe pas. On voudrait qu'on ne pourrait pas. Parler de Frédéric Dard, c'est aussitôt se risquer à voir surgir, droite comme i grec renversé, la silhouette virile et avantageuse du dénommé San-Antonio, qui campe en permanence au bout d'une ligne, prêt à sauter sur l'occasion d'un mot fauché dans la fleur de l'âge pour venir jouer les traits d'union bons offices en tirant la couverture à soi.

San-A.
Il y a beau temps que la saga *San-Antonio* a dépassé la centaine de volumes. Parmi les titres, on relèvera plus particulièrement : *Des dragées sans baptême, Des clientes pour la morgue, Du mouron à se faire, A tue... et à toi, J'ai peur des mouches, Le Coup du père François, La Rate au court-bouillon, C'est mort et ça ne sait pas, J'ai bien l'honneur de vous buter, Ça mange pas de pain.* Au cinéma, le commissaire a été interprété par Gérard Barray (avec Jean Richard dans le rôle de Bérurier et Paul Préboist dans celui de Pinaud) dans les deux films de Guy Lefranc : *Sale Temps pour les mouches* (1966) et *Béru et ces dames* (1968).

■ Des enfants dans le dos

Né en 1952 dans *Réglez-lui son compte*, San-Antonio n'est, au début de sa carrière, qu'une resucée de clins d'œil en sautoir à Peter Cheyney. Son créateur lui-même ne croit guère à ce bellâtre prétentieux, strictement alimentaire, et il éprouve le besoin (avant même que la nécessité ne finisse par l'éprouver) d'adjoindre à ce sémillant commissaire quelques seconds couteaux qui, peu à peu, vont prendre l'aspect de morceaux choisis. Il y a là Félicie, sa brave femme de mère ; Alexandre-Benoît Bérurier dit le Gros, le Mammouth, l'Immonde et, plus familièrement encore, Béru ; Pinaud dit Pinuche ; Berthe Bérurier alias la Gravosse, épouse du Mammouth ; Marie-Marie, nièce de l'Immonde et petite sœur naturelle de Zazie...

Ayant créé de vrais personnages, Frédéric Dard va prouver à la France des pisse-froid de la syntaxe qu'il est un écrivain et, pour ce faire, il va se lancer, de roman en roman, dans un délire verbal sans frein, pelotant la langue française jusqu'à lui faire des enfants dans le dos, créant son propre glossaire « argotique », cultivant le calembour jusqu'à l'outrance et frisant la plaisanterie gauloise au fer de l'hénaurme. A l'arrivée, les thésards l'ont pris d'assaut et les linguistes par la menteuse, la critique a tenté (en vain) de le panthéoniser vivant en lâchant les vulgarités d'usage (phénomène, génie) et en astiquant le chandelier de la récupération comme une brosse à reluire (Rabelais, Cervantès, Joyce, Céline : bonjour l'amalgame !), tandis que l'Académie fronçait le sourcil et que le casse-dalle du sieur Vermot se faisait un mouron d'encre. Érection, disait Flaubert, est un mot qui ne s'emploie que par référence à un monument. En ce cas, on pourrait dire de San-Antonio qu'il est en érection depuis bientôt quarante ans et que son statut n'est pas prêt d'être déboulonné.

■ L'autre Dard

Le mieux, maintenant, est d'en revenir à Frédéric Dard et à la face immergée de son œuvre qui est aussi et d'abord celle de son vrai visage. *Les salauds vont en enfer* (1956) : un espion a été arrêté, incarcéré. Malgré les interrogatoires poussés, il ne passe aucun aveu. On décide alors d'introduire dans sa cellule un agent dont la mission consistera à s'évader en sa compagnie afin de remonter la filière. «Martin claqua la porte. Ce fut un bruit presque douloureux. Le bruit que fait la liberté en s'écroulant.» Seulement voilà : une cavale à deux, ça peut vous changer un homme, fût-il fonctionnaire très spécial ; et puis il y a aussi cette trouvaille d'auteur qui fait que jusqu'au bout le lecteur ignore qui de Hal ou de Frank est le chasseur ou le gibier. Superbe.

Coma (1959) : Jean Lecœur, cinéaste, fait la connaissance dans le train qui le conduit à Hambourg de Gertrud Schiketanz, interprète. Un accident (chute du train) va l'immobiliser chez Gertrud qui lui a offert l'hospitalité. Elle vit avec un oncle (Éloi, veilleur de nuit dans un entrepôt) et une sœur, Minna (le visage mutilé suite à un bombardement). «Nous nous sommes regardés intensément. Je voulais m'habituer à sa mutilation, accepter cette face de cauchemar.» Mais Lecœur se trouve-t-il réellement chez Gertrud et pourquoi celle-ci lui fait-elle absorber une si grande quantité de somnifère ? Minna est-elle sérieusement tombée amoureuse de lui ? Et pourquoi, tandis qu'il chutait sur la voie, avait-il eu soudain cette vision irrémédiable de la mort ? Une montée en fièvre du suspens dont le dénouement laisse le lecteur hébété.

L'Homme de l'avenue (1962) : le soir de la Saint-Sylvestre à Paris, William Roberts, colonel de l'armée américaine, s'apprête à rejoindre son épouse partie avec les enfants chez des amis, quand il renverse un piéton et le tue. Les formalités accomplies, il se propose d'aller prévenir la femme du mort et apprend qu'elle se trouve dans un bar, totalement ivre. Il va la chercher et la reconduit chez elle. Après qu'elle s'est dégrisée, il est sur le point de lui apprendre la nouvelle, quand un télégraphiste apporte un pneumatique signé du mari et postérieur à son décès. «L'avenue s'en allait, rectiligne, vers Paris. Son immense perspective, jalonnée de feux de signalisation, se diluait dans une brume que les lumières de la ville irisaient. Ils changaient de couleur successivement, comme dégringole une rangée de dominos.» Roberts aussi finira par tomber de haut. Et, là encore, c'est une chute à double détente qui viendra mettre un terme à une longue nuit d'angoisse prenant le lecteur au dépourvu.

Mais aussi ces pures réussites que constituent *Délivrez-nous du mal* (1956, réédité sous le titre *Le Dos au mur*), *Le bourreau pleure* (Grand Prix de littérature policière 1957), *Toi le venin* (1957), *Le Monte-charge* (1961)...

▪ Le Irish français

Le modèle, c'est William Irish et, dans ses meilleurs moments, Dard réussit à l'égaler. L'atmosphère y est sans doute moins fébrile, par instants même trop bien léchée, mais elle existe et pèse de tout son poids sur le paysage environnant, conçu pour attirer le mystère dans une spirale de l'étouffement où sourd le cauchemar.

Georges Bardawill (1934)
On aurait pu le prendre pour un Américain ne fût-ce la dernière consonne de son prénom. En fait, il est né à Marseille d'un père libanais et d'une mère corse. Son roman,le seul qu'il ait écrit, s'intitule *Aimez-vous les femmes ?* (Série Noire, 1961). Il se passe aux États-Unis, au milieu de trafiquants de drogue et de secte anthropophage. C'est un régal d'humour noir et... prémonitoire.

Films
Les salauds vont en enfer de Robert Hossein en 1955 (avec Marina Vlady, Henri Vidal, Serge Reggiani, Jacques Duby, Robert Dalban) ; *Le Dos au mur* de Édouard Molinaro en 1959 (avec Gérard Oury, Jeanne Moreau, Philippe Nicaud, Jean Lefebvre, Colette Renard) ; *Toi le venin* de Robert Hossein en 1959 (avec Marina Vlady, Robert Hossein, Odile Versois, Helena Manson, Henri Crémieux) ; *Le Monte-charge* de Marcel Bluwal en 1961 (avec Robert Hossein, Lea Massari, Maurice Biraud, Robert Dalban) ; *Cette mort dont tu parlais* de Edmond Gréville en 1961 (sous le titre *Les Menteurs* avec Dawn Addams, Jean Servais, Claude Brasseur, Francis Blanche, Roland Lesaffre) ; *L'Accident* de Edmond Gréville en 1962 (avec Magali Noël, Georges Rivière, Roland Lesaffre, Danick Patisson).

Endrèbe Maurice-Bernard

(1918)

Le flegme distingué

Visiteurs
Plusieurs auteurs de romans généralistes se sont essayés au roman policier : Marcel Aymé et son *Moulin de la Sourdine* (1936) ; Georges Bernanos avec *Un crime* (1935) ; Tristan Bernard pour *Mathilde et ses mitaines* (1921) ; Jean Giono et *Un roi sans divertissement* (1947) ; Armand Lanoux avec *La Tête tranchée* (1959) ; Pierre Mac Orlan avec *La Tradition de minuit* (1930) ; Jules Verne avec *Un drame en Livonie*, etc.

Le fondateur du Grand Prix de littérature policière, le critique redoutable et redouté qu'il a su rester, découvreur acharné de nouveaux talents (André Héléna et Louis C. Thomas, par exemple), cette authentique figure du roman policier français de facture « classique », traducteur à ses heures a débuté sa carrière romanesque par deux échecs. Tout d'abord, il se présenta en 1938 au Grand Prix du roman d'aventures où son manuscrit fut coiffé sur le fil par celui de Pierre Boileau. Quelque temps après, il donnait à Albert Pigasse (fondateur de la collection Le Masque) son *Invité de la dernière heure* que celui-ci acceptait, mais que la censure franco-allemande rejetait sous prétexte que cet ouvrage semblait être la traduction déguisée d'un roman anglais ! En fait, ce n'est qu'en 1952 que l'auteur Maurice-Bernard Derbène dit Endrèbe perça à jour les insondables mystères de la notoriété avec *La Vieille Dame sans merci*, un roman qui se faufile dans l'univers de la haute couture, de la presse et du spectacle pour nous dépeindre l'envers d'un décor au sein duquel la dénommée Elvire Prentice (vieille fille détective calquée sur le modèle Marple, mais tellement plus drôle, plus crédible et mieux enlevée) navigue comme un poisson dans l'eau. Suivront : *La Morte Saison* (1954), *Gondoles pour le cimetière* (1955), etc. En 1976, Maurice-Bernard Endrèbe a été le lauréat du prix Mystère de la critique pour *La Meilleure et la Pire des choses.*

Thomas Louis C.

(1921)

L'art de la machination

Films
Le roman de L.C. Thomas, *Manie de la persécution*, a été adapté au cinéma par Julien Duvivier (avec Alain Delon, Senta Berger). *Coup de sang*, réalisé par Jean-Paul Carrère, et *Les écrits restent*, réalisé par Pierre Bureau, devinrent des téléfilms.

Traduit dans dix-huit pays, prix du Quai des Orfèvres en 1957 pour *Poison d'avril*, prix Mystère de la critique en 1976 avec *La Place du mort*, Louis C. Thomas (de son vrai nom Thomas Cervioni) est loin d'être le premier venu en matière de littérature policière. *Jour des morts* (1951), *Manie de la persécution* (1962), *Coup de sang* (1967), *Malencontre* (1972), *Le Sauf-conduit* (1980), *Une chute qui n'en finit pas* (1985), le situent même sur une des marches les plus élevées du podium hexagonal. « Il y a du Machiavel chez Louis C. Thomas, notent Michel Lebrun et Jean-Paul Schweighaueser dans *Le Guide du polar*, qui piège ses personnages pour mieux piéger ses lecteurs. » Bien qu'il soit moins sollicité médiatiquement que certains de ses collègues, son œuvre est là pour témoigner d'une permanence dans la qualité et la finesse qui en font une valeur sûre du genre.

Van Gulik Robert Hans

(1910-1967)

Un honorable serviteur de la loi

«Borges avait défini l'érudition comme extension du genre fantastique ; Van Gulik la tire vers le roman policier» (Denis-Fernandez Recatala).

Si, depuis une quarantaine d'années déjà, la Hollande a été autorisée à jouer dans la cour des grands du roman policier, c'est à Robert Hans Van Gulik qu'elle le doit. Diplomate et sinologue fort réputé, Van Gulik s'employait à traduire des chroniques de la Chine ancienne dont les faits remontaient au VIIe siècle, jusqu'au jour où il décida d'appliquer la formule au monde de la «detective fiction». Son personnage, le fameux Dee-Jen Djieh alias le Juge Ti, comme il l'explique lui-même, a effectivement vécu de l'an 630 à 700 de notre ère. Avant même d'être appelé à de hautes fonctions dans la capitale, il avait réussi à résoudre quelques affaires criminelles aux ramifications très complexes.

▪ Une éminence moderne

Voici comment l'écrivain Claude Roy présentait à la fois l'auteur et son héros : «Le Juge Ti, c'est la subtilité chinoise appliquée à l'art de l'énigme policière : un Sherlock Holmes de la dynastie T'ang [...] qui baigne dans le peuple chinois comme une truite sagace dans les eaux du Yang-Tse. Robert Van Gulik, maître ès arts de la peinture chinoise et de l'érotisme extrême-oriental, est mort en 1967 après avoir vécu cinquante-sept ans selon l'état civil. Il avait vécu mille ans, dirait-on, en lisant ses livres, savants traités ou romans policiers.»

Né à T'ai-Yuan, dans la province du Chan-si, Dee-Jen Djieh accomplit de brillantes études littéraires. En 650, il accompagne son père à Tch'angnan (capitale de l'empire chinois) et y réussit ses examens d'études supérieures. Puis il se marie, prenant pour femmes deux épouses car ses appétits sexuels sont importants, et travaille comme secrétaire aux Archives impériales avant d'être nommé magistrat et affecté au poste de Peng-lai.

Le Juge Ti, explique Denis-Fernandez Recatala dans *Le Monde du polar*, «réalise, dès le VIIe siècle en Chine, un type de policier moderne, savant plus que sportif. L'engagement physique ne le rebute pas, pas plus que les conduites litigieuses, interrogatoires musclés, perquisitions illégales, contacts avec la pègre. Secondé par trois lieutenants, dont deux délinquants repentis, il annonce Vidocq, avec lequel la comparaison s'impose, l'un et l'autre étant des héros de l'institution». Van Gulik a réussi à faire de son personnage, à la fois historique et romanesque, l'un des plus imposants héros emblématique de la littérature populaire et donc de la littérature tout court.

Romans

Parmi les aventures du Juge Ti publiées dans la collection Grands Détectives, dirigée par J.-C. Zylberstein, on lira : *Le Paravent de laque* (époque 663-686), *Le Monastère hanté* (époque 666-668), *Le Squelette sous cloche* (le premier de la série), *Assassins et Poètes* (époque 668-676), *L'Énigme du clou chinois* (époque 676-677), *Meurtre à Canton* (époque 677)...

Par ailleurs, Janwillem Van De Wetering a publié une biographie de l'auteur intitulée *Van Gulik, sa vie, son œuvre* (U.G.E. 10/18).

Référence

Recatala (D.-F.) *Le Monde du polar*, Éd. M.A., 1986.

Boileau-Narcejac

Deux dans un

« Il existe des personnes qui ont une sorte de vocation de victimes, antérieurement à toute machination. Elles appellent inconsciemment le bourreau. Autrement dit, n'importe qui n'est pas un personnage de suspens » (Boileau-Narcejac).

Pierre Boileau est né à Paris le 28 avril 1906, dans le quartier de Pigalle. Il suit des cours dans une école de commerce et débute dans la vie active comme employé aux écritures avant d'exercer plusieurs métiers. C'est à cette époque qu'il commence à écrire des nouvelles policières dont la première paraîtra dans *Lectures pour tous*. Thomas Narcejac (de son vrai nom Pierre Ayraud) est né à Rochefort-sur-Mer le 3 juillet 1908. Après des études secondaires au collège de Saintes, il accomplit ses études supérieures à Bordeaux d'abord, puis à Paris. Finalement, c'est à Nantes qu'il professera, plusieurs années durant, la philosophie.

Propos
« Une chose est certaine et parfaitement évidente : notre littérature tend vers le chaos. La tendance est au vers libre parce qu'il est plus facile à faire que le vers régulier qui, à vrai dire, est fort difficile. On a tendance à supprimer les personnages, les arguments, tout est très vague. A notre époque si chaotique, une chose, modestement, a gardé ses vertus classiques : c'est le roman policier. On ne conçoit pas, en effet, un roman policier qui n'ait pas un commencement, un milieu et une fin. Je dirai, pour défendre le roman policier, qu'il n'a pas besoin d'être défendu » (Jorge Luis Borges, *Conférences*).

■ De Boileau à Narcejac

En 1934, Pierre Boileau abandonne la nouvelle pour le roman et crée un personnage de détective, André Brunel, qui apparaît pour la première fois dans *La pierre qui tremble*. Pour l'heure, rien ne distingue Boileau de la traduction anglaise de type chambre close, excepté peut-être que ce qui prime dans l'enquête est moins le « whodunit » que le « howdunit ». Avec son troisième roman, *Le Repos de Bacchus* (une manière de chef-d'œuvre dans le genre), il obtient en 1938 le Grand Prix du roman d'aventures. Vient la guerre. Boileau est mobilisé, fait prisonnier, libéré en 1942 et rendu à la vie civile de salarié. A la fin de la guerre, un ancien condisciple du nom de Pierre Lazareff lui demande de collaborer à *France-Soir*.

Pendant ce temps-là, du côté de Saint-Malo où il réside, Thomas Narcejac commence à rédiger des pastiches de nouvelles puis de romans policiers. Devant le succès que rencontrent ses exercices de mise en plume, il se décide à créer son propre univers et ce sont *L'Assassin de minuit* (1945), *La police est dans l'escalier* (1946), *La Nuit des angoisses* (1948). Cette année-là, il reçoit à son tour le Prix du roman d'aventures pour *La mort est du voyage* et rencontre à cette occasion Pierre Boileau : « Je déjeunais avec Boileau dans une brasserie parisienne, quand je lui ai dit : toi Boileau, tu as déjà écrit pas mal d'histoires de pure détection policière ; de mon côté j'ai écrit quelques romans et des pastiches [...]. C'est à partir de là que nous sommes convenus d'essayer de faire quelque chose de différent. Quelque chose qui laisserait sa chance au jeu des personnages. Pour cela, il fallait partir non pas d'un crime quelconque, mais d'un personnage qui serait la victime, développant ses affres, son angoisse. Et c'est comme cela qu'on a mis la main sans trop y penser, de manière quelque peu empirique, sur ce qui est devenu le suspens et qu'en Amérique William Irish savait déjà très bien faire, mais qu'en France, personne ou presque ne pratiquait réellement. » La première tentative ne les satisfait pas pleinement. Ils ne la publieront que dix ans plus tard, sous le pseudonyme d'Alain Bouccarèje (*L'Ombre et la Proie*).

En attendant mieux, chacun continue son bonhomme de chemin. En 1949, Pierre Boileau abandonne le personnage de Brunel pour celui, radicalement opposé, de Jérôme Figure alias Sans-Atout. De son côté, Narcejac, qui a publié, en collaboration avec Serge Arcouet et sous le pseudonyme commun de John Silver Lee, quelques pastiches de romans noirs américains (dont le mémorable *Faut que ça saigne*), a également concocté un excellent essai sur le genre *Esthétique du roman policier*, et un pamphlet, plus discutable, qui va occasionner quelques remous et lui fournir de solides inimitiés *La Fin d'un bluff*. En 1950, il publie également une série de romans consacrés aux gens de la mer et un superbe essai : *Le Cas Simenon*.

▪ Mission bien remplie

Et c'est en 1951 que les deux compères se remettent au travail. Cette fois sera la bonne. *Celle qui n'était plus* est achevé un an plus tard. Ce roman sera rejeté par nombre d'éditeurs, à l'exception de Denoël. On connaît la suite : le succès du roman et le classique du cinéma, *Les Diaboliques* réalisé par Henri-Georges Clouzot. Suivront *Les Louves* (adapté par Luis Saslavski), *D'entre les morts* (porté à l'écran par Alfred Hitchcock sous le titre anglais de *Vertigo* et français de *Sueurs froides*), *Les Magiciennes* (réalisé par Serge Friedman), *A cœur perdu* (adapté par Étienne Périer sous le titre *Meurtre en 45-tours*), *Maléfices* (mis en scène par Henri Decoin), *Maldonne* (réalisé par Sergio Gobbi), etc.

A chaque roman, le tandem resserre davantage les écrous de leur canevas. Si, donc, le roman de suspens passe par l'histoire de la victime, si c'est bien de son propre point de vue que le récit doit se délivrer, alors non seulement cette typique structurelle pose le problème de l'identité, mais également celui de la mise à feu d'une situation intermédiaire de crise personnelle, de dépression particulière qui conduira à un inévitable joint de blocage. Ainsi, dans *Celle qui n'était plus*, l'assassin devient la victime, alors que dans *Les Magiciennes*, la victime se fait assassin, mais dans les deux cas, l'état dépressif est clairement exprimé. De même que *D'entre les morts* qui déroule la problématique identitaire aussi bien que *Les Louves* par exemple (mais de manière diverse : dans le premier cas il s'agit d'une recomposition, dans le second d'une usurpation) révèlent l'un comme l'autre, de façon parentale, quoique endémiquement autonome, un état de dérèglement évident. « Qu'il nous soit permis de dire ici, écrivent-ils dans leur essai à quatre mains *Le Roman policier*, un mot des romans de Boileau-Narcejac. Il ne s'agit nullement de les comparer à Irish. Ils essaient simplement de le compléter sur un point. Ils veulent inclure dans le suspens une véritable intrigue policière, de telle sorte que la victime soit amenée non seulement à enquêter sur son propre cas, mais encore à délirer d'autant plus qu'elle s'efforce de raisonner juste. » Que le duo soit rassuré et se le tienne pour dit : il a totalement réussi dans son entreprise.

Films

Les Diaboliques de Henri-Georges Clouzot (1954) d'après *Celle qui n'était plus* (avec Simone Signoret, Paul Meurisse, Véra Clouzot) à propos duquel le cinéaste Billy Wilder a déclaré que c'était un des meilleurs films qu'il ait jamais vus.
Les Louves de Luis Saslavski (1957) d'après le roman homonyme (avec François Périer, Micheline Presle, Jeanne Moreau).
Sueurs froides/*Vertigo* de Alfred Hitchcock (1958) d'après *D'entre les morts* (avec James Stewart, Kim Novak, Tom Helmore).
Meurtre en 45-tours de Étienne Périer (1960) d'après *A cœur perdu* (avec Danielle Darrieux, Jean Servais, Michel Auclair).
Maléfices de Henri Decoin (1961) d'après le roman homonyme (avec Juliette Gréco, Liselotte Pulver, Jean-Marc Bory).
Maldonne de Sergio Gobbi (1968) d'après le roman homonyme (avec Pierre Vaneck, Elsa Martinelli, Robert Hossein).

Références

Boileau (P.), *Le Repos de Bacchus*, Le Masque.
Boileau-Narcejac, *Le Roman policier*, « Que sais-je ? » n° 1623, P.U.F., 1988, 3e éd.

A quatre mains

Le tout est d'y être deux. Pour écrire à quatre mains, c'est mieux. Aux côtés de Boileau-Narcejac (ou, antérieurement, Souvestre-Allain et Ellery Queen), ils sont en général plus connus qu'on ne le pense. Certains sont apparents et, même sous le pseudonyme, on sent percer le couple. D'autres sont plus feutrés.

Patrick Quentin présente la particularité d'être quatre dans un, mais deux par deux. Détaillons : au début était Richard Webb (1901-1965) lequel s'associa avec une certaine Martha Mott Kelley sous le pseudonyme conjoint de Quentin Patrick. La dame s'éteint discrètement, comme elle avait écrit, et Webb en est réduit à se chercher un nouveau complice. Après une collaboration avec Mary Louise Aswell, il le trouvera en la personne de Hugh Cullingham Wheeler (1912), un Anglais émigré comme lui aux U.S.A. Ils publieront ensemble sous plusieurs signatures, dont la plus célèbre reste celle de Patrick Quentin, les enquêtes de Peter Duluth sorte d'anti-héros plongé dans une série d'énigmes contenant toutes dans leurs titres le mot «puzzle».

Viard et Zacharias (respectivement 1921 et 1929) se rapprochent de nous tant géographiquement que temporellement. Le duo est français et paraît pour la première fois en 1966 avec *Le Roi des mirmidous*, une parodie de *L'Iliade*, puis avec *L'Embrumé*, un pastiche de Hamlet. Dès 1967, ils s'attaquent à Lorenzaccio dans *Le Mytheux* puis à Don Quichotte dans *L'Aristocloche* (1968) sans louper, évidemment, le coche de l'empereur avec *La Bande à Bonape* (1969). Quant à *Rira bien qui mourra le dernier* (1970) mettant en scène Churchill, De Gaulle, Hitler, Roosevelt, Staline, sous les traits de juge, de syndicaliste marron ou de criminel, c'est un morceau de choix…

Jacquemard et Sénécal sont tous les deux nés en 1943. Le second vit toujours, le premier est décédé en 1980. En 1976, ils ont obtenu le prix du Quai des Orfèvres pour leur roman *Le Crime de la Maison Grün*. Avec *Le Onzième Petit Nègre* (1977), ils rendent un hommage appuyé à qui vous savez. Refusé par tous les éditeurs, ce roman sera finalement publié aux éditions Régine Deforges, et connaîtra un retentissant succès. Leur troisième roman avance à découvert : *Meurtre dans les corons* attache, en effet, ses basques à l'affaire de Bruay-en-Artois. A la mort d'Yves Jacquemard, Jean-Michel Sénécal publie seul trois autres romans.

Bastid et Martens. L'un (Michel Martens) est né en 1940 ; l'autre (Jean-Pierre Bastid) est né en 1937. Les deux se rencontrent en 1974 sur le scénario de *Dupont Lajoie* (un film d'Yves Boisset sur le racisme). Ensemble, ils publient *Les Tours d'angoisse*. Bastid est déjà un récidiviste du roman à quatre mains, puisqu'en 1971 il avait publié avec Jean-Patrick Manchette *Laissez bronzer les cadavres*. Michel Martens, lui, y prendra goût puisqu'en compagnie de Jerome Charyn, il écrira *Arnold, le Geek de New York* (1980) et, avec François Guérif, un ouvrage de référence sur le roman noir américain : *Underwood U.S.A.* Mais le duo va tirer à dix reprises entre 1974 et 1981 : *Le Tapir* (1976), *Adieu la vie* (1977), *Bille de clown* (1979), *Le Rouquin chagrin* (1981), *La Main du saigneur* (1979).

Marie et Joseph clôturent cette suite à vingt doigts. Elle, est née à Grenoble le 4 novembre 1958 et lui, à Neuilly-en-Dun le 1er juillet 1950. Elle, est agrégée de lettres, lui, détient une maîtrise de lettres classiques. Leurs romans ne s'en ressentent pas trop. Leur première production, *Chaudes Bises* (1983), investit les milieux du rock ; leur deuxième, *Si t'as peur, jappe* (1984), décrit les déambulations d'un groupe de rock en tournée dans les Cévennes ; leur troisième, *Square du Congo* (1987), en changeant de milieu, rehausse un peu la partition. Ils en sont à leur huitième. Déjà. Comme le temps pousse. Et ils ont toujours de l'esprit. Normal. Avec les prénoms qu'ils se sont donnés.

Arnaud Georges-Jean

(1928)

Topographie des lieux communs

«Peut-être que pas mal de mes livres sont des épreuves et que, de temps en temps, il en sort un plus fini que d'autres» (Georges-Jean Arnaud).

Georges-Jean Arnaud a 24 ans quand il publie, sous le pseudonyme de Saint-Gilles, son premier roman policier. *Ne tirez pas sur l'inspecteur* reçoit le prix du Quai des Orfèvres. Nous sommes en 1952. A cette époque, un autre auteur du nom de Georges Arnaud (originaire de la même région, mais de son vrai nom Henri Girard) connaît un succès de librairie considérable avec un roman intitulé *Le Salaire de la peur*, succès qu'amplifiera encore l'adaptation cinématographique de Clouzot, lequel obtient à Cannes, en 1953, le Grand Prix du festival. Pour notre jeune auteur de polar, c'est plutôt une méchante arête. On lui conseille, alors, d'adopter un pseudonyme. Né à Saint-Gilles-du-Gard et soutenu au prix du Quai des Orfèvres par Jacques Decrest (créateur du commissaire Gilles), il commence donc sa carrière sous ce pseudonyme de Saint-Gilles, qui ne le satisfait guère. De fait, Saint-Gilles ne sera qu'un des multiples noms de plume de cet écrivain dont l'œuvre est marquée d'emblée du sceau de la prolixité. C'est en 1960 qu'il fait son entrée au Fleuve Noir sous son véritable patronyme. Depuis lors, il est devenu l'un des maîtres incontestables de la collection policière, à laquelle il a épinglé très vite et à son avantage les collections d'espionnage (avec sa série des *Commander*, un anti-SAS), d'anticipation (avec sa fameuse *Compagnie des glaces*) etc., alignant les histoires à une vitesse de météore pour atteindre confortablement le cap des quatre cents titres dont une centaine de romans noirs.

▪ «Du style, je peux en faire»...

Qu'est-ce qui fait, alors, que le nom de G.-J. Arnaud n'ait pas été rendu aussi familier aux oreilles du public médiatisé que ceux de la nouvelle vague «polarienne» des années 70 ? Peut-être, peut-on avancer l'explication que fournissait le critique et romancier italien Oreste del Buono à propos de Giorgio Scerbanenco : «Cet écrivain qui aurait pu figurer parmi les plus célèbres de notre pays, si seulement il avait eu l'opportunité ou l'astuce de se concocter un curriculum littéraire présentable à une critique abstruse, au lieu d'avoir dû et d'avoir voulu choisir le risque de l'abondance dans la littérature de grande consommation.» Le fait est que G.-J. Arnaud est l'un de nos plus imposants producteurs de romans populaires contemporains et l'un de nos plus puissants concepteurs de romans noirs. C'est dans cette veine, justement, qu'il excelle. Peut-être parce que, comme il le dit lui-même, c'est là son genre de prédilection, sa famille naturelle. Un genre, en tout cas, qui demande travail et rigueur. Et s'il

Propos

«De façon abstraite, ce n'est pas grand-chose un sujet. Deux lignes tout au plus. S'il me fallait partir de ces deux lignes et construire tout un roman, ce serait impossible pour moi. Alors mon sujet, il commence par une boule d'angoisse, un magma de scènes décousues, de situations et de sentiments. Et là-dedans, il y a ces deux lignes abstraites qui feront le roman et qui se cachent avec une obstination inquiétante» (G.-J. Arnaud, postface à la réédition de *Tel un fantôme*).

ne faut bien souvent à l'auteur qu'une quinzaine pour accoucher d'une histoire noir sur blanc, il a besoin quelquefois de toute une année pour en ciseler la trame.

Son écriture, rapide, syncopée, a fait qu'on lui a reproché de négliger le style au profit de l'intrigue. Mais l'accusation ne tient pas. Qualitativement, les romans noirs de G.-J. Arnaud sont loin devant ceux des auteurs qui rendent du style pour s'acheter une contenance à bon compte ou dissimuler sous un fard d'artifice leur manque évident d'imagination. Avec lui, pas de faux prétexte. Pour G.-J. Arnaud, l'écriture n'est pas une affaire de vernis bien laqué. C'est avant tout de la chair sous les ongles. «Du style, je peux en faire, explique-t-il, si je n'écris qu'une page par jour. Je l'écrirai à 8 heures, je la referai à 9 puis à 10, et à 9 heures du soir J'aurai une page superbe, mais qu'est-ce qu'il y aura dedans ? Je l'aurai complètement vidée.» (entretien avec François Guérif).

Engagement
«J'attaque à droite et à gauche. Je veux pouvoir écrire que Suffert me paraît responsable de la mort de Curiel puisqu'il a écrit dans *Le Point* des calomnies sur lui dont il se refuse à apporter les preuves. Je veux pouvoir dénoncer la nouvelle passion du P.C. pour le nucléaire et dire que c'est une infamie, rappeler que ce sont les notables socialistes qui ont laissé les militaires prendre possession du camp de Canjuers» (G.-J. Arnaud, postface à la réédition de *Tel un fantôme*).

▪ Trois romans symboles

Attentif aux réalités les plus diverses, sans pour cela se laisser prendre dans les mâchoires de la sacro-sainte actualité, il a su, au fil des années et des romans, déplacer la plupart de ses scènes en extérieur vers les vases clos de nos maisons pièges. Et c'est là même, dans la rassurance de ces cocons protecteurs dont on blinde les pênes et dont on alarme les portes, qu'il nous bétonne ses crescendos d'angoisse et de suspens. Sans avoir l'air d'y toucher, partant de gens, de faits et de lieux on ne peut plus communs, peu à peu, l'insignifiante routine quotidienne se dérègle. Alors commencent à sourdre les prémisses de la peur et du drame. Trois romans, en particulier, symbolisent cette formidable puissance d'écriture et d'imagination. Trois chefs-d'œuvre qu'on ne peut ignorer tant ils se situent dans le haut de gamme des romans noirs toutes catégories.

Brûlez-les tous (1978), où la protagoniste, Claire Rousset, unique témoin d'un assassinat collectif maquillé en catastrophe, va se trouver en butte aux puissances politiques et financières semant derrière elles la mort pour prix du silence. Ce roman, politiquement très engagé, comme la plupart des ouvrages de cet écrivain de l'engagement, entre dans la veine de son combat antinucléaire. Il sera porté à l'écran par Robert Enrico en 1986 (sous le titre *Zone rouge* avec Richard Anconina, Sabine Azéma, Hélène Surgère).

La Tribu des vieux enfants (1979) est celle de la famille des Vergèse. Deux filles et trois garçons qui se sont tous mariés, mais dont les conjoints ont curieusement péri, les uns après les autres, dans d'étranges accidents. Il est vrai qu'ils étaient tous riches, excepté Flore, l'épouse de Louis, qui ne possède aucun bien et qui sent pourtant planer sur elle une menace de plus en plus pesante. Un roman hallucinant, adapté à la télévision par Michel Favart (en 1982, avec Dominique Laffin, Thierry Lhermitte, Sophie Barjac) et une réalisation totalement réussie.

Enfin, et surtout, *Le Coucou* (1980), le plus grand cru de tous les Arnaud, dans lequel un homme de ménage, Éric Bonnot, découvre par hasard un appartement inhabité qu'à l'instar de l'oiseau grimpeur, il décide de faire sien, sans savoir que tout a été préconçu à ses dimensions pour qu'il devienne, à l'heure dite, le misérable jouet d'un long conditionnement. Michel Favart se chargera de la transposer (en

1987, sous le titre *La Nuit du coucou*) réussissant de nouveau un grand moment de télévision...

Ces trois romans-là sont à couper le souffle et portent l'irréfragable marque du véritable écrivain. Mais l'on pourrait tout aussi bien leur adjoindre une bonne trentaine d'autres titres parmi lesquels : *Agonie* (1962), *Un coup de chien* (1963), *Tatouage* (1967), *Le Guet-apens* (1969), *Les Longs Manteaux* (1971) porté à l'écran par Gilles Béhat (avec Bernard Giraudeau, Claudia Ohana, Robert Charlebois), *Enfantasme* qui reçut en 1977 le prix Mystère de la Critique et fut massacré au cinéma par Sergio Gobbi (sous le titre *L'Enfant de la nuit* avec et malgré Agostina Belli), *Plein la vue* (1976), *L'Aboyeur* (1978), *Noël au chaud* (1979), *Les Imposteurs* (1980), *Ami-flic* (1982), *Bunker parano* (1982).

▪ Aux côtés de Simenon...

Traduit au Japon, en Allemagne, en Italie, en Grèce, en Yougoslavie, au Brésil, interdit en Espagne sous le règne de Franco, Georges-Jean Arnaud, aux côtés de Georges Simenon mais pour d'autres desseins, dresse son imposante silhouette de parangon du roman populaire de langue française.

En 1988, il est reçu par Pivot à feu *Apostrophes* pour son roman hors polar, *Les Moulins à nuages* (Calmann-Lévy, Prix RTL Grand Public) qui raconte l'histoire de sa famille « ces vignerons conservateurs qui poursuivaient leurs tâches ancestrales en espérant que les sursauts républicains de la capitale ne parviendraient pas jusqu'à eux ». Auteur sous treize pseudonymes (Ugo Solenza, Georges Murey, David Kyne, Georges Ramos...) de près de quatre cents romans qui accostent tous les genres (polar, espionnage, anticipation, aventure, érotisme...), il serait peut être temps que les faiseurs de panthéon à retardement ouvrent les yeux.

La « famille Macdo »

Ils sont au moins quatre. L'un d'eux (nous l'avons vu) s'appelle en réalité Kenneth Millar. Il a changé de nom d'auteur en créant le personnage de Lew Archer. Les trois autres se commettent dans le même genre sous leur véritable patronyme. De quoi se mélanger les crayons. Commençons par le plus ancien.

Philip MacDonald (1899-1980). Il est Écossais. Son premier roman policier, il le publie avec son paternel (Ronald) en 1920. Puis, il écrit seul une dizaine de romans d'énigme où apparaît l'enquêteur Anthony Gethryn (cf. Jacques Baudou, *Le Vrai Visage du Masque*. Selon Michel Lebrun, il fut « un précurseur du suspens en pleine vogue du "whodunit" ».

John Dann MacDonald (1916), lui, est natif de Pennsylvanie. Il a créé un privé assez quelconque répondant au nom de Travis McGee mais, à côté de cela, il est l'auteur de quelques excellents romans noirs tels que : *La Foire d'empoigne* (1950), *Dans les plumes* (1951), *Un monstre à abattre* (1958), *Les Énergumènes* (1960) qui valent bien qu'on se risque à un détour.

Le dernier (à ce jour) a nom **Gregory McDonald** (1937). Sans a. Mais pas sans atouts. Né dans le Massachusetts, il crée en 1974 le personnage de Fletch, un journaliste enquêteur de type « watergatien » ; pugnace, décontracté, héros de quatre enquêtes. En 1980, il publie *La Foire aux longs couteaux* (Série Noire). Sans Fletch. Mais non sans intérêt.

Expression

« Je préfère essayer de démontrer comment les peuples sont manipulés par des organismes dangereux comme les multinationales, les services secrets, les polices, la commission trilatérale chargée par Rockfeller de limiter "les excès de la démocratie" [...]. Quand on apprend que Raymond Barre en fait partie, comme l'ont écrit *Le Monde*, *Le Nouvel Observateur* ou *Libération*, on sursaute. Mais dès qu'on le rapporte dans un bouquin de littérature populaire, les gens trouvent ça indécent surtout la plupart des critiques qui se dérobent » (G.-J. Arnaud, postface, à la réédition de *Tel un fantôme*).

Références

Entretien avec F. Guérif paru dans *Polar* n° 26, 1983.
Arnaud (G.-J.), *Le Moulin à nuages*, Calmann-Lévy, 1988 ; Postface à la réédition de *Tel un fantôme*, Éd. NéO, 1980.
Baudou (J.), *Le Vrai Visage du Masque*, Futuropolis, 1984.

Simonin Albert

(1905 - 1980)

Chronique d'un milieu

« L'art clandestin qui pénètre dans ce roman naît beaucoup plus de la langue qui le distingue que des chocs qui ont pu émouvoir l'écrivain » (Pierre Mac Orlan).

Écrits et films
Touchez pas au grisbi sera adapté à l'écran par Jacques Becker (1954) ; *Le cave se rebiffe* réalisé par Gilles Grangier (1961) ; *Grisbi or not grisbi* par Georges Lautner (1963, sous le titre *Les Tontons flingueurs*) ; *Une balle dans le canon* par Michel Deville (1958). Albert Simonin a également publié : *Du mouron pour les petits oiseaux* (1963), *Le Petit Simonin illustré par l'exemple* (1968), *L'Élégant* (1973). Il a aussi écrit des scénarios, notamment pour Jacques Becker (*Les aventures d'Arsène Lupin*, 1956) et Henri Verneuil (*Mélodie en sous-sol*, d'après le roman de John Trinian, avec Alain Delon et Jean Gabin).

« Je suis venu au monde à crédit. Mon père, qui traquait l'outsider sur les hippodromes de la région parisienne, devait mettre deux années, thune après thune, à honorer Mme Verber, la sage-femme qui venait de délivrer ma brave maman. Il ne s'agissait pourtant que de cinquante francs ! Ainsi, dès mon premier vagissement, me trouvai-je voué au croume, fatalité que la suite de mes jours ne devait pas démentir ». C'est par ces mots que s'ouvrent *Les Confessions d'un enfant de la Chapelle* que les éditions Gallimard publient en 1977. Albert Simonin avait alors 72 ans. Il lui restait trois ans à vivre. En 1953, il avait été le premier auteur français autorisé à paraître sous son véritable patronyme à la Série Noire pour son roman *Touchez pas au grisbi*, préfacé par Pierre Mac Orlan de l'académie Goncourt et qui obtint le prix des Deux Magots.

▪ L'élégance d'une langue

Le monde de Simonin est on ne peut plus personnel. C'est un monde très à lui avec ses rituels, ses lois, sa langue. Un monde qu'il connaît bien, lui, le natif du quartier de la Chapelle à Paris, qui va exercer tant de métiers : fleuriste, taxi, électricien, maroquinier, fumiste même. Dans sa préface au *Grisbi*, Mac Orlan note: « Le livre révèle une véritable personnalité de conteur qui domine les disciplines du genre [...]. L'emploi de cet argot coloré donne à un fait divers de commissariat le droit d'entrer en littérature. » On ne saurait mieux dire. Derrière lui, sont venus toute une cohorte d'imitateurs passant du recopiage plus ou moins conforme à la copie carrément confuse. Mais le Maître, c'est Simonin, aujourd'hui entré dans le purgatoire des lettres. C'est tout juste si les lexicographes spécialisés consentent à lui dédier quelques mots. Ils ont tort. Car, au contraire d'un Le Breton profitant du succès mérité de son *Rififi* et de sa *Chnouf* pour plonger dans des séries alimentaires, Simonin, lui, a toujours exprimé, par l'entremise de ce dialecte, un monde bien réel et a su brosser un inégalable tableau sociologique de la pègre pigallo-parisienne. Lauréat du prix Mystère de la critique (pour *Hotu soit qui mal y pense*, 1972), il incarne mieux que quiconque l'élégance d'une langue que personne depuis Villon n'avait mise en bouche d'aussi juste façon.

Le milieu fait loi

Auguste Le Breton (1913). Entré à la suite de Simonin à la Série Noire (*Du rififi chez les hommes*, *Razzia sur la chnouf*, *Le Rouge est mis*, trois chefs-d'œuvre), Auguste Le Breton (Montfort de son vrai blaze) aurait pu, à l'instar de son prédécesseur, bâtir une œuvre réelle. Sa trilogie (*Les Hauts Murs*, *Les Jeunes Voyous*, *La Loi des rues*, excellents documents romanesques) et même *Les Tricards* permettaient d'y croire. Malheureusement, par la suite, Le Breton a choisi la facilité. De séries rififistes en brigaderies antiganguesques, il a fini par se ranger du côté des industriels de la plume qui sifflent les auteurs pour leur passer commande. Reste sept romans à lire toutes affaires cessantes et un classique du cinéma réalisé par Jules Dassin. Pas mal d'auteurs s'en contenteraient...

José Giovanni (1923). En 1958, les éditions Gallimard publient, sur les conseils de Roger Nimier, le roman d'un jeune repris de justice, *Le Trou*, que Jacques Becker adapte au cinéma. Giovanni est lancé. Suivront de très bons romans : *Le Deuxième Souffle*, *Classe tous risques*, *L'Excommunié*, *Histoire de fou*, etc. Parallèlement à cette activité de romancier, il conduit une carrière de scénariste puis de metteur en scène (*Le Rapace* d'après John Carrick, *Dernier Domicile connu* d'après Joseph Harrington, etc.). L'un de ses meilleurs romans, *Le Haut Fer*, a été porté à l'écran par Robert Enrico (sous le titre *Les Grandes Gueules*, avec Lino Ventura, André Bourvil, Marie Dubois et Michel Constantin).

Pierre Lesou (1930). A 27 ans, il publie son premier roman, *Le Doulos*, un morceau de choix que Jean-Pierre Melville portera à l'écran avec J.-P. Belmondo, Serge Reggiani et Michel Piccoli. Il sera suivi l'année suivante par *Cœur de hareng*, puis *Main pleine* (adapté par Michel Deville). Après quoi, il entrera au Fleuve Noir où ses romans continueront de servir le cinéma noir français : *Je vous salue Mafia* (film de Raoul Lévy), *L'Ardoise* (film de Claude-Bernard Aubert) et, le plus célèbre d'entre tous, *Un condé* (de Yves Boisset avec Michel Bouquet, Françoise Fabian, Michel Constantin).

Ange Bastiani (1918-1977), de son vrai nom Victor-Marie Lepage. Ce Toulonnais entre à la Série Noire avec un roman intitulé *Arrête ton char Ben-Hur* (1954), truffé d'argot marseillais. Toutefois, cet auteur, dont on parla dans les années 50 pour le prix Goncourt avec son roman intitulé *Feu et Flammes* (Denoël), avait publié quelque temps auparavant un trilogie d'un noir sordide, sous le pseudonyme de Maurice Raphaël (*Ainsi soit-il*, *De deux choses l'une*, *Le Festival*). A défaut du Goncourt, il fut en 1965 lauréat du prix du Suspens (*Retourne en enfer*) et trois ans plus tard obtint le prix de l'Humour noir avec *Le Bréviaire du crime*.

Alphonse Boudard (1925). Dans son étude sur *Les Grands Criminels* (Éd. Pré aux Clercs, 1989), l'auteur de *La Cerise* (prix Sainte-Beuve, 1963) et des *Combattants du petit bonheur* (prix Renaudot, 1977) qui dédia son *Banquet des léopards* à la mémoire d'Albert Simonin, note : «J'ai plus de raisons d'écrire sur le crime que sur la culture du maïs en Haute-Normandie». *La Métamorphose des cloportes* que Pierre Granier-Deferre porta à l'écran (avec Lino Ventura et Charles Aznavour, dans une adaptation d'Albert Simonin) est un roman plein de verve déliée comme seul le Boudard des grands moments sait nous en tortorer. Il est également l'auteur d'un très bon dictionnaire d'argot intitulé : *La Méthode à Mimile*.

Williams Charles
(1909 - 1975)

L'amer à boire

Cet homme de la mer, qui vivait sur un bateau, a commis une œuvre essentiellement terrienne, digne du meilleur Caldwell et du plus grand Cain.

Juliette Raabe a fortement raison d'écrire à propos de Charles Williams qu'il est le seul à pouvoir rivaliser avec Chase «dans la manière dont il met au point le mécanisme d'horlogerie du destin». Et l'écrivain Dan Marlowe n'a pas tort de signaler que cet auteur qui possédait le don de ne pas se répéter déployait aussi un immense talent dans l'expression des scènes de poursuite.

▪ Un facteur fatal

Curieusement, c'est par l'entremise d'une exécrable adaptation filmique, *Fantasia chez les ploucs* (le roman, lui, est superbe), que Williams s'est fait connaître du grand public en France. Cette hénaurme farce romanesque racontée aux adultes par un gamin de 7 ans semble avoir par trop effacé des œuvres, à notre sens, mieux conduites, plus abouties telles que *La Fille des collines* (Rivages/Noir), *Le Pigeon* (Série Noire), *Je t'attends au tournant* et *Peaux de bananes* (Série Noire), *La Mare aux diams* ou *Péri en mer* (Série Noire). De plus, le ton imprimé dans *Fantasia* a quelque peu faussé la donne du véritable tempérament de Charles Williams : plus décontenancé que truculent, plus pessimiste aussi qu'il ne le laissait lire. La femme, ce facteur fatal, est omniprésente dans ses intrigues où les protagonistes se laissent souvent prendre au piège de ses atours. Sept de ses romans ont été portés à l'écran parmi lesquels : *Ont-ils des jambes ?* (*L'Arme à gauche* de Claude Sautet, 1965) et *Vivement dimanche* (de François Truffaut, 1983). Charles Williams s'est suicidé en avril 1975 à bord de son bateau.

John McPartland (1911-1958)
Huit romans de Mc Partland (né à Chicago dans l'Illinois) ont été traduits en France par la Série Noire. Sur ces huit ouvrages inégaux, il convient de relever deux compositions étonnantes : *La Virée fantastique* et davantage encore *Le Mal des cavernes*, publiées toutes deux en 1956 et qui installent le lecteur dans une sorte de délire noir, paroxystique, d'où il ne sort jamais intact.

Robert Bloch (1917)
Considéré par François Guérif comme l'un des pères du «shocker» (le roman frisson), Robert Bloch a entretenu (adolescent) une correspondance avec le célèbre auteur de science-fiction Lovecraft. C'est en 1947 qu'il publie son premier roman *L'Écharpe*. Suivent trois autres ouvrages avant que ne paraisse le fameux *Psychose* dont Alfred Hitchcock a tiré à lui le succès que l'on sait. Lors de la présentation du film au *Ciné-Club* d'Antenne 2, Claude-Jean Philippe déclara : «Le scénario est tiré d'un livre médiocre d'un auteur inconnu.» Les amateurs apprécieront. Quoi qu'il en soit, le succès du film enterra quelque peu l'ensemble de l'œuvre de Bloch, ce qui est injuste au regard de romans tels que *L'Incendiaire* et surtout *Autopsie d'un kidnapping* (Rééd. NéO).

Lebrun Michel
(1930)

Certains l'appellent le pape

« L'œil ironique et sans illusion, il continue à servir le polar qui continue à lui devoir beaucoup » (Maurice Périsset).

Enfermer le bonhomme dans un genre, fût-il « polarien », équivaudrait à vouloir ferrer au palais une fine bouche avec un mauvais vin aigre. Ce surnom de pape, nous l'avons toujours trouvé un rien déplacé, de l'espèce même qui n'apparaît jamais sans arrière-chapelles. Sur sa carte de visite, on peut lire : « Michel Lebrun, Sociétaire perpétuel de l'académie des Deux Cafés, Commandeur exquis de la Grande Gidouille ». Cela lui sied mieux. Car à l'endroit précis où d'aucuns n'auraient pas manqué de faire imprimer : écrivain, prix Paul Féval 1987 pour l'ensemble de son œuvre, Grand Prix de littérature policière 1956 et membre à part entière de l'OULIPOPO (Ouvroir de littérature policière potentielle), lui se contente de deux cafés et d'une gidouille. Un café, tout le monde sait ce que c'est. Mais une gidouille, apparemment même le dictionnaire l'ignore.

Puisqu'on en parle (du dictionnaire), il faudrait dire aussi que ce Lebrun (Cade de son vrai nom) n'est pas seulement une encyclopédie vivante du roman policier tout terrain. Certes, sa science en la matière est d'un type qui cousine avec le phénoménal et fraternise avec la précision « métronimique », mais ce serait bien peu et surtout bien mal dire ce qu'il est réellement. D'abord, il n'est pas que Michel Lebrun. Ce serait trop simple. Il est aussi Michel Lenoir, Michel Lecler (sans c), Oliver King, Laurence Nelson, Pierre Anduze, Lou Blanc. A trois pseudonymes près, et même si Lebrun domine, cela fait quand même pas mal de couleurs : une vraie palette. Mais il ne manque ni de ressources ni de tableaux.

▪ Une somme protéiforme

Plus de quatre-vingts romans en trente ans, on ne peut pas dire qu'il ait donné dans l'angoisse de l'auteur devant la page blanche. Et de *Caveau de famille* (1954) au *Rendez-vous de Cannes* (1986), Dieu, ses lecteurs et ses détracteurs savent combien de kilomètres de papier il a noircis, ce fils d'un chef de cuisine, né à Paris vingt-quatre ans avant son premier roman. Noirci n'est peut-être pas le mot *ad hoc*. Car ce pilier de la collection Mystère aux Presses de la Cité n'a pas eu la mauvaise idée de tendre un fil en l'usant jusqu'à la corde. *Un silence de mort* (1957) ou *Plus mort que vif* (1964) par exemple ne sont pas d'une engeance très primesautière, mais c'est pour mieux tromper son monde et fondre dans le burlesque avec *Noirs Dess(e)ins* (1963), *L'O.P.A. de quatre sous* (1980) ou *Loubard et Pécuchet* (1982).

Il y en a aussi d'une troisième veine, la plus intéressante, la plus durable (qui peut le dire ?) dans cette véritable somme protéiforme. Ils sont au nombre de quatre et constituent ce qu'on

A côté

En plus de ses quatre-vingts romans, il a traduit d'autres auteurs : Woody Allen, Groucho Marx, John Irving, David Goodis... Plusieurs de ses romans ont été adaptés à l'écran : *Reproduction interdite* (par Gilles Grangier, avec Annie Girardot), *Un silence de mort* (par Maurice Cazeneuve), *La Veuve* (sous le titre *La Corde raide*, avec Annie Girardot). Il a lui-même participé à l'adaptation de plusieurs de ses collègues : M.-G. Prêtre, James Hadley Chase, Paul Gerrard, Al Conroy, Fred Kassak et... Alexandre Dumas.

Jacques Robert (1921)
C'est à 20 ans pile qu'il publie son premier roman remarqué par Francis Carco. Sept ans après, les Éditions du Scorpion publient son premier roman policier. Une œuvre forte autour de la fraternité et de la trahison au sein d'un groupe de résistants : *Marie Octobre*. Son plus grand succès public, à ce jour, s'intitule *Quelqu'un derrière la porte* (1967) et il a été porté à l'écran par Nicolas Gessner (avec Charles Bronson, Anthony Perkins).

pourrait désigner comme son cycle expérimental. Le premier a pour titre *L'Auvergnat* (1966), une structure en boucle, dans lequel nombre de personnages qui ne se connaissent pas finissent par se rejoindre dans un destin commun ; le deuxième développe une structure en spirale et s'intitule *Un revolver, c'est comme un portefeuille* (1971), autrement dit, ça peut changer de mains et se faire vider le barillet (six morts mais pas de blessés) ; le troisième présente une structure en fascine et s'appelle *Autoroute* (1977), personnage principal en forme de ruban bitumier qui va dérouler le destin d'un certain nombre d'individus ; le quatrième, *Le Géant* (1979), une structure concentrique, a pour héros un hypermarché et des conséquences inévitables. Bref, avec Michel Lebrun le crime reste encore la chose au monde la mieux partagée. Ainsi soit-il.

Michel Cousin (1928)
Sous le pseudonyme de Michel Germont, il est devenu en 1973 un des piliers du Fleuve Noir. Sous le pseudonyme de Michel Bertin, il a beaucoup œuvré dans les aventures d'espionnage pour les mêmes Presses de la Cité. Sous celui de Pierre Héro, il a collectionné les romans érotiques chez Eurédif. Mais sous le nom de Michel Cousin, il a commencé par publier d'excellents romans policiers dont *Mon propre meurtre* (1960), *Des idées noires* (1961) et le très subtil et non moins génial *La Puce à l'oreille* (1963).

Kassak Fred
(1928)

Un trop long silence

Cinéma
On n'enterre pas le dimanche fut porté à l'écran par Michel Drach en 1959 (avec Philippe Mory, Christina Bendz, Hella Petri) ; *Une chaumière et un meurtre* par Pierre Chenal en 1963 (avec Paul Meurisse, Maria Schell, Noël Roquevert) ; *Carambolages* par Marcel Bluwal en 1963 (avec Jean-Claude Brialy, Michel Serrault, Louis de Funès, Alfred Adam, Sophie Daumier).

On ne se bouscule pas au portillon pour citer le nom de Pierre Humblot alias Fred Kassak dont l'œuvre mérite mieux que le silence dont historiens et spécialistes ont su l'entourer. *Plus amer que la mort* (1957) aurait tout aussi bien pu s'intituler : tuer pour rien. Ce roman qui s'ouvre en 1987 nous conte l'histoire de Pierre Quardel qui, trente ans plus tôt, a assassiné sa tante pour capter son héritage et s'est trouvé projeté dans un engrenage infernal d'où il sortira définitivement brisé. La même année, Fred Kassak publie *Nocturne pour assassins*, histoire d'un homicide réciproque où l'assassin n'est pas toujours celui que l'on croit.

En 1958, il obtient le Grand Prix de littérature policière pour *On n'enterre pas le dimanche* dans lequel le jeune Philippe René Valence, né à Pointe-à-Pitre, innocent d'un crime commis huit mois plus tôt, va se débrouiller pour entrer à son insu dans la peau du plus parfait des coupables (rappelant, par certains côtés, le roman un rien hallucinant d'Emmanuel Bove *Le piège*). Celui de Kassak a fait l'objet d'une adaptation cinématographique, réalisée par Michel Drach, qui a reçu le prix Louis Delluc en 1959. A noter que Fred Kassak a été le scénariste du premier épisode de la série télévisée *Les Cinq Dernières Minutes*.

McBain Ed

(1926)

Anatomie d'une ville

« Toute l'œuvre de McBain peut être interprétée comme l'épitaphe d'une certaine société où le crime se fait esclave de la tristesse et de la solitude dans la ville sans pitié » (Jonathan Farren).

Il s'agit d'une ville qui porte un nom italien. Comme l'ascendance de Salvatore Lombino, alias Ed McBain, né un 15 octobre à Manhattan, l'île principale de l'immense New York. Élancée, féline, tout à la fois tendre et cruelle, regorgeant de haines et d'amours. Aussi bien femelle aux lèvres en feu que déesse aux seins de marbre. Dans les romans de McBain, cette ville a adopté un pseudonyme. A l'instar de son créateur. Mais, d'un commun accord, ils ont inversé leurs identités respectives. Lui, constatant que Lombino était un nom peu prisé des éditeurs de magazines, qui lui refusaient toutes ses nouvelles, a jeté une partie de lui-même dans l'Hudson. Lombino s'est habillé en Evan Hunter d'abord, puis en Ed McBain (mais aussi en Curt Cannon, Hunt Collins, Eszra Hannon, Richard Marsten). Elle, la ville, s'est arrangée pour lui conserver vivant ce morceau de lui-même qu'il n'avait jamais vécu et qui ne voulait pas mourir. Elle s'est appelée Isola. Ile, en italien. Les racines, ce n'est pas rien. Surtout quand on habite dans la « little Italy ».

Isola compte pour beaucoup dans l'inspiration de l'auteur. Elle est un peu sa muse. Elle est surtout une femme. Écoutons-le nous la présenter : « La ville ne peut être qu'une femme et c'est aussi bien comme ça, puisque ce qui vous intéresse, ce sont les femmes. Vous l'avez connue reposée après le sommeil, pure avec ses rues vides. Vous connaissez ses avenues désertes, vous avez entendu le sourd murmure du vent dans les canyons de ciment d'Isola, vous l'avez vue s'éveiller, revenir a la vie » Isola donc incarne LA ville. Une ville synthétique, mélange de Manhattan et du Bronx. Ce n'est pas la première fois, certes, qu'un décor participe des personnages, puisque l'essence même du roman noir (ce western des villes surgi de la prairie disparue, comme l'a si bien montré Jacques Cabau) est d'abord le roman d'une cité. Mais ici, toutefois, la ville personnifie davantage qu'un décor élevé au rang de personnage. Elle est aussi et avant tout un certain symbole de l'Amérique et notamment de ses minorités intégrées, fondues dans le moule, entrées dans le rang. Son corps donc, plus que son décor, et aussi une partie de son âme.

▪ Des flics au quotidien

Il s'agit aussi de policiers. Et même d'une brigade au grand complet. Très précisément celle du 87e District, conduite par le capitaine Frick. Mais ce n'est pas le personnage principal. Il joue son rôle, bien sûr, comme tous ceux qui, pour une raison évidente, poussent chaque jour la porte du 87e, tels l'agent Richard Genero ou Romeo Bartholdi (du Bureau des personnes disparues), l'inspecteur de 3[e]

Films
Plusieurs romans de Salvatore Lombino ont été adaptés au cinéma. *Graine de violence*, écrit sous le pseudonyme d'Evan Hunter (film de Richard Brooks, 1955) ; *Rançon sur un thème mineur*, sous le pseudonyme d'Ed McBain (film de Akira Kurosawa, *Entre le ciel et l'enfer*) ; *Le Paumé*, sous le pseudonyme d'Evan Hunter a été porté à l'écran par Michel Audiard (*Le Cri du cormoran, le soir au-dessus des jonques*) ; *Adieu cousine*, sous le pseudonyme d'Ed McBain, a été réalisé par Claude Chabrol (*Les Liens de sang*).

Œuvres
Parmi les meilleurs romans constituant la saga du 87e District, on pourra lire : *Le Sonneur* (1956), *Le Fourgue* (1956), *Les Heures creuses* (1962), *Dix plus un* (1963), *Tout le monde sont là* (1971), *Le Sourdingue* (1972), aux éditions Gallimard (Série Noire). Et aussi : *Rançon sur un thème mineur* et *Soupe aux poulets* (1959), *La Main dans le sac* et *A la bonne heure* (1960) aux Presses de la Cité.

classe Hal Willis, voire ceux qui ne la franchissent qu'en passant comme Gimp et Donner, les indics maison, ou de temps à autre comme Peter Kronig de la balistique et Paul Blaney le légiste que les noyés rebutent. Et puis, il y a les autres. Ceux par qui la police tient la rue et la saga, la route depuis bientôt quarante ans. Au premier chef, l'inspecteur Carella (dont la femme sourde et muette se prénomme Teddy). «Carella est un flic idéalisé dans une ville décrite de façon très réaliste. C'est un gars qui a tout vu, tout entendu et capable encore d'être frappé par les choses qu'il voit. Carella ne vieillira jamais», expliquait son créateur à Gérard Jourd'hui sur TF1 en octobre 1979. Il y a aussi les lieutenants Byrnes, les inspecteurs Brown, Kling, Hawes, Meyer Meyer et Murchinson. Ce sont eux qui font tourner la baraque et alimentent la série. «Ils essaient, écrit Pierre Lebedel dans *Enigmatika* (n°12-13), de résoudre [...] tous les problèmes que leur posent l'injustice, la drogue, les dingues, le racisme et les séquelles de la guerre du Viêtnam [...]. Ils font leur boulot avec leurs qualités et leurs défauts. Le lecteur constate.» Entre autres que, derrière la façade médiatique pullulent d'étranges entrepôts dans lesquels s'entassent de bien solides et sordides quotidiens.

Alexander David

(1907 - 1973)

Un excellent second rôle

Né à Shelbyville dans le Kentucky, il devient rédacteur en chef du *Morning Telegraph*, un journal hippique très coté à la bourse des parieurs. C'est à 47 ans qu'il commence à publier les enquêtes de son reporter Bart Hardin dont le très puissant *Terreur à Broadway* (1954, Série Noire) dans lequel le protagoniste se trouve aux prises avec un tueur sadique qui signe ses forfaits du nom de Waldo et sème la panique parmi les jeunes danseuses de Broadway. Sept autres romans mettront en scène Hardin. Dans un autre registre, il publie *Vendetta autour d'un nu* (1961) avec l'avocat Marty Land pour héros et surtout *Au rendez-vous des tordus* (1958) qui, selon Michel Lebrun, est «un véritable roman noir à la Goodis qui décrit avec une poignante tendresse les épaves qui gravitent la nuit dans un bar pour paumés du petit matin». Il a également touché au jeu d'énigme avec *La Tour, prends-garde* (1953, Le Masque). Bref, un auteur très éclectique, mais digeste.

Référence
Lebrun (M.), *Enigmatika* n° 2

Matsumoto Seichô

(1910)

L'empereur du Far East

« Entré tard en littérature, il est devenu par sa curiosité extrême, par son labeur et sa conscience très forte de la chose sociale, une institution à lui tout seul » (Fumi Yasano).

Les romans policiers de Matsumoto ont ceci d'universel qu'ils n'appartiennent qu'à lui-même et ceci de particulier que c'est leur spécificité même qui leur a ouvert les portes de l'universalité. L'histoire du roman policier japonais comporte deux périodes, explique Jacques Baudou dans *Le Vrai Visage du Masque* : « La "tantei era" commence avec Edogawa Ranpo et s'achève avec la Deuxième Guerre mondiale ; la seconde, appelée "suiri era", est dominée par la personnalité de Seichô Matsumoto qui introduit la critique sociale dans le roman policier japonais. »

▪ De l'envergure...

Que ce soit l'inspecteur Imanishi du *Vase de sable* ou l'inspecteur Mihara du *Tokyo-Express* (son chef-d'œuvre, Éd. Picquier), qu'il s'agisse, pour l'un, de casser un alibi inattaquable à partir d'un double suicide parfaitement réglé ou, pour l'autre, de remonter la piste d'un assassinat particulièrement brutal, Matsumoto a une manière très à lui de conduire le lecteur à l'endroit précis où il ne voulait pas se laisser embarquer. Il faut voir Imanishi mener son enquête aux quatre coins du Japon, effeuillant avec une patience d'entomologiste les états civils, cette même patience dont use Kiichi Mihara pour reconstituer, seconde après seconde, l'itinéraire de Tatsuo Yasuda, pour se dire que, décidément, ce n'est pas tous les jours qu'il nous arrive de lire des polars d'une telle envergure, écrits avec autant de soin et d'efficacité.

Shizuko Natsuki (1938)
Peu connue en France, traduite dans de nombreux pays et best-seller au Japon, Shizuko Natsuki a écrit plus de quatre-vingts romans, nouvelles et feuilletons dont une bonne partie a été adaptée à la télévision. *La Promesse de l'aube* a obtenu, en France, le Grand Prix du roman d'aventures 1989, mais *Meurtre au mont Fuji* reste son chef-d'œuvre. Dans la demeure résidentielle des Wada (des laboratoires pharmaceutiques du même nom), où la famille a décidé de passer Noël, un meurtre est commis sur la personne du patriarche, grand-oncle de Chiyo Wada, étudiante en anglais, laquelle a invité Jane Prescott, une étudiante américaine qui lui donne des cours particuliers. Chiyo s'accuse du meurtre et aussitôt toute la famille décide de lui venir en aide en l'éloignant de l'endroit et en brouillant les pistes. Mais l'inspecteur Ukyo Nakazato est loin d'être tombé de la dernière averse de neige et Jane Prescott viendra lui prêter main-forte. Des personnages bien campés, une atmosphère envoûtante, une fine étude psychologique, font de ce roman (Le Masque) un véritable petit bijou de détection qui dame le pion aux Agatha Christie des meilleurs jours.

Ranpo Edogawa (1894-1965)
Quand une jeune et jolie Nippone rencontrée dans un musée se met à vous faire des confidences sur sa vie extra-conjugale, mieux vaudrait ne pas prendre trop de notes, parce que, le jour où le vieux mari est retrouvé au fond de la rivière, les complications risquent de s'ensuivre. C'est ce qu'apprendra le protagoniste-narrateur de *La Proie et l'Ombre*, écrit en 1925 par Edogawa, que les éditions Picquier ont eu l'heureuse idée de publier dans leur série policière japonaise et l'excellente traduction de Jean-Christian Bouvier. Cet ouvrage contient en prime une nouvelle fort bien ciselée (*Le Test psychologique*).

Référence
Baudou (J.) et Schléret (J.-J.), *Le Vrai Visage du Masque*, Futuropolis, 1982.

Exbrayat Charles

(1906 - 1989)

Un auteur à double fond

«Alain m'enseigna le mépris des honneurs et Dullin m'apprit à ne pas me soucier du succès. Le premier m'invita à penser, le second à rêver» (Charles Exbrayat).

Il a été acteur (un temps) et journaliste aussi ; dramaturge, professeur au lycée Henri IV et scénariste... Romancier débutant, il manque d'une voix, d'une seule, le prix Renaudot avec son roman *Jules Matrat*. Et c'est en 1957 qu'il entre en littérature policière pour ne plus la quitter, publiant en trente-deux ans la bagatelle de quatre-vingt-quatorze romans dont plus d'un, assurément, pourrait servir de référence à ceux qui s'engagent dans le suspens comme à ceux qui s'enrôlent dans le délicat exercice du comique. C'est cette seconde veine qui a propulsé Exbrayat sur le devant de la scène, avec des tirages assez conséquents pour lui permettre de rivaliser avec l'autre auteur-fleuve du Masque, Agatha Christie.

▪ L'autre côté

A tort, pensons-nous. Non que son humour ne soit pas à la hauteur, mais parce que ses romans à suspens nous semblent constituer son véritable domaine, sa source d'inspiration privilégiée. Il n'est jamais aussi bon que lorsqu'il met en scène des personnages sur le fil du rasoir tels Helmut Schwencke, le flic hambourgeois, seul face à lui-même (*L'inspecteur mourra seul*, 1959) ou Ted Medford, chef de la Criminelle de Stockton City, soupçonné de collusion avec la pègre (*Le Dernier des salauds*, 1967), voire Karel Kludert, le riche Hollandais, que le passé paraît rejoindre sous la forme d'une femme noyée (*Les Messieurs de Delft*, 1964), etc. De surcroît, ce qu'il y a de rassurant chez ce conteur-né, c'est que l'on ne sent jamais l'effort crisser sous la plume car il écrit comme il respire.

Noël Calef (1907-1968)
Sept romans policiers en tout et pour tout dont deux ont fait date dans le genre. Le premier en obtenant le prix du Quai des Orfèvres en 1956 (*Échec au porteur*), le second en permettant au cinéaste Louis Malle, qui l'avait adapté, d'obtenir le prix Louis Delluc en 1957. Il s'agit bien évidemment du fameux *Ascenseur pour l'échafaud* (avec Jeanne Moreau et Maurice Ronet). Un troisième roman de Noël Calef (frère du cinéaste Henri), *Recours en grâce*, fut porté à l'écran par Laslo Benedek (avec Raf Vallone, Annie Girardot et Emmanuelle Riva).

Carter Brown (1923-1985)
Il n'est pas Américain comme certains l'ont cru ni Australien comme d'autres l'ont prétendu. Allan Geoffrey Yates alias Carter Brown est Anglais, né à Londres, un 1er août. Entre 1954 et sa mort, il a publié cent cinquante-cinq romans dont aucun n'a trouvé grâce aux yeux de la critique, sorte de double record dans le genre. Cela ne semble pas être l'avis de ses nombreux lecteurs qui lui ont permis de vendre plusieurs dizaines de millions d'exemplaires. Que les protagonistes de ses romans respirent la convention jusqu'à la caricature ne fait aucun doute. Que son lieutenant Al Wheeler, son privé Danny Boyd ou sa Mavis Seidlitz sortent tout droit du schématisme le plus outrancier est également évident. Mais c'est justement sur le registre de la dérision et de la démystification que joue Carter Brown et le ton ravageur (très plat et permanent) de son humour est là pour nous indiquer le pied de nez. Sérieux, s'abstenir. Pour les autres : *Taille de croupière* (1958), *Bouche que veux-tu ?* (1959), *A pâlir la nuit* (1958), *Ballet bleu* (1960), etc.

Page Alain
(1930)

Retour en force

Il n'est pas de ces auteurs sur le retour qu'adule la critique et qui ne vont jamais bien loin, mais un romancier qui revient de loin et dont le retour devrait interpeller le silence de cette même critique.

En 1968, l'année où se déroulèrent ce qu'il a été convenu d'appeler «les événements de mai», Jacques Deray tourne avec Alain Delon, Romy Schneider et Maurice Ronet *La Piscine*, d'après un scénario de Jean-Emmanuel Conil. On note l'habileté du scénariste, mais personne ne se jette à l'eau pour faire le rapprochement entre le Conil en question et Alain Page, romancier au Fleuve Noir, auteur d'une pléiade de romans populaires dont certains titres (*Peinture au couteau*, 1957 ; *Amours, Police et Morgue*, 1959 ; *Avant qu'il ne soit trop tard*, 1959 ; *Le Yacht noir*, 1964) valent pourtant d'être lus. Ce Page-là est également le créateur de Terence Lane dit l'Ombre, un aventurier à mi-chemin entre le genre Raffles et le gars Lupin, ainsi que de Nicolas Calone, agent du contre-espionnage, nettement plus évolué que la plupart de ses collègues d'alors.

▪ Partir, revenir...

En 1972, les limiers du polar égarent sa trace. S'ensuivent dix ans de silence éditorial et tout un tas de petits boulots dans la photo, le journalisme, la publicité. Arrive 1982 où l'on retrouve Alain Page chez Denoël, dans la collection Sueurs Froides. Le roman qu'il vient de publier obtient le prix du Suspens français. Il accroche l'attention de Claude Berri qui décide de l'adapter à l'écran. Son titre : *Tchao Pantin*. On connaît la suite. Laissons à Alain Page lui-même le soin de tirer la morale de son édifiant parcours : «Cela m'amusait plutôt d'observer comment, soudain, on découvre que quelqu'un qui comptait peu devient indispensable.»

Brice Pelman (1924)
Cinquante-huit romans (dont cinquante-deux sous le pseudonyme de Brice Pelman et six sous celui de Pierre Darcis), prix Mystère de la critique en 1982 pour *Attention les fauves* et grand prix Georges Guille du roman policier pour *Un innocent, ça trompe*, Pierre Ponsard est né au Maroc. En 1960, il expédie à Pierre Nord chez Fayard un roman intitulé *Le Cadavre et Moi* qui décide de sa carrière. En 1964, il entre au Masque. Quatre ans après, il rejoint le Fleuve Noir avec son excellent *Borgne à tuer*, abandonnant le pseudonyme de Darcis pour celui de Pelman, arrosant la collection Spécial-Police de quarante-huit romans parmi lesquels *Un bon petit bled* (1969), *Les Cafards* (1971), *L'Échappée belle* et *L'Avenir dans le dos* (1984). Loin des modes et des cercles de même conséquence, Brice Pelman a su se forger un monde à soi qui ne doit rien à personne. Y entrer n'est pas toujours facile. Mais une fois qu'on y est, on peut s'y trouver bien.

Alentours
Après le succès du film de Claude Berri, *Tchao Pantin* (avec Coluche, Richard Anconina, Agnès Soral, Philippe Léotard), Alain Page peut enfin faire jouer au théâtre de la Porte-Saint-Martin une pièce écrite depuis longtemps (*B. 29*) et dont personne ne voulait. Il réussit également à mettre en scène un film *Taxi Boy* (avec Richard Berry) alors qu'avant *Tchao Pantin* et même après *La Piscine* personne n'avait fait confiance à ce romancier, scénariste de talent, pour lui permettre de passer de l'autre côté de la caméra. Et après ça, on viendra nous dire que la phynance culturelle n'a pas le nez creux !

Himes Chester
(1909 - 1984)

Peaux noires et masques blancs

«Je donnerais bien tout Hemingway, tout Dos Passos, tout Fitzgerald en échange de Chester Himes» (Jean Giono).

Il n'y a pas, dans l'œuvre de Chester Himes, d'un côté ses romans qualifiés de militants et de l'autre les neuf romans qui composent le cycle romanesque de ses deux flics de Harlem. L'œuvre de Himes forme un tout que rien ne distingue et il y a autant de militantisme et de littérature dans les uns que dans les autres.

▪ Une vie bien remplie

Né à Jefferson City, dans le Missouri, où son père enseigne la ferronnerie et la charronnerie à l'institut Lincoln, il voit son enfance passer de l'Ohio à l'Arkansas et du Mississippi en Géorgie puis encore en Ohio où il fréquente l'université de Cleveland à partir de 1926. Pour payer ses études, il exerce divers métiers dont celui de barman et de chasseur dans un hôtel, jusqu'à ce qu'une chute dans la cage d'ascenseur le prive de son emploi, mais non des indemnités auxquelles il a droit. Déniaisé dans un bordel du ghetto noir de Cleveland, il prend goût à la fréquentation des prostituées et des tripots clandestins, se fait expulser de l'université, sévit comme garçon d'étage dans un hôtel de passe, troque sa Ford araignée contre une Nash de deuxième main avant de finir par commettre coup sur coup un cambriolage dans un dépôt d'armements (condamnation avec sursis), un faux et usage de faux (nouveau sursis avec cinq ans de mise à l'épreuve), puis de «tomber» définitivement pour un braquage à domicile qui lui vaudra une peine ferme de vingt-cinq ans. C'est là, derrière les épaisses murailles cellulaires du pénitencier de l'Ohio, qu'en fréquentant la bibliothèque de la prison, il remarque une nouvelle de Hammett et qu'il commence à écrire.

Ayant réussi à placer une de ses histoires dans le magazine *Esquire*, en 1934, il est libéré un an plus tard sur parole après sept années d'enfermement. Il retrouve Jean Johnson, la femme qu'il avait connue lors de ses bordées nocturnes, et l'épouse. Pour survivre, le New Deal rooseveltien lui offre toutes sortes de travaux alimentaires jusqu'à ce qu'une bourse de la fondation Rosenwald lui procure un pécule suffisant pour venir à bout de son premier roman (*S'il braille, lâche-le*, 1945) qui, bien que mal accueilli par une certaine critique blanche, lui apporte néanmoins un succès de librairie. Il en ira différemment avec le deuxième (*La Croisade de Lee Gordon*, 1947), vilipendé de l'extrême droite à l'extrême gauche, Blancs et Noirs confondus. Écœuré, Himes se retire avec Jean dans le New Jersey, puis ils reviennent à New York où ils se séparent. C'est après la publication de son troisième roman (*La Troisième Génération*, 1954) que certains de ses proches lui conseillent de voyager en Europe et notamment en France où ses ouvrages

Romans
Parmi les romans de Chester Himes publiés hors Gallimard (Série Noire ou collection «blanche»), on relèvera : *Affaire de viol* (Éd. des Autres, 1978) ; *Qu'on lui jette la première pierre* (Clancier-Guenaud, 1978 et 1983) ; *Plan B* (Lieu Commun, 1983) ; *Mamie Mason* et *Noir sur Noir* (U.G.E. 10/18, 1983 et 1984) ; *Un joli coup de lune* (Lieu Commun, 1988 et Points/ Seuil, 1989).

commencent à être traduits. Il finit par s'embarquer à bord de l'*Île de France*, le 3 avril 1953. Lors de la traversée, il fait la connaissance d'Alva qui voyagera avec lui à Londres, Barcelone, Palma de Majorque... avant de rompre. Himes effectue alors un bref retour à Harlem avant de rejoindre Paris, puis la propriété de Daniel Guérin à La Ciotat (où il rédigera *Mamie Mason*).

C'est à peu près à cette époque qu'il croise dans un couloir du 5 rue Sébastien-Bottin, Marcel Duhamel, le traducteur de son premier roman, fondateur de la Série Noire, qui lui conseille vivement d'écrire un roman policier. Quoique dubitatif, Himes se met à l'ouvrage. Les 150 000 francs d'à-valoir de Duhamel ont fini de le persuader... Composé en six semaines, *A Five-Cornered Square* devient *La Reine des pommes* et propulse son auteur au panthéon de la «hard boiled school». Huit autres suivront de 1958 à 1969 : *Il pleut des coups durs*, *Dare-dare*, *Tout pour plaire*, *Couché dans le pain*, *Imbroglio négro*, *Ne nous énervons pas*, *Retour en Afrique*, *L'Aveugle au pistolet*, avec pour héros les fameux Grave Digger Jones alias Fossoyeur Jones et Ed Johnson dit Ed Cercueil, les deux tornades noires de Harlem.

▪ Entre les oreilles

Les romans plus spécifiquement policiers de Himes sont moins policiers que d'atmosphère. Quant à l'atmosphère, elle est fortement «ambiantée». Certes, les deux flics noirs de Harlem tiennent le haut du pavé, mais autour d'eux grouillent toute une faune de personnages nombreux et pressants qui finissent par constituer une véritable *Comédie humaine* de ghetto avec ses propres règles et ses propres lois. Et, peu à peu, tout y passe : du plus infime des délits aux meurtres les plus veules, sans oublier les mille et un masques de l'arnaque observée sous l'angle de la religion, de la politique, le tout servi dans une langue imagée, des intrigues virevoltantes qui donnent véritablement au lecteur l'impression d'y être. On est pris de saisissement devant la folle course de Jimmy au début de *Dare-dare* et secoué d'hilarité devant la naïveté du Jackson de *La Reine des pommes* ; on reste confondu devant l'espoir un peu trop fou du *Retour en Afrique* comme on est soufflé par la déflagration politique de *L'Aveugle au pistolet*. Et, au milieu de cette foire d'empoigne, les deux flics de Harlem qui tentent de recoller des morceaux qu'ils ont souvent eux-mêmes contribué à casser : «Un clin d'œil et t'es dépouillé, signala Ed Cercueil au Blanc qui traînait ses guêtres dans Harlem. Deux clins d'œil et t'es bousillé, ajouta sèchement Fossoyeur.» Chester Himes, c'est comme un cri. Ça vous prend là, entre les oreilles. Et ça vous vrille sur place.

Richard Matheson (1926)
Venu de la science-fiction (*Je suis une légende*, *L'Homme qui rétrécit*), cet ancien journaliste a abordé le genre noir en 1953 avec *Les Seins de glace* qui fut adapté au cinéma par Georges Lautner (avec Alain Delon, Mireille Darc et Claude Brasseur). Matheson est également le scénariste du superbe premier film de Steven Spielberg, *Duel*.

Cops
« Les deux policiers, Ed Cercueil et Fossoyeur, sont nés de la peur. Du jour de l'abolition de l'esclavage où les Blancs, laissant les Noirs entièrement livrés à eux-mêmes, sans argent, la plupart du temps sans logements, sans moyens de subsistance (sauf une partie qui fut réembauchée pour des salaires dérisoires), ceux-ci furent contraints de créer une police à leur propre usage, l'absolu dénuement provoquant naturellement vols et agressions de toutes sortes au sein même de cette masse désemparée » (Marcel Duhamel, préface au roman *L'Aveugle au pistolet*, « Folio » 1972).

Dürrenmatt Friedrich

(1921 - 1990)

Le roman policier paradoxal

« Il possède l'art suprême d'installer un climat, de nouer une intrigue, de créer une situation, puis il jongle avec elle comme un chat avec la souris » (Nicole Chardaire).

Policier et politique

« Le roman policier est né en marge de la littérature fondée sur les causes célèbres romancées, aux couleurs de l'idéologie populaire qui entoure l'administration de la justice [...]. Le passage d'un tel type de roman à la fiction d'aventures est marqué par un processus de schématisation de l'intrigue, épurée de toute trace d'idéologie démocratique et petite-bourgeoise : non plus la lutte entre le bon peuple, simple et généreux, et les forces obscures de la tyrannie, mais seulement la lutte entre la délinquance professionnelle ou spécialisée et les forces de l'ordre, légales, privées ou publiques, sur la base de la loi écrite » (Antonio Gramsci, *Littérature et Vie nationale*).

Il y a une constante dans l'œuvre de Dürrenmatt qui s'affirme avec force à travers la quasi-totalité de ses personnages et que l'on pourrait exprimer par cette formule : l'homme est capable de résister à tout, excepté à la tentation. Il pourra y céder par veulerie, par jeu, par cupidité, par ignorance, mais il y cédera de toutes les façons et en parfait accord avec lui-même, mû par une force attractive, dans le moment précis de son basculement indicible, lequel se confond ici avec la logique objective de la situation qui l'a conduit à se piéger.

▪ Romans de la fatalité

On a souvent dit que les romans de Dürrenmatt n'étaient pas « uniquement » des romans policiers parce qu'ils dépassaient de beaucoup (un peu comme Graham Greene avec les romans d'« espionnage ») la problématique de base du genre. Parce qu'ils se situeraient au-delà. Mais on a, aussi, souvent omis de préciser au-delà de quoi et de qui ? Et quelle est la frontière qui trace la ligne de démarcation entre ce qui serait un genre pur et simple et ce qui ne le serait pas, alors que l'on sait pertinemment qu'il n'y a pas eu plus généré, à l'embryon, que le roman généraliste naissant, ce roman fait de tous les genres et qui les vaut tous et qu'égale n'importe lequel. Certes les romans de Dürrenmatt ont de quoi déconcerter le lecteur de polars fondés sur le schème traditionnel qui prend pour argent comptant ce que lui ressassent depuis trop longtemps ceux qui ont intérêt à pratiquer l'emploi intensif de la démarcation. Pourtant, l'effet de surprise passé, il se rendra compte que cet auteur cherche d'abord, selon l'heureuse formule de Benjamin Péret, à ne surprendre que pour mieux « transplanter ».

Ici, nous nous trouvons à des années-lumière d'un Robbe-Grillet, incontestable chef de file du roman tricheur, dont chacune des balises-phares est une tentative avortée de récupération des genres par l'emploi d'un entrisme déloyal qui contraint la structure romanesque tout entière à fonctionner dans un système autarcique (contre-nature) voué à la mort du roman lui-même. Piètre conteur, Robbe-Grillet ne réussira, à l'instar du tueur de son premier roman, qu'à manquer son coup. Dürrenmatt, lui, n'est pas de ces écrivains-là. Son *Requiem pour le roman policier*, à l'image de toute son œuvre, ne sonne pas l'hallali d'une typique littéraire spécifique, mais (au-delà, justement) le glas de toute une société malade, à l'agonie.

Né à Konolfingen, dans le canton de Berne, il accomplit des études de philosophie et d'histoire de la littérature à Berne, puis à Zurich. Il débute en 1946 par une pièce de théâtre (*Les Fous de Dieu*) et c'est une autre pièce qui, dix ans plus tard, lui apportera le succès mondial (*La Visite de la vieille dame*). *La Panne*, son premier roman paru en France, fut une révélation. En Italie, Ettore Scola en tirera le sujet de l'un de ses meilleurs films (*La Plus Belle Soirée de ma vie* avec Alberto Sordi, Charles Vanel, Pierre Brasseur, Michel Simon et Claude Dauphin, 1972). En 1952 et en 1958, respectivement dans *Le Soupçon* puis avec *Le Juge et son Bourreau*, Dürrenmatt mettait en scène le commissaire Bärlach aux prises avec un ex-médecin d'un camp de concentration nazi, reconverti dans la clinique feutrée en Suisse, puis avec un gangster employé par d'importants financiers internationaux. Cette même année 1958, il publie ce qui restera sans doute comme son chef-d'œuvre, *La Promesse* (Albin Michel), récit d'une longue attente au regard d'un serment fait à une mère dont la fillette vient d'être violée et assassinée par un détraqué sexuel. C'est aussi le roman d'une fatalité et celui d'un lent processus de dégradation, celle du lieutenant de police Matthieu, obsédé par l'attache qui le lie à cette personne et dont la vénéneuse longe va le tétaniser au centre même de cette obsession. Des romans de cette tenue et de cette amplitude, il en existe bien peu dans un siècle de littérature et on peut être fier d'être le contemporain de cet événement-là.

Friedrich Glaüser (1896-1938)

De lui, le *Dictionnaire des littératures* a écrit : « Après des débuts dadaïstes, il retraça dans ses récits les étapes d'une vie errante : Légion étrangère, drogue, maison de santé. A l'exemple de Simenon, il utilise le genre policier à des fins critiques s'appliquant moins à la chasse au criminel qu'à la quête de la vérité dans un monde trouble et confus. »

Né en 1896 de mère autrichienne et de père suisse, Friedrich Glaüser accomplit ses études à Vienne puis à Genève pour les achever à Zurich après s'être fait expulser du collège genevois pour avoir écrit une critique littéraire sur un recueil de poèmes d'un de ses professeurs. Après son baccalauréat, il s'oriente vers des études de chimie qu'il abandonne au profit du... dadaïsme. Son père menace de le faire interner et il fugue. Il le sera néanmoins une année durant à Münsingen. Nouvelle fugue suivie d'une arrestation pour cause de morphine. A nouveau interné avant de s'engager deux ans dans la Légion étrangère.

Cette existence sur le fil du rasoir n'a pas empêché Glaüser d'écrire et, notamment, *L'Inspecteur Studer* (Éd. Le Promeneur) à propos duquel Peter Von Matt a dit : « Glaüser a réussi ce que seulement très peu d'auteurs réussissent à faire. Il a créé un personnage qui s'est rapidement libéré de son cadre et de ses couvertures de livres pour avoir une vie propre. » Je tiens à remercier Hervé Delouche, scrutateur attentif du genre, à qui Glaüser doit sa présence (chronologiquement tardive mais) méritée dans cet ouvrage.

Polar

« Roman très fort que *La Promesse*. Rien ne s'y passe comme nous pouvions le prévoir. Notre emprise est grande à la lecture fascinante du dénouement. Œuvre subtile et puissante, [...] elle se lit d'une haleine comme le roman policier qu'elle est... » (Claude Mauriac).

Siniac Pierre

(1928)

Un romancier périphérique

«Et ce n'est pas un chemin facile que de vouloir s'éclater dans le délire du langage, la folie des mots, la perpétuelle surenchère verbale» (Jean-Pierre Deloux).

Par ailleurs
De la Série Noire à Engrenage en passant par Fayard/Noir, NéO, Crime-Club, les Éditions des Autres, Pierre Siniac a traversé nombre de collections. Parmi les toutes premières, il ne manquait plus à son tableau de chasse que celle du Masque. C'est fait, depuis 1989, avec deux romans : *Des amis dans la police*, où un retraité albinos, dévoreur de livres, découvre à la page 84 d'un roman de Sagan une carte de visite qui l'accuse du meurtre d'une femme, et *Sombres soirées chez Mme Glauque*, dans lequel des ratés du suicide décident de profiter de l'aubaine d'un assassin en liberté pour tenter de se faire tuer par lui.

S'il est un écrivain qui occupe une place à part dans le roman noir hexagonal, c'est assurément Pierre Siniac. On a dit à son propos qu'il se situerait entre Beckett et San-Antonio. Bien que ces parallèles soient flatteurs, il nous paraît difficile de le voir confiné entre deux chaises, fussent-elles d'époque et de style, car Siniac est avant tout un romancier de l'«excentricité» qui ne doit rien à personne. La meilleure preuve reste, bien entendu, ses deux ignobles créatures, Luj' Inferman et La Cloducque, mais également nombre de ses protagonistes qui évoluent davantage dans un fantastique désarticulé qu'au sein d'un rationnel sécurisant.

Dans la plupart des cas, Siniac engage son récit à partir d'éléments très à plat : un détenu libéré après dix ans de prison (*Charenton non-stop*), un petit employé sans histoires victime de lettres anonymes (*Bazar bizarre*), un écrivain pris de compassion pour l'un de ses contemporains qui vient de passer une nuit à la belle étoile (*L'Affreux Joujou*), un détective privé dont la voiture tombe en panne à proximité d'une ville banale (*Femmes blafardes*)... Puis, au fur et à mesure que l'intrigue prend corps, il vient greffer sur cette colonne vertébrale encore fragile, une couche de moelle osseuse d'une si évidente énormité qu'elle donnera immanquablement dans le grotesque et la boursouflure, tout en ne se départant jamais de son imparable logique. Ainsi, à peine le bébé naît-il dans un conformisme des plus sommaires, que son géniteur spirituel s'ingénie à le précipiter, avec l'eau du bain, dans la première poubelle qui passe et dont il s'attachera à nous détailler l'incroyable inventaire.

■ Cherchez l'infâme

Ce faisant, Pierre Siniac ne tourne nullement en ridicule le roman noir. Mais en entraînant ses progénitures jusqu'aux confins d'un monde macabre qui bouscule la raison d'un certain ordre scriptural et structurel, il repousse les frontières du réel et ouvre au genre des contrées nouvelles où la fantaisie morbide le dispute à un burlesque enfiévré.

C'est en 1958 que paraît son premier roman à L'Arabesque. En 1960, il publie dans la collection Crime-Club, chez Denoël, le fameux *Monsieur Cauchemar*. Un policier déjà très polar et peu courant, avec son bouquiniste criminel, sa police en grève et ses trois chutes différentes laissées à la discrétion du lecteur. Huit années de silence et c'est l'entrée à la Série Noire avec *Les Morfalous* puis, en 1971, à la demande de Robert Soulat, il crée de toutes pièces ses deux infâmes Inferman et La Cloducque. Tout l'univers de Siniac est contenu dans ses deux personnages. Dans ce qu'ils draînent d'originalité et de démesure et qui, de prime abord, peut amener le lecteur à penser qu'il ne l'accompagnera pas jusqu'au bout de cette descente aux Enfers, mais, peu à peu, va se sentir aspiré par le récit, s'y laisser glisser et manœuvrer comme sous l'effet d'une hypnose. C'est aussi le cas avec *L'Affreux Joujou*, histoire d'une rencontre entre un écrivain et un déclassé dont l'appareil photographique (un Schkemmer) ne se contente pas de dévoiler les clichés de l'instant, mais délivre aussi des images du passé ! Un roman tout à la fois magique et hallucinant. Mais déjà, dans *Charenton non-stop*, le conducteur d'un véhicule maison, ancien repris de justice, s'apercevait que chaque fois que son totaliseur kilométrique indiquait 317 km un crime était commis dans les parages... Des histoires de fous et d'infâmes qui jouent sur le registre du réalisme tellurique comme du fantastique délirant et que son recueil de nouvelles *Folies d'infâmes* résume parfaitement.

Près d'un quart de siècle après son premier ouvrage, et vingt-cinq romans plus tard, il obtenait enfin en 1980 le Grand Prix de littérature policière, à la fois pour son roman *Aime le maudit* (Éd. Engrenage) et pour deux recueils de nouvelles *L'Unijambiste de la côte 284* et *Reflets changeants sur mare de sang* (Série Noire). Il était temps que des jurés se décident.

Signé Siniac ou deux monstres vus par leur créateur

« Luj' Inferman : le Bogart du pauvre. La quarantaine. Silhouette de mal foutu. Maigre. Dégaine insolite. Ressemblerait (d'après lui) à Humphrey Bogart. Vêtu d'un costume noir élimé, trop juste pour lui. Porte des socquettes mauves, une écharpe violette et est chaussé de sandales blanches éternellement sales. La plupart du temps, absence de chemise. Voix de phono des années 20. Trimard. Malgré sa fainéantise incurable, a exercé pas mal de métiers dont celui d'homme à tout faire. »

« La Cloducque : âge et sexe indéterminés. Catastrophe humaine. Individu athlétique vêtu en permanence d'un gros pardessus bleu horizon qui lui descend bas sur les jambes et dont le col reste relevé, durci par la crasse, comme amidonné. Pantalon marron à pattes d'éléphant. Lourds croquenots. Trogne épaisse, rosâtre. Petits yeux verts cruels, stupides et méchants. Cheveux clairsemés blonds, blancs, roux. Lèvres rouges très épaisses. Nez très fort, ignoble, couvert de cloques violacées, écarlates, bleuâtres. Bajoues grasses. Poil au menton. Sourcils minuscules. Chapeau cloche enfoncé jusqu'au yeux. Gros gants de boxe aux mains. Souffre parfois d'un défaut de la vue en cela qu'il-elle (?) voit trop ou pas assez. »

A lire dans cette série : *Luj'Inferman et La Cloducque* (1971), *les 401 Coups de Luj' Inferman* (1972), *Les Cinq Milliards de Luj' Inferman* (1973), *Luj'Inferman chez les poulets* (1980).

Film

Le roman *Les Morfalous* a été porté à l'écran en 1984, par Henri Verneuil (avec Jean-Paul Belmondo, Jacques Villeret, Michel Constantin, Michel Creton, Marie Laforêt) sur un scénario de Henri Verneuil, Michel Audiard et Pierre Siniac.

Westlake Donald Edwin

(1933)

Le Frégoli du roman noir

« Ceux qui manquaient de hauteur ont voulu s'élever au-dessus de leur genre. La grandeur de Westlake est de travailler toujours contre sa propre élévation » (Jean-Patrick Manchette).

Films
Parmi les romans de Westlake portés à l'écran, la série des Parker se taille la part du lion : *Comme une fleur* a été réalisé par John Boorman (sous le titre *Le Point de non-retour*, avec Lee Marvin) ; *En coupe réglée* a été réalisé par Alain Cavalier (sous le titre *Mise à sac*) ; *Rien dans le coffre* a inspiré Jean-Luc Godard (pour son film *Made in U.S.A.*). Par ailleurs, *Pierre qui brûle* a été mis en scène par Peter Yates (sous le titre *Les Quatre Malfrats*, avec Robert Redford).

Référence
Manchette (J.-P.), *Polar* n° 22, janv. 1982.

Pendant vingt ans, de 1960 à 1980, Donald Edwin Westlake a dominé par certains côtés la production américaine. Sa prolificité ajoutée à son art de la diversion ont fait merveille. Pourtant, sa production de départ, qui s'ouvre avec *Le Zèbre* pour se poursuivre cinq œuvres durant jusqu'à *Festival de crêpe*, ne le distingue en rien des romans noirs « classiques » même si, depuis 1962, et sous le pseudonyme de Richard Stark, il avait déjà donné des signes d'indépendance manifeste en créant le personnage de Parker, l'homme sans peur et sans prénom.

▪ Le cirque Westlake

C'est en 1965, que les romans signés Westlake amorcent leur virage en épingle avec *Le Pigeon d'argile*. Il contient ce que Jean-Patrick Manchette a cru bon de désigner dans *Polar* comme le passage du travail « dans » le stéréotype au travail « sur » le stéréotype. L'humour est là qui veut casser le jeu de la sériété à tout prix. Peu à peu, le cirque Westlake va hisser son mât, déployer sa toile, dresser son chapiteau sous lequel chaque roman doit bouillonner comme un geyser fabriqué en vue d'une lente mais sûre émersion. Le sommet de cette cascade est atteint avec le personnage de Dortmunder et de sa bande de malfrats, dont *Pierre qui brûle* (1970) et *Ça n'arrive qu'à moi* (1983) constituent les nec plus ultra.

▪ Sa pierre à l'édifice

Parallèlement, sous le pseudonyme de Richard Stark et avec le personnage de Parker donc, sorte de mutant que l'auteur identifie à un arbre (mais d'un genre massif, qui ne plie pas), Westlake avait déjà voulu expédier quelques coups de boutoir dans l'arrière-train du genre : de *Comme une fleur* (1962) à *Signé Parker* (1975), le dernier de cette série, en passant par *Peau neuve* (1963), *En coupe réglée* (1964), *Sous pression* (1966), *Travail aux pièces* (1967), etc. la dérision était de mise et il s'en était donné à cœur joie. Plus simplement, avec le personnage de Mitch Tobin (et sous le pseudonyme de Tucker Coe), Westlake raconte les aventures d'un ancien flic renvoyé de la police, devenu détective sans licence et qui travaille occasionnellement pour des gens n'ayant guère intérêt à s'adresser à la police officielle. Il intervient dans cinq romans : *Chauffé à blanc* (1966), *Le Sang des innocents* (1968), *Alerte aux dingues* (1970), *Tantes à gogos* (1971) et *Le Poster menteur* (1972). Au bout du compte, on doit se rendre à l'évidence : plutôt que de démolir un genre, Westlake a apporté sa pierre à l'édifice. Une pierre brûlante, terriblement angulaire, mais une pierre quand même. La sienne. Et c'est très bien ainsi, puisque c'est aussi cela construire une œuvre.

Sciascia Leonardo

(1921 - 1989)

L'observateur engagé

«Ses brefs récits satiriques ont la profondeur allégorique des contes philosophiques du XVIIIe siècle, tandis que leur morale coïncide généralement avec la solution d'une énigme policière» (Jean-Michel Gardair).

Il eût été inconvenant, peut-être même incongru, de passer sous silence l'œuvre de Leonardo Sciascia même si, comme pour Dostoïevsky ou Dürrenmatt, sa présence, dans cet ouvrage, paraîtra à d'aucuns comme une tentative de récupération, ce qu'elle n'est en aucune manière...

Né à Racalmuto, dans la province d'Agrigente, en 1921 et mort à Palerme soixante-huit ans plus tard, ce petit fils de mineur et fils d'un fonctionnaire de l'administration minière fut, avant de devenir l'écrivain que l'on sait, instituteur. De cette expérience dans l'enseignement, il ne garda aucun bon souvenir. «Je n'aime pas l'école, écrit-il dans ses *Chroniques scolaires*, et ceux qui, de l'extérieur, exaltent les joies et les mérites d'un tel travail, me dégoûtent.»

▪ Coups de boutoir

Mais c'est en 1961 qu'il accomplit sa véritable entrée en littérature avec deux ouvrages de fiction. Le premier, *Les Oncles de Sicile*, est composé de quatre brefs récits qui préfigurent de manière évidente l'œuvre à venir. Le second, *Le Jour de la chouette*, signale au public un ton nouveau, un ouvrage singulier qui va faire de Sciascia le créateur de la fable policière. Cet acte d'accusation impitoyable contre la terreur mafieuse et son alliée objective, l'«omerta», nous est donné à lire à travers le prisme d'une enquête menée par un officier des carabiniers, le capitaine Bellodi, dans une langue dépouillée à l'extrême, d'une grande efficacité. Suivront deux autres ouvrages : *Le Conseil d'Égypte* (1963) et *A chacun son dû* (1966).

En 1971 et en 1974 Sciascia frappe les deux grands coups qui l'autoriseront à accéder aux plus hautes marches littéraires et à une reconnaissance qui, une fois n'est pas coutume, n'a rien d'usurpée. Le premier de ces coups va bénéficier de la conjoncture de la réalité même : l'assassinat du procureur Scaglione à Palerme. Ceux qui méconnaissaient le travail de sape antimafieux, que Sciascia conduisait à travers son œuvre, ont conclu un peu vite que l'auteur s'était inspiré de ce fait divers pour produire un ouvrage de circonstance. Ils ignoraient sans doute que cette nouvelle fable policière sciascienne avait paru antérieurement à cet assassinat dans la revue littéraire *Questioni di letteratura* (janv.-fév. 1971) et que le procureur Varga du *Contexte* ne pouvait pas avoir été calqué sur le Scaglione de l'actualité. C'était aussi se défaire un peu vite du titre lui-même de cette fabulation criminelle, *Il Contesto* (donc), qui définissait pourtant assez bien les intentions de l'auteur. Car,

Remarque
«J'ai conservé plus de deux ans cette parodie dans mon tiroir. Pourquoi ? Je ne saurais le dire exactement, mais voici peut-être une explication : j'ai commencé à l'écrire avec amusement et je l'ai finie alors que je n'avais plus envie de rire» (Note à propos de *Le Contexte*).

pour l'observateur aigu et engagé qu'était Sciascia, il ne faisait aucun doute que la situation de la Sicile, à cette époque (entre autres : multiplication des trafics d'influences, assassinats en série dont celui d'un commissaire de police d'Agrigente), ne pouvait conduire qu'à l'escalade.

■ La fin justifie les moyens

C'est pourquoi, lorsque la Sûreté nationale, suite à l'assassinat de deux procureurs, délègue son plus fin limier (l'inspecteur Rogas, de « rogare » : dresser, authentifier un acte et non pas seulement, comme l'ont écrit certains, d'« interrogare » : interroger), même si son champ d'action ne se situe pas à proprement parler en Sicile, comme il n'en remonte pas moins des filières qui conduisent aux mêmes pouvoirs occultes, on peut se dire – un peu comme pour le Mike Dolan de Horace McCoy – que tout cela devrait finir mal. C'est qu'en « ce pays imaginaire », comme l'écrit Sciascia, «les idées n'avaient plus cours, les principes étaient quotidiennement tournés en dérision, les idéologies étaient réduites à la seule politique, à de simples dénominations pour la distribution des rôles que le pouvoir s'attribuait dans le jeu, un pays où le pouvoir seul comptait». Et de fait, dans le cadre précis de l'enquête conduite par Rogas, l'affaire se finit mal. Pas pour ceux de l'ombre, ceux du vrai pouvoir, mais pour celui qu'on a envoyé sur place afin de rassurer les populations. Le général Dalla Chiesa n'est pas loin et le terrorisme manipulé s'avance déjà.

Le second coup de tonnerre (avec Sciascia, il ne peut s'agir de simples éclats) retentit trois ans plus tard. Il a pour titre : *Todo modo*. Dans un ermitage aménagé en hôtel, créé et géré par le très érudit et très entreprenant Don Gaetano, se retrouvent des politiciens, des religieux, des financiers et des industriels. Le narrateur, débarqué au milieu de cette faune par hasard autant que par curiosité, s'installe. Son œil de peintre scrute avec intensité l'aréopage de notabilités réunies en ce lieu de retraite. Et peu à peu, l'atmosphère s'alourdit. Des intrigues se nouent. Jusqu'à ce qu'un, puis deux et trois meurtres soient commis. Qui tire les ficelles et pourquoi ? Six ans avant l'assassinat commandité d'Aldo Moro, ce roman (dont le titre est emprunté aux deux premiers mots d'une maxime de Ignace de Loyola : « Todo modo para buscar la volonta divina », Tous les moyens sont bons pour accomplir la volonté divine) désigne de manière prémonitoire les véritables commanditaires de son exécution. Le chef-d'œuvre de Sciascia, qui donne toute la mesure de sa puissance visionnaire.

Films

Trois films célèbres ont été tirés des œuvres de Sciascia : *Cadaveri eccellenti* de Francesco Rosi, d'après *Le Contexte* (mais dont le titre français, *Cadavres exquis*, fait perdre une partie de son sens au titre filmique original), avec Lino Ventura, Charles Vanel, Max von Sydow, Fernando Rey, Alain Cuny, Marcel Bozzuffi... *A chacun son dû* de Elio Petri (avec Gian Maria Volonte, Irène Papas, Gabriele Ferzetti...) et *Todo modo* du même Elio Petri (avec Marcello Mastroianni, Gian Maria Volonte, Mariangela Melato, Renato Salvatori, Michel Piccoli, Franco Citti...).

Nota bene

« Lorsque je me suis aperçu que mon imagination n'avait pas tenu compte, comme il se doit, des limites que les lois imposent et plus encore de la susceptibilité de ceux qui les font respecter, je me suis mis à tailler, à rogner, à couper » (Note à propos de *Le Jour de la chouette*). »

Freeling Nicolas

(1927)

L'art de ne pas y toucher

« Voilà un romancier qui raconte les choses, même lorsqu'elles sont à faire dresser les cheveux sur la tête, avec une minutie tranquille et un sens aigu de la litote » (Christian Gonzalez).

Une des plus grandes injustices de ces trente dernières années en matière de littérature policière, c'est bien la méconnaissance de l'œuvre de Nicolas Freeling, auteur anglais, né à Londres, qui voyagea son enfance entre la Grande-Bretagne, l'Irlande et la France, exerça la profession de chef cuisinier, se fixa quelque temps en Hollande, avant de venir s'installer en France et créer ce flic hors normes qu'est l'inspecteur Van der Valk.

▪ Le maïeuticien

Il apparaît pour la première fois dans *L'Amour à Amsterdam* (1962) encore jeune, mal rasé, l'air fatigué. Dans cette affaire, le suspect a nom Martin et, du côté de l'Amsterdamse Recherche, on le soupçonne d'avoir assassiné une ancienne maîtresse. Quinze jours durant, Van der Valk va le retenir dans les locaux de la police, aux fins d'interrogatoire ou plutôt, devrait-on dire, de conversation. Car ce flic, un rien intellectuel et à peine gourmet, est aussi un digne praticien de la maïeutique. Sa manière très à lui de tirer les fils à force de patience (légendaire), de méticulosité (reconnue) et d'obstination (avouée) le démarque de l'ensemble du corps policier romanesque. Dans *Coup double* (1964), le chef-d'œuvre de Freeling, on l'expédie dans une bourgade perdue au cœur des marécages bataves pour débusquer le corbeau qui perturbe le quotidien des notables et dont les messages ont déjà provoqué deux suicides. Avec *Frontière belge* (Grand Prix de littérature policière 1965), *A cause des chats* (1963) et *Gadget* (1977), ce sont toujours des affaires délicates, pour ne pas dire en marge, que l'on confie à cet inspecteur décentré à qui son créateur a réussi à tailler une personnalité redoutable dans l'univers du roman noir.

Lawrence Block (1938)
Elle est très grande et toute en jambes, les cheveux blond filasse, elle s'appelle Kim Dakhinen, exerce la profession de prostituée et a fixé rendez-vous dans un bar à Matt Scudder : ex-époux, ex-flic, presque ex-alcoolo, et même pas détective privé. Ainsi commence *Huit Millions de façons de mourir* (encore intitulé *Huit Millions de morts en sursis*), l'un des romans noirs parmi les plus passionnants, les mieux construits et les plus forts de ces dernières années. C'est vingt ans plus tôt que Lawrence Block, après avoir occupé des fonctions de directeur littéraire chez Scott Meredith à New York, était passé du côté des auteurs avec *L'Étouffe-serviette* (1961). Auteur de plus de trente romans (policier, espionnage, érotisme), il marque un jalon important de la contribution américaine à l'édifice polarien.

Collection
Les œuvres de Nicolas Freeling sont publiées dans la collection Grands Détectives (U.G.E. 10/18) dirigée par Jean-Claude Zylberstein dont on ne dira jamais assez le travail de découverte ou de redécouverte qu'il a su imposer au monde du polar. Citons entre autres : Giorgio Scerbanenco, Maj Sjöwall et Per Wahlöö, Harry Kemelman, Janwillem Van De Wetering, Robert Hans Van Gulik, Ellis Peters.

Rendell Ruth

(1930)

Un classique moderne

« Ses intrigues sont l'occasion d'études psychologigues très fouillées, de fines études de caractères avec beaucoup de style et de fréquents clins d'œil au lecteur » (Roger Martin).

Brecht

« Celui qui, constatant que dix pour cent de tous les crimes ont lieu dans un presbytère s'écrie : "Toujours la même histoire !", celui-là ne comprend rien au roman policier. L'originalité n'est pas là. Bien au contraire, ce sont des variations sur des thèmes plus ou moins conventionnels qui constituent l'une des caractéristiques fondamentales du roman policier et qui confèrent une esthétique à ce genre [...]. A notre époque, il n'y a peut-être, d'ailleurs, que les romans policiers parmi les productions d'un niveau artistique supérieur à posséder la santé que représente un schéma » (Bertolt Brecht, *Écrits sur l'art et la littérature*).

En 1990, quand Le Masque a dû déterminer l'auteur qui symbolisait, au plus près, ce qu'avait été le cheminement de cette collection depuis qu'Albert Pigasse lui avait fait voir le jour en 1927, c'est sur Ruth Rendell que les animateurs de ladite collection portèrent le choix de leur numéro 2000. Et ce n'est pas dévaluer ses collègues de dire ici qu'il s'agissait bien là du meilleur choix. Car, depuis bientôt trente ans et autant de romans, un auteur de romans policiers d'énigmes et de suspens, dans la pure tradition britannique règne en maître dans le genre : Ruth Rendell.

■ Une avalanche de prix

Importée en France dans les années 70 (*Morts croisées*, *La police conduit le deuil*, *La Maison de la mort*, *Une fille dans un caveau*, publiés dans feu la collection Super Crime-Club des éditions Denoël), son œuvre était alors passée à peu près inaperçue de la critique et il aura fallu attendre, chez nous, l'année 1982 et l'obtention du Grand Prix du roman d'aventures avec *Le Maître de la lande* pour voir cet auteur bénéficier d'un éclairage particulier. Pourtant, son premier roman, *Un amour importun* (qui développait un thème assez osé pour l'époque, une histoire de lesbianisme) avait paru dès 1964. Dix ans plus tard, elle recevait l'Edgar Poe Award de la meilleure nouvelle, décerné par les Mystery Writers of America et, l'année suivante, la Current Crime's Silver Cup du meilleur roman pour *Meurtre indexé*. En 1976, le Poignard d'or de la Crime Writer's Association avec *L'Enveloppe mauve*. En 1980, elle se voyait attribuer successivement le National Book Award et le prix du meilleur roman étranger par l'Académie suédoise de détection pour *Le Lac des ténèbres*. Sans compter qu'après le prix reçu en France en 1982, deux ans plus tard, les Mystery Writers of America la choisissaient à nouveau comme lauréate pour l'Edgar de la meilleure nouvelle et pour l'Edgar du meilleur roman, en 1987, avec *L'Homme à la tortue*.

Dans l'œuvre de Rendell, deux personnages apparaissent, constituant une sorte de cycle à eux consacré, ainsi qu'à la communauté de la moyenne ville de Kingsmarkham, dans le Sussex : l'inspecteur-chef Reg Wexford (décrit comme une espèce de pachyderme à qui il ne manque guère qu'une trompe pour ressembler à un éléphant ; marié à une prénommée Denise, mère de deux filles, Sylvia et Sheila) et son adjoint Mike Burden (svelte et intolérant, mais dont la perte de sa femme – il se remariera – va l'obliger à reconsidérer ses opinions quelque peu péremptoires). A notre sens, parmi les meilleures enquêtes de Wexford et Burden figurent : *Qui a tué Charlie Hatton ?*

(1969), *Et tout ça en famille* (1970), *Une fille dans un caveau* (1972, sans Burden, mais avec Thomas More !), *Les Corbeaux entre eux* (1985).

L'autre versant de l'œuvre est ponctué de suspenses très intenses et parfaitement réussis parmi lesquels ressortent : *Fantasmes* (1966), dans lequel une femme fortunée part à la recherche d'une amie disparue pour se rendre compte qu'elle pourrait être le jouet d'un complot, *L'Enveloppe mauve* (1976), très puissante description d'un déséquilibré qui se trouve dans l'impossibilité d'avoir des rapports «normaux» avec les femmes ; *L'Analphabète* (1977), que beaucoup considèrent comme sa meilleure production et qui raconte l'histoire d'un homme prêt à tout pour cacher sa déficience ; *L'Homme à la tortue* (1986), le récit d'un violeur qui, dix ans après, revient pour se venger de sa condamnation et plus encore de la gloire qu'en a tirée le flic qui a contribué à son arrestation. Tout cela est pesé, fouillé, écrit. Ruth Rendell, ce n'est pas seulement de la belle ouvrage. C'est aussi un art consommé de l'intrigue et de la littérature.

Analyse
«Le criminel est le plus souvent un individu empêtré dans ses contradictions, incapable de trouver une solution rationnelle à ses problèmes. Presque toujours faible, souvent franchement déséquilibré, il ne sortira pas de l'impasse en tuant. Il est même rare qu'il tire un profit de son acte» (Marie-Thérèse Naudon, *Polar* n° 28, 1983).

James Phyllis D.

(1920)

De l'ombre à la lumière

Le D. est pour Dorothy. Et la critique ne tarit plus d'éloges. Comme cette critique ne manque ni d'imagination ni de vocabulaire, elle a surnommé P. D. James «la reine du crime». La énième donc, puisque par définition, chez nous, être reine du crime, c'est un peu comme être LE meilleur romancier de l'année, sachant qu'il y en aura à l'arrivée une bonne douzaine qui seront LE meilleur de l'année. Certains ont poussé le bouchon du superlatif à parler d'œuvre «jamesienne», comme on dirait proustienne ou hammettienne. Quand ils parlent d'elle, ces critiques font référence à la psychanalyse, au mysticisme. Ils ajoutent qu'elle peut, comme personne, tenir son lecteur jusqu'au bout et font aussitôt d'un simple et brillant savoir-faire un synonyme évident du mot génie.

Tout cela nous paraît relever d'une exagération très convenue. De surcroît, l'œuvre de P.D. James n'a que faire des louanges à retardement qu'on lui tresse vingt ans après à Paris. Ses deux enquêteurs de prédilection (la jeune et «excentrée» détective privée Cornelia Gray et le fin et poétique limier Adam Dalgliesh du Yard) sont des conducteurs attachants et crédibles. Son univers n'est pas celui d'une visionnaire, mais l'étude de ses microcosmes sonne juste. Sa langue n'a rien de novateur, mais son style est soigné. Elle ne peut visiblement pas se dépêtrer d'un certain carcan structurel, mais elle s'en accommode suffisamment bien pour embarquer le lecteur dans des histoires qui tiennent la route. Il faut lire P.D. James pour ce qu'elle écrit et non pas pour ce que la critique rêve de lire.

Œuvres
Une folie meurtrière, 1963 ;
La Proie pour l'ombre, 1972 ;
La Meurtrière, 1980 ;
L'Île des morts, 1982 ;
Un certain goût pour la mort, 1986 ;
etc. (Le Livre de Poche.)

Peters Ellis
(1913)

Le moine récalcitrant

A lire
Un cadavre de trop, Trafic de reliques, La Vierge de glace, Le Moineau du sanctuaire, etc. (U.G.E. 10/18). Pour ceux qui aiment le « whodunit » et le Moyen Age. Mais aussi pour les autres.

Celle que François Rivière a si bien surnommée « la bénédictine du mystère » a créé avec son moine enquêteur, féru d'herboristerie et friand d'énigmes, un personnage parmi les plus attachants et inattendus de la littérature policière. Avant le bien incrédible Guillaume de Baskerville, le bon frère Cadfaël (autrement plus convaincant, érudit et perspicace) menait déjà, depuis son abbaye de Shrewburry, des enquêtes sur le fil du rasoir qui nous en disent bien plus long sur nos moyenâgeux ascendants que la boursouflure du professeur Eco. Il y a de plus en plus de romans, de nos jours, qui en sont de moins en moins parce qu'ils sont écrits pour que le lecteur sache bien que leurs auteurs en savent plus qu'eux. Ce n'est pas le cas d'Ellis Peters (de son vrai nom Edith Pargeter) qui, elle, écrit pour partager. Comme il se doit.

Arley Catherine
(1924)

Quand l'histoire bégaie...

Parallèlement
De son roman, *La Femme de Paille* porté à l'écran par Basil Dearden (avec Sean Connery et Gina Lollobrigida), Catherine Arley a écrit une pièce de théâtre mise en scène par Raymond Gérôme (avec Nicole Calfan et Louis Seigner). Quant à ses derniers romans, ils ont paru directement en traduction japonaise où ils ont aussitôt été adaptés pour des téléfilms.

Le parcours littéraire de Catherine Arley est étonnant à plus d'un titre. Après un premier roman qui obtient un bon succès critique (*Tu vas mourir*, 1953), elle ne trouve aucun preneur pour le suivant. Excepté en Suisse, où elle publie *La Femme de paille* (1954), qui sera édité dans vingt-quatre pays et porté à l'écran par Basil Dearden. Cela n'empêche pas les éditeurs hexagonaux de se montrer sceptiques et ce n'est pas *La Banque des morts* (1968), Grand Prix du suspens international, qui les convainc du contraire. Sauf les éditions Eurédif et Pierre Genève qui, en 1971, créent une collection de suspens et font confiance à cet auteur. C'est la période faste de Arley qui publie entre autres : *Vingt millions et une sardine* (1972), *Cessez de pleurer Melfy* (1973), *Duel au premier sang* (1973, porté à l'écran par Sergio Gobbi, avec Catherine Jourdan, Mathieu Carrière, Bibi Anderson et Rod Taylor, sous le titre *Blondy*), *Robinson Cruauté* et *Les Valets d'épée* (1974), *A tête reposée* (prix du Suspens français 1979), puis au Masque : *A cloche-cœur* (Grand Prix du roman d'aventures 1981), *L'Homme de craie* (1980), *Une femme piégée* (1982)... Il n'est pas dans les habitudes de l'Histoire de se répéter. Surtout en France. Or il semblerait que Catherine Arley manque à nouveau d'éditeur de ce côté-ci de la frontière. Impossible, pas français ?

Des femmes parmi d'autres

A côté des cinq ou six grandes stars dont les noms sont sur toutes les lèvres, on ne peut pas dire que le roman policier féminin ait bénéficié d'une grande cote auprès des spécialistes. Souvent oubliées, nombre d'entre elles méritent mieux que le silence qui leur est généralement imposé. D'autant qu'on ferait bien de se demander si, en l'absence des Ann Radcliffe, Mary Shelley et quelques autres, le roman policier tout court puis le roman noir eussent pu être ce qu'ils ont été.

Mary R. Hinehart (1876-1958) peut être considérée avec *L'Escalier en colimaçon* (1908) comme l'inventrice du roman à suspens.

Patricia Wenworth (1878-1961), fille d'un officier anglais, née en Inde, écrit son premier roman policier en 1923. Cinq ans plus tard, elle crée le personnage de Maud Silver, une vieille fille détective privé qui précède de deux ans la Miss Marple de Christie.

Margery Allingham (1904-1966) avait pour père un feuilletoniste et pour mère une journaliste. Elle crée, en 1929, son détective Albert Campion, un des personnages parmi les plus originaux, pour l'époque, de la littérature policière. Il apparaît pour la première fois dans *Crime à Black Dudley*.

Ngaio Marsh (1895-1982), d'origine néo-zélandaise, a publié son premier roman en 1934 et reçu en 1977 le grand Master Edgar Poe.

Helen McCloy (1904), de son vrai nom Helen Clarkson, est née à New York, a fréquenté la Sorbonne dans les années 20 et a également officié comme critique d'art. Son premier roman paraît en 1938 (*Mourir pour être belle*). Son héros préféré, le docteur Basil Willing, intervient dans treize aventures dont le superbe *Permission de tuer* (Le Masque). Elle a été lauréate du Rex Stout Award pour l'ensemble de son œuvre.

Dorothy Belle Hughes (1904) est un des meilleurs auteurs de suspens et son roman *A jeter aux chiens* (Série Noire) relève d'une maîtrise absolue autour d'un thème (le racisme) où les dérapages sont aussi faciles que fréquents.

Margaret Millar (1915), épouse du romancier Kenneth Millar (alias Ross Macdonald), militante écologiste, est née dans l'Ontario (Canada). Dans son premier roman (1941), son héros est un psychiatre qu'elle délaisse au bout de trois sorties au profit de l'inspecteur Sands de Toronto qu'elle abandonne à son tour pour un psychanalyste dénommé Frank Clyde. *Mortellement vôtre* obtient en 1956 l'Edgar des Mystery Writers of America. A lire également : *Un étranger dans ma tombe* (1960) et *Au violeur* (1964, Série Noire).

Charlotte Armstrong (1905-1969) se tourne vers le genre policier après que deux de ses pièces ont été montées à New York. *L'Étrange cas des trois sœurs infirmes* (1943) constitue, d'après Michel Lebrun, «un jeu intellectuel et mathématique à peu près unique». Alfred Hitchcock a souvent fait appel à ses talents pour les scénarios de ses téléfilms. A lire aussi : *L'Insoupçonnable Grandison* (1946, Le Masque).

Véra Caspary (1904). Son premier essai dans le roman policier, vilipendé par la critique, n'en fut pas moins un coup de maître. Il s'agit du fameux *Laura* (1943) dont Otto Preminger tira le film que l'on sait. Après *Bedelia* (1945), elle écrivit *L'Étrange Vérité* (1946) à propos duquel Graham Greene nota : «Cela change énormément de lire des romans criminels rédigés par un auteur qui est réellement intéressé par la présentation et la forme de son roman.»

Gertrude Walker (1906), qualifiée par un critique du *New-Yorker* de «James Cain féminin», fut la première femme à être publiée en France dans la Série Noire avec son très puissant *A contre-voie* (1947).

Leigh Brackett (1915-1978) est encore un de ces noms qui, au premier abord, risque de ne pas mobiliser l'enthousiasme des foules. Et pourtant... Auteur d'un roman noir (*Sonnez les cloches*, 1957) qui fut le premier à poser le problème de l'autodéfense, elle fut également un grand auteur de science-fiction, la scénariste de *Rio Bravo* et *El Dorado,* et l'adaptatrice du *Grand Sommeil* (Howard Hawks, 1946) et du *Privé* (Robert Altman, 1973) d'après les romans de Raymond Chandler.

Maria Fagyas (1905). Cette Hongroise, naturalisée américaine en 1937, est l'auteur de romans criminels à implication historique, dont le très bon *La Cinquième Femme* (1963) qui se déroule à Budapest pendant la révolution ouvrière hongroise de 1956 et qui lui a valu l'Edgar des Mystery Writers of America.

Laurence Oriol (1925). Si, sous le nom de Noëlle Loriot, elle a publié, en 1974 avec *Un cri*, un roman qui n'était pas policier et qui devint un best-seller (au cinéma : *Docteur Françoise Gailland*), c'est dès 1963 qu'elle avait donné au genre son premier roman (*A cœur ouvert*, Denoël) et en 1966 qu'elle a obtenu le Grand Prix de littérature policière pour *L'Interne de service.* A lire aussi : *Le tueur est parmi nous* (Albin Michel).

Hélène de Monaghan est auteur de romans policiers assez bien charpentés desquels émergent : *La Mauvaise Part* (Le Masque), Grand Prix du roman d'aventures ; *Retour de flammes* et *Demain six heures* (1982), un suspens rapide, effréné autour d'un poseur de bombes.

Janine **Oriano** (1937). Pour elle, le succès commercial viendra plus tard, sous son véritable patronyme (Janine Boissard) et avec *L'esprit de famille*. En attendant, elle publie en 1971, dans la Série Noire, un polar plein d'humour, *B comme Baptiste*, qui fait d'elle la seule Française à être publiée sous la célèbre couverture jaune et noir.

June Thomson (1930). Son héros, l'inspecteur Finch, intervient dans huit enquêtes dont l'excellent *Claire et ses Ombres* (Le Masque) qui a obtenu le Grand Prix du roman d'aventures.

Madeleine Coudray (1907-1978), cette mamie du roman policier a publié son premier roman en 1975 (*Une femme d'ombre*, Eurédif), à l'âge de 68 ans. Elle meurt trois ans plus tard, non sans avoir obtenu le Grand Prix de littérature policière pour *Dénouement avant l'aube*, écrit en trente-six mois la bagatelle de dix-neuf romans et charmé Georges Rieben «par l'élégance efficace de son style, l'originalité et la construction de ses sujets, le renouvellement des intrigues et des décors».

Mickey Friedman (1944) obtient une maîtrise de littérature, puis entre comme journaliste au *San Francisco Examiner*. Son premier roman, *L'orage ne vient jamais seul* (1983), se déroule à Palmetto, une grosse bourgade assoupie du sud des États-Unis (où Caldwell avait déjà situé son fameux *Haute Tension*...) et dont les personnages ne sont pas sans rappeler, par certains travers, ceux du grand auteur sudiste. Trois autres romans sont parus en France, parmi lesquels : *Le Miroir du Sphynx* (Série Noire) et *Masque vénitien* (Éd. Liana Levi). Elle est l'épouse d'Alan Friedman qui fut, de 1983 à 1984, conseiller scientifique pour la Cité des sciences du parc de La Villette.

Chrystine Brouillet (1958). D'origine québécoise, elle s'installe à Paris en 1986. A son actif, on dénombre quatre romans policiers : *Coups de foudre* (publié au Québec), *Chère Voisine* (Picollec) puis *Le Poison dans l'eau* et *Préférez-vous les icebergs ?* (Denoël) dans lesquels sévit l'inspectrice Maud Graham.

Japrisot Sébastien

(1934)

Un auteur de qualité

Cette recherche permanente du plus juste équilibre fait de Japrisot un écrivain aussi rare que déterminant.

C'est en 1952 qu'un nommé Jean-Baptiste Rossi, né à Marseille dix-huit ans plus tôt, fait paraître son premier roman (*Les Mal partis*, Laffont) qui obtient le prix de l'Unanimité (décerné par un jury composé de Adamov, Aragon, Bory, Merle, Sartre, Triolet). Dix ans plus tard, l'anagramme de Jean-Baptiste Rossi forme Sébastien Japrisot et il publie aux éditions Denoël un roman policier remarquable *Compartiment tueurs*. L'année suivante, *Piège pour Cendrillon* obtient le Grand Prix de littérature policière. En 1966, le superbe et lancinant *La Dame dans l'auto avec des lunettes et un fusil* vient confirmer tout le bien que l'on peut penser de cet auteur : Prix d'honneur en France, le roman reçoit le Best Crime Novel en Grande-Bretagne.

▪ Une maîtrise impeccable

Entre-temps, ses deux premiers polars ont été portés à l'écran (*Compartiment tueurs* par Costa-Gavras avec Yves Montand, Jean-Louis Trintignant, Simone Signoret, Pascale Roberts, Michel Piccoli et *Piège pour Cendrillon* par André Cayatte sur des dialogues de Jean Anouilh). Anatole Litvak se chargeant, pour sa part, de conduire *La Dame dans l'auto*...

S'ensuit une période de scénariste tout aussi faste : *Adieu l'ami* (pour Jean Herman, futur Jean Vautrin, avec Alain Delon, Charles Bronson, Olga Georges-Picot, Brigitte Fossey, Bernard Fresson), *Le Passager de la pluie* (avec Marlène Jobert, Charles Bronson, Annie Cordy, Jill Ireland) et *La Course du lièvre à travers champs* (avec Robert Ryan, Jean-Louis Trintignant, Lea Massari, Jean Gaven), tous deux réalisés par René Clément. Ces scénarios confirment la valeur du romancier dont les principaux arguments sont la maîtrise de l'écriture comme de l'intrigue. Ici-même donc, tout est négocié avec une science innée de l'application. Les sujets sont forts, recherchés. La langue concise, très travaillée comme en témoigne encore son époustouflant *L'Été meurtrier* (prix des Deux Magots, porté à l'écran par Jean Becker, avec Isabelle Adjani, Alain Souchon, Suzanne Flon, Michel Galabru) puis *La Passion des femmes*, roman dense, exigeant, qui contribue à faire de Japrisot, et à juste titre, l'un des écrivains français les plus traduits et les plus lus dans le monde.

Hubert Monteilhet (1928)
Prix de littérature fantastique au festival d'Avoriaz en 1982, c'est bien par le roman policier que cet auteur est entré en littérature vingt-deux ans plus tôt avec *Les Mantes religieuses* (Grand Prix de Littérature policière). Suivront : *Le Retour des cendres* (1961), *Les Pavés du diable* (1963), *Meurtre à loisir* (1969), *Mourir à Francfort* (1975), tous publiés aux éditions Denoël.

A propos de la dame
« [...] c'est mon personnage préféré. Elle ne m'embêtait jamais. Elle ne comprenait rien à ce qui lui arrivait, c'est une chose magnifique chez un personnage, ça fait vrai. En outre, le plus souvent, je connaissais les événements avant elle, c'était très exaltant. Une femme qui laisse croire à un homme qu'il est intelligent, c'est rare » (S. Japrisot, préface-entretien à l'édition de poche, Folio).

Sjöwall et Wahlöö

Un couple venu du froid

Que leurs œuvres triomphent un peu partout dans le monde, de New York à Rome, de Paris à Moscou, de Belgrade à Londres, cela peut s'appeler justice.

Époux à la ville, Maj Sjöwall (1935) et Per Wahlöö (1926-1975) vont devenir, en quelques années, l'un des couples les plus célèbres de la littérature mondiale. D'emblée, ils affirment clairement leurs intentions. Il s'agit pour eux de se servir du roman policier «tel un scalpel ouvrant le ventre d'une idéologie appauvrie et exposant la morale discutable du pseudo bien-être bourgeois». Pourtant, les trois premiers romans n'empruntent pas, à chaud et en apparence, cette voie.

■ Une Suède au scanner

Roseanna (1965) raconte l'histoire d'une étudiante américaine retrouvée violée et assassinée ; l'affaire débute le 8 juillet 1964, soit très exactement une semaine après que la police suédoise a été nationalisée. *L'homme qui partit en fumée* (1966) se déroule derrière l'ex-rideau de fer, à Budapest ; encore très éloigné de tout engagement direct, il s'applique à reconstituer le puzzle de la disparition d'un journaliste suédois. *L'Homme au balcon* (1967) reprend le thème du viol et de l'assassinat, mais vu d'un autre angle et de manière plus disséquée. Néanmoins, sous ces romans à la psychologie feutrée, sourdent déjà les prémisses des premières critiques... Les deux romans suivants montrent avec plus d'évidence la démarche des auteurs. *Le policier qui rit* (1968) raconte l'histoire de neuf personnes massacrées à la mitraillette, à l'intérieur d'un autobus, dans le quartier de Norra Stationgatan, à Stockholm. *La Voiture de pompiers disparue* (1969) commente un fait divers assez rare en Suède, à cette époque : un meurtre professionnel.

Le ton a monté d'un degré. De particulier, le crime s'est fait collectif. Sjöwall et Wahlöö ne s'arrêteront plus. Les romans suivants ne laissent plus de place au doute. Sans jamais rien concéder ni au style ni à la psychologie des personnages ni à la peinture minutieuse de l'environnement, ils ont lancé la bataille contre le «paradis» social démocrate suédois et leurs titres tombent comme des couperets : *Le Meurtre du Savoy* (1970), *L'Abominable Homme de Säffle* (1971), *La Chambre close* (1972), *L'Assassin de l'agent de police* (1974), *Les Terroristes* (1975). Ces ouvrages sont autant de «scannérisations» de la société suédoise en même temps qu'ils dépassent l'acte militant pour atteindre de grands moments de littérature qui, sur l'épaisseur des personnages (principaux comme secondaires), le ciselage des dialogues, la densité du récit, peuvent en remontrer à n'importe lequel des littérateurs parmi les plus en vue de nos plateaux de télévision.

Dans un entretien donné au *Matin de Paris* (10 mars 1987),

Indication
Comme nous l'apprend Claude Mesplède dans la préface au roman de Per Wahlöö, *Meurtre au 31e étage* (Le Mascaret), cet auteur a également écrit seul des romans d'action et de suspens parmi lesquels : *La Mission* (1963), *Les Généraux* (1965), *Le Ressort d'acier* (1964), qui, à notre connaissance, restent inédits en France.

Maj Sjöwall expliquait : «Quand Per et moi nous nous sommes rencontrés, il avait déjà écrit trois romans politiques non policiers qui ne s'étaient pas très bien vendus. J'étais intéressée par la criminologie et Per avait été reporter criminel. On a commencé à discuter des romans policiers qui, dans ces années-là, en Suède, étaient très bourgeois et anglo-saxons et on a imaginé un roman policier social qui montrerait comment la police travaille réellement.»

▪ Loin des clichés

Pour ce faire, ils vont concocter un personnage sur mesure, mille fois lu et pourtant unique en son genre, le commissaire Martin Beck (plus proche du Lamberti de Scerbanenco que du Maigret de Simenon). Un homme laconique et compétent (taille moyenne, visage osseux, front large, mâchoire puissante), souffrant de maux d'estomac, marié (depuis quatorze ans au moment de *Roseanna*) et père de deux enfants (une fille Ingrid alias Inga, alias Baby, 15 ans ; un garçon, Rolf, 13 ans). Un zeste d'amertume dans le regard, un pli désabusé aux commissures des lèvres, en état de grippage permanent : un personnage, un vrai. A la fin des *Terroristes*, son collègue et ami Kollberg lui lancera : «Ton seul malheur, Martin, c'est que tu t'es trompé de boulot. Et d'époque. Et de partie du monde. Et de système...» Kollberg, justement, Lennart de son prénom, l'ancien para ventripotent, qui, après l'affaire de *L'Assassin de l'agent de police*, voudra remettre sa démission.

Gunvald Larson, un fils à papa que ses collègues ne ménagent guère. Le petit et soigneux Einar Römm, né dans le Grand Nord suédois et qui aimerait bien retourner y vivre. Melander et son implacable logique, son flegme légendaire : un peu radin, à peine ennuyeux, dénué d'inspiration, bref, un flic de premier ordre. Sans oublier la patrouille de l'escouade, Kristiansson et Kvant, rois de la gaffe : un petit pois dans la cervelle, mais des muscles impressionnants... Tout ce beau monde emploie le plus clair de ses journées et quelquefois de ses nuits au service de la brigade criminelle de Stockholm où leur parviennent toutes les affaires, sales de préférence, qu'ils sont chargés de résoudre, au mépris de leurs vies privées, en aussi peu de temps que possible malgré les planques ajourées, les filatures cassées, les discussions sans fin, les stratégies erronées, les problèmes personnels et tout ce quotidien qui n'en finit plus de passer avec son flot de turpitudes et le poids de son temps.

Loin des clichés du havre suédois, Maj Sjöwall et Per Wahlöö ont porté haut le roman policier donnant, avec les dix romans qui constituent le cycle Martin Beck, une bouffée d'art pur à la littérature de leur pays.

Johan Bargum (1943)
Né en Finlande, il vit dans la minorité de langue suédoise. Spécialiste du thriller psychologique, son style concis et efficace lui a valu de travailler pour le théâtre et le cabaret. A ce jour, un seul de ses ouvrages a été traduit en France à l'initiative de Ghislain Ripault : *Le Détective privé* (Éd. Souffles). Roman qui mêle intrigue policière, suspens et analyse psychologique en se tenant à l'écart des phrases toutes faites au profit d'un style dépouillé qui nous donne à voir au-delà du mystère lui-même, de l'enquête proprement dite et de la traversée du désert intérieur d'Arnold Strömberg, le protagoniste, les effets dévastateurs du silence et de la solitude.

Films
Deux films ont été tirés de la saga Martin Beck, *Roman d'un crime* : l'un, *Le Flic ricanant*, de Stuart Rosenberg en 1975 (avec Walter Matthau, Bruce Dern, Lou Gossett, Albert Paulsen) qui passe totalement à côté de son sujet ; l'autre est un authentique chef-d'œuvre du film noir. Son titre : *Un flic sur le toit.* Son réalisateur : le grand cinéaste suédois Bö Widerberg (avec Carl Gustav Lindstedt, Sven Wollter, Eva Remaueus, Thomas Hellberg).

Le roman policier suédois

Cinq ans avant Maurice Leblanc, huit ans avant Gaston Leroux, le Suédois Hjamar Söderberg donne à son pays le premier roman policier. L'exemple ne sera pas suivi d'effet et il faudra attendre près de trente ans avant de revoir des auteurs suédois capables de rivaliser avec les Français et les Britanniques, qui se taillent la part du lion. Toutefois, si le roman policier suédois n'est pas aussi coté que celui de ses voisins européens et si Maj Sjöwall et Per Wahlöö en restent les phares incontestés, il serait injuste de laisser pour compte certains auteurs parmi lesquels :

Maria Lang (1914) a été surnommée l'Agatha Christie suédoise. C'est en 1949 qu'elle écrit son premier roman, après avoir dû abandonner la carrière d'enseignante pour cause d'allergie à la poussière de craie ! En moins de quarante ans, elle va publier trente-cinq romans policiers et toucher un public assez considérable. Cette grande prêtresse de l'énigme classique considère ce type de roman comme un pur divertissement. Parmi ses œuvres traduites en français, au Masque : *Nous n'irons plus au bois* (1957), *Troisième Étage* (1959), *Rêves dangereux* (1958).

Kerstin Ekman (1933) universitaire, entre dans la vie active comme journaliste puis scénariste-dialoguiste. Elle débute dans le roman policier en 1959 avec des romans à énigme à la lisière de Maria Lang, avant de se tourner vers un roman policier plus psychologique dont elle est l'initiatrice suédoise ; *Le soleil ne se couche pas* (1961), qui se situe dans cet axe, est, selon Roger Martin, « un très beau roman d'atmosphère servi par l'utilisation du décor de la Suède du Nord, avec la nuit hivernale particulièrement sinistre et propice à créer un véritable climat criminel ». Elle est également l'auteur d'un roman historique consacré au révolutionnaire américain d'origine suédoise Joe Hill exécuté après un procès truqué aux États-Unis.

Olle Högstrand (1934), lui, s'inscrit dans la veine Sjöwall-Wahlöö. Son roman le plus abouti dans le genre est sans doute *Un désaxé* (1974, Le Masque) qui fait penser à *L'Homme au balcon* du célèbre tandem, mais qui conserve dans l'entre-ligne de l'intrigue elle-même sa musique personnelle. Parmi ses autres romans traduits au Masque : *La Dernière Ligne droite* (1972).

Olov Svedelid (1932), auteur prolifique, il a touché à tous les genres dont, bien évidemment, le roman policier. En 1972, il a obtenu l'Expressen Sherlock. Dans les romans du cycle Roland Hassel, écrit Jacques Baudou, Stockholm « y est décrite de manière crue, comme étant sous le contrôle d'organisations criminelles et d'individus sans scrupule ». Deux de ses romans ont été traduits au Masque : *A la santé du mort* (1968), qui met en scène le reporter Ralf Krook, et *Les Protecteurs* (1974) qui fait partie du cycle Hassel.

Scerbanenco Giorgio

(1911 - 1969)

Un Milanais dans la mêlée

«Il donne de roman en roman une peinture saisissante de l'Italie qui n'a peut-être pas d'équivalent dans la littérature d'alors» (Jean-Pierre Enard).

C'est en juin 1940 qu'apparaît pour la première fois le nom de Giorgio Scerbanenco. Le roman, intitulé *Sei giorni di preavviso* (*Six jours de préavis*, Le Mascaret) met en scène un certain Arthur Jelling, modeste employé archiviste de la police de Boston (U.S.A.) et un nommé Tommaso Berra, psychopathologue, le narrateur. Dans la préface à l'édition originale, Marco Tropea note : «Comme S.S. Van Dine avait dicté ses vingt règles d'or pour une rédaction idéale d'un roman de mystère, le fascisme édicta ses propres règles de fer pour une stricte réglementation du roman policier. Avec l'approche de l'entrée en guerre de l'Italie, les freins de la propagande se serrèrent davantage encore. Celui qui voulait s'adonner à l'écriture d'un policier était dans l'obligation de se rappeler : 1) que l'assassin ne devait être en aucun cas de nationalité italienne mais bien un étranger ; 2) que le protagoniste italien n'avait aucun droit au suicide ; 3) que l'assassin ne pouvait en aucune façon fuir la justice, etc. Ce n'était là qu'un prélude. Peu de temps après, le régime finit par interdire toute publication de romans policiers, tant nationaux qu'étrangers.» Cinq autres romans de Giorgio Scerbanenco, écrits entre 1940 et 1942, boucleront le cycle Arthur Jelling. Il faudra attendre une dizaine d'années après la fin de la guerre pour revoir les éditions Mondadori tenter à nouveau le pari du roman policier.

■ Un flic à l'italienne

Nous sommes en 1955. Giorgio Scerbanenco travaille alors aux éditions Rizzoli, dans deux magazines féminins. Il publie par brassées toutes sortes de romans, principalement sentimentaux, mais aussi d'espionnage, de guerre, etc., et il répond sous les pseudonymes d'Adrian et de Valentino au courrier du cœur. Cela lui donne encore le temps d'expédier régulièrement et à profusion des nouvelles dans de multiples revues et journaux. Il écrit partout. Chez lui, à Milan, via Manzoni puis piazza della Reppublica où il vit avec sa femme qu'il a rencontrée chez Rizzoli, mais aussi sur la plage de Lignano où le couple possède une maison. La machine à écrire est là, toujours avec lui, derrière le comptoir du barman plagiste. Quand une idée lui vient, il se rend au kiosque, s'installe sur un tabouret et commence à pianoter au milieu des touristes médusés. «La machine à fabriquer des romans» est en route. Parfaitement huilée, révisée de près, elle roule à grand renfort de frappe vers son destin…

Pendant ce temps-là, d'autres noms d'auteurs de policiers s'alignent sur les couvertures de la toute nouvelle collection des éditions Mondadori. Mais les lecteurs ne se les arrachent

Ma vie

«Ma vie n'est pas un roman. J'ai écrit un nombre considérable de romans, mais, même avec la meilleure volonté du monde, je ne pourrais pas raconter d'histoires romancées sur mon compte. Ma vie est un voyage très modeste dénué de panoramas spectaculaires […]. Un peu plus intéressants peuvent être les arrêts principaux, les étapes plus graves. Celles et ceux qui autorisent à comprendre quelque chose de plus à notre destin d'hommes et de femmes, du pourquoi nous nous aimons ou nous détestons. Du pourquoi, en quelque sorte, nous traversons notre existence comme un voyage. Dans ce sens-là, alors, toute vie est un roman. La mienne y compris» (Giorgio Scerbanenco, *Voyage dans une vie*).

guère. Peu à peu, la seconde vague du roman policier italien échoue. Elle aura fait long feu. C'est à peu près à cette époque que le critique et écrivain Oreste del Buono, qui dirige chez Garzanti une collection de polars, reçoit de son ami Giorgio Scerbanenco le premier chapitre d'un roman auquel est joint une courte lettre où l'on peut lire : «Je voudrais vraiment réussir à créer un type de flic italien et non pas simplement une version gauchement italianisée d'un Spade ou d'un Maigret.» Vingt ans se sont écoulés entre l'holmésienne série des Arthur Jelling et cette recherche d'un nouveau «type de flic italien», et les intentions ont totalement changé. Enthousiasmés à la lecture de ce premier chapitre, Oreste del Buono et Garzanti l'encouragent à poursuivre. Quelques semaines plus tard, le roman est bouclé. Il sort en 1966 sous le titre *Vénus privée*. Le roman noir italien vient de naître.

La mine
«Ce devait être l'aube, parce qu'ensuite je me souviens que le soleil brilla. Le bateau qui nous emportait naviguait au milieu. Sur notre droite, il y en avait un autre et Odessa était déjà loin derrière nous. Je ne me rappelle pas l'explosion. Je sais seulement qu'à un moment donné, je me trouvais sur le pont, près de ma mère, et que je vis le navire, sur notre droite, à moitié englouti. Je ne ressentais aucune peur parce que je ne comprenais pas ce qui était arrivé et, quand bien même on m'expliqua que le bateau avait heurté une mine, je ne compris pas davantage parce que j'ignorais, alors, ce qu'était une mine. Je voyais simplement le navire, à une centaine de mètres de nous, s'enfoncer de plus en plus» (Giorgio Scerbanenco, *Voyage dans une vie*).

▪ Une vie mouvementée

Son géniteur spirituel est né en Russie, quelque cinquante-cinq ans plus tôt, d'un père ukrainien (professeur de grec et de latin) et d'une mère romaine. Pendant les années troubles de la révolution bolchevik, la mère et son fils regagnent l'Italie. Le jeune Vladimir Giorgio Scerbanenko est âgé de 6 mois. Régulièrement, des nouvelles leur parviennent d'Odessa, jusqu'au jour où tout cesse brusquement. La mère repart, alors, avec son fils et, après maintes recherches, apprend que son mari a été fusillé par les bolcheviks. Sur le chemin du retour, l'un des trois navires qui transportent les fuyards saute sur une mine... Rentrée en Italie, la mère s'installe dans sa famille, à Rome. A l'instar de l'époque les fins de mois sont difficiles. Elle décide, alors, de tenter sa chance à Milan. Mais peu de temps après, elle tombe gravement malade et meurt au bout de plusieurs mois d'hôpital.

Le jeune Giorgio, âgé de 16 ans, se retrouve orphelin et, comme il l'écrira lui-même, «étranger dans une ville que je ne connais pas et où personne ne me connaît». Contraint de gagner sa vie, dépourvu de diplômes, il occupe des emplois parmi les plus durs et les plus divers : manœuvre, magasinier, tourneur, balayeur... Son appétit des livres prolonge, tard dans la nuit, des journées déjà très longues, dégrade sa santé et le conduit tout droit au sanatorium de Sondrio, près de la frontière suisse. Là, écrit Roland Stragliati, «il eut tout loisir de réfléchir beaucoup, de s'interroger sur ce qu'il pensait que devait être son avenir. Quand il revint à Milan, il savait qu'une page était tournée ou sur le point de l'être. Il ne doutait plus qu'il allait désormais écrire, raconter des histoires».

Toutefois, il dut encore exercer de nombreux métiers avant de rencontrer Cesare Zavattini (le futur scénariste des futurs films de Vittorio de Sica) qui accepta de le publier dans la revue qu'il dirigeait à cette époque. Ce fut là sa véritable rampe de lancement. Interrompu en 1943 quand, pour fuir le régime mussolinien, il passe clandestinement en Suisse, il reviendra à Milan (piazza Mercanti, derrière le Dôme), à la fin des hostilités, pour reprendre de plus belle sa rage de dire, allant jusqu'à mener de front cinq romans destinés à paraître en feuilletons dans cinq hebdomadaires différents. Il trouve encore le temps de lire (ses auteurs préférés ont nom Sartre, Russell, Faulkner, Dos Passos, Joyce, etc.), de se rendre au cinéma quatre à cinq fois par semaine et de s'occuper de sa famille. Au *Corriere della Sera*, il fait la connaissance de Dino Buzzati. Il se lie d'amitié avec Mario Soldati et Mario Monicelli. Ses romans roses de l'avant-guerre commencent à virer au gris muraille jusqu'au coup de tonnerre de *Vénus privée* qui le propulse d'emblée dans le temple du roman noir.

▪ Un personnage à hauteur d'homme

Il est sollicité pour le Grand Prix de littérature policière, mais son naturel effacé l'empêche de se rendre à Paris pour recevoir sa récompense. Ce ne sera que partie remise puisque, l'année suivante, les jurés le retiennent de nouveau comme lauréat. Cédant aux pressions amicales de ses proches et notamment de Claude Aveline, il se rend à Paris et reçoit le prix pour *A tous les râteliers*. Un an plus tard, dans la soirée du 27 octobre 1969, alors qu'il s'apprêtait à rejoindre Lignano en compagnie de son épouse et de ses deux filles (Germana et Cecilia, respectivement âgées de 5 et 6 ans), il est foudroyé par une crise cardiaque. Quelques semaines après, sortait sur les écrans le film d'Yves Boisset (*Cran d'arrêt*) adapté de *Vénus privée*. Le succès était bien là cette fois, mais Giorgio Scerbanenco n'en connaîtrait pas l'odeur. Car au-delà des diktats intellocrates et politiques qui ont traversé l'Italie au cours des siècles, il y a ce que Sartre nommait «ce scandale historique que provoque l'abolition du subjectif en un sujet de l'Histoire» et qui compte aussi pour beaucoup dans la méconnaissance publique d'un auteur comme Scerbanenco, littéralement fauché à l'aube de la récolte.

Cet autodidacte, passionné de littérature, de mathématiques et de philosophie, venait en l'espace de deux années et de quatre romans de créer un personnage tout à fait original dans le monde du polar. Un flic pas comme les autres (ni Maigret ni Carella), un détective différent de ses pairs (Spade, Burma ou Marlowe), un héros à hauteur d'homme, un chevalier des métropoles actuelles qui lui était propre et, en même temps, novateur par rapport aux protagonistes usuels des séries noires. Ce Robin Wood version jungles d'asphalte avait nom Duca Lamberti : 35 ans, de grande taille, maigre, le cheveu ras, le visage osseux, rigoriste. A l'origine, Lamberti exerçait la profession de médecin, mais il fut radié de l'ordre pour avoir pratiqué l'euthanasie sur une patiente atteinte d'un cancer généralisé et qui le suppliait de l'aider à passer. Condamné à trois ans de prison pour homicide avec circonstances atténuantes, il apparaît donc, pour la première fois, dans *Vénus privée*, au moment de sa sortie de San Vittore, l'équivalent de la Santé en France. Son père, Pietro Lamberti, fonctionnaire de police à la Questura est mort d'un infarctus, quelques mois après l'incarcération de son fils. Duca Lamberti n'a plus pour famille qu'une sœur (Lorenza, fille-mère d'une enfant prénommée Sara, née de père plus ou moins inconnu). Le commissaire Càrrua, ami de son père, va aider Duca à sa sortie de prison.

Secondé par l'inspecteur Mascaranti et soutenu par une intellectuelle (Livia Ussaro, chômeuse, diplômée d'histoire et de philosophie, dont il fera la connaissance dans *Vénus privée*) qui va tenir une place de plus en plus grande dans sa vie, (il aurait dû l'épouser dans la cinquième enquête qui se déroulait en France), Lamberti pénétrera pas à pages les méandres

Insécurité

«A l'hôpital, ma mère était très heureuse de savoir que j'écrivais. Elle ne devait guère avoir de sens pratique et ne se préoccupait pas de savoir que je n'avais aucun métier en main ni même que je n'avais pas terminé l'école primaire. Elle était heureuse que son fils fût un artiste et peut-être cette illusion l'aida-t-elle à mourir avec moins d'amertume, certaine qu'étant artiste, j'avais mon avenir assuré dans la vie. C'est mieux ainsi. Elle ne savait pas qu'avec elle s'achevait la génération de la "sécurité" et que, désormais, rien ne serait plus jamais sûr pour personne» (Giorgio Scerbanenco, *Voyage dans une vie*).

Compléments
En dehors des quatre romans qui composent le cycle Duca Lamberti, deux autres romans noirs de Scerbanenco ont été traduits en français et publiés U.G.E. 10/18 : *Naïves Autostoppeuses* et *Du sang sur le parvis.* On trouvera également dans cette même collection, cinq recueils de nouvelles : *Milan calibre 9*, *Profession salopard*, *Tendres Tueurs*, *N'étranglez pas trop*, *Les nymphettes meurent aussi.* Signalons qu'un recueil de nouvelles intitulé *La Notte della tigre* reste intraduit à ce jour et qu'il vaut mieux, dans son ensemble, que les recueils publiés jusqu'à ce jour.

du Milan interlope. «Au centre des romans de Scerbanenco, note Jean-Pierre Enard, il y a Lamberti certes, héros douloureux, hanté par une impossible pureté, à la fois cynique et désarmé, révolté et compatissant. Mais le personnage essentiel, c'est Milan, la ville tentaculaire avec ses aspects séduisants, ses mauvais garçons, ses bas-fonds.»

N'oublions pas les femmes. Troisième angle aigu du triangle scerbanencien : Lamberti, Milan, mais aussi les femmes. Qu'elles apparaissent au premier plan ou en seconds rôles, victimes ou bourreaux, elles pèsent de leur présence comme de leur disparition prématurée d'un bout à l'autre des romans du cycle Lamberti et des autres.

«Les récits de Scerbanenco, remarque Oreste del Buono se nourrissent d'une colère, d'une violence directement issues d'une méchanceté qui les préserve de tous dangers de bavure, de complaisances ou de minauderies. Certes, on y trouve de l'amour, mais plus encore que l'amour, c'est la tension qui prévaut, une tension continue de la première à la dernière image.» Mais Scerbanenco ne se contente pas de brosser de grands tableaux noirs et brutaux. Aucun de ses personnages, du plus fondamental au plus transitoire, ne saurait lui servir uniquement de prétexte. Mieux que personne, il sait leur donner corps, et tous nous apparaissent bien vite de chair et de sang.

▪ Quatuor de Lombardie

Ses nouvelles ne donnent pas une idée exacte de son indéniable talent de conteur. Il en écrivait partout. Les idées lui venaient aussi naturellement que les secondes viennent aux heures. Il les rédigeait d'un seul jet, sans se relire et les portait aussitôt dans les différents journaux et magazines où il travaillait et ce, à une telle cadence, que les typographes lui conseillèrent un jour de rester devant le «marbre» pour les y imprimer directement... Ses romans, en revanche, notamment ceux du cycle Duca Lamberti, *Vénus privée*, *A tous les râteliers*, *Les enfants du massacre* (son chef-d'œuvre), *Les Milanais tuent le samedi*, sont construits au millimètre. Ce sont eux, en particulier, qui font de lui un des plus grands maîtres du roman noir mondial. Il faut lire ou relire ce carré de chefs-d'œuvre pour se rendre compte à quel point, dès 1966 déjà, le polar n'était plus exclusivement une affaire américaine. Il faut découvrir ou retrouver ce quatuor de Lombardie (U.G.E. 10/18) pour s'apercevoir à quel point Giorgio Scerbanenco n'écrivait pas pour tuer le temps.

Le roman policier italien

L'Italie n'a pas échappé à la règle européenne du mauvais genre. Dans ce pays où l'unité politique n'a été réalisée qu'à la fin du siècle précédent et où l'unification linguistique est loin d'être entrée dans les faits, le concept de littérature a toujours été plus ou moins subordonné à une hégémonie esthétique qui a trop souvent conduit ses auteurs à l'intransigeante observation des règles stylistiques établies.

C'est ainsi, qu'en 1929, quand naît aux éditions Mondadori la fameuse collection des Gialli, le premier roman policier de langue italienne qui y est publié (deux ans plus tard) est l'œuvre d'un certain Alessandro Varaldo : poète, romancier, essayiste, dramaturge, président de la Société des auteurs puis de l'Académie d'art dramatique. Une carte de visite à faire pâlir les Steeman et autres Gardner, mais, au bout du compte, une œuvre ultra-confidentielle.

Ses collègues immédiats sont de la même veine. On y relève les noms d'un célèbre traducteur de Shakespeare, d'une femme de la haute bourgeoisie, d'un dramaturge, d'un peintre abstrait qui, après la guerre, ira jusqu'à renier sa production et en interdire toute réédition. Bref, les premiers rares auteurs nationaux de Mondadori sont plutôt des adeptes (peut-être même dannunziens ?) de l'art bien léché, le gros de la troupe et des ventes étant constitué de traductions anglo-saxonnes.

Pourtant, tout avait commencé assez tôt dans ce pays puisque c'est en 1887 que **Emilio de Marchi** (1851-1901) fait paraître en feuilleton, dans deux journaux de la péninsule, *Le Chapeau du prêtre*, chronique d'un crime parfait commis par un baron en déveine sur la personne d'un prêtre bien argenté. Toutefois, dans la préface à l'édition brochée de 1888, l'auteur tient à faire remarquer que si « l'art est une chose divine, il n'est pas mauvais de temps à autre d'écrire aussi pour le public » (!).

Remigio Zena (1850-1917), pseudonyme de Gaspare Invrea, a écrit (probablement aux alentours de 1895) avec *La Dernière Cartouche* un bien curieux roman, voisin de Doyle pour ses dérapages « médiunesques », mais anticipateur de Simenon quant à l'épure narrative (si l'on peut dire) puisque le cheminement du mystère se déroule, ici, au sein d'un tribunal militaire, sous la forme exclusive d'une continuité dialoguée, débarrassée de toute espèce d'habillage descriptif, et que l'excellente traduction de François Bouchard (Éd. Climats) rend tout à fait passionnant et autrement plus moderne que les textes-modes de certains de nos contemporains.

Néanmoins, il faudra attendre les années 35-36 pour voir deux auteurs émerger quelque peu de la nasse et venir se positionner de façon claire du côté du roman policier. Le premier a nom **Augusto de Angelis** (1888-1944). Il crée, avec le personnage de son commissaire Carlo de Vincenzi, à la fois un véritable flic italien (devancier du Lamberti de Scerbanenco) et un vrai personnage soucieux de débusquer le mystère de l'âme humaine. « Poe, écrivait-il, n'a pas connu Freud. Mais aujourd'hui, quand on écrit un roman policier, on ne peut plus l'ignorer. » De Angelis mourra en prison, sous les coups du régime fasciste.

L'autre, c'est **Ezio D'Errico** (1892-1972), père du commissaire Émile Richard, chef de la deuxième brigade mobile de la Sûreté de Paris. Une sorte de collègue de Maigret qui parut à une époque où Simenon avait momentanément abandonné les enquêtes de son célèbre flic. Si ce personnage emprunte beaucoup à son modèle, l'auteur réussit néanmoins à tirer son épingle du jeu en alimentant un univers bien à lui et en créant sa propre vision de la capitale française.

Franco Enna (1921-1990), de son vrai nom Francesco Cannarozzo, entre en littérature policière en 1955 avec un roman intitulé *Prélude au tombeau* dont l'action se déroule dans un village du Wisconsin. Enna créa également le personnage du commissaire Sartori de la section des homicides de Rome.

Sergio Donati (1933) publia son premier roman policier, *L'Autre face de la lune*, à 23 ans et le deuxième, *La Tombe de papier*, un an plus tard. C'est de l'un de ses sujets originaux que le cinéaste Marco Bellocchio tirera, en 1972, son film *Viol en première page*.

Paolo Levi (1919) est, entre autres, l'auteur d'un superbe premier roman *Portrait de province en rouge* qui fut porté à l'écran par Ettore Scola sous le titre *Le Commissaire Pepe*, avec Ugo Tognazzi.

Corrado Augias (1935) est l'auteur d'une trilogie policière mettant en scène l'ex-commissaire Giovanni Sperelli, flic conducteur d'une histoire de l'Italie de 1910 à 1922 : *Ce train de Vienne*, *Le Mouchoir bleu*, *Le Dernier Printemps* mériteraient une traduction, car ils valent, tant par la forme que par l'intrigue, bien des productions transalpines qu'on étale avec complaisance à la devanture de nos librairies.

C'est le cas aussi de **Martina Vergani** et de son roman *Au fond du lac*, bref et dense à la fois, qui mêle un fait divers du début du siècle à une intrigue purement imaginaire ; les chroniques du *Corriere della Sera* de l'époque alternent avec la narration proprement dite, donnant à ce roman collage un ton et une originalité qui en font une œuvre très singulière.

Attilio Veraldi, lui, a été traduit en France (Éd. Sorbier) et son roman *Le Pot-de-vin* a donné lieu à une adaptation cinématographique de Sergio Corbucci (et un numéro éblouissant de Nino Manfredi) qui laisse loin derrière elle les films policiers humoristiques américains.

Laura Toscano (née à Gênes) est une scénariste connue en Italie. Son roman *I passi segnati* est la chronique d'une ville aux prises avec la haute finance et la pègre politicienne. A découvrir…

Franco Vegliani (1915-1982), qui, selon Claudio Magris, «est l'auteur d'un des plus beaux ouvrages triestins de l'après-guerre» (il s'agit de *La Frontière*, 1964), a écrit avec *Procès à Volosca*, en 1958, le bien étrange roman d'un procès et de sa procédure qu'il nous propose de découvrir entre les lignes et sous le fard.

Grimaldi et Tropea ont publié à quatre mains quelques solides pastiches politico-policiers. Toute seule, Laura Grimaldi a également publié, depuis 1958, une dizaine de romans parmi lesquels, en 1988, *Le Suspect*, un roman noir d'atmosphère qui s'est hissé au rang des best-sellers.

Bref, sans être un foudre de guerre, le roman policier italien (le «giallo», comme l'on dit outre-Alpes) existe bel et bien et ne se résume pas aux quelques laborieux exercices de Fruttero et Lucentini (exception faite, bien évidemment, de leur excellent *La Femme du dimanche*). Certains auteurs méritent d'être connus. Il suffit pour cela d'un peu de curiosité.

Les années de braise

1966-1991. Le roman policier va s'habiller de plus en plus de noir. Fortement ancré dans la société qu'il scannérise, il va distiller (quelle que soit l'époque à laquelle il se réfère) des quotidiens amers et pitoyables, violents et scélérats. Même lorsqu'il se laisse tenter par un retour à l'énigme classique, il ne peut s'empêcher de tracer des portraits au scalpel, qui arborent, aux commissures, des rictus de haine ou de dégoût. D'un formidable gâchis, d'un terrible désenchantement aussi. Mais avant cela, il y eut (en France tout au moins) l'étincelle qui mit le feu aux poudres. Le porteur de feu a nom Yves Delville et il est né à Montmorency. Il n'est pas un nouveau venu dans le concert général puisque, trois ans avant son entrée à la Série Noire, il avait déjà publié (chez Plon, grand pourvoyeur du «noir» européen) deux romans de ce genre-là. Mais c'est à partir de 1966, qu'il va véritablement porter l'incendie sous le pseudonyme de Francis Ryck, ouvrant la voie à l'école hexagonale des années 70-80 (qui en tirera tous les profits), plaçant le roman noir sur une des toutes premières marches de la littérature et, davantage encore, annonçant le remue-ménage sociétal qui frappe à la porte. Il était donc juste qu'il ouvrît nos années de braise.

Au gré de ce quart de siècle, ceux qui nous quittent ont nom : Breton (1966) et Aymé (1967), Steinbeck, Quasimodo et Sinclair (1968), Ungaretti (1970), Montherlant et Buzzati (1972), Neruda (1973) et C. Levi (1975), Malraux (1976), Prévert et Silone (1978), Kessel et Marcuse (1979), Sartre, Gary-Ajar, Fouchet et Miller (1980), Koestler (1983) et Böll (1985), Borges (1986) et Cassola (1987), Yourcenar et Char (1988), Moravia (1990)... et ceux qui vont leur succéder ne sont peut-être pas encore nés.

En 1986, quand les lycéens descendirent dans la rue, on les entendit parler de carrière et d'avenir professionnel. Il allait de soi qu'aucun gouvernement n'aurait pris au sérieux ces jeunes gens qui lançaient de tels slogans. Tout autres furent les mouvements qui les précédèrent vingt ans plus tôt. Car d'Amsterdam à Rio de Janeiro (dès 1966), en passant par Varsovie, Berkeley, Prague, Milan, Madrid (dès 1967) et jusqu'à Paris, Belgrade, Mexico, Ankara et Tokyo (1968), non seulement le désordre qui prit pouvoir de la rue régna plusieurs mois durant et fut totalement mondial, non seulement il vit l'union des intellectuels et des ouvriers, non seulement il affecta les démocraties comme les dictatures, mais, de surcroît, il n'avait rien à voir avec la revendication d'un plan de carrière. Ce dont il s'agissait, alors, c'était de «changer la vie». Et c'est bien ce qui plongea les dirigeants de ce monde dans le plus complet désarroi, quand ce ne fut pas dans la peur panique. Toutefois, ces semaines qui ébranlèrent le vieux monde n'éclairèrent pas pour autant ces dirigeants. Une fois les choses (leurs choses) reprises en mains, ils crurent que, tout, comme par le passé allait continuer de soi. C'est alors, que peu à peu, les faits (toujours aussi têtus) se chargèrent de les démentir. Le premier à couler fut De Gaulle qui, un an après les événements, se piégea lui-même dans une opération plébiscitaire et, pris au mot, dut rendre le tablier. En Pologne (déjà), trois ans plus tard, Gomulka ne résista pas au puissant mouvement de grève des ouvriers de Szczecin ; quelque temps après, le Viêt-nam conjugué au Watergate eut raison de R.M. Nixon, comme sombreront à leur tour la dictature des colonels grecs, celle de Salazar au Portugal et que volera en éclats la dictature espagnole dès la mort de son caudillo-tyran. Au même moment ou presque, l'Italie et l'Allemagne virent une partie de leur jeunesse se confondre avec les groupes terroristes allant jusqu'à frapper l'État au cœur même de sa forteresse. En France, c'est en grande partie la génération des soixante-huitards qui, en 1981, contribuera au succès électoral de François Mitterrand et portera la gauche au pouvoir. Comme c'est encore cette génération-là qui, d'est en ouest, de livres en luttes, de mots en actes et des deux côtés du Mur inventera les lézardes nécessaires à son effondrement, faisant sauter par là même d'aucuns préalables et autant de carcans qui se tramaient derrière. Quant au P.C. de l'Union soviétique, empêtré dans une très impopulaire expédition en Afghanistan, confronté à des problèmes intérieurs quasi insurmontables et humainement dégradants, il se donnera le grand frisson en portant aux commandes d'un navire grevé de voies d'eau, Mikhaïl Gorbatchev, celui par qui la libération a entrouvert une lucarne pour laisser filtrer un rai de liberté dont l'intensité risque d'être inversement proportionnelle à la montée des tensions internes.

De tout cela, de ces formidables appels d'air (abolition de la peine capitale en France, libération de Nelson Mandela au Cap), comme de ces assassinats les plus honteux (Guevara, Allende, Seberg, Lennon, Mendès...), à ces ignominies les plus infâmes (Khomeiny en Iran, Ceaucescu en Roumanie, écartèlement du Liban, colonisation militarisée de la Palestine, apartheid en Afrique du Sud, convulsion coloniale en Nouvelle-Calédonie...), de l'événement scientifique le plus grandiose (alunissage d'Apollo XI) aux progrès les plus dérisoires (Polaroïd, vidéocassette, disque laser, magnétoscope...), en filigrane ou de plein front, de tout cela donc, le roman noir a parlé. Comme il continue de parler (de New York à Tokyo, d'Amsterdam à Milan, de Paris à Dublin, de Moscou à Los Angeles, de Londres à Sydney, de Berlin au Cap, de San Francisco à Barcelone) du grand désespoir des uns et des sales petites affaires des autres, de nos mégapoles invivables, du racisme qui y sourd, des minorités ethniques ou sexuelles qui s'y débattent et de tout ce qui rend insupportables nos sociétés de consumation. Coulé dans le moule de l'univers qui le meut et qu'il voudrait bien voir changer, même si le temps des révolutions vient de s'achever, même si se produit un nouveau partage du monde à l'ombre sanglante des derricks, ce siècle est toujours à la barre et il demeure son plus sûr témoin.

Ryck Francis

(1920)

Changer la vie

« Entre celui qui donne la mort et celui qui la reçoit, lequel est le destin de l'autre ? » (Francis Ryck).

L'autre côté

De son vrai nom Yves Delville, Francis Ryck publie son premier roman (« hors polar ») en 1957 : *Au pied du mur*, qu'il signe Yves Dierick. Suivront : *Les Barreaux de bois*, *La Panique*, *Les Imposteurs*, *Promenade en marge* (Albin Michel). Son premier contact littéraire avec l'univers romanesque polarien se produit en 1963, chez Plon : *Les Heures ouvrables*, *Nature morte aux châtaignes*. Il a également publié, aux éditions Balland, en 1984, un roman d'amour en feu intitulé *Il fera beau à Deauville*.

Références

Lebrun (M.) et Schweighaueser (J.-P.), *Le Guide du polar*, Syros, 1987.
Schweighaueser (J.-P.), *Le Roman noir français*, « Que sais-je ? » n° 2145, P.U.F., 1984.

Cet ouvrage a pour titre *Les Maîtres du roman policier*. Et ce titre ne convient qu'à moitié à Francis Ryck. Car s'il est vrai que nous nous trouvons bien, avec lui, en présence d'un maître, ce n'est pas simplement avec un maître du roman policier ou du roman noir (au sens où on l'entend communément) que nous sommes, mais plutôt en compagnie d'un maître du roman tout court. Michel Lebrun et Jean-Paul Schweighaueser ont bien raison, à cet égard, d'intituler un des chapitres de leur *Guide du polar* : « Ryck, l'annonciateur ». Car c'est précisément cela qu'est l'œuvre de Francis Ryck : l'annonce faite au monde que les vents tournaient à l'amer et qu'il était temps de changer de cap. Comme d'habitude, le monde détourna les yeux. Qu'importe !

▪ La désagrégation du genre

En l'espace de dix-huit romans, il allait faire d'un genre qui prenait de plus en plus des allures de bateau en vitesse de croisière un véritable vaisseau de protestation, préfigurant (et autrement mieux que *La Chinoise* de Godard) mai 68 et ses multiples résultantes. C'est pourquoi, Jean-Paul Schweighaueser a encore raison de noter, dans son essai sur *Le Roman noir français* : « Le numéro 1000 de la Série Noire parut en 1966 [...]. On parla de chef-d'œuvre et l'on n'eut pas tort. Mais cette sortie tapageuse fit presque passer inaperçu le numéro 999, français celui-là, de Francis Ryck. » C'est ainsi qu'en pleines « bonderies » et autres « gorillacées », Ryck entrait dans le noir par le biais d'un roman qui, s'il touchait à l'univers glauque de l'espionnage, n'avait que peu de rapport avec ce qui se faisait à l'époque, y compris chez un John Le Carré. Car, où ce dernier utilisait le thème dans une structure narrative classique de type bouclé, refermée sur elle-même, Ryck laissait déjà percer quelques-unes de ses intentions qui allaient conduire à ce qu'on a justement désigné comme la désagrégation du genre.

Peu importe, en effet, ici qu'un bloc militaire possède une arme absolue capable de faire baisser la température de 30 °C en une nuit (*Opération Millibar*), qu'un agent secret en vacances se retrouve dans une communauté de marginaux habilement manipulés (*Ashram Drame*), qu'un savant spécialiste des transmissions d'énergie soit enlevé et refait à neuf (*Feu vert pour poissons rouges*) et l'on pourrait, de la sorte, additionner les exemples. Ce qui compte avant tout, ici, c'est l'homme et ce qui le meut. Avec Ryck, le héros (si l'on peut dire) n'est pas cet homme fort qui enlace une femme de son bras droit, assomme un adversaire de son poing gauche et a encore le temps de s'applaudir des deux mains. Avec Ryck, il n'y a pas de héros et mieux encore pas d'adversaire. Certes le Laurent de ses trois premiers récits accomplit sa tâche avec professionnalisme, mais le patriotisme n'entre pour rien là-dedans. Il est agent secret comme d'autres sont carreleurs ou cafetiers, le danger en plus. « Il fallait continuer, toujours continuer. Un sale métier parfois. » Continuer donc. Et c'est tout. Tel le Yako de *Drôle de pistolet* ou le Thomas du *Compagnon indésirable*, évadé d'un asile d'aliénés, qui se dit détenteur d'un secret, pour lequel des puissances plus ou moins occultes seraient prêtes à tuer, et qui sera la cause de la mort de Julia et David, les deux marginaux qui l'ont recueilli chez eux. La cause ? Voire.

Le travail de sape accompli par Ryck est exemplaire. Quel que soit le genre qu'il affleure, il frappe là où ça fait le plus mal. Peu à peu, tout y passe : espions, truands, marginaux... Car tous ceux-là fuient à leur manière un monde de dérision et d'inhumanité. Avec lui, les moules implosent et les sentiers battus avec eux. Cette nouvelle donne aboutit à mettre en mains d'autres cartes dans le polar français (identitaires, géographiques, existentielles, sociologiques) qui envoient valdinguer les cases préfabriquées de la culture dominante.

▪ Une présence littéraire

Avec une science consommée du mot juste, de l'expression qui fait tilt, de la pensée qui touche, Ryck le bourlingueur aux traits burinés, qui a abandonné ses parents à l'âge de 14 ans pour exercer toutes sortes de métiers, écrit au siècle qu'il aime l'humanité. Lecteur fervent des grands Russes, s'il possède l'appréhension du monde d'un Dostoïevsky, il écrit d'abord et avant tout avec sa vie. Avec et non sur. Venu comme Aveline, de la littérature « blanche » (lauréat du Grand Prix de la Société des gens de lettres, en 1954, pour son roman *Promenade en marge*), il repousse loin les frontières d'un genre pourtant bien calé dans son train-train. Et lorsqu'il quitte la Série Noire, douze ans plus tard, le titre seul de son ultime roman publié dans cette collection prend valeur de tract universel : *Prière de se pencher au-dehors* (1978). C'est le retour chez Albin Michel pour quatre romans de suspens intransigeants qui intègrent en les dépassant ses périodes « blanche » et « noire » : *Le Piège* (1981), *Le Nuage et la Foudre* (1982), *Autobiographie d'un tueur professionnel* (1987) et davantage encore et plus que tous les autres, cette fondamentale synthèse de toute son œuvre, ce roman superbe de justesse et de force intérieure, *Un cheval mort dans une baignoire* (1986) – l'histoire d'un nommé Framer, ancien agent secret ordinaire, qui coule des jours tranquilles dans le Ventoux, aux côtés de sa compagne et du fils de celle-ci, jusqu'au jour où un fil de nylon tendu entre deux arbres provoque sa chute de moto et le réveil d'un passé qu'il croyait révolu. Toute l'œuvre de cet auteur en marge en fait l'une des plus solides présences signalétiques de la littérature européenne.

Au cinéma
Plusieurs romans de Francis Ryck ont été portés à l'écran : *La Peau de torpédo* par Jean Delannoy (avec Stéphane Audran, Lilli Palmer, Klaus Kinski, 1970) ; *Drôle de pistolet* par Claude Pinoteau (avec Lino Ventura, Lea Massari, Suzanne Flon, Leo Genn, 1972, sous le titre *Le Silencieux*) ; *Le Compagnon indésirable* par Robert Enrico (avec Jean-Louis Trintignant, Philippe Noiret, Marlène Jobert, 1974, sous le titre *Le Secret*) ; *Nos intentions sont pacifiques* par Gérard Pirès (avec Jean-Pierre Marielle, Jacques Dutronc, Gérard Lanvin, 1980, sous le titre *L'Entourloupe*) ; *Effraction* par Daniel Duval (avec Marlène Jobert, Bruno Cremer, Jacques Villeret, 1982) ; *Conseil de famille* par Costa-Gavras (avec Fanny Ardant, Johnny Halliday, 1983).

Lovesey Peter

(1936)

Le passé recomposé

A une époque où tant d'auteurs réussissent la performance d'être déjà datés à force de vouloir faire mode, il est heureux qu'un écrivain de ce calibre parvienne, d'un roman l'autre, à faire du neuf avec de l'ancien.

On ne rompt jamais assez les amarres avec son passé. Peter Lovesey l'a bien compris qui, sans y toucher, en pleine «ère thatchérienne», situe ses romans à l'époque de la Mère Victoria. Une certaine idée de l'Angleterre conquérante, au détriment des plus faibles, qui redouble les coups tordus et fait avancer à grands pas la régression...

▪ Made in G.-B.

Son premier roman, *La Course ou la Vie* (1970), se situe à Londres, en 1879, et met en scène le sergent Cribb et le constable Thackeray aux prises avec une sale affaire d'empoisonnement au beau milieu d'une compétition d'endurance qui voit de pauvres bougres, recrutés parmi les garçons d'écurie et les briquetiers, se démolir l'organisme quand ce n'est pas plus radicalement passer de vie à trépas, pour quelques livres de plus. Cette œuvre est née d'un concours de romans policiers, organisé par l'éditeur Macmillan, pour lequel Lovesey a obtenu le premier prix, ainsi que de l'exacte reconstitution des «wobbles» (tremblotes) qui avaient lieu à cette époque et, précise l'auteur, qu'on désignait sous ce vocable «parce qu'on avait l'impression que les coureurs ne tenaient pas sur leurs jambes».

Dans *Le Vingt-sixième Round* (1971), nos deux limiers du Yard et l'inspecteur-chef Jowett se trouvent confrontés aux milieux de la boxe. Pas celle du marquis de Queensberry. Non. Mais celle du combat à poings nus, dans des pugilats clandestins de la plus parfaite illégalité, où toute mort d'homme entraîne la décapitation du cadavre afin d'éviter l'identification. Se mettent alors à flotter sur la Tamise de bien étranges poissons. Il va sans dire que ces combats de boxe clandestins ont réellement existé.

Avec *Trois Flics dans un canot* (1976), Lovesey se livre à une décapante parodie du roman de Jérôme K. Jérôme, *Trois hommes dans un bateau*, qui faisait fureur, en ce temps-là, de l'autre côté du Channel et qui entraîna les Anglais dans la passion du canotage. «La reconstitution de l'Angleterre fin de siè-

Par lui-même

«Je considère mes livres comme des romans de procédure policière se déroulant à l'époque victorienne, à la réserve qu'il y a toujours un aspect humoristique. J'ai essayé de montrer les conditions difficiles d'enquête de Scotland Yard privé de tous les moyens de la police scientifique moderne, jusqu'aux empreintes» (Entretien avec Roger Martin, *Les Maîtres du polar étranger*, Éd. de l'Instant, 1986).

John Wainwright (1921)

Il aura fallu, en 1981, l'adaptation de son roman *A table* par Claude Miller (sous le titre *Garde à vue*, avec Lino Ventura, Michel Serrault et Guy Marchand) pour que cet auteur sorte de l'anonymat et soit davantage considéré par la critique qui, jusqu'alors, le traitait en quantité négligeable. Bien que ses romans n'atteignent jamais des sommets, ils en valent bien d'autres. Cet ancien pilote de la R.A.F., devenu officier de police, a également publié, sous le pseudonyme de Jack Ripley (un homonyme du personnage de Patricia Highsmith et de son propre surintendant du Yard).

cle, écrit Jacques Breton, est particulièrement savoureuse et l'intrigue, menée avec beaucoup d'élégance et de finesse, permet une lecture attachante, sinon passionnante [...]. Il n'est pas une ligne de description, pas un dialogue, pas une explication, pas même un titre de chapitre qui ne soit égayé d'un clin d'œil toujours discret au lecteur. » Ce roman a obtenu le Grand Prix de littérature policière en 1985. Deux ans plus tard, Lovesey obtiendra le Grand prix du Roman d'aventures pour *Le médium a perdu ses esprits*.

▪ Une intrigue au millimètre

En attendant, il va écrire ce que nous aurons tendance à considérer ici comme son roman le plus abouti à ce jour (il se déroule à Londres en 1888) et qui recevra en 1978 le Poignard d'argent de la Crime Writer's Association : *Le bourreau prend la pose*... Miriam Jane Cromer est accusée d'avoir empoisonné l'assistant de son mari. Tout l'accuse, y compris la lettre qu'elle a rédigée de sa propre main et dans laquelle elle avoue son forfait. Condamnée à mort, elle ne peut plus espérer qu'une grâce pour se sauver de la corde. Toutefois, le ministre de l'Intérieur a des doutes sur la culpabilité réelle de la jeune femme et le sergent Cribb, via son supérieur Jowett, est chargé de procéder à une contre-enquête. Il n'a que quelques jours pour démonter le mécanisme de la «machinerie», si machination il y a. Et dire que, pendant ce temps-là, James Berry, le bourreau officiel de Londres, ne pense qu'à une chose : se faire tirer le portrait. Une intrigue au millimètre, une description de l'univers carcéral en pointillé, une fin surprenante qui renvoie les plus fins «classiques» à leurs chères études. Et encore ce sergent Cribb dont la pugnacité finira bien un jour par soulever des montagnes. En attendant, sa clairvoyance peut susciter bien des envies chez ses collègues romanesques. Même les adversaires les plus acharnés du «whodunit» seront contraints de baisser pavillon. Le temps d'un Lovesey. Encore un que Le Masque n'a pas laissé passer. Avec juste raison.

René Réouven (1925)
En 1965 René Sussan obtient le prix Cazes pour un roman intitulé *Histoire de Farezi* (Denoël). En 1960, il avait publié un roman d'anticipation et vingt-cinq ans plus tard, dans le même genre, *Les Insolites* (Denoël) obtiendra le Grand Prix de science-fiction. En 1982, sous le pseudonyme d'Albert Davidson, il publie un superbe pastiche intitulé *Élémentaire, mon cher Holmes* (Denoël) qui lui vaut le prix Mystère de la critique. Mais c'est en 1964, dans la collection Crime-Club qu'il forge ses premières armes dans le roman policier. Depuis, il démontre, comme l'a écrit Michel Lebrun, qu'il est bien «un romancier profondément cultivé et un admirable constructeur d'intrigues». Parmi ses ouvrages à ne pas manquer : *Les Confessions d'un enfant du crime* (1977) ; *Tobie or not Tobie* (1980) ; *Un tueur en Sorbonne* (1984) ; *L'Assassin du boulevard* (1985). En 1971, son *Assassin maladroit* avait été récompensé d'un très opportun Grand Prix de littérature policière.

Référence
Breton (J.), *Les Crimes du trimestre* n° 7-8, sept. 1987.

Robert Lee Pike (1912-1981)
De son vrai nom Robert Fish, il a suivi des études de technologie, séjourné au Brésil et n'est entré en littérature qu'au demi-siècle. *Le Leurre* obtient d'emblée l'Edgar des Mystery Writers of America. Il met aux prises un flic brésilien avec un réseau de nazis émigrés. En 1963, il écrit ce qui constitue sans doute son meilleur roman et un excellent polar tout court (*Un silence de mort*) où intervient un certain lieutenant Clancy qui deviendra au cinéma *Bullitt* sous la direction de Peter Yates (avec Steve McQueen, Don Gordon, Jacqueline Bisset, Robert Vaughn).

Hillerman Tony

(1925)

Indiens, pas morts

« Une civilisation universelle ne peut être qu'une civilisation du dialogue, et le dialogue n'est possible que si toute partie, toute civilisation, se refuse à prétendre à la totalité » (Robert Jaulin).

La découverte au Nouveau-Mexique de restes d'habitations Navajos, datant de 1491, a fait dire que ces Indiens du Sud-Ouest étaient à quelque chose près les contemporains des conquistadors espagnols. En 1848, dix ans après « la piste des larmes » qui vit le peuple Cherokee déporté en masse par le gouvernement fédéral américain sur les routes de l'Ouest, les États-Unis (qui avaient annexé le Texas en 1845) prirent possession des territoires du Sud-Ouest. D'embuscades en échauffourées, comme le gouvernement des Blancs ne réussissait pas à faire respecter ses traités par les Navajos, il chargea un colonel nommé Carson de liquider les Indiens et de rassembler les survivants dans l'est du Nouveau-Mexique où l'on pourrait leur inculquer, ainsi parqués, les leçons du monde civilisé. Carson, serviteur zélé, s'engagea dans ce massacre au-delà des espérances de ses chefs. Vaincus, décimés, ayant vu leurs femmes et leurs enfants massacrés (les soldats américains de Carson découpaient les seins des filles indiennes à la baïonnette puis se les renvoyaient comme des balles), les survivants Navajos se résignèrent à l'acculturation de la captivité. De toutes les tribus ainsi réduites à l'état de survivants confinés dans les réserves, ce furent les Navajos qui surent encore le mieux tirer parti du génocide puis de l'ethnocide que les gouvernements américains successifs (de Lincoln à Bush) pratiquèrent et pratiquent à leur encontre.

Harry Whittington (1916)
Cet auteur, originaire de Floride, a publié plus de cent romans depuis 1945. En France, c'est à François Guérif, Jean-Paul Schweighaueser et Jean-Jacques Schléret qu'il doit sa notoriété. Dans ses romans noirs, il dénonce (non sans une certaine force) les crimes de lèse-citoyenneté commis par les tenants de l'argent-roi et leurs épigones à travers un personnage archétypal qu'il définit lui-même comme « une sorte de preux qui sait que sa cause et son armure sont rouillées ; que le duc pour qui il se bat est un vrai salaud et que c'est contre le duc et non le dragon qu'il va retourner son épée émoussée ». A lire : *Frénésie pastorale, Casse-tête, Le Salaire du diable* (Série Noire).

▪ Navajos saga

Ce long préambule pour dire que l'on ne peut décemment pas entrer dans un roman de Tony Hillerman comme on s'y prendrait avec un moulin. Et ceux qui font la fine bouche devant ces enquêtes qui ne sont, tout compte fait, que le fil très ténu d'une plus vaste recherche, n'ont rien compris à la démarche de l'auteur. Car ici, en effet, peu importe (disons, à la limite) le triple meurtre commis dans la réserve Navajo, déclic des *Porteurs de peau*, ou la disparition de l'ethnologue Eleanor Friedman-Bernal, prétexte au *Voleur de temps* ; peu importe encore (et toujours, à la limite) le double assassinat du vieux Tso et de sa nièce, point de départ de *Femme qui écoute*, ou qu'un mystérieux avion se soit écrasé en plein désert pour les besoins du *Vent sombre* même si l'auteur considère qu'il s'agit là de sa plus forte intrigue ; peu importe enfin (et plus que jamais, à la limite) les deux adolescents disparus de *Là où dansent les morts* que les spécialistes considèrent comme le roman le plus achevé d'Hillerman. Car ici, pour tout dire, ni les flics Joe Leaphorn et Jim Chee ni les affaires auxquelles ils sont directement mêlés ne figurent au centre de la question.

■ Le chœur du problème

Cela ne signifie pas qu'enquêteurs et enquêtes ne servent à rien. Les fils conducteurs d'Hillerman, tout comme ses trouvailles, sont même, dans la plupart des cas, supérieurs à ceux de ses contemporains nationaux. Mais ils n'ont que l'importance que peuvent avoir dans une cathédrale, les collatéraux. Car ici, ce qui vaut, ce pour quoi enquêtes et enquêteurs existent, ne relève pas à proprement parler de l'engouement pour le mystère au sens strictement policier du terme, mais bien de la passion d'un écrivain pour l'histoire d'un peuple survivant. C'est la nef centrale, le chœur du problème et la raison d'être de ce cycle romanesque qui porte haut et loin une typique littéraire qui, à bien des égards, ressemble quelquefois, dans la jungle des lettres, à ces réserves où l'on a confiné une partie du genre humain. Dans un entretien qu'il a accordé à *The Armchair Detective*, Tony Hillerman expliquait : «Le genre policier me semble être une excellente façon d'intéresser les gens qui ne liraient jamais un quelconque livre d'anthropologie ou un ouvrage non romanesque sur les Indiens.» Pour notre part, nous ne pensons pas que l'auteur ait définitivement renoncé à écrire ce qu'il appelle un peu ironiquement «le livre américain du siècle». Seule l'enveloppe a changé. Car le contenu du message, lui, reste identique. Il est bel et bien en passe d'écrire l'une des plus dignes pages de la sombre histoire américaine. Quand viendra le jour des comptes, parions que le territoire tant vanté de Yoknapatawpha n'aura plus qu'à bien se tenir.

Howard Fast (1914)
Le plus célèbre roman de cet auteur n'a rien à voir avec l'univers du polar puisqu'il s'agit de *Spartacus* que Stanley Kubrick porta à l'écran (avec Kirk Douglas, Charles Laughton et Tony Curtis). Son premier roman policier date de 1952. Il est signé Walter Ericson. La même année, il publie *L'Ange déchu* (Rééd. NéO), superbe roman noir. Deux ans auparavant, ce fondateur du Mouvement de la paix avait eu maille à partir avec le maccarthysme et avait été emprisonné pour refus de collaboration avec la Commission des « activités anti-américaines ». De 1960 à 1975, sous le pseudonyme de Cunningham, il fait paraître une série de treize romans dont les titres sont des prénoms de femmes. C'est au cours de cette série qu'apparaît le sergent Masao Masuto, flic d'origine nippone qui exerce ses fonctions et ses talents à Hollywood et auquel Howard Melvin Fast consacre désormais le plus clair de son temps.

Frank McAuliffe (1926)
Né sur la côte est des États-Unis, il est le père spirituel d'un héros hors du commun et quelque peu démystificateur : Augustus Mandrell. Polyglotte notoire, faussaire occasionnel, ventriloque à ses heures et judicieux homme d'affaires, ce héros a fondé une société à partir de laquelle il est en mesure de louer ses services à tout particulier en détresse. Quatre de ses enquêtes ont été publiées à la Série Noire, parmi lesquelles *Un sacré culot* (1965) et *Meurtre à la carte* (1968).

Ernest Tidyman (1928-1984)
Auteur d'une quinzaine de romans, Tidyman est surtout connu pour être le créateur de John Shaft (*Les Nuits rouges de Harlem*, 1970), privé de son état, qui ne s'embarrasse guère de préjugés pour mener à bien ses enquêtes. De race noire, ce cousin de Hammer, surfant sur la vogue black qui déferlait aux U.S.A., obtint un succès considérable. Au cinéma, il prit les traits de l'acteur Richard Rountree dans deux films de Gordon Parks. Le thème générique fut composé par Isaac Hayes. Un an plus tard, Ernest Tidyman écrivait le scénario du célèbre *French Connection* de William Friedkin (avec Gene Hackman).

Références
Entretien paru dans *The Armchair Detective*, vol. 20, 1987, n° 1 reproduit dans le magazine *813* n° 22, janv. 1988.
Hillerman est publié dans la Série Noire et Rivages/Noir.

Wambaugh Joseph
(1937)

Le maître actuel du noir américain

« De livre en livre, il poursuit son œuvre au noir, affirmant avec chaque nouveau titre un talent renforcé » (Roger Martin).

Parti de presque rien et revenu de pas mal d'endroits, Joseph Wambaugh est un homme à qui on ne la fait pas. Ni au sentiment ni à l'estomac. Et comme ce n'est pas un écrivain qui travaille en coups bas, il ne triche pas avec ses lecteurs. Cela, bien sûr, ne suffit pas à expliquer l'immense succès de ses romans aux États-Unis, pas plus, d'ailleurs, que l'insuccès critique qu'il rencontre en France comparé à quelques-uns de ses piètres imitateurs qui se taillent sur son dos (mais pour combien de temps encore ?) la part du lion.

« En une seule nuit de patrouille à Los Angeles, j'en savais certainement plus sur moi-même et sur l'humanité tout entière que n'en apprendront jamais en toute une vie, ceux qui n'ont pas été flics [...]. En quelques mois à Hollywood, j'ai rencontré plus de menteurs, de malfaiteurs et de criminels en tout genre que pendant mes quatorze ans de carrière dans la police. » Toute l'œuvre de Wambaugh pourrait être contenue dans cette déclaration même si, en disant cela, nous n'aurions encore rien dit...

Fils unique d'une famille de catholiques irlandais, Joseph Wambaugh est né à Pittsburgh, en Pennsylvanie. En 1951, sa famille part pour la Californie. Il s'engage dans les « Marines » tout en suivant des cours à l'université. Marié, libéré de ses obligations militaires, il travaille dans une aciérie près d'Ontario et continue ses études. En 1960, rupture brutale, il décide d'intégrer le corps de la police qu'il quittera quatorze ans plus tard avec le grade de sergent. Entre-temps, il était passé du côté de l'écriture avec trois romans, lesquels avaient tous été des succès de librairie : *Les Nouveaux Centurions* (1971), *The Blue Knight* (1972) et *Le Mort et le Survivant* (1973, Presses de la Cité).

L'envers du décor
« Les gyrophares illuminant la nuit et les sirènes la déchirant de leurs hurlements, ce n'est pas l'essentiel. Ce qui intéressera les gens, c'est l'envers du décor, quand les masques tombent, quand le policier connaît des moments de rage intense, de peur, d'angoisse, de peine, de souffrance, de bonheur » (J. Wambaugh cité par Roger Martin, dans la revue *Hard Boiled Dicks* n°16).

■ Un exercice de sape

En 1975, il publie *Patrouilles de nuit* (Presses de la Cité), salué par la critique américaine du *New York Times* et du *Los Angeles Times* comme son roman le plus réussi. En 1978, *Un chien dans un jeu de flics* (Le Masque/ Grand format) raconte les péripéties du sergent Valnikov et de Natalie Zimmerman, lancés sur la piste de ravisseurs d'un schnauzer nain pour lequel est réclamée une rançon de 85 000 dollars. L'histoire pourrait être seulement désopilante si Wambaugh ne venait y mêler son humour persifleur et ne profitait du sujet pour expédier quelques coups de pied bien sentis dans la fourmilière californienne. Pourtant, le ton a changé. De pièces noires, nous voici passés aux tableaux grinçants. Wambaugh n'en est que meilleur. Au Truman Capote (de *De sang-froid*) s'est ajouté un côté riveur de clou à la Daumier. Le jeu de massacre peut continuer avec *Le Crépuscule des flics* d'abord

(1981), puis *Soleils noirs* (1983) dans lesquels Wambaugh se livre à une critique impitoyable des conditions de travail de la police et dénonce l'exercice de sape psychologique imposé par le tableau de marche des quotidiens et de la hiérarchie. Le suicide du flic Martin Wellborn (le mal nommé) est un morceau d'anthologie de la littérature tout court.

Difficile d'aller plus loin, littérairement, dans la peinture de l'atomisation d'une personnalité. Wambaugh est un écrivain, un vrai. L'épaisseur de ses personnages, la précision de ses analyses psychologiques, son sens du réel, sa parfaite maîtrise du montage narratif ponctué d'un humour à fleur de peau confèrent à ses romans à la fois cette valeur de témoignage dont ils se réclament et une indéniable tenue littéraire qui le place loin, très loin même, devant ses imitateurs, lesquels n'ont toujours pas compris que la violence qui s'exprime dans les romans de Wambaugh, loin de se suffire à elle-même et par-delà sa crudité vraie, ne participe d'aucune espèce de gratuité, mais part d'un éclairage sociétal pour rejoindre, sur les territoires de l'écrit, le point optimal de l'émotion.

Films
Plusieurs romans de Wambaugh ont été portés à l'écran : *Les flics ne dorment pas la nuit* de Richard Fleischer (1972, avec George C. Scott, Stacy Keach, Jane Alexander) ; *Bandes de flics*, de Robert Aldrich (1977, avec Charles Durning, Louis Gosset, Perry King) ; *Tueur de flics* de Harold Becker (1979, avec John Savage, James Woods, Franklin Seales).

Leonard Elmore

(1925)

De la prairie au macadam

Né à la Nouvelle-Orléans, étudiant à Detroit puis rédacteur publicitaire, on ne peut pas dire de cet auteur qu'il se soit embarrassé de considérations esthétiques. Dans les années 50, quand il débute dans l'écriture, c'est le western qui se vend le mieux et c'est le genre qu'il choisit pour faire ses premières armes. Les années 60 enregistrent la baisse du western et la remontée du polar. C'est tout naturellement vers lui que Leonard se tourne. Toutefois, ce serait allé un peu vite en besogne que d'assimiler Elmore Leonard à cette cohorte d'écrivaillons sans envergure qui dévaluent tout ce qu'ils touchent. Il y a chez lui un penchant spontané de conteur qui fait la différence. C'est ainsi que sa neuvième nouvelle sera portée à l'écran par Delmer Daves sous le titre homonyme de *Trois heures dix pour Yuma* (avec Glenn Ford, Van Eflin, Felicia Farr) et que son cinquième roman de même type sera adapté à l'écran par Martin Ritt sous le titre *Hombre* (avec Paul Newman, Fredrich March, Richard Boone, Diane Cilento, Martin Balsam)... Quant à son premier roman noir, Elmore Leonard réussira à le placer chez un éditeur après la bagatelle de quatre-vingt-quatre refus et encore dut-il sa publication au fait que la Warner avait acheté les droits de son manuscrit. En 1977, il publiera ce qui, à ce jour, et dans ce genre, reste sa production la mieux aboutie : *Homme inconnu n° 89* (Série Noire). En 1984, il obtiendra l'Edgar des Mystery Writers of America pour *La Brava* (Presses de la Cité).

Films
En dehors de ses deux westerns le cinéma s'est intéressé aux romans noirs d'Elmore Leonard. Notamment : *Une si belle garce* réalisé par Alex March en 1969 (avec Ryan O'Neal, Lee Grant, Robert Webber) ; *La Guerre des bootleggers* réalisé par Richard Quine en 1970 (avec Patrick McGoohan, Richard Widmark, Alan Ada) ; *Valdez* réalisé par Edwin Sherin en 1972 (avec Burt Lancaster, Susan Clark, Jon Cypher).

Hansen Joseph

(1923)

Descente dans Gay Street

«Je n'écris pas pour l'homosexualité à la mode et tapageuse, mais pour l'immense majorité des homosexuels brimés, vivant dans une désespérance terne et quotidienne» (Joseph Hansen).

Le roman noir a beaucoup consommé de femmes et d'homosexuels. La plupart du temps pour ranger les premières dans le placard à calamités toutes faites et les seconds dans le réduit à quolibets. Avec Joseph Hansen, il en consomme encore, mais les premières ne relèvent plus nécessairement du facteur fatal et les seconds ne sont plus du tout désignés à la risée collective. C'est le cas, entre autres, avec son héros de série, l'enquêteur Dave Brandstetter qui apparaît pour la première fois en 1970 dans le roman *Un blond évaporé* (Série Noire). «Avant tout, tient à préciser Hansen, Brandstetter n'est pas un homosexuel qui enquête sur des morts violentes, mais un enquêteur d'assurances dont il se trouve qu'il est homosexuel.» La nuance n'est pas inutile. Quant au fait qu'il ait choisi d'en faire un salarié de compagnie d'assurances plutôt qu'un détective privé tient à deux raisons qu'il explique tout aussi clairement à Roger Martin lors d'un entretien paru dans *Hard Boiled Dicks* (n° 4) : «La première, c'est que les compagnies d'assurances sont bien connues aux U.S.A. pour leur mépris à l'égard des homosexuels aussi bien employés que clients. La seconde, déterminante celle-là, c'est qu'un tel métier met réellement celui qui l'exerce en présence de la mort, ce qui ne serait pas le cas avec un détective privé (puisque) quand ils croisent un meurtre au cours de leurs investigations, la police les met aussitôt sur la touche.»

■ Écrire juste

Voilà qui porte un rude coup aux américanophiles hexagonaux, fins connaisseurs de l'Amérique du Nord, qui ont toujours prétendu qu'un détective privé français, cela ne passait pas la barre de la crédibilité, car seuls les U.S.A. possédaient de véritables détectives privés ! Or, c'est justement pour coller le plus près possible à la réalité nationale que Hansen a choisi un enquêteur d'assurances. Ce qui, d'ailleurs, ne s'est pas fait tout seul, puisque, avant de trouver preneur chez Harper and Row, il a vu ses manuscrits être systématiquement refusés, trois années durant, par tous les éditeurs. Il est vrai que Hansen s'est mis lui-même en porte à faux. D'une part en faisant d'un homo notoire le héros d'une série à but lucratif, d'autre part en refusant de porter aux nues l'homosexualité elle-même. Mais, sans doute, est-ce là aussi ce qu'on est en droit d'appeler écrire juste.

Éditions

Les romans de Joseph Hansen ont été publiés à la Série Noire que dirige Robert Soulat (Gallimard) : *Un blond évaporé, Les mouettes volent bas, Petit papa pourri*, ainsi que dans la collection Rivages/Noir que dirige François Guérif (Rivages) : *Par qui la mort arrive, Le petit chien qui riait, Un pied dans la tombe, Homosexuel notoire*...

Manchette Jean-Patrick
(1942)

Un témoin très immédiat

«Les commentateurs ont généralement remarqué que certains de mes sujets avaient quelque chose de politique et peut-être de gauchiste. Ils ont moins souvent aperçu que tout mon travail d'écriture est référentiel» (Jean-Patrick Manchette).

Il y a quatre ans déjà, en 1981, que Jean-Patrick Manchette n'a plus publié de roman. Le dernier en date avait pour titre *Fatale*, une «novellisation» d'un scénario qu'il avait écrit pour le cinéma et dont le cinéma n'avait pas voulu. Le roman paraît, hors Série Noire, en 1977. «*Fatale*, expliquera Manchette sept ans plus tard, est un roman expérimental [...]. Le propos qui m'intéressait, c'était de mettre en parallèle, d'une part une description marxiste dégradée du terrain, d'autre part le style post-flaubertien.» Quand Manchette donne cet entretien au magazine *Ice Crim's*, nous sommes donc en 1984. Un nouveau vide de trois ans le sépare de son dernier et peut-être ultime roman qu'il définissait lui-même (faussement modeste) comme un remake du précédent, mais qui, en réalité, vaut autrement mieux que l'idée qu'on peut se faire d'une réfection. Parfaitement maîtrisé, épuré de nombre de scories stylistiques antérieures (même si le systématisme des parenthèses tourne parfois à la coquetterie), économe dans ses effets, suivant une progression quasi métronimique doublée d'une volonté de symétrie, il est davantage le roman d'un contenant que celui du contenu. Deux ans lui seront nécessaires pour en venir à bout, si l'on en croit la datation portée à la fin de l'ouvrage. *La Position du tireur couché* mérite de figurer parmi les meilleurs romans noirs de tous les temps.

Ici, la philosophie du comportementalisme est abordée par son versant le plus abrupt. L'auteur raconte une histoire à l'intérieur de laquelle circulent des idées qui lui sont propres, mais qui ne sont plus exprimées de manière plaquée ou, plutôt, qui ne sont plus «agies» elles-mêmes dans un cadre de surexposition théorique à marche forcée, mais qui agissent visuellement d'elles-mêmes dans le contexte proposé, conférant ainsi au produit toute sa sèche efficacité, au lieu de le confiner dans un schématisme idéologiquement abstractif et littérairement déclamatoire.

■ Un style terriblement efficace

C'est en 1971, que Jean-Patrick Manchette apparaît au catalogue de la Série Noire. D'abord, en compagnie de Jean-Pierre Bastid (lequel s'associera par la suite avec Michel Martens) pour un roman à quatre mains, sorte de galop intitulé *Laissez bronzer les cadavres*. Puis, la même année, seul, avec *L'Affaire N'Gustro* (lisez Ben Barka) considéré a posteriori (et à tort) par la critique officielle comme le manifeste d'une nouvelle école du roman noir français (dite du néo-polar, comme il l'a lui-même

Etc.
Jean-Patrick Manchette a assuré, en collaboration avec Michel Lévine, la «novellisation» de la série télévisée *Les Globe-trotters* et seul, sous le pseudonyme de Pierre Duchesne, les «novellisations» des films *Mourir d'aimer* d'André Cayatte et *Sacco et Vanzetti* de Giuliano Montaldo.

appelée, mais de façon non apologétique). Car au moment de sa parution, l'ouvrage ne déclenche pas l'émeute. Cela donne à l'auteur le temps pour forcir le trait et publier coup sur coup *Ô dingos, Ô châteaux*, Grand Prix de littérature policière, adapté au cinéma par Yves Boisset sous le titre *Folle à tuer*, avec Marlène Jobert et Thomas Waintrop, et surtout *Nada* qui va littéralement crever l'écran critique et lectoral (malgré l'opération que lui fera subir Claude Chabrol au cinéma et que Jean-Patrick Manchette qualifiera de stalinienne).

L'enlèvement de l'ambassadeur des États-Unis par un groupe de gauchistes est le prétexte choisi par l'auteur pour renvoyer dos à dos le terrorisme étatique et le terrorisme révolutionnaire. Le traitement de l'histoire n'est pas complètement manichéen, mais il n'en fonctionne pas moins sur le cliché. Ici, le gauchiste est gauchiste (pas forcément bon) et le flic est flic zélé, xénophobe et forcément tortionnaire car il faut justifier sa mort laquelle justifie aussi la liquidation physique du groupe, etc. D'un autre côté, si le romancier voit bien la manipulation, il ne la considère que du point de vue des forces de l'ordre (les gendarmes manipulés par le flic, manipulé par ses supérieurs, manipulés par…), le tout sur fond de guerre des polices (ici c'est le S.D.E.C. qui est infiltré par des pseudo-éléments R.G. mais pas le groupuscule gauchiste : le flic doit remonter la piste et c'est une maquerelle qui lui désignera le premier maillon). Ainsi, l'apparence de «désintégration» qui a été notée à propos de ce roman ne vient pas du fond mais de la forme. Le style Manchette : séquentiel, syncopé, terriblement efficace. Excellent. A mettre entre toutes les mains…

Réponse
«De même que le roman à énigme n'a pas connu de développements importants après Conan Doyle, le roman noir n'en a pas eu après Dashiell Hammett. Cependant, l'un et l'autre genres (ou sous-genres) ont été pratiqués et continuent de l'être par d'excellents auteurs qui y ont apporté toutes sortes de particularités et de perfectionnements, mais aucun bouleversement essentiel» (J.-P. Manchette, revue *Littérature*).

▪ Un indéniable talent

A cette envolée «nihiliste», succèdent trois romans très traditionnels dont l'un, *L'Homme au boulet rouge*, écrit en collaboration avec Barth Jules Sussman, est la «novellisation» d'un scénario de commande, et les deux autres *Morgue pleine* (1973) et *Que d'os !* (1976) mettent en scène l'ex-gendarme Eugène Tarpon reconverti en privé… Paraît ensuite *Le Petit Bleu de la côte ouest*, adapté en 1980 par Jacques Deray (avec Alain Delon, Dalila di Lazarro, Michel Auclair, Pierre Dux, sous le titre de *Trois hommes à abattre*). Ce roman nous relate un moment intense dans la vie de Georges Gerfaut, cadre, marié, père de famille, lequel va se trouver en butte à des tueurs décidés à l'éliminer parce qu'il a porté assistance à un blessé et que celui-ci aurait fort bien pu lui parler avant de mourir. Poursuivi par ces tueurs, Gerfaut fuira dans la montagne avant de contre-attaquer. Personnage désabusé, impliqué de manière accidentelle dans une affaire qui ne le concerne pas, fuyant dans la montagne, Gerfaut ressemble (condition sociale exceptée) comme deux pincées de suie au Thomas (du *Compagnon Indésirable*) de Francis Ryck. A ceci près toutefois que : 1) le secret dont est porteur Thomas restera non révélé, ce qui rend d'autant plus pressante l'inquiétude du lecteur autour de sa fuite et de son assassinat (notamment sur sa provenance) ; 2) contrairement au Georges Gerfaut de Manchette, les David et Julia de Ryck qui ont «pu» partager ce secret mortel seront irrémédiablement abattus par les tueurs et le crime camouflé en acte de folie homicide, alors que pour Gerfaut tout finira par rentrer dans l'ordre et qu'il pourra, les soirs de stress, «circuler à bord de sa Mercedes gris acier à 145 km/h sur le périphérique».

Écrits à sept ans d'intervalle (1969 pour Ryck, 1976 pour Manchette), on voit bien que la puissance de vision dans ce qu'elle a d'imminent se trouve du côté de Ryck. Ce qui n'enlève rien à l'indéniable talent de Manchette, témoin très (trop ?) immédiat de son temps et qui jette sur lui un regard à la fois amer et amène, autant dire ambigu, à l'instar de l'époque. Ambigu, mais certainement pas duplice. Alors oui, si l'on veut, de temps en temps, le polar peut être grand. Mais Jean-Patrick Manchette n'est pas, comme il a été dit, son prophète. C'est même le railler que d'écrire cela. Car il est beaucoup plus, en vérité. L'un de ceux qui font, précisément, que de temps en temps le polar est effectivement grand.

A.D.G.

(1947)

Des idées noires

Après cinq années de silence à la Série Noire, Alain Fournier (rebaptisé Alain Camille), plus connu sous le pseudonyme d'A.D.G., publiait son dix-septième roman : une ignominie sans grand intérêt littéraire de surcroît qui lui valut une volée de bois vert de la part d'une critique qui, seize années durant, s'était contentée de lui tirer l'oreille, en le cataloguant dans le rayon des anars de droite. Du coup, il devint, du jour au lendemain, l'auteur d'un seul roman noir (son très petit dernier) et une espèce de pestiféré autour duquel il convenait de tendre un cordon sanitaire. Pourtant, son idéologie frontalement nationale n'avait pas attendu l'an 1987 pour se manifester. Ce haro sur le baudet venait donc seize ans trop tard. Il fut, d'ailleurs, dans sa virulence, à la mesure de la complaisance dont cette critique avait fait preuve, à son égard, durant tout ce temps : inutilement tapageur et publicitaire.

Alors, à l'heure même où une presse dite de gauche ouvre en grand ses colonnes à des écrivains de cette même droite (lesquels fondent des revues où ils donnent la parole à d'anciens collaborateurs nazis), à l'heure où cette même critique porte au pinacle un auteur américain de la même extraction idéologique, on ne voit pas pourquoi A.D.G. serait le seul à trinquer dans ce marché de dupes. *La Nuit des grands chiens malades*, *Cradoque's Band*, *Berry Story*, *Le Grand Môme*, sont d'excellents romans. Il faut les lire pour deux raisons : d'abord parce qu'il s'agit d'œuvres d'un véritable écrivain, ensuite parce qu'il nous est interdit de rester ignorants de l'idéologie d'un ennemi principal.

Jean-Gérard Imbar (1944)
En 1986, les éditions de l'Instant publiaient *Vomito Negro* qui mettait aux prises un groupuscule néo-nazi et un parti de la droite nationale rivalisant de coups fourrés pour capter l'héritage d'un milliardaire alcoolique. En 1968, le même avait déboulé à la Série Noire avec *Scoop* qui fut salué par la critique pour la qualité de son intrigue et sa maîtrise narrative. Entre les deux, Imbar a publié quatre autres romans noirs, écrit des scénarios pour le cinéma et la télévision.

Pronzini Bill

(1943)

Un romancier du présent

L'auteur travaille au corps le mythe de telle manière qu'il parvient à fondre ses personnages dans un quotidien propre et comme s'il n'en avait jamais existé de semblables avant eux.

Il existe deux voies d'accès principales à l'œuvre de Pronzini. La première concerne ses romans que nous qualifierons d'indépendants et parmi lesquels figurent quelques histoires de tout premier ordre, tel le fameux *Hidden Valley* (publié en France par François Guérif chez Rivages/Noir), dans lequel trois malfrats, qui viennent juste de manquer le pillage d'une banque, se replient dans une petite bourgade des Rocheuses forte de soixante-quinze âmes, qu'ils décident de mettre à sac. L'autre voie, Pronzini l'ouvre sur la veine de son Nameless (le détective sans nom) qui constitue l'essentiel de son œuvre et qui l'a fait connaître dans le monde entier. «Je n'ai pas donné de nom à mon personnage, explique-t-il dans un entretien avec Roger Martin, parce que j'aurais voulu un nom à consonance italienne, comme le mien, et cela rebutait l'éditeur.»

■ Un imaginaire débordant

Solitaire, la quarantaine, collectionneur de pulps, le Nameless habite et travaille à San Francisco où il est né dans les années 25. Démissionnaire de la police, il s'est reconverti dans le privé. «Les enquêtes dont il est chargé, écrit Jacques Baudou dans *Le Vrai Visage du Masque*, le font évoluer dans une Californie qui n'a rien de mythique. Il œuvre dans l'Amérique des présidents Nixon, Carter, Reagan, dans l'Amérique de l'après-Viêt-nam, des mégapoles polluées, bref dans la banalité la plus quotidienne.» Parmi les titres importants de cette série, signalons : *Le Coup tordu* (1972), *Fausse clé* (1973), *Mon pote le vendu* (1982), *L'Article de la mort* (1980), tous édités à la Série Noire.

Né à Petaluma, en Californie, William dit Bill Pronzini doit interrompre ses études par manque de moyens financiers et exercer du même coup pas mal de métiers. C'est en 1965 qu'il place sa première nouvelle dans un magazine policier. Il en écrira nombre d'autres, touchant à tous les genres : érotisme, science-fiction, aventure, etc. Les romans aussi abondent. Quelquefois en collaboration (notamment avec John Lutz et Barry Malzberg). Il a également publié des anthologies et des essais dont l'un sur les plus mauvais romans policiers (Éd. Encrage, 1991). Imaginaire débordant, auteur infatigable et, le plus souvent, d'excellente facture, il a reçu en 1982 le Shamus du Private-Eye Writers of America pour son roman *L'arnaque est mon métier* (Le Masque) et reste l'un des tout meilleurs romanciers de sa génération.

Gilbert Tanugi (1929)

A dix ans d'intervalle, cet auteur qui allie «le raffinement de l'écriture à la psychologie des personnages» aura écrit deux très forts suspenses policiers : *Le Canal rouge* (Grand Prix de littérature policière, 1957, Denoël) et *Saxo-faune*, un roman sur le thème du dédoublement (1982, Fleuve Noir). Entre-temps, il a publié une trentaine de romans dont certains sont loin d'être négligeables : *Crazy Capo* (1972), *L'Homme de Hambourg* (1972) et *Le Rendez-vous de Delft* (1979) chez Denoël ; *Deuil en acier* (1974) et *L'Assassinat de Don Juan* (1980) au Masque.

Vallet Raf

(1918)

Un homme d'ordre

En homme de droite convaincu, s'il attaque le système, ce n'est jamais pour lui porter des coups, mais, au contraire, pour l'alerter des risques qu'il encourt à force d'engendrer le désordre.

Au départ, il y a Jean Laborde, chroniqueur judiciaire au quotidien *L'Aurore*, qui fait paraître des romans généralistes (plus ou moins inspirés de faits divers : *Un matin d'été à Lurs*, *Les Assassins de l'ordre*, etc.), puis qui entre chez Plon avec une suite de quatre romans d'espionnage dont l'héroïne a nom Olivia. Dans le même temps, il change son fusil d'épaule, emprunte un nom d'auteur (né à Lyon, il devient Jean Delion) et rejoint la Série Noire avec des romans d'inspiration humoristique (*Quand me tues-tu ?*, *Pouce*, etc.). Tout cela ne paraît pas le satisfaire puisqu'en 1972, c'est sous le pseudonyme de Raf Vallet qu'il revient à la Série Noire après quatre années de silence.

▪ Une hauteur de vue

En plein scandale Aranda, le roman dénonce l'affairisme de l'État-U.D.R. : *Mort d'un pourri* sera porté à l'écran par Georges Lautner (avec Alain Delon, Ornella Muti, Stéphane Audran, Mireille Darc, Maurice Ronet) et emboîtera le pas à la vague des jeunes loups du «néo-polar» qui débarque dans l'Hexagone. Deux ans plus tard, il enfonce le clou : *Adieu poulet*, qui s'ouvre sur l'assassinat d'un colleur d'affiches pendant une campagne électorale, s'efforce de mettre en pièces les méthodes fort peu démocratiques de certains hommes politiques, ardents défenseurs de l'ordre (le leur) et de la morale (*idem*). Ici, le flic Vergeat (verlan de Javert) incarne le fonctionnaire de police sincère confronté à une caste politico-policière corrompue et solidaire. Le roman sera adapté à l'écran par Pierre Granier-Deferre (avec Lino Ventura, Patrick Dewaere, Victor Lanoux, Françoise Brion, Julien Guiomar).

Raf Vallet, homme de droite et de conviction, ne se sent pas à l'aise dans ce système qui est le sien et qui exhale des odeurs putrides de magouilles en tous genres. Alors, il choisit de les dénoncer. Sans fard. Dommage que les romans suivants n'aient pas su conserver cette hauteur de vue et qu'il ait même interrompu sa production. Car les scandales de son système continuent d'affluer et le dégât des eaux s'aggrave.

Robert Destanque (1931)
Ce Bordelais qui a obtenu le prix Jean Vigo pour un court métrage réalisé en 1964, a également consacré un documentaire au cinéaste hollandais Joris Ivens, en 1982. C'est en 1976 qu'il écrit sa première Série Noire, *Aveugle, que veux-tu ?*, bientôt suivi de deux autres romans : *Le Serpent à lunette* (1978) et *Raptime* (1980).

Christopher Diable (1950)
En 1980, Claude Brami obtient le prix des Libraires pour un roman qui n'a rien de policier. Depuis trois ans, d'ailleurs, il avait cessé toute production dans le genre. C'est en 1973 qu'il y avait débuté sous deux pseudonymes : Julien Sauvage, pour le Fleuve Noir (*La Lune du fou*, *Portes closes*, etc.) et Christopher Diable (donc) pour Denoël : *Une affaire très personnelle*, *La Petite Demoiselle au chewing-gum* et le superbe *La Plus Longue Course d'Abraham Coles, chauffeur de taxi* qui obtiendra, en 1977, le Grand Prix de littérature policière.

Bosetzky Horst
(1938)

Vous avez dit Ky ?

«Lorsque j'ai découvert que je n'écrirais pas le grand roman allemand du XXe siècle, j'ai pensé que je pourrais m'essayer au polar. Quand j'ai compris que ce n'était pas plus facile, il était déjà trop tard» (Horst Bosetzky).

C'est en 1971 que ce docteur en sociologie publie son premier roman sous le pseudonyme transparent de Ky. Considéré dans son pays comme le plus gauchiste, mais aussi le plus novateur des auteurs de romans noirs allemands, il est le créateur du commissaire principal Mannhardt, qui opère dans *Du feu pour le grand dragon* (Éd. de l'Instant), ainsi que du commissaire Karl Kamena, qui enquête dans *Robin des Bois est mort* (Le Mascaret), les deux seuls romans de Ky traduits, à ce jour, en France. Le premier, Mannhardt, est un flic désabusé qui n'aime guère son travail et encore moins son supérieur (le Dr Weber) dont le regard bleu de Prusse a dépassé depuis longtemps la ligne horizon du libéralisme. Mannhardt opère à Berlin, ville à laquelle il semble irrépressiblement lié. Le second, Karl Kamena, enquête dans la métropole imaginaire de Bramme, dans la Basse-Saxe, symbole des villes moyennes de R.F.A. Souvent confronté à des problèmes biliaires, il est plus fréquemment qu'à son tour dépassé par les événements.

Hansjorg Martin (1920)
Né à Leipzig un 1er novembre, il fait partie de cette nouvelle école allemande des années 60 qui, comme l'a écrit Jean-Jacques Schléret, « utilise la trame policière comme moyen de dénoncer les maux de la société allemande : la corruption politique, la xénophobie, la police au service du patronat, l'exploitation du monde ouvrier ». Auteur d'une quinzaine de romans dont deux, à ce jour, ont été traduits en France : *Les acteurs n'aiment pas mourir* (Le Masque) et surtout *Un coup au cœur* (Série Noire).

▪ Les dessous

Dans *Robin des Bois est mort* (1979), Ky nous entretient d'un sujet qui a secoué l'Allemagne des années 70-80 : le terrorisme ; mais au lieu de nous le présenter de front, il choisit de le faire par le biais d'un couple revenu de tout et aussi à travers le comportement général des habitants de sa ville synthétique. Avec *Du feu pour le grand dragon* (1984), c'est le retour à Berlin, dans le quartier ouvrier de Kreutzberg, à la limite de feu Berlin Est. Là où le racisme règne en maître, sous forme d'attentats «klanistes» à la mode germanique relayés par les nostalgiques du IIIe Reich. Nous sommes à la veille d'une explosion sans précédent et Mannhardt n'a guère le temps de tourner les pages de Theodor Fondane. D'un côté, ceux qui veulent extirper de la ville son « chancre turc », de l'autre un nommé Kochale, hier brillant étudiant, aujourd'hui embarqué dans l'œil du cyclone. Et, au milieu, Mannhardt qui doit éviter le carnage.

Ainsi, deux ans avant le best-seller de Günter Walraf (*Tête de Turc*), Horst Bosetzky dénonçait dans ce roman au vitriol les ratonnades et meurtres racistes qui sévissaient dans le ghetto turc de Berlin. Pendant ce temps-là, de l'autre côté du Rhin, comme ailleurs, la littérature des belles-lettres faisait l'impasse. Une fois encore, c'est le roman noir qui faisait le ménage et lui toujours que l'on montrait du doigt. Mais ici comme ailleurs on le montre : c'est déjà cela de gagné.

Le roman policier allemand

On ne peut pas dire que la production de romans policiers ait été le principal enjeu des éditeurs allemands du début du siècle. Certes, des philosophes, des théoriciens de la littérature se sont intéressés de près au genre (notamment Marx, Benjamin, Brecht), mais, dans les années de la guerre d'avant comme dans celle de l'avant-Deuxième Guerre, les auteurs nationaux ne proliféraient pas.

Deux exceptions notables dans ce désert : celles d'**Erich Kästner** (1899-1974) et de **Frank Arnaü** (1894-1976) qui, respectivement en 1928 et 1929, se rendirent coupables de deux petites merveilles : le premier avec *Émile et les Détectives* qui connaîtra un succès considérable avant d'être brûlé en place publique par les nazis ainsi que tous les roman de Kastner ; le second avec *La Chaîne fermée*, considéré par Jacques Baudou comme «un roman d'une étonnante actualité» et par Michel Lebrun comme «une œuvre d'une importance historique capitale»...

L'immédiat après-guerre voit se développer des fascicules bon marché, publiés par des éditeurs peu regardants sur l'art et la manière et qui engagent des auteurs pour des séries populacières sans intérêt. C'est le temps des Jerry Cotton et autres Commissar X, sous-produits vulgaires, rédigés à la hâte et à la chaîne par de multiples rédacteurs signant leurs méfaits de divers pseudonymes. Parallèlement, des éditeurs plus scrupuleux offrent à leurs lectorats des auteurs de qualité, mais dont les trois quarts viennent d'Angleterre, des U. S. A. ou de France. Les auteurs nationaux, eux, continuent d'être délivrés sous ordonnance et au compte-gouttes. On relève les noms de **Thomas Andresen**, **Rolf Biechbricher**, **Max-Pierre Schaeffer**...

Ce n'est qu'aux alentours des années 65-70 que le «kriminalroman» va véritablement décoller en Allemagne grâce à des auteurs très au fait des préoccupations sociopolitiques de leur temps et de leur pays sous l'impulsion des éditions Rowohlt et de leur collection Rororothriller, que va fondre la langue de plomb. Parmi ces auteurs qui vont entrer dans une critique radicale du miracle économique, du fascisme renaissant, de la violence policière, du terrorisme façon Janus, on trouve, à côté de Bosetzky et Martin, **Detlef Wolf** (1934) qui, à travers une dizaine de romans et les tribulations de son Gernot Katenkamp flic-loser, dresse un constat peu reluisant de l'Allemagne «libérale».

Pas très loin d'eux, **Friedhelm Werremeier** (1929) et son commissaire Trimmel, confronté à la prise d'otages, la corruption sportive, la criminalité informatique et à une R.F.A. à double fond.

Peter Schmidt (1944), lui, s'il tire davantage vers le roman d'espionnage, c'est pour mieux disséquer les crimes de la trop fameuse Raison d'État.

L'un dans l'autre, écrit Jean-Paul Schweighaueser «l'auteur de polars allemands, confronté à la réalité de son pays, n'est pas réjoui par ce qu'il constate et [...] il expose son point de vue par le biais de ses romans.» (Lire les dossiers de J.-P. Schweighaueser concernant le «kriminalroman» dans les numéros 9, 15-16 et 18 de la revue *Encrage.*) Plutôt que de continuer à lorgner exclusivement du côté de l'Amérique, il serait peut-être temps (comme pour l'Italie, l'Espagne, la Suède, le Portugal, etc.) que les éditeurs français commencent à s'intéresser à l'Europe. Celle qui bouge encore, évidemment.

Collins Michael

(1924)

Un privé dans la mare

« Dans une société qui rejette impitoyablement les perdants, on comprend qu'un écrivain qui en fait ses héros dérange » (Roger Martin).

Romans
Parmi les romans de Michael Collins traduits en France, à la Série Noire, notons : *La Nuit du crapaud* (1970), *Le Vent mauvais* (1971), *L'Ombre du tigre* (1972), *Hautes Œuvres* (1973), *Le Taré* (1983), *Le Fou au flingue* (1987).

Référence
Schléret (J.-J.), *Enigmatika* n° 12-13.

Dan Fortune, le protagoniste des romans de Michael Collins, ne ressemble que de très loin au Marlowe de Chandler. Son décor à lui, comme le souligne Jean-Jacques Schléret, n'est pas celui du soleil californien et ses enquêtes ne le conduisent pas nécessairement dans de luxueuses villas serties de parcs ondoyants. Son milieu est plus frustre.

■ Une contre-Amérique

C'est, explique Schléret, « le New York des années 70, particulièrement Chelsea, quartier pauvre de la métropole et lieu de naissance et d'opération habituel de Fortune. Le New York des minorités ethniques ». Nous sommes loin, en effet, de l'Amérique des W.A.S.P. (celle des bons Américains : white, anglo-saxons, protestant) avec ce privé manchot, d'origine polonaise (Fortune étant la contraction de Fortunovsky), qui gravite autour des communautés cubaines, chinoises, lituaniennes, polonaises bien sûr, françaises aussi, yougoslaves et boliviennes.

Michael Collins (de son vrai nom Dennis Lynds, natif de Saint Louis, dans le Missouri) a mis beaucoup de lui-même, de ses idées, de ses engagements dans le personnage de son détective. « Dans l'Amérique de Reagan et de Rambo, écrit Roger Martin, Collins plaide pour les minorités, les marginaux, les chômeurs, les laissés-pour-compte. A dévoiler l'envers de *Dallas* et de *Dynastie*, à essayer de comprendre plutôt que de punir, il fait grincer des dents et suscite des inimitiés. » Ce n'est pas lui, bien entendu, que Philippe Labro (l'américanophile de service) est venu défendre sur l'un des derniers plateaux d'*Apostrophes*, mais Mickey Spillane que Michael Collins a désigné lui-même et à juste titre comme son ennemi principal.

Timothy Harris (1946)
Le premier en France à avoir rendu hommage à Timothy Harris est Michel Lebrun qui, dès 1971, note dans un article des *Lettres françaises* tout le bien qu'il pense de cet auteur au « style défoncé hautement réjouissant, qui pulvérise au passage quelques-uns des tabous les plus sacrés de la civilisation U.S. ». Après *Morts subites* (Slatkine) suivront trois autres romans : *Une gâchette à louer*, *Tirez sur la chanteuse* et *Un petit tramway dans la tête* (Série Noire). Le ton enjoué n'empêche pas le sarcasme, pas plus que l'influence chandlérienne ne le prive de son originalité.

Vautrin Jean
(1933)

Un auteur multimédia

«Je suis un enfant de l'audiovisuel. Tous les genres s'interpénètrent. On ne peut plus écrire aujourd'hui comme au début du siècle» (Jean Vautrin).

Jean Herman est né le 17 mai 1933 à Pagny-sur-Moselle. Après des études secondaires à Auxerre et un début de licence de lettres, il entre à l'I.D.H.E.C. En 1955, il se retrouve lecteur de littérature française en Inde. De 1956 à 1958, il est l'assistant-réalisateur de Roberto Rossellini, Vincente Minelli, Jacques Rivette. Incorporé dans le service cinéma des armées, il réalise un court métrage (*Actua-Tilt*) qui décroche le Grand Prix du festival de Tours. L'année suivante, un second court métrage (*La Quille*) lui vaut le prix du festival de Venise dans cette catégorie. Après plusieurs autres réalisations, il passe en 1965 au long métrage avec une œuvre de Raymond Queneau, *Le Dimanche de la vie.* Deux ans plus tard, il dirige Alain Delon et Charles Bronson dans *Adieu l'ami*, puis encore Alain Delon avec Mireille Darc dans *Jeff.* En 1971, il adapte à l'écran une pièce de Félicien Marceau (*L'Œuf* avec Guy Bedos, Marie Dubois), et puis, c'est fini. La carrière de Jean Herman, cinéaste, s'arrête net. «Cela s'est passé comme une maladie, confiera-t-il à Serge Clérambault. J'étais arrivé, mais j'étais malade du cinéma quelque part [...]. C'est une chose dont je n'aime pas parler, que je voudrais rendre la plus abstraite possible.» Soit. Et pour ce faire, Jean Herman cède la place à Jean Vautrin. Le réalisateur s'efface au bénéfice d'un romancier qui, d'emblée, apporte du neuf sous le tropique du noir.

■ Une galerie de portraits inégalée

A bulletins rouges, avec sa bande de Beuarks, sert de rampe de lancement. Mais on voit déjà les intentions. *Billy Ze Kick* accentue encore la note. Au milieu de la cité «achélème» des banlieues dortoirs, s'avancent les petits z'enfants du béton dont l'espiègle Julie-Berthe avec un Z (fille du flic Chapeau) et ses potes : Hippo le schizo, Ed le moutard, Alcide le vioque et enfin Billy le tueur de jeunes mariés... Et puis c'est le silence. Cinq ans. Avec l'intermède *Mister Love* (1977, Denoël). «C'est parce que j'avais peur, explique Vautrin. Il y en a eu d'autres entre-temps, mais je ne les ai pas publiés parce que j'avais peur de lâcher n'importe quoi. Je me souviens du cinéma !» En effet. Il s'en rappelle donc et se débarrasse aussi sec de Jean Vautrin pour revenir à Jean Herman. Comme scénariste et dialoguiste. Cinq ans et cinq films (pour de Broca, Pinoteau, Grangier, Lautner, Pirès) avec pour complice Michel Audiard. Au passage, ils défigurent littéralement deux romans : un de Grisolia et un de Ryck.

1979. C'est le grand retour de Jean Vautrin à l'objet-livre. Celui qu'on aime, parce que justement, il arrive par où personne

Éloge

«Je lis beaucoup de romans policiers. Je n'y cherche plus, hélas, le lyrisme absurde de Fantomas, le charme naïf d'Arsène Lupin, la tendresse mélancolique de Rouletabille, mais j'y trouve autre chose, une force physique et un style moderne (une connaissance de l'âme) qui dépassent de loin ce que nos romanciers produisent» (Jean Cocteau).

Référence

Entretien de Jean Vautrin avec Serge Clérambault dans la revue *Polar* n° 5, août 1979.

ne l'attend. Cette année-là, Vautrin fut grand et *Bloody Mary* son chef-d'œuvre (Éd. Mazarine, prix Mystère de la critique et prix Fictions). Sa galerie de portraits restera longtemps inégalée tant la caricature tombe juste. Citons en passant : Émile, l'égoutier privé de soleil et qui engloutit des pilules à bronzer ; Théo, le branché de l'info, qui zone sur plusieurs stations en simultané par crainte de rater quelque nouvelle du monde, alors qu'il se trouve au centre même de l'événement ; Sam Schneider, le flic-faf adjoint du Bellanger de *Billy Ze Kick* ; Jean-Yves, fils adoptif d'Émile, les poches bourrées de grenades ; France, la femme de Sam, qui s'invente une grossesse ; Victoire, épouse d'Émile et dite Samothrace ; et puis en haut, tout en haut, inaccessible (déjà) un enfant, un petit kid qui se prend pour Butch Cassidy... Suivront *Typhon Gazoline*, le superbe *Groom* et *Canicule*. Le premier et le troisième se déroulent en rase campagne. Vautrin y transhume. L'un a été porté à l'écran par Yves Boisset, l'autre (écrit pour le cinéma) n'a jamais été réalisé. Ensuite ce sont deux recueils de nouvelles noir sur noir : *Patchwork* (prix des Deux Magots) et *Baby Boom*.

Films
En 1983, Yves Boisset a adapté *Canicule*, roman de Jean Vautrin (avec Lee Marvin, Miou-Miou, Jean Carmet, Victor Lanoux, David Bennent, Bernadette Lafont) sur un scénario de Jean Herman, Michel Audiard, Dominique Roulet, Serge Korber et Yves Boisset. En 1985, Gérard Mordillat réalise *Billy Ze Kick*, roman de Jean Vautrin (avec Francis Perrin, Zabou, Cerise Bloc, Marie France, Dominique Lavanant, Michael Lonsdale, Yves Robert) sur un scénario de Gérard Mordillat et Gérard Guérin.

▪ Au-delà de cette limite

Et puis, peu à peu, Vautrin s'éloigne. Se «décomportementalise». Ce n'est pas Rastignac, bien sûr, mais ce n'est plus tout à fait Vautrin. De son côté, imperturbable, Herman qui a renoncé au cinéma continue d'aligner les adaptations (*Le Guignolo*, *Garde à vue*, *Le Marginal*, *Rue barbare*, *Urgence*, *Bleu comme l'enfer*, etc.). Alimentaire, mon cher Ouateson ? Passons sans nous attarder sur *La Vie Ripolin*... Cédant à l'appel d'une grosse sirène et de ses 61 Saints-Pères, il écrit *Un pas vers le bon Dieu*. Et c'est le Goncourt pour les éditions Grasset. Chapeau ! comme dirait le papa de Zulie-Berthe. Mais au-delà de cette limite, notre ticket n'est plus valable et c'est pourquoi nous préférons nous en tenir là. Adieu l'ami...

Jean-Alex Varoux (1944)
D'origine arménienne, Jean Alexanian est né à Istanbul. Il a 4 ans quand sa famille arrive en France. Après des études sans gloire, il prend la route et exerce nombre de métiers : serveur à Londres, chauffeur de bus à Sydney, etc. En 1973, il entre au *Canard enchaîné* et à la Série Noire avec un roman intitulé *Ah, mon pote !* (porté à l'écran par Philippe de Broca avec Jean-Paul Belmondo). Suivront : *Ô combien de marrants* et *La Bête de Trouffignac* (1974). Puis il crée les personnages de Lou et Globule que l'on retrouve dans deux romans : *Un globule dans la Tamise* (1974) et *Globule à l'heure Hasch*. Il fut aussi à l'origine de la collection Engrenage qui donna sa chance à maints jeunes auteurs avant que le Fleuve Noir, qui l'avait récupérée, ne décidât (restructuration économique oblige) de la fermer. Ses personnages atypiques, son humour à fleur de peau, son monde bien à lui font de cet auteur décontracté l'un des derniers jeunes fous du roman noir français.

Semionov Julian

(1941)

Le polar au pays des soviets

«La dissidence, pas plus que l'obédience, ne peut tenir lieu de talent» (Julian Semionov).

Depuis *Agent diplomatique*, Julian Semionov a écrit plus de vingt romans policiers dont quatre seulement ont été, jusqu'ici, traduits en français. Quand on pense qu'il est le plus connu de tous les auteurs de polars soviétiques, c'est assez dire à quel point les romanciers russes de cette typique littéraire sont ignorés chez nous.

Né à Moscou, diplômé de l'institut d'Études orientales, puis correspondant de la *Pravda* au Viêt-nam, au Laos, en Angola, au Mozambique, Semionov a également été membre d'expéditions au pôle Nord et c'est, d'ailleurs, au retour de l'une d'elles, comme il l'explique dans un entretien avec Roger Martin, que lui est venu l'idée d'écrire *Petrovka 38*. «Je n'avais pas dormi depuis des heures. J'étais épuisé, mes yeux étaient rougis par la fatigue et j'ai été arrêté dans les rues de Moscou par la milice. On m'a accusé d'être ivre et on m'a confisqué mon permis. Je suis allé me plaindre au commissaire [...]. Nous avons sympathisé et il m'a proposé de travailler avec ses hommes pour me convaincre que la plupart étaient d'excellents policiers. J'ai accepté, et pendant cinq mois, j'ai vécu avec les agents de la brigade de répression du banditisme. J'ai trouvé cette expérience passionnante et j'ai voulu la prolonger par un témoignage.» Celui-ci sera suivi par deux autres ouvrages de la même série : *Ogariov 6* (équivalent postal de notre Quai des Orfèvres) et *Face à face*.

▪ Romans documentaires

Toutefois, la popularité et la notoriété viendront à Semionov, en U.R.S.S. tout au moins, grâce au personnage de Maxime Issaev, agent du G.R.U. (les services secrets de l'armée soviétique, le fameux numéro 44388) et à huit romans dont il est le héros depuis *Des diamants pour la dictature* qui remonte à la révolution bolchevik au très puissant *Complot Himmler* qui se passe dans l'Allemagne de 1945. Semionov n'aime pas parler de romans «policiers». Il préfère leur donner le titre de «romans documentaires». Et il explique : «Comme l'avait compris Dostoïevsky, c'est un genre qui permet de gagner une audience considérable en exprimant des idées de morale ou de philosophie par le biais d'un roman authentiquement populaire.» Populaires, ses œuvres le sont puisque ses tirages en U.R.S.S. dépassent en volumes les trente-cinq millions d'exemplaires. Authentiques, ses romans le paraissent aussi, tant ils finissent par nous en dire davantage que nombre de pavés lustrés pour les besoins d'un pinacle.

Le roman policier soviétique

Il est sans aucun doute le moins connu et le moins traduit de la planète. A en croire Roger Martin, qui a potassé la question, l'Occident aurait tort de prendre de haut des auteurs tels que Youri Guerman (*Jmakine et Lapchine*), Anatoli Bezouglov et Youri Klarov (*La Fin du marché Khitrov*), Arkadi Adamov (*La Disparition d'un client de l'hôtel*), Arkadi et Georgi Vainer (*Le Chat noir*), Victor Astafiev (*Triste polar*), etc. Après avoir lu *La Grande Crue* d'Albert Likhanov, le doute semble déjà moins permis tant ce roman démontre à merveille que, par-delà tous les systèmes, il y a beau temps déjà que le polar a fait tomber les murs.

Montalban Manuel Vasquez
(1939)

Un auteur sous influence

« On ne construit rien de neuf lorsque les fondations sont minées. La cave est pleine de fantômes qui s'accrochent à nos pas » (Michèle Gazier).

Le père du roman noir espagnol est né à Barcelone, a fait des études littéraires et fréquenté une école de journalisme. En 1962, pendant la grève des Asturies, il manifeste en tant qu'étudiant sa solidarité avec les travailleurs en lutte. Arrêté par la police franquiste, traduit devant un conseil de guerre, il est condamné à trois ans de prison. C'est là que les éditions Fontanella lui commandent un ouvrage sur la pratique journalistique. Pensant que la publication d'un ouvrage lui vaudra une remise de peine, il rédige un essai : *Information sur l'information*. C'est encore lui, douze ans plus tard, qui va lancer son privé barcelonais Pepe Carvalho (ex-membre du P.C.E. et ex-agent de la C.I.A.) dans le grand bain littéraire, situant sa première enquête en Hollande afin de passer les mailles de la censure politique, tout comme Scerbanenco, en plein fascisme, avait détourné les règles édictées par le régime en déplaçant personnages et intrigues sur le territoire américain...

La trajectoire suivie par Montalban n'est certes pas unique, mais elle est exemplaire. Elle n'est pas davantage première, puisque, comme le fait remarquer Georges Tyras, deux ans avant *Tatouage* (1974), Jaume Fuster avait déjà publié un superbe roman noir (*La Provenance et le Procédé*).

En marge
Fine bouche, Manuel Vasquez Montalban a également publié aux éditions Le Mascaret un recueil de soixante-deux plats à cuisiner intitulé *Recettes immorales* qui vont des aubergines à la mode d'Alexandrie aux œufs marbrés en passant par le riz aux palourdes, la soupe jamaïquaine, le velouté des ténèbres, le steak tartare, le turbot à la diable, les figues farcies à la syrienne, etc.

▪ La remonte à la source

Il n'en reste pas moins vrai que Montalban, par son œuvre, fait figure de chef de file. Après son essai publié en prison, et qui ne lui vaudra aucune remise de peine, il va successivement écrire des recueils de poèmes, un manifeste, maints articles de presse, des traités de cuisine, des romans dits de recherche et enfin ses romans noirs : La *Solitude du manager*, qui démarre sur l'assassinat d'un dirigeant de multinationale dont le cadavre est retrouvé avec une culotte de femme dans la poche ; *Les Mers du Sud*, qui s'ouvre sur la découverte du corps d'un homme d'affaires que son entourage croyait retiré en Polynésie ; *Meurtre au Comité central*, qui débute sur l'assassinat dans le noir le plus complet du secrétaire général du P.C.E. ; romans dans lesquels le privé Carvalho, amateur de bonne chère et de coups tordus, va mettre à jour les mille et un mystères souterrains d'une caste dirigeante et dominatrice, toujours en proie à ses vieux démons. Utilisant le polar pour ses clichés et son héros comme un boomerang, Montalban renvoie sans cesse à l'Espagne une image qu'elle préférerait déformée. Par ailleurs, optant pour un décryptage « du » politique plutôt que de « la » politique, il remonte toujours à l'essentiel, c'est-à-dire à l'essence.

Le roman policier espagnol

A l'instar de l'Italie mussolinienne, l'Espagne franquiste de l'immédiat après-guerre ne fait pas la part belle aux auteurs de romans policiers nationaux. Le gros des troupes provient de traductions anglo-saxonnes et les quelques tentatives nationales n'ont guère de quoi enthousiasmer. Tout au moins jusqu'à cette fameuse année 1953 où **Mario Lacruz**, avec *L'Innocent*, donne à la péninsule Ibérique son premier roman noir. En tout cas, une sorte d'esquisse bien léchée car les retombées sont loin de faire tache d'huile. Il faudra attendre près de vingt ans pour assister à la véritable éclosion du genre. Aux côtés de Montalban, ils ont nom Fuster, Martin, Madrid, Garcia, Mendoza, Dominguez, Reverte, de Blas, etc. Leurs romans sont tous engagés car tous sont des écrivains de l'engagement. Il ne faut donc pas s'étonner si ce qui confère au roman noir espagnol sa caractéristique particulière se situe de façon métronimique et quasi coutumière dans un contexte de critique sociohistorique de l'Espagne.

Jaume Fuster (1945), membre du comité exécutif du Congrès de la culture catalane, publie, deux ans avant Montalban, un roman noir intitulé *La Provenance et le Procédé* où il se sert de la trajectoire hachurée d'un naïf passeur de valises capitalisées pour démonter l'un après l'autre les vices patinés d'une société barcelonaise suspendue au goutte à goutte de l'agonie franquiste.

Juan Madrid (1947), licencié en histoire contemporaine de l'université de Salamanque, travaille comme journaliste à l'hebdomadaire *Cambio 16*. En 1980, il publie *Le Baiser d'un ami* (Éd. Caribéennes) et en 1982 *Il faut se fier aux apparences* (Le Mascaret) qui mettent en scène un ex-privé d'une agence de détectives, ancien boxeur, répondant au nom d'Antonio Carpintero alias Toni Romano, «un type qui transpire, qui a peur, qui tombe amoureux, qui est tellement triste que les femmes ne restent pas avec lui, bref, une personne normale».

Avec **Eduardo Mendoza** (1943), qui a exercé le métier d'interprète aux Nations unies, on sort de l'humour pince-sans-rire pour entrer de plain-pied dans le monde de la truculence et de la démesure avec son détective privé extrait d'un asile d'aliénés (*Le Mystère de la crypte ensorcelée*, Seuil/ Points) pour conduire une enquête un rien spéciale et qu'on retrouvera, quelques années plus tard (dans *Le Labyrinthe aux olives*, Seuil/ Points), compromis dans une mission ministérielle qui donnera à l'auteur l'occasion de dresser un audit sans concession de l'Espagne.

Andreu Martin (1949) est, à notre sens, l'un des plus brillants romanciers espagnols d'aujourd'hui. *Prothèsis* (adapté à l'écran sous le titre *A coups de crosse*) et surtout *Pour l'amour de l'art* (Le Mascaret) l'attestent. «On ne sort indemne ni de l'un ni de l'autre, note Georges Tyras dans son excellente étude sur le roman noir espagnol parue dans *Hard Boiled Dicks* (n°20-21). D'autant moins qu'on est, dans chacun de ces récits, systématiquement pris au piège d'une structure narrative d'une implacable rigueur formelle.»

Avec l'Asturien **Juan Antonio De Blas** et *L'arbre de Guernica* (Éd. L'Atalante), l'Euskadi entre de plein fouet dans le roman noir. Au cœur du pays basque et de la problématique E.T.A., l'auteur déroule un univers corrompu où se mêlent, dans un explosif cocktail, patriotisme, tyrannie politique et humour percutant.

Demouzon Alain

(1945)

Une odeur d'atmosphère

« Il construit, hors toute mode fugace, une œuvre dont on reparlera longtemps après que les feux d'artifice seront éteints » (Michel Lebrun).

C'est avec *Mouche*, en 1976, que Demouzon inaugure sa série de romans d'atmosphère. Une ville de province humide et froide, un privé à la cinquantaine désabusée, une vieille dame à la recherche de sa petite-fille, il n'en faut pas davantage à l'auteur pour camper un décor et ancrer une ambiance, tout en évitant les clichés. « Flécheux arriva dix minutes en retard. Comme d'habitude. Depuis bientôt douze années qu'il travaillait pour le cabinet Clairival, il avait fait de ces dix minutes de retard quotidien le signe évident de son goût pour l'indépendance. » Ainsi débute *Mouche*, une aventure des plus banales que Demouzon fera basculer dans le cas particulier, avec la patience affûtée de l'entomologiste habitué aux recherches de fond. Difficile de parler de Demouzon sans faire référence à son écriture, car c'est là que se tient, pour une bonne part, ce qui fait l'univers de cet écrivain. Au détour d'une phrase, au pied d'un mot, naît la silhouette qui déclenche le processus. On y décèle aussi une odeur typique et qui compte pour beaucoup dans l'essence de ces romans-là. Quand Demouzon nous parle de grésil ou de bruine, on en est imprégné jusqu'aux os. A ce propos, la pluie est très présente dans ses romans. Elle fait partie des meubles et de la partition générale où domine le gris muraille. Plus qu'une simple accompagnatrice, elle constitue bien souvent la clef de sol qui, d'emblée, donne le ton. « La pluie, prise de court, tombait toujours, épaisse et figée, engluant le faubourg dans sa grisaille compacte » (*Monsieur Abel*). « C'est une pluie froide qui tombe, et il n'y a rien à faire : il pleut toujours dans ces histoires-là » (*Quidam*).

▪ Difficilement imitable

Avec les mots des gens de tous les jours, Demouzon nous parle de personnages faits de chair et d'os, aux espoirs déchus et aux illusions écoulées dans le grand

Par ailleurs...
Depuis 1984, Alain Demouzon (romancier) s'est quelque peu écarté du polar. Ses romans, *La Perdriole*, *Lune rousse*, *N'importe où avec une fenêtre* (Seghers), plus blancs que noirs, ne manquent ni de psychologie ni de finesse, mais restent en deçà de ses romans d'atmosphère (dont la plupart sont réédités en J'ai lu), à l'exception toutefois de ses nouvelles recueillies dans *La Petite Sauteuse* (Seghers) et qui sont un vrai régal.

Jean-François Coatmeur (1925)
Ce professeur de lettres en Côte-d'Ivoire exerce ses loisirs à l'écriture de romans. En 1963, Le Masque publie *Chantage sur une ombre*. Aussitôt cet essai transformé, il émigre chez Denoël qui publiera ses dix romans suivants (dans la collection Crime-Club puis Sueurs Froides) parmi lesquels : *Nocturne pour mourir* (1965), *J'ai tué une ombre* (1972), *Le Squale* (1975), *Les Sirènes de minuit* (1976, Grand Prix de littérature policière), *La Bavure* (1980, prix Mystère de la critique) avant de rallier la collection Spécial-Suspens chez Albin Michel où *La Nuit rouge* (1984) et *Yesterday* (1985) se tailleront un beau succès public et critique.

sablier du temps. Qu'ils émergent de la mythologie «polarienne» en personne (*Un coup pourri*, *Adieu La Jolla*, *La Pêche au vif*) ou qu'ils s'extirpent, le temps d'un suspens (*Le Retour de Luis*, *Mes crimes imparfaits* qui a reçu le prix Mystère de la critique en 1978, *Monsieur Abel*, *Quidam*, *Paquebot*, etc.), de l'anonymat le plus épais pour replonger aussitôt dans le bouillon de la multitude solitaire, ses protagonistes se nourrissent d'une telle densité qu'ils finissent toujours par dépasser les strictes limites du pur et dur polar, pour atteindre aux sources vives de l'univers romanesque.

Cet inconditionnel de Chandler a réussi à l'endroit exact où bien d'autres sont venus échouer. C'est sans doute qu'à la différence de ceux-là (qui s'obstinent à préférer la référence intellectuelle à la lecture réelle des auteurs auxquels ils se réfèrent), il a, lui, fouillé Chandler et retenu quelques-unes de ses leçons. Le résultat est on ne peut mieux concluant : en parvenant d'entrée de jeu à n'imiter que lui-même, Demouzon est devenu un auteur difficilement imitable. Avec lui, si le polar évite de se payer de mots, c'est simplement pour que la littérature se paie une meilleure mine. Face à ces écrivains qu'adule la critique bien-pensante, Demouzon fait mieux que bonne figure. Il soutient la comparaison et possède l'immense avantage de ne pas ennuyer son lecteur.

... Suite
Mais c'est surtout pour l'audiovisuel qu'il travaille, comme scénariste de plusieurs épisodes des *Cinq dernières minutes* (*Mécomptes d'auteurs*, *Fais-moi Cygne*, *Le Fantôme de La Villette*, etc.) et où il a assuré l'adaptation de deux de ses romans : *Monsieur Abel* par Jacques Doillon (TF1, 1983) et *Quidam* par Gérard Marx (A2, 1984). Il est, également le scénariste de *Stress* de Jean-Louis Bertucelli.

Topor Tom

Un grand premier roman

En 1986, la Série Noire fait paraître le roman d'un auteur américain inconnu. Son titre : *L'Orchestre des ombres*. L'année suivante les jurés du prix Mystère de la critique choisissent Tom Topor pour lauréat. Et ce choix les honore, car ce roman fait partie de ces perles dont la rareté même constitue la cherté. Avec Douglas, Sanchez et Collins, c'est ce qu'il nous a été donné de lire de plus profond et de plus puissant dans le genre depuis bien longtemps...

Kevin Fitzgerald, détective privé de son état, est engagé (via sa petite amie Fiona) par une certaine Lili Weill, veuve d'un pianiste officiellement disparu à Auschwitz, mais qu'elle prétend avoir aperçu à six reprises entre 1957 et 1982. C'est sans conviction que Fitzgerald accepte de se lancer sur les traces de cet hypothétique revenant. Pourtant, au fil des jours, la silhouette de Maw Weill paraît se préciser. Mais, s'il est vivant, pourquoi n'a-t-il pas cherché à revoir sa femme ? Pourquoi change-t-il aussi souvent d'adresses et d'identités ? Qui est ce Holt qui l'accompagne quelquefois ? Et pourquoi le bureau de Fitzgerald est soudain passé au peigne fin ? Mène-t-il vraiment l'enquête ou bien est-il manipulé et par qui ? Une descente aux enfers hors du commun. Du grand art.

Dominique Roulet (1949)
En 1982 Roulet retient l'attention avec son roman *Une mort de trop* quand Claude Chabrol l'adapte au cinéma (*Poulet au vinaigre*). Mais avant cela, il avait déjà publié trois romans : *Tout l'été pour mourir* (1978), *Le Crime d'Antoine* (1979) qui recevra l'année suivante le Grand Prix de littérature policière et *Mes jours clandestins* (1980).

Van De Wetering Janwillem

(1931)

Du noir sous les tulipes

« Car ses romans sont des régals, par le ton d'une drôlerie irrésistible, la justesse et la minutie des descriptions sociologiques » (Roger Martin).

Né un 12 février à Rotterdam, dans une famille bourgeoise, il a 9 ans quand les nazis envahissent la Hollande et qu'il voit les soldats allemands venir rafler les enfants de confession juive dans les salles de classe. Renvoyé du lycée de Rotterdam, il passe ses examens à Zeist, mais, trop jeune pour accéder à l'université et son père refusant de le laisser partir pour Shanghai, il fugue et gagne sa vie en exerçant divers métiers. De retour au bercail, son père l'envoie dans une école spéciale étudier la stratégie militaire de l'attaque de nuit, l'anglais et la dactylographie. Deux ans plus tard, nanti d'un diplôme, il part pour l'Afrique du Sud. A la mort de son père, il revient en Europe, à Londres, où il entre à l'université pour étudier la philosophie.

▪ Du zen au polar

Ses seules amours sont Platon et le bouddhisme. Dans un long entretien qu'il a accordé à Jacques Baudou, il explique : « Le boudhisme n'était pas une véritable philosophie et mon professeur me suggéra d'aller au Japon et de m'intéresser au zen. J'ai pensé que le suicide serait plus rapide mais peut-être moins intéressant. » Il part donc pour le Japon et vit dix-huit mois dans un monastère bouddhiste près de Kyoto avant de voyager encore, notamment en Australie et en Colombie, puis aux U.S.A. où il se fixera, dans l'État du Maine, non loin de l'endroit où vivait Marguerite Yourcenar. En quelques semaines, il écrit son premier roman (*Le Miroir vide*), une description de son expérience bouddhiste au Japon. Le livre est un succès.

C'est alors qu'il s'attelle aux romans policiers qui vont faire de lui l'un des auteurs parmi les plus essentiels de son époque. En France, c'est à François Guérif que l'on doit les premières traductions de Janwillem Van De Wetering, dans la défunte collection Engrenage International. De cette époque, l'on retiendra trois romans : *Mort d'un colporteur*, *Le Babouin blond*, *Le Massacre du Maine* pour lequel il obtient en 1984 le Grand Prix de littérature policière. Ces ouvrages ont tous été réédités dans la collection Rivages/Noir que dirige François Guérif. Puis, c'est au tour du Mercure de France de publier quatre de ses romans : *Le Papou d'Amsterdam*, *Maria de*

Réflexion...
« Il se peut, lorsque les historiens de la littérature viendront à examiner la fiction produite par les peuples anglophones au cours de la première moitié de ce siècle, qu'ils passent assez légèrement sur les compositions des romanciers "sérieux", pour tourner leur attention vers les réussites immenses et variées du roman policier. »

James M. Fox (1918)
Pseudonyme de l'écrivain hollandais James Knipscheer, né à La Hague. Pendant la Seconde Guerre mondiale, il a été membre du ministère de la Guerre en exil. Ami personnel de Raymond Chandler, avec qui il entretiendra une correspondance, il a publié une vingtaine de romans dont le très efficace *Renversez la vapeur* (1954, Série Noire).

Curaçao, Meurtre sur la digue, Le Cadavre japonais, qui seront tous réédités par U.G.E. 10/18 (Grands Détectives) que dirige Jean-Claude Zylberstein. Par ailleurs, François Guérif poursuivra, dans Rivages/Noir, la publication des œuvres de Wetering avec, notamment : *Comme un rat mort, L'Autre Fils de Dieu, Inspecteur Saito, Un vautour dans la ville.*

▪ L'art du contre-pied

Auteur en décalage et tout en finesse, Wetering est un véritable écrivain. Son humour à plat, presque britannique (à moins qu'il ne soit batave ou bouddhique), fait merveille. La justesse de ses descriptions sociologiques n'a pas d'égale dans le genre. Ce qu'on a appelé les côtés insolites, un peu à part de ses récits, servent en vérité de sédiment romanesque. C'est autour de ces angles aigus que se noue l'essentiel, même si Wetering n'a pas l'air d'y toucher. Lecteur assidu de Dostoïevsky, de Kafka, de Queneau, mais aussi de Thompson et de Chandler, il sait ce que les mots et l'espace veulent dire et il les utilise comme personne. A l'instar de son commissaire, l'art du contre-pied reste son arme maîtresse.

Que la violence s'exprime à plein comme dans *Le Massacre du Maine*, que le versant cérébral prenne le dessus comme dans *Le Babouin blond* ou que la lenteur caractérise le récit comme dans *Meurtre sur la digue* n'est pas ce qui importe le plus chez cet auteur. Il se sert de son Grijpstra si mal marié, de son De Gier affublé d'un chat névrotique et de son commissaire perclus de rhumatismes pour nous tapisser un monde vu de l'intérieur des êtres et des choses. Comme le remarque avec humour Michel Lebrun : «Chez Wetering, marcher dans une crotte de chien ou soigner une gueule de bois prend tout de suite une dimension épique.» Autant le Maigret de Simenon est «le médecin du corps et de l'intelligence», autant les protagonistes de Wetering sont des philosophes en l'âme, ce territoire un rien indicible où vient s'accomplir le lien entre les hommes et où peut venir battre, à son rythme, nu d'illusions, le cœur même de leur intime réel.

Harry Kemelman (1908)
Edgar du meilleur roman policier pour *On soupçonne le rabbin*, Harry Kemelman est le père spirituel de David Small, rabbin de la communauté de Barnard's Crossing dans le Massachusetts, l'un des détectives les plus réjouissants de la littérature policière qui, comme l'écrit Roger Martin dans son *Panorama des maîtres du polar étranger* (Éd. de l'Instant), « contraint et forcé par les événements, met son bon sens, le pilpoul et la sagesse des Écritures saintes au service de la justice ». Ses aventures sont éditées par U.G.E. 10/18.

... Suite
« Ils se tromperont lourdement s'ils se contentent de l'attribuer aux progrès de l'alphabétisation qui auraient créé une masse considérable de nouveaux lecteurs, avides mais sans éducation : ils seront obligés de reconnaître que le "whodunit" était aussi lu par des hommes de savoir et des femmes de goût... Je propose une explication toute simple : les auteurs de romans policiers ont une histoire à raconter et ils la racontent avec concision » (Somerset Maugham, *The Vagrant Mood*, traduit par Robert Louis dans le *Magazine littéraire* n° 194, avril 1983).

Référence
Baudou (J.), entretien avec Janwillem Van De Wetering, paru dans *Enigmatika* n° 33, oct. 1986.

Charyn Jerome

(1937)

Ulysse au pays des frères Marx

*« Oui, Charyn est un écrivain sournois qui, sous de vagues prétextes criminels, nous refile sa version personnelle d'*Ulysse, *livre qui lui-même est une somptueuse parodie du langage homérique » (Michel Lebrun).*

La dernière grande découverte de Marcel Duhamel est une sorte de cyclone inconnu sur l'échelle de Richter, une monumentale avalanche, un génial coup de foudre. Comparé à James Joyce, qualifié par Michel Lebrun de « Pagnol juif de Brooklyn qui aurait eu Groucho Marx pour professeur et Mel Brooks plus Woody Allen pour condisciples », Jerome Charyn est né à New York dans le quartier du Bronx, le 13 mai 1937. Après des études à l'université de Columbia, il enseigne à Standford puis à Princetown. Membre de la section auteurs de l'Actor's Studio, trois de ses pièces ont été mises en scène par Arthur Penn.

■ Une grande saga new-yorkaise

C'est en 1976, qu'il publie aux États-Unis les trois premiers volumes de sa saga new-yorkaise, qui sera traduite l'année suivante à la Série Noire. Elle comprend *Marilyn la Dingue* (fille d'Isaac Sidel), *Z'yeux bleus* (lieutenant d'Isaac Sidel) et *Kermesse à Manhattan* (le ver d'Isaac Sidel). Quant à Isaac Sidel soi-même, surnommé le Pur par la pègre, il habite un deux-pièces rabougri dans Rivington Street. Fiancé à Ida Stutz, caissière en chef du café de Ludlow Street, il a un père (roi du col de fourrure reconverti en artiste peintre) qui vit à Paris, un adjoint, Manfred Coen (alias Z'yeux bleus), et une fille prénommée Marilyn (surnommée la Dingue) au sang chaud et aux cuisses impatientes. « Dès l'âge de quatorze ans, elle était célèbre de Riverdale à Washington Heights, et des lambeaux de ses petites culottes pourrissaient dans les caves de Fordham Road. » Marilyn la goy, fille d'Isaac « l'inspecteur kascher » et de Kathleen (ex-épou-

Opinion

« Chez Charyn, la digression est le récit et l'occulte, tel l'arbre qui cache la forêt, si bien que, le livre achevé, l'on est incapable d'en résumer le scénario autrement que par vagues approximations [...] nous ne pourrons juger l'œuvre charynienne qu'une fois totalement achevée – si tant est qu'elle le soit totalement un jour. [...] Le grand public renâcle devant de tels récits, sinusoïdaux, semblables au ténia en ce sens qu'on ne sait par quel bout les prendre ! » (Michel Lebrun, *Polar* n° 8, janv. 1980).

James Crumley (1939)

Né à Three Rivers, dans le Texas, il a enseigné la littérature dans diverses universités avant de se fixer dans le Montana. Il se définit lui-même comme un héritier des années 60, version hippie, mouvement radical et culture underground. C'est son ami, le poète Richard Hugo (mort en 1982), qui lui fait découvrir Chandler et Ross Macdonald. En 1975, il publie *Fausse Piste* (Bourgois), en 1978, *Le Dernier Baiser* (U.G.E. 10/18), en 1983, *La Danse de l'ours* (Albin Michel). Trois romans en huit ans. Autant dire que James Crumley prend ses aises, excepté avec ses histoires et leur écriture qu'il travaille sans relâche. Antireaganien notoire, il voit dans l'ex-président des États-Unis la marque d'un recul de la démocratie américaine. Crumley ? Un auteur à suivre, si le Gore ne nous le mange pas.

se d'Isaac) de souche irlandaise. Face à ce superflic, l'ignoble tribu des Guzman, ravisseurs de chair fraîche, mineure de préférence. Cinq frères la composent, Zorro, Alejandro, Topal, Jorge, Jeronimo, dont la cruauté n'est plus à démontrer. Mais Isaac, le Brave, Isaac le Vertueux s'est juré d'avoir leur peau. La lutte s'installe à coups de chocs fourrés. Impitoyable. Chaque camp dans sa tranchée. Et Isaac perdra la première manche. Occupé à poursuivre le gang des Sucettes qui terrorisent les commerçants, il va laisser aux Guzman l'initiative de l'attaque. La deuxième manche n'ira guère mieux pour lui et surtout pour son adjoint Coen, le damné du ping-pong, « fils d'Albert et de Jessica qui, après avoir mis leurs vêtements du dimanche, s'étaient mis la tête dans le four ».

Cet univers baroque, peuplé de personnages distordus, déglingués, éclate le cadre des langues et des collections. Bien vite, les éditeurs français vont s'intéresser à Charyn et il émigrera de la Série Noire vers des cieux plus élargis. Balland publiera *Le Ver et le Solitaire* ; Ramsay, *Le Marin blanc du président* ; les Éditions du Seuil, *Darling Bill* ; les Presses de la Renaissance, *Métropolis* ; Stock, *Frog*, etc. La dernière grande découverte de Marcel Duhamel et de sa Série Noire est bien née en 1937 mais, en réalité, il n'a pas d'âge. Et il va marquer son siècle.

Sans filet
« La Série Noire adore, abandonnant de temps en temps sa corde raide, se risquer dans le farfelu, l'absurde, l'étrange, le grotesque, à condition que ce pas dans le vide n'entraîne pas la chute, et que le chemin buissonnier reste proche de la route nationale. D'où les apparitions un peu dérangeantes comme celle de Charyn » (Robert Soulat, *Le jaune et le noir*, revue *Roman*, n° 24, sept. 1988).

Sanchez Thomas
(1944)

Le soufre au cœur

Né le 26 février à Oakland en Californie, il obtient son Master's Degree en littérature en 1966 et enseigne jusqu'en 1969 à l'université de San Francisco. Conférencier dans les universités de Californie et de Pennsylvanie, il milite dans différents organismes pour la défense des droits de l'homme. En 1978, il publie *Zoot-Suit Murders* que les éditions du Seuil éditent sous le titre de *Meurtres à Los Angeles*, dans l'excellente traduction de Daniel Mauroc. Ce roman sera réédité en collection Points/Seuil sous le titre *Boulevard des trahisons*... L'action se situe dans les bas-quartiers de Los Angeles en 1943. Ces quartiers sont la proie des bandes de Zoots et des fascistes Sinarquistas qui déclenchent des bagarres, fomentent des troubles et font régner une insécurité permanente. Un jeune flic, Nathan Younger, reçoit pour mission d'infiltrer ces groupes et de remonter la filière pronazie. Écrit, dans une langue totalement maîtrisée et un sens évident de l'efficacité, ce coup de projecteur braqué sur une des faces enfouies de l'ogre Sam met à jour un morceau d'histoire interne oublié de nos américanophiles germano-pratins et remet à l'heure les pendules un peu trop adulées, par chez nous, de la démocratie made in U.S.A.

Critiques
« Un grand roman d'amour, de guerre, de politique. Un *Adieu aux armes* à la fois plus désabusé et plus lucide » (Pierre Dommergues, *Le Monde*).
« Un thriller aussi excitant que le meilleur des films noirs tournés à cette époque : montage serré, images colorées, vives, rapides. On sort de son livre essoufflé, sonné » (Pascal Dupont, *Les Nouvelles littéraires*).

Magnan Pierre

(1922)

Meurtres plein Sud

« L'odeur écumeuse de macération qui est le saumâtre de la campagne » (Cesare Pavese).

Il aura fallu quarante ans à ce véritable écrivain pour rencontrer un succès que des paltoquets sans talent décrochent sur leur bonne mine médiatique en moins de temps qu'il n'en faut pour le dire. A ceci près, cependant, que leurs amuse-gueules passeront à la vitesse de l'éclair tandis que l'œuvre de Magnan dressera son ombre altière longtemps encore après que les marquis aux petits pieds des sunlights idiovisuels auront cessé de pavoiser. Rares sont les écrivains de cette trempe-là en France, aujourd'hui, et au milieu de cette assemblée clairsemée, Pierre Magnan fait figure de patriarche.

■ Des hauts et des bas

D'ailleurs, tout avait plutôt bien commencé pour ce Manosquin de 23 ans, auteur de *L'Aube insolite* (un roman tiré de son expérience de maquisard) que Julliard publie en 1945 et que la critique accueille favorablement. Deux ans plus tard, *La Ligne de force* est aussi bien accueilli. Puis, s'ensuivent deux échecs : l'un en 1948, *Le Monde encerclé*, qui nommait les dangers de la bombe atomique, l'autre, *Périple d'un cachalot*, qui ne sera accepté que par un courageux éditeur suisse du nom de Eynard. Premier silence de onze ans, avant la parution de *La Mer d'airain* qui se solde par un nouvel échec. Cette fois Pierre Magnan décide de se taire. Il continue d'écrire, mais ne fait plus rien paraître. La chape de plomb qui est retombée sur lui restera en place quinze ans.

C'est en 1977 qu'il va la soulever, en présentant chez Fayard un manuscrit intitulé *Le Sang des Atrides*. De cette famille de la tragédie grecque qui avait un goût prononcé du meurtre consanguin, Magnan imagine une veuve à la cuisse légère, une Électre en commanditaire et son jeune frère déguisé en frondeur. Le tout sous une pluie de galets vengeurs qui font mouche. A ceci près que l'affaire se passe à Digne, de nos jours, et que le commissaire Laviolette entre en piste. Présenté au prix du Quai des Orfèvres, ce premier roman policier de Pierre Magnan fait l'unanimité et remet l'auteur en selle. L'année suivante voit le Laviolette en question confronté à une histoire de hippies que l'on a pendus et saignés comme des gorets, dans le village de Banon, réputé pour ses champs de truffes, d'où *Le Commissaire dans la truffière* qui s'en va décrocher, en Suède, le prix du meilleur roman étranger décerné par l'Académie suédoise de détection. Après quoi, les titres s'alignent avec la régularité d'un métronome et un succès qui ne cesse de grandir : *Le Secret des Andrônes* (1980) met aux prises le commissaire avec une affaire de vengeance qui remonte à la résistance ; *Le Tombeau d'Hélios* (1980) où une série de meurtres à l'acide cyanhydrique perturbe la communauté de Manosque et

Collections
Les éditions Calmann-Lévy ont confié à des auteurs de polars une collection « S.O.S. racisme » au sein de laquelle se sont déjà exprimés des romanciers aussi divers que Jean-François Vilar (*Djemila*), Patrick Raynal (*Nice-Est*), Marie et Joseph (*Mississippi Delta Blues*), Roger Martin (*Skinheads*), auteur par ailleurs, d'un très fort document sur le Ku Klux Klan (*Amerikkka, voyage en Amérique fasciste*) et Michel Quint qui, avec son *Billard à l'étage* (un roman de qualité, inquiétant, bien mené) a obtenu en 1989 le Grand Prix de littérature policière.

met à jour une étrange histoire de femmes ; *Les Charbonniers de la mort* (1982) nous transporte au début du siècle et offre l'occasion à Magnan de nous présenter le grand-père de Laviolette (brigadier de son état) et son père (Modeste) dont on connaîtra la raison du suicide.

▪ Essence du Sud

Arrive 1984. Pierre Magnan présente à son éditeur son sixième roman. Mais il lui est retourné. Là où d'autres auraient pris la mouche, Magnan (qui en a vu d'autres) se contente de réexpédier son manuscrit, par simple envoi postal, à Denoël. Qui l'accepte. *La Maison assassinée* (1984) emporte l'adhésion de tous. Le succès est considérable. Il reçoit le prix RTL Grand Public, le prix Mystère de la critique et se verra adapté au cinéma. Dans un entretien qu'il a accordé à Jacques Baudou et Michel Renaud, en octobre 1980, il déclarait : « Giono et son œuvre ne laissaient aucun créneau pour passer. Tous les chemins que j'aurais voulu suivre, il les avait suivis avant moi et les avait ratissés. Il n'y avait plus rien à dire. » Pas si sûr, rétrospectivement. Car s'il est vrai que dans ce Sud qui est le nôtre, tant de fois exploré et parcouru – tellement plein de chemins escarpés, pudiques à en être invisibles de prime abord, avec de grands vides autour, de grands vides décourageants et tellement vides qu'on met du temps avant de les démusser – et au centre duquel plane l'ombre géante, éternelle de Jean Giono, il n'en reste pas moins que Pierre Magnan a arpenté ces mêmes chemins de sa démarche particulière, découvert d'autres sentes qu'il a fait siennes, pour nous livrer, ici et là, à travers le suc qu'il en a récolté, l'essence même de ce Sud et un parfum de littérature qu'on ne respire nulle part ailleurs.

Michel Lambesc (1912-1974)

Orphelin de père, Georges Godefroy alias Michel Lambesc est élevé par son oncle. Sous son patronyme, il débute par des feuilletons et deux romans dont l'un recevra le prix du Roman populaire en 1955. Trois ans plus tard, il entre à la Série Noire avec *Un homme à vendre*. En 1963, il publie *Le Pont d'or*, puis l'année suivante *Cher Voyou* (porté à l'écran par Gilles Grangier, sous le titre de *L'Homme à la Buick*, avec Fernandel, Danielle Darrieux ; dialogues de Henri Jeanson). Sa meilleure réussite viendra en 1968 avec *La Horse*, le roman d'un face à face entre une famille de riches propriétaires agrariens et une bande de trafiquants de drogue (porté à l'écran par Pierre Granier-Deferre, avec Jean Gabin).

Pierre Pelot (1945)

Après de brèves études, ce Vosgien de Saint-Maurice-sur-Moselle s'exerce à plusieurs métiers manuels pour lesquels il ne se sent aucune disposition. Il se met alors à écrire le scénario d'une B. D. qu'il adresse à Hergé. Le créateur de *Tintin* trouve les dessins un peu justes, mais le scénario excellent. Ce diagnostic va décider de sa carrière. Il n'a que 21 ans quand les éditions Marabout publient son premier roman dans une collection pour la jeunesse. Depuis, il a largement dépassé les cent titres et dans tous les genres : anticipation, science-fiction, épouvante, policier bien sûr. Dans cette dernière veine, il fait son entrée en 1974, au Fleuve Noir, avec *Du plomb dans la neige*, sous le pseudonyme de Pierre Suragne, puis il reprend le nom de Pelot pour signer des romans d'excellente facture tels que *L'Été en pente douce* (adapté au cinéma par Gérard Krawzyck avec Guy Marchand, Pauline Lafont, Jacques Villeret), le très puissant *La Forêt muette* (Éd. Sanguine, 1982), *Le Cri du prisonnier* (Éd. Engrenage, 1983), *Noires Racines* (Éd. Denoël, 1985). De livre en livre, Pierre Pelot dégage un univers strictement personnel, modelé dans un imaginaire de poids comme on en rencontre peu dans la fiction hexagonale. Il serait peut-être temps qu'on se le dise...

Références
Entretien avec Jacques Baudou et Michel Renaud dans *Enigmatika* n° 20, janv. 1982.
Baudou (J.) et Schléret (J.-J.), *Le Vrai Visage du Masque*, Futuropolis, 1982.

Pierre Salva (1917)
Cet ancien officier de l'armée de l'air qui fait la guerre comme pilote de chasse, monte à la Libération une entreprise de sonorisation de films qu'il va spécialiser dans le doublage de séries américaines destinées à la télévision. De 1947 à 1950, il publie une série d'ouvrages humoristiques et ce n'est qu'en 1969 qu'il rejoint l'équipe du Crime-Club, chez Denoël, avec *La Trinité du diable*. L'année suivante, il publie *Quatre Jours en enfer* (porté à l'écran par Étienne Périer en 1973, sous le titre *La Main à couper* avec Michel Bouquet). En 1975, il entre au Masque pour une quinzaine de romans, dont les très bons *Des clients pour l'enfer* (1979, prix du Roman d'aventures) et *Le Diable et son Train électrique* (1983) à propos duquel Jacques Baudou a écrit dans *Le Vrai Visage du Masque* : « Une intrigue superbement construite et qui ne cesse de surprendre le lecteur le plus blasé, une écriture intense qui donne un relief tout particulier à cette chronique familiale et provinciale. »

Errer Emmanuel
(1934)

Témoin à charge

En adoptant le pseudonyme d'Emmanuel Errer, René-Charles Rey a utilisé la même astuce phonétique que le célèbre Hergé (de R. G. et Errer de R. R). Quand il usera d'un second pseudonyme, Jean Mazarin, il l'empruntera pour moitié à sa commune de résidence. Voilà une affaire rondement menée à l'image des romans de Rey, qu'ils soient le fait d'Errer (Série Noire) ou de Mazarin (Fleuve Noir). Deux veines dans l'œuvre de Rey : l'une est grave et noire, l'autre abonde dans le genre farce, et ce quel que soit le pseudonyme affiché. Ésope Mazonetta est de la seconde extraction avec le délirant *L'Envol des corneilles* (1976).

Deux ans plus tôt, il avait publié un roman glacial, *Descente en torche*, décrivant la spirale d'une manipulation politique sur fond d'O.A.S. En 1982, il évoquera, dans son superbe *Collabo-song* (Éd. Engrenage), une des périodes les plus troubles de l'histoire de France, celle de l'Occupation, et se verra justement récompensé par le Grand Prix de littérature policière (1983). Six ans auparavant, il avait créé le personnage du commissaire Poirel dans les excellents *La Morte du petit matin* (1976) et *Sondages sur la mort*. En 1987, la collection de l'Instant/Noir, dirigée par Roger Martin, lui offrait l'occasion d'un nouveau noir très soutenu, *Un détour par l'enfer*. On a trop souvent dit de Errer-Mazarin qu'il était allé se fourvoyer dans des collections mercantiles, pour ne pas souligner ici que, sur la quarantaine de romans par lui publiés, plus d'un sera appelé à rester au titre de témoin à charge d'une époque.

Opinion
« Les romans policiers ont contre eux qu'ils intriguent et qu'on ne les lâche plus si on les commence. Le lecteur des minorités pensantes (si j'ose m'exprimer ainsi) conserve l'étrange snobisme de l'ennui qu'il prend pour le sérieux et où il se lave en public de ce qu'il aime en privé » (Jean Cocteau).

Grisolia Michel

(1948)

La baie des requins

«Policier ou non, le roman est une façon de faire survivre la mémoire des autres autant que la sienne» (Michel Grisolia).

Quand on dispose de plusieurs cordes à son arc, l'important est de ne pas se mélanger les flèches. Journaliste, parolier, critique, nouvelliste, romancier, scénariste, Michel Grisolia possède suffisamment son art pour éviter ce genre de confusion. C'est en 1977, qu'il entre en littérature avec *L'Inspecteur de la mer* (massacré au cinéma) qui obtient l'année suivante le prix Mystère de la critique. Il récidivera dans *Barbarie Coast* où des relents d'expériences néo-nazies attendent l'inspecteur David Géant et son adjoint Decarli. En 1981, il écrit le scénario du film d'Alain Corneau, *Le Choix des armes*. Son recueil de nouvelles, *L'Homme devant le square*, reçoit, pour sa part, le prix Katherine Mansfield et *La Chaise blanche* (un non-policier) le prix Roland Dorgelès.

■ Vue sur mer

Cette même année, il passe avec armes et bagages au Masque et commence une série qui a pour héroïne Hélène Frank, présidente de l'Association S.O.S. disparus. La critique spécialisée se demande ce que Grisolia vient faire dans cette aventure. On pourrait répondre qu'il y vient pour continuer d'appréhender sa «bonne» ville de Nice, sous d'autres éclairages. Plus feutrés, mais tout aussi efficaces. Et en parfaite osmose, à la longue, avec le contexte ambiant. «Nice, écrivait Audiberti, est avant tout une ville niçoise.» Grisolia le sait bien et il cible juste. *Les Sœurs du Nord* (1986) puis *La promenade des Anglaises* (1987) obtiennent respectivement le prix du Roman d'aventures et le prix du Festival de Cognac. Dans *650 Calories pour mourir*, il nous parle des abus d'une certaine diététique ; avec *Nocturnes en mineurs* (1988), il touche, sans vulgarité, au problème des détournements ; dans *Question de bruit ou de mort* (1988), c'est le racisme qui est mis en cause. En 1990, il fait paraître, dans un autre genre, *L'Amour noir* (Flammarion), le récit d'une liaison clandestine de la couleur annoncée par le titre. Noir ou blanc, policier ou pas : on en redemande.

Hervé Prudon (1950)
A 28 ans, il publie *Mardi-Gris* (Série Noire), l'histoire d'Émile Rochette qui tue un flic sans raison. En 1979, c'est *Tarzan malade* et puis *Banquise* (numéro 3 de la défunte collection Fayard/Noir). La banlieue encore, avec ses stalagmites de béton et ses icebergs de solitude, sans oublier, bien entendu, ses phoques plantés sur leurs cubes de glace qui hurlent des chants mortels que personne n'entend : le désespéranto. «Place à l'écriture qui fuse, écrivait en ce temps-là Pierre Lepape, à des histoires qui nous racontent la nôtre.» Maestro, please.

Tito Topin (1932)
Dans *L'Humanité-Dimanche* du 28 octobre 1983, l'auteur expliquait : «Je visualise au point d'écrire comme un dessinateur [...] au crayon noir ! Quand ça ne va pas, je gomme.» C'est, sans doute, ce qui a fait dire à Louis Destrem que Topin a débarqué dans le genre noir avec ses propres crayons. C'était en 1982. Son roman *Graffiti Rock* (Série Noire) se laisse boire. Son deuxième, *Brelan de Nippons*, est un peu «tangent», mais le troisième est une pleine réussite. Il s'intitule *55 de fièvre* et se déroule dans le Maroc (Topin est originaire de Casablanca) des derniers feux de la présence française. Il lui vaudra le prix Mystère de la critique en 1984.

Cook Robin

(1931)

L'âge de déraison

«Dans le roman noir, c'est la mort de l'autre qui essaie de vous détruire et c'est cela qui donne parfois de la tendresse à notre écriture, bien que la tendresse arrive presque toujours trop tard» (Robin Cook).

De Sartre :
«Je continue ma double vie ; aujourd'hui encore, je lis plus volontiers des romans de la Série Noire que Wittgenstein.»

En 1984, des jurés du prix Médicis auraient bien voulu couronner le roman de Robin Cook. Après tout, six ans plus tôt, Patrick Modiano n'avait-il pas obtenu le Goncourt pour son roman le plus «roman noir» de son œuvre ? De plus, Cook était, comme Modiano, publié chez Gallimard. Le hic (sans le nunc), c'est que l'un était édité dans la «blanche» et l'autre dans la Série Noire. L'apartheid culturel existe en France. Il a nom générisme. Et c'est en son nom que le roman de Cook passa à la trappe du susdit prix. Néanmoins, il reçut le prix Mystère de la critique dont le palmarès (confronté à celui du Médicis) est, dans l'ensemble, autrement mieux assorti à son siècle. Flash-back...

Fils d'un industriel du textile et d'une mère américaine d'ascendance polonaise, Robert William Arthur Cook, dit Robin Cook (pseudonyme anglais : Raymond Derek) à ne pas confondre avec son exact homonyme (également auteur de romans noirs, mais axés dans les milieux médicaux et publiés en France dans Le livre de Poche) accomplit l'essentiel de ses études à Eton. A 16 ans, il publie ses premiers poèmes, mais refuse d'entrer à Christ Church Oxford. Après son service militaire, il débarque en France, à Paris, où il commence à écrire des romans, dont aucun ne sera publié. Il se met alors à voyager autour du globe en exerçant trente-six métiers et en se colletant avec autant de misères : viticulteur en Italie, trafiquant de voitures en Espagne, enseignant d'italien aux U.S.A., chauffeur de taxi en Angleterre, etc. En 1974, il se fixe en France, dans un petit village de l'Aveyron où il s'emploie comme ouvrier agricole ou couvreur.

▪ Le noir le plus complet

Crème anglaise est son premier roman. Cook, qui l'a publié en 1962, raconte, à travers la déambulation picaresque de trois petits gentlemen délinquants, la dégradation de l'Angleterre du fin fond de ses «fifties». «Nous avons échangé la porcelaine de Sèvres de nos manoirs ancestraux pour quelque chose de beaucoup moins chouette. Deux d'entre nous ont des années de bing devant eux pour réfléchir à la signification de ce que nous avons fait. Le troisième a l'éternité.» Le ton est donné. Suivent cinq romans et dix années de silence avant que Robin Cook ne revienne en force avec un roman puissant qui préfigure l'orientation de son œuvre future et son inclinaison au noir complet.

Le soleil qui s'éteint (Série Noire) frappe de plein fouet l'Angleterre des années 80. Et, à travers le personnage de son garde du corps reconverti en agent de sécurité qui cherche à venger la mort de son épouse,

Références
Mesplède (Cl.) et Schléret (J.-J.), *Voyage au bout de la Noire*, Futuropolis, 1985.
Recatala (D.-F.), *Le Monde du polar*, Éd. M.A., 1986.

c'est à la privatisation des moyens de répression (ou de production sécuritaire) que s'en prend Cook avec un talent qui force l'admiration. « Des personnages solitaires, écrit Denis-Fernandez Recatala, arpentent un monde féroce dominé par des forces lointaines, celles de l'État ou des organisations qui le soutiennent (la police) ou le contestent (le grand banditisme) et qui d'ailleurs sont les mêmes. » Ce qu'a, d'ailleurs, parfaitement exprimé Jean-Patrick Manchette en écrivant à propos de ce même roman : « C'est [...] le meilleur livre sur le terrorisme d'un point de vue de politique intérieure. »

Toutefois, le lecteur n'a encore rien vu. *On ne meurt que deux fois* met en scène un sergent détective qui œuvre dans le service des morts inexpliquées. Et Charles Staniland, justement, est ce mort que l'on retrouve, un soir, dans Albatros Road, tué à coups de masse de carrier. Le détective retrouve des cassettes qui ont appartenu au mort. Sorte de journal parlé qui reconstitue des lambeaux de sa vie et qui fascinent de plus en plus le détective.

▪ ... Encore plus loin ?

« On entre dans un mort comme dans un moulin », a écrit Sartre. C'est un peu ce que fait le sergent. Mais le four de ce moulin-là ressemble diablement à celui de l'enfer et, inexorablement, la descente s'amorce. Elle sera sans retour. « S'il est vrai, écrit Cook, que parfois j'entre en désespoir, c'est le défi du roman noir tel que je le vois. Je peuple mes livres de gens gaspillés qui ne comprennent pas pourquoi ils doivent descendre la pente sans même une plainte. Mes livres sont remplis de gens qui, sachant qu'ils ont été abandonnés par la société, la quittent d'une façon si honteuse pour elle, qu'elle ne fait jamais mention d'eux. » Et nous savons bien que Cook peut aller plus haut encore dans ce déferlement de désespoir et plus profond toujours dans cette descente en violence. Mais il ne faudrait surtout pas qu'il pense qu'on peut aller plus haut ou plus profond, simplement en allant plus loin. Surtout si ce n'est que pour aller plus loin.

Dick Francis (1920)

Ce Gallois du Pembrokeshire a été jockey professionnel pendant neuf ans et son palmarès est impressionnant. Quand il raccroche sa cravache, c'est pour entrer au *Sunday Express*, à la rubrique hippique. Il publie son premier roman, *Patatrot* (Série Noire) en 1962, qui remporte un vif succès et se voit porté à l'écran par Tony Richardson. Suivront une vingtaine de romans dont la plupart se dérouleront dans les milieux des courses. On peut citer : *Panique au pesage* (1964), *Ventre à terre* (1965), *Vol dans le van* (1967), *Le Casse-patte* (1971), tous publiés à la Série Noire et *Le Banquier* (1982) réédité par J'ai lu. Il a obtenu par deux fois l'Edgar des Mystery Writers of America, en 1969 et en 1981. Auteur authentique, pétri de talent, il sait peindre au couteau une galerie de portraits inoubliables. A consommer sans modération.

Œuvres

Cinq romans de Robin Cook ont été publiés à la Série Noire : *Crème anglaise, Le soleil qui s'éteint, On ne meurt que deux fois, Les mois d'été sont meurtriers,* Comment vivent les morts. Deux romans ont été publiés dans Rivages/Noir : *Cauchemar dans la rue, J'étais Dora Suarez.*

Films

Deux romans de Robin Cook ont été portés à l'écran : *On ne meurt que deux fois* par Jacques Deray et *Les mois d'été sont meurtriers* par Michel Deville sous le titre *Les mois d'avril sont meurtriers.*

Maurice Périsset

En 1983,le 36e prix du Quai des Orfèvres est attribué au premier roman policier de Maurice Périsset : *Périls en la demeure* (Rééd.J'ai lu). Le fondateur du Festival international du jeune cinéma (Hyères) n'en est pas à son coup d'essai littéraire, même si, policièrement dit, il réalise un coup de maître. L'année suivante, il publie trois autres romans du même genre dont *Les Maîtresses du jeu* (Éd. du Rocher) décroche le prix Polar de la ville de Reims. En 1985, *Catafalque pour une star* reçoit le prix du Suspens. Cette même année, il fait paraître aux Éd. Encre, un roman plus noir qu'à son habitude : *Tueurs froids*. L'année d'après, ses trois romans, dont l'intéressant *Foulard d'acier* (Éd. du Rocher), n'obtiennent aucun prix. Le microcosme « polarien » respire un peu. Du moins, ceux que Périsset agace. Car il en agace quand même plus d'un. Ils ont à peine le temps de reprendre leur souffle que 1987 voit *Le Cahier de condoléances* (Éd. du Rocher) obtenir le prix Moncey... Plus criminel que policier, son univers tire vers ceux de Mauriac et de Julien Green et est gouverné par des personnages très en retrait de nos quotidiens immédiats. Il n'empêche que Périsset possède une manière bien à lui de les faire exister. Donc, objectivement, Maurice Périsset agace. Le mieux qui lui reste à faire, subjectivement, c'est de continuer...

Bialot Joseph

(1923)

A visage découvert

Voilà le contraire d'un citoyen ordinaire. A-t-on idée d'entreprendre une licence de psychologie à l'âge de 46 ans, d'autant que la vie a dû vous en forger une autrement plus solide que celle qu'on peut trouver dans les livres ? Ou d'écrire son premier roman (noir) à 55 berges ? Il est vrai que l'existence même de ce citoyen-là est fort éloignée de l'ordinaire. Né à Varsovie, émigré en France dans le quartier de Belleville (il faut lire sa sarabande de *Babel-Ville* tout comme la noire truculence de son *Manteau de la Saint-Martin*), victime de l'exode en 1940, puis résistant antinazi et déporté à Auschwitz (il faut lire *La Nuit du souvenir* et son « glauque » épisode de Bonne Espérance). Libéré par l'armée rouge, c'est le retour en France, à Paris, et ses embauches dans le prêt-à-porter (il faut lire son premier roman, *Le Salon du prêt à saigner*, pour lequel il a justement obtenu le Grand Prix de littérature policière).

Bialot est un des rares romanciers français qui a de la tripe et qui ne vous la fait pas à l'estomac. Son humour ronge les freins du conformisme jusqu'à l'os et l'os jusqu'à la moelle. Ses récits respirent le vécu (celui qu'on a palpé, pas celui dont on a entendu causer) et ses personnages sont des êtres simples. Simples comme bonjour et aussi simples que la mort. Au fait, avez-vous lu Bialot ? Il est publié à la Série Noire et il a obtenu, en 1990, le prix Mystère de la critique.

A côté

En collaboration avec Claude Courchay, Joseph Bialot a publié deux Série Noire : *L'Annonce faite à Matcho* (1981) et *Matcho et les Fourmis blanches* (1982). Seul, aux éditions Denoël, *Sigmund Fred ne répond plus*. Hors polar, aux éditions Belfond, deux romans « historiques » : *Élisabeth ou le Vent du Sud* et *Judith*.

Fajardie Frédéric H.

(1947)

Le sprinter

« Le coureur de cent mètres est une machine brutale quasiment inréglable qui doit concilier le goût de la crise et la plus vaste patience » (Paul Fournel).

Lui, Ronald Moreau dit Frédéric H. Fajardie, libraire et militant de l'ex-Gauche prolétarienne, né le 28 août 1947 sous les signes conjoints du Sanglier et de la Vierge, entame une carrière de romancier en 1979 avec un fulgurant *Tueur de flics*, numéro 2 de la collection Sanguine qu'il a lui-même créée avec ses éditions Phot'Œil.

▪ Nouvelliste et romancier

Depuis cette époque, une trentaine de livres dont une dizaine de recueils de nouvelles, élément non négligeable, d'une part parce que Fajardie y excelle, d'autre part parce qu'il est l'un des rares auteurs de polars à équilibrer, bon an mal an, sa production de romancier et de nouvelliste à raison d'un pour trois, ce qui constitue une performance dans un pays où le système éditorial a trop souvent tendance à considérer la nouvelle comme un genre réservé aux revues. Dans le cas de Fajardie, l'intervention d'un éditeur comme NéO (Hélène et Pierre-Jean Oswald) a été tout à fait déterminante à cet égard.

On a souvent reproché au romancier Fajardie la brièveté de ses récits et son style bâclé. Il a répondu à ses détracteurs par deux titres de romans : *Le Souffle court* (Éd. NéO, 1982) et le superbe *Clause de style* (Denoël, 1987). Il s'est aussi essayé au récit de plus longue haleine avec *Brouillard d'automne* (Mazarine, 1985) et *Une charrette pleine d'étoiles* (Payot, 1988), mais il n'est jamais aussi bon que dans l'effort de courte durée. Le magique *Gentil Faty* (Fayard/Noir, 1981) ou le très musclé *Sniper* (Fayard/Noir, 1981 ; rééd. NéO) en sont deux preuves flagrantes. A quoi s'ajoutent aussi son *Bleu de méthylène* (Denoël, 1982) et le persiflant *Des lendemains enchanteurs* (NéO, 1986). « Il n'y a pas de coureur de cent mètres amateur, remarque Paul Fournel. Les forêts sont pleines de marathoniens du dimanche, de crossmen de dix-huit heures trente ; il n'existe pas de sprinters des bois. » C'est bien notre avis : Fajardie ne tire pas en dilettante.

Jean-Charles Fauque (1943)
Deux romans très forts publiés à sept ans d'intervalle dans la Série Noire. Le premier, *Sidi Ben Barbès* (1978), met en scène des truands nord-africains aux prises avec le capitaine Vitesse des Compagnies républicaines de sécurité. Le second, *Traîtres Tropiques* (1985), est le récit de la confrontation entre des terroristes européens et des trafiquants d'armes. Deux moments privilégiés.

Paul Clément (1943)
Sous ce pseudonyme se cache le romancier et critique Jacques-Pierre Amette, né un 18 mai à Saint-Pierre-sur-Dives, dans le Calvados. Son second roman publié à la Série Noire s'intitule : *Je tue à la campagne* et lui a été inspiré par la lecture d'une nouvelle de Flaubert. Un roman bref, sobre, dépouillé, moins prenant toutefois que son premier, *Exit*, un grand moment de roman noir français, très dur, très froid. A marquer d'une pierre blanche.

Villard Marc

(1947)

Crimes and blues

« Il sait faire passer la petite musique lancinante des enfants du siècle et touche à l'essentiel » (Jean-Pierre Deloux).

Revue

A l'occasion du cent-cinquantenaire du roman policier, la revue littéraire *Nouvelles, Nouvelles,* dirigée par Daniel Zimmermann et Claude Pujade-Renaud, a décidé de consacrer son numéro d'avril 1991, autrement dit sa vingt-deuxième livraison aux auteurs de romans policiers et de romans noirs. Avec des nouvelles de Chrystine Brouillet, Didier Daeninckx, Alain Demouzon, Jean-Paul Demure, Michel Grisolia, Paul Halter, Thomas Narcejac, Brice Pelman, Maurice Périsset, Jean-Bernard Pouy, René Réouven, Pierre Siniac, Louis C. Thomas, Marc Villard.

Référence et adresse

Entretien paru dans la revue *Roman* n° 24, sept. 1988.
Nouvelles, Nouvelles : 3, rue de l'Harmonie, 75015 Paris

En choisissant le roman noir comme principal vecteur d'expression culturelle et sociale, on ne peut pas dire que Marc Villard (graphiste de profession, mais aussi poète, musicien et scénariste, notamment du film de Juliet Berto, *Neige*) ait opté pour la voie royale, tant il est vrai que cette typique littéraire continue d'être fermement maintenue sur le perron du café des belles-lettres. Mais il a fait mieux ou pire encore : c'est selon. Après dix ans d'existence littéraire, on dénombre dans son œuvre presque autant de romans que de recueils de nouvelles. Quand on sait quelle place d'outsider plus que modeste le genre tient dans l'édition française, on se dit que, dès le départ, notre auteur n'a pas forcément choisi la ligne droite pour rallier l'arrivée.

▪ Écrire, c'est vivre

Répondant à une question sur ses héros de romans préférés, il cite : « Milou, Watson, Sancho Pança. » Autrement dit les sous-fifres, les faire-valoir. Il aurait pu ajouter les losers puisque, comme il le dit si bien dans un entretien : « Je suis plus sensible à ceux qui perdent la partie qu'à ceux qui la gagnent. » C'est aussi, sans doute, ce que devaient penser ces romanciers qui lui sont chers et qui ont nom : Steinbeck, McCoy, Brautigan, Herbart... N'oublions pas Herbart dont *Le Rôdeur* (paru en 1930) s'ouvre sur ces mots : « J'écris ces lignes par faiblesse. Si j'étais fort, je n'écrirais rien. Je dompterais la vie, je serais le maître de mes désirs et de ceux des autres. » Pas question donc, ici, d'avouer qu'écriture et trahison vont de pair. Ici, écrire, c'est vivre. Parfois. Et survivre, le plus souvent.

La sobriété et le dépouillement sont les principales caractéristiques de l'œuvre de Marc Villard, dont *Corvette de nuit* (Fayard, 1981) et *La dame est une traînée* (Série Noire, 1989) incarnent deux très hauts moments du noir français. Une totale ascèse dans le style, une épure accomplie des personnages, un sens clair de l'image soutenu par un rythme dénué de fausses notes et un art consommé du contre-pied (son univers « footballistique » de *Ballon mort* jazze aussi loin de l'idyllisme offert par les médias que celui de *Le Roi, sa Femme et le Petit Prince* rocke près du noir absolu) activent ce « charme maléfique » dont parle, à son propos, Michel Lebrun, et font de ce nouvelliste-né et de ce romancier à vif l'un des plus fins observateurs de nos sentiers égarés. *On the road again*, à l'heure où la nostalgie remonte au créneau comme un naufrage, il est capital que des écrivains de son envergure érigent des remparts pour dire, de ce cri intérieur qui porte loin, notre refus d'« endosser les oripeaux » d'une nuit encore recommencée et par quoi, tout, de nouveau, finirait.

Corris Peter
(1942)

A hauteur d'homme

Indéniablement, il y a un ton Corris. Une manière d'intransigeance. Cette humeur particulière qui donne à son héros une vraie chair et à lui-même une place de choix dans le polar actuel.

C'est un peu trop facilement que Peter Corris a été qualifié de «Chandler australien». Car Cliff Hardy, son privé, est avant tout lui-même, et son créateur, un véritable romancier qui sait manier le verbe et maîtriser l'intrigue. Cet Australien, né près de Melbourne, historien de formation, n'est pas venu par hasard au roman noir. Avant de créer son personnage de privé, il s'était pendant vingt ans pétri, en tant que lecteur, de ce type de roman. L'année 1980 sera l'occasion du grand saut.

■ Une œuvre bien à lui

La quarantaine bien tassée, Hardy habite un quartier cosmopolite du centre de Sydney. Il possède un bureau dans King's Cross et n'avance jamais dans ses enquêtes avec la mâle assurance du privé mal embouché (Corris déplore l'existence du Hammer de Spillane). Il peut être drôle, désinvolte et, s'il parvient toujours ou presque à se rendre maître d'une situation, il sait aussi connaître l'inquiétude, la peur même, et l'on ne peut pas dire que ses relations avec les femmes soient systématiquement au beau fixe. De même, il ne s'engage pas dans une affaire à la légère et a pour habitude de se renseigner sur le pedigree de ses clients, ce qui n'empêche pas les déconvenues.

Dans *Chair blanche* (1981, Rivages/Noir), Ted Tarelton, magnat du bookmaking, fait appel à ses services pour retrouver la trace de sa fille Noni. Et si Cliff Hardy, ce jour-là, aurait mieux fait de ne pas modifier son emploi du temps, Corris en profite pour nous dire la condition des aborigènes et mettre en relief les conflits ethniques. Dans *Le Garçon merveilleux* (1982, Rivages/Noir), lady Catherine Chatterton, une aristocrate très proche de ses deniers, lui demande de rechercher un petit-fils (né de l'union contrariée de sa fille et d'un avocat) qu'elle ne connaît pas. Et le privé de Sydney aura beau rouler ses cigarettes pour en consommer moins, il accomplira néanmoins une descente en noir jusqu'à la lie.

Dans *La Plage vide* (1983, Rivages/Noir), le voilà chargé par la veuve de John Singer, caïd du jackpot, de vérifier si, deux ans après la prétendue noyade de son mari, elle (Marion Singer) est bien veuve, car certains mauvais «œils» auraient entrevu le susdit en ville et en vie... Ainsi, de points de départ mille fois lus, Peter Corris réussit à extraire la substantifique moelle pour tirer à lui une œuvre personnelle et conduire son lecteur à l'essentiel : ce que nous sommes face à nous-mêmes et dans nos rapports à l'autre.

Réflexions

«Dans mes romans, vous trouverez des références à l'Histoire de l'Australie, des références à l'évolution de la vie des gens, de toute évidence bien avant mon époque. Je pense que cela m'aide à trouver une structure en tant qu'écrivain. Je crois que je ne pourrais pas maintenant envisager un avenir de romancier si je n'avais pas fait toutes ces longues, longues années de recherche historique» (Entretien avec Isabelle Marina-Mediavilla dans le magazine *813* n° 22, janv. 1988).

Simon Roger L.

Le privé désabusé

Ce n'est pas facile de se concilier les faveurs du roman noir en misant sur le registre de la comédie, mais cet auteur semble être passé maître dans l'art de jouer du contraste.

Roger L. Simon a créé, avec le privé Moses Wine, un personnage fort peu tempéré, caustique à souhait, décapant et désenchanté qui est en passe de devenir un des héros mythiques de la littérature noire américaine.

▪ Une galerie récurrente

Son détective apparaît, pour la première fois, en 1973 dans *Le Grand Soir* (U.G.E. 10/18) lorsque Lila Shea, une ex-maîtresse, vient le tirer d'une partie de Cluedo, pour «l'inviter» à enquêter sur un certain Eppis qui ferait distribuer des tracts visant à saboter la campagne d'un sénateur. Et puis, Lila Shea meurt, assassinée. Et voilà Moses Wine en plongée dans les milieux gauchistes américains des années de contestation.

Dans *Le Canard laqué* (1979, U.G.E. 10/18), Wine a atteint l'âge du Christ quand ce dernier fut crucifié. Mais partir pour la Chine de l'après-Mao avec sa tante Sonya ressemble plus pour lui à une visite du Vatican avec sainte Bernadette qu'à un chemin de croix. Ne serait-ce ce palmipède de huit millions de yuan qui se volatilise dans la nature...

Dans *California Roll* (1985, Presses de la Renaissance), Simon propulse son privé (toujours aussi divorcé, père de deux enfants) dans le nec plus ultra de l'U.S. High Tech : la fameuse Sillicon Valley californienne où il se trouve bombardé chef de la sécurité. Concurrence industrielle, magouilles bureaucratiques, espionnage scientifique volent bas et finissent par aboutir à la disparition d'un programme informatique. Si Moses Wine savait déjà que les ordinateurs n'avaient pas de rancune, il devra apprendre qu'ils ont une mémoire.

Dans *Le Clown blanc* (1986, Rivages/Noir), notre privé, atteint d'une dépression de type dysthémique, consulte un adepte de la Gestalt-thérapie. Mais, comme le disait papy Freud : «C'est quand l'analyse est terminée que les problèmes commencent.» Et les ennuis vont venir sous l'apparence d'un comique professionnel qui s'offre un vol plané de quinze étages sur le bien nommé Sunset Boulevard. A ceci près qu'Emily Ptak, l'épouse du plongeur, ne croit pas au suicide et qu'elle a peut-être ses raisons pour ne pas avoir tort... L'écriture est juste, sardonique, réelle. Les digressions en phase. La touche comique parfaitement dosée. Le héros toujours attachant. Et la galerie de portraits hautement récurrente.

Film
The Big Fix de Jeremy Paul Kagan (avec Richard Dreyfus dans le rôle de Moses Wine, et Susan Anspach, Bonnie Bedelia, John Lightgow, Ofelia Medina, Nicholas Coster). Scénario, adaptation et dialogue de Roger L. Simon d'après son roman *Le Grand Soir*.

Jonquet Thierry

(1954)

Un auteur à l'avant-scène

« Car le plus haut bonheur humain n'est point dans l'exploitation du présent, mais dans la préparation de l'avenir » (Léon Trotsky).

Au commencement était Ramon Mercader. Pas le pseudonyme de celui qui planta un piolet dans le crâne de Lev Davidovitch Bronstein, non. Mais celui de Jonquet qui, sous ce lourd emprunt, publie trois romans provocateurs : *Du passé faisons table rase*, *Cours moins vite, camarade* et *U.R.S.S. go home* (Fleuve Noir). Le premier insinuait des choses désagréables sur le S.G. du P.C.F. ; le deuxième prenait appui sur l'enlèvement d'un aristo délesté de son auriculaire ; le troisième incluait un trafic de stups dans un certain Afghanistan occupé. Entretemps, Jonquet avait jeté le masque, mais pas l'éponge puisque, sous son véritable patronyme, cet ancien praticien des services de gériatrie nous donnait à lire deux romans sans concession : *Mémoire en cage* et surtout *Le Bal des débris*, douloureuse glissade dans l'enfer des mouroirs à vieillards.

▪ Un acteur engagé

Il entre à la Série Noire en 1984, avec *Mygale*, et renouvelle le thème de la vengeance doublé cette fois d'une transformation physique approchée de telle manière qu'elle contraint l'auteur à travailler en permanence sur le fil du rasoir. Ce qu'il réussit de façon prodigieuse. Son roman suivant, *La Bête et la Belle* (1985), est choisi par la Série Noire pour son numéro 2000. L'année d'après, *Le Secret du rabbin* (Éd. Clims) est une sorte de grand roman d'aventures, échevelé et fou en pleine guerre russo-polonaise. En 1990, *Le pauvre nouveau est arrivé* (Éd. Manya) n'est pas sans faire allusion à un pape du chiffon, chanoine de son titre. Ceux qui attendaient Jonquet, la nuit au coin du bois, se sont trompés. Il circule en pleine lumière et en ville. Aujourd'hui même. Il est ce qu'on appelle un acteur engagé de son temps.

Éric Kristy (1951)
Passionné de musique, il exerce ses talents de guitariste dans plusieurs groupes, participe à une tournée aux U.S.A. et enregistre un disque à Chicago. Membre du groupe Sanguine, orchestré par Patrick Mosconi, il entre à la Série Noire que dirige Robert Soulat, en 1984, dans un recueil de nouvelles collectif. Son texte, qui se déroule pendant les événements de mai 68 (*Chienlit and Co.*), donne naissance à Lucien Noblard, jeune gardien de la paix dont il va se servir au gré des romans (*Pruneaux d'agents, Circulez !*) en l'embarquant dans des histoires de terrorisme ou de bavure qui permettent à son créateur de poser le doigt sur quelques-unes de nos plaies sociétales en voie de banalisation. Ses romans publiés au Fleuve Noir (*Horde nouvelle, Song impur*) ne possèdent ni la sérénité ni l'acuité de ses *Noblard*, personnage un peu veule mais qui n'en est pas moins attachant.

Michel Guibert (1941)
Dix romans en six ans, de *L'Enlèvement de Ganymède* (1977) au *Pot-au-feu de Madame Da Ponte* (1983) avec, au départ, un flic nommé Mario Malfatti qui tombe amoureux *du* suspect et que l'éditeur demandera de transformer en... suspecte. Et puis Malfatti remet sa démission et se reconvertit en privé, assisté de sa maîtresse, pour d'autres aventures, parmi lesquelles : *Le Jeune Mort de Saint-Tropez* (1978), *Le Vieux Monsieur aux chiens* (1980) qui obtient le Grand Prix du roman d'aventures (Le Masque).

Daeninckx Didier

(1949)

La mémoire en tête

« Pour disperser les frelons et traverser victorieux les horizons rouges qui se lèvent, que faut-il ? Oser. Oser et labourer profond. L'audace est la splendeur de la foi » (Pierre-Olivier Lissagaray).

En octobre 1990, Didier Daeninckx faisait paraître aux éditions Denoël son dixième roman, *Le Facteur fatal*, dont l'inspecteur Cadin (et même l'ex-inspecteur Cadin) était une nouvelle fois le protagoniste, objectif et subjectif d'un parcours définitivement bouclé qui, rouvert sur l'épisode alsacien de 1977, se refermera sur l'épilogue albertivillarien en 1989 et qui renseigne sur le comportement de ce personnage clé de l'œuvre de Daeninckx, quelquefois incompris de la critique. Sept villes (sept stations) et autant de dates le traversent, signalant l'itinéraire haché de ce flic conducteur qui permit au romancier une descente approfondie dans les diverses strates de notre essence très immédiate ou plus lointaine, mais indéfectiblement actuelle.

Toutefois, Cadin n'a pas été le seul protagoniste de Didier Daeninckx à travailler au corps ce matériau de l'essentialité humaine et sociétale. Londrin (le commissaire finissant), Michèle Fogel (à la tête de ses brigades de sécurité du métro), René Griffon (le privé à la recherche du sang perdu), Patrick Farrel (l'écrivain « nègre » propulsé au cœur d'une région dévastée), Marc Blingel (le jeune historien détenteur d'une vérité meurtrière), tous participent à leur manière de cette « reconstitution » méthodique des faits et gestes d'une réalité provisoire indissociable de sa provenance, car tous sont utilisés par le romancier comme simples prétextes à un récit dont la trame n'est elle-même, à son tour, que le support d'un contexte charnière, révélateur de nos propres fondements.

Tentative de putsch

En 1978, les éditions Balland ont publié un roman à quatre mains (celles d'Étienne Bolot et d'Alain Jaubert) intitulé *Scorpion* ou l'histoire à peine romancée d'une tentative avortée de déstabilisation de l'Algérie, chapeautée par un ex-ministre de l'Intérieur dirigeant, depuis son cabinet de la place Beauvau, des barbouzes gaullistes, des partisans de l'O.A.S., d'ex-gestapistes de la Carlingue et des militants d'associations de rapatriés réunis pour la circonstance dans un même combat douteux.

■ Thématique et exemplaire

Cette assise a nom Histoire et la mémoire est sa sève. Histoire et non pas simplement passé. Mémoire et non pas seulement souvenir. Car si le passé constitue l'état de ce qui n'est plus présent, l'Histoire, elle, est au-delà de ce qui est antérieur la substance qui conditionne notre actualité. D'autre part, si le souvenir se résout au mieux dans un chapelet de commémorations figées, officielles et récupératrices, la mémoire, elle, oblige à la permanence de l'éveil ; elle est le creuset de nos vérités, la source de nos actes présents et à venir : elle est ce qui, en nous, existait avant nous.

Sur les dix romans publiés à ce jour par Didier Daeninckx, cinq constituent ce que nous appellerons ses romans de la thématique : *Meurtres pour mémoire* (1984), *Le Der des ders* (1984), *Le Bourreau et son Double* (1986), *La mort n'oublie personne* (1989) et *Le Facteur fatal* (1990). Quatre illustrent ses romans de l'exemplarité : *Mort au premier tour* (1982), *Le Géant inachevé* (1984), *Playback* (1986), et *Lumière noire*

(1987). Au risque de surprendre, nous qualifierons ici le dernier titre (qui, chronologiquement, se trouve être le cinquième) de roman emblématique. Il s'agit de *Métropolice* (1985). Curieusement, il nous semble que ce roman ait été mal perçu par la critique. La rupture narrative irrémédiable qui intervient après les deux premiers chapitres a quelque peu décontenancé les spécialistes, habitués à voyager de bout en bout avec le même genre de ticket. Néanmoins, il constitue à nos yeux une sorte de trait d'union entre les romans de la thématique et ceux de l'exemplarité, en ce sens qu'il contient d'une part tous les ingrédients basiques et adjacents chers à l'auteur (y compris le fameux hasard objectif) et, d'autre part, parce qu'il livre à travers le prisme d'une double confrontation verticale (surface/souterrain, histoire d'une réalité sociopolitique et déroulement d'une fiction) la symbolique même de toute son œuvre présente. A côté de ce roman totalement réussi, trois autres se dégagent.

▪ Le moule de l'Histoire

Le premier est *Meurtres pour mémoire*. Il s'ouvre sur un fait historique que l'officialité française se plaît à occulter : le massacre à Paris, le mardi 17 octobre 1961, par la police du gouvernement gaulliste, de plusieurs centaines d'Algériens lors d'une manifestation pro-F.L.N. Didier Daeninckx mêle, aux manifestants réels, un personnage de fiction : Roger Thiraud, jeune prof de latin et d'histoire, assassiné pendant le carnage policier. A partir de là, le déroulement de l'action proprement dite va prendre corps au présent, vingt ans après, à Toulouse, quand le fils de Roger Thiraud est assassiné à son tour à la sortie de la préfecture de police où il s'était rendu pour compulser des dossiers. L'inspecteur Cadin (muté de Strasbourg) va enquêter, remonter la piste jusqu'à un certain Veillut, directeur des Affaires criminelles (fiction) alias Maurice Papon (historique), et découvrir la vraie raison de ce double crime perpétré à vingt ans de distance sur les Thiraud père et fils. « J'ai voulu, explique Didier Daeninckx dans un entretien avec Alain Abellard et Jean-Paul Morel, à partir de trois époques, 1942-1961-1981, construire un jeu de miroirs. Certaines personnalités ont bâti leur fortune ou assis leur statut dans des périodes troubles. Et c'est à partir d'un personnage ayant appartenu à ces trois époques que j'ai bâti ma fiction. Un personnage qui, en 1981, occupait des responsabilités gouvernementales, qui, en 1961, était préfet de police à Paris lorsque les Algériens furent massacrés le 17 octobre de cette année-là et qui, en 1942, était haut fonctionnaire du gouvernement de Vichy, responsable de la déportation de milliers de juifs qui transitaient par le centre de Drancy. »

Le deuxième roman de la thématique est *Le Der des ders* (1984). Écrit la même année que le précédent, il remonte, comme son titre l'annonce, au lendemain de la première boucherie mondiale. René Griffon, un poilu réchappé du conflit meurtrier, reconverti en détective privé, végète dans son bureau du XIXe arrondissement, jusqu'au jour où il se sent traversé par une idée de génie : se spécialiser dans la recherche des soldats portés disparus. Didier Daeninckx prend alors le prétexte d'un chantage sur un colonel pour embarquer Griffon dans une descente infernale sur « les sentiers de la gloire », dégondant

Autres œuvres
Didier Daeninckx est aussi l'auteur de nombreuses nouvelles que Roger Martin et les éditions de l'Instant ont eu l'heureuse idée de réunir sous le titre *Non-lieux*. Un autre recueil, très bref, a été publié sous le titre *Quartier du globe* aux éditions Folies d'encre (1989) du nom de la dynamique librairie de Montreuil. Il a, par ailleurs, écrit deux courts récits noirs pour le jeune lectorat de la collection Souris Noire (dirigée par Joseph Périgot aux éditions Syros) : *La Fête des mères* et *Le Chat de Tigali*. Si le second a remporté le prix Polar Jeunes, le premier lui avait valu maille à partir avec l'ancien ministre de l'Intérieur (Charles Pasqua) qui songea à le faire interdire. En février 1991, il a publié un autre roman pour la jeunesse : *A louer sans commission* (Gallimard).

Prix
Didier Daeninckx a obtenu le prix Paul Vaillant-Couturier et le Grand Prix de littérature policière avec *Meurtres pour mémoire* (Série Noire) ; le prix 813 du roman noir pour *Le Géant inachevé* (Série Noire), le prix Mystère de la critique pour *Playback* (Éd. de l'Instant, réédité chez J'ai lu sous le titre *Tragic City Blues*), le prix Populiste 1990 pour *Le Facteur fatal* (Denoël).

Films
Sa nouvelle *Le Fantôme de l'arc-en-ciel* a été portée à l'écran par Marc Éloy. Son roman *Meurtres pour mémoire* a été adapté par Laurent Heynnemann (avec Christine Boisson et Christophe Malavoy) pour la télévision, sur un scénario de Claude Veillot qui s'est servi du roman comme pur prétexte à une histoire où la fiction gomme une bonne part de la réalité.

le mythe fallacieux du «sang versé pour la patrie» jusqu'à révéler un épisode totalement passé sous silence : celui de milliers de soldats russes envoyés, en 1916, par le tsar, sur le front français (dans la Creuse) et exécutés sur place ou déportés dans les bataillons disciplinaires d'Afrique pour avoir mis crosse en l'air. Sans avoir l'air d'y toucher, sur ce ton presque débonnaire qui donne à l'horreur ainsi décrite toute sa force, le romancier avance dans «son» enquête sur des chemins où les historiens de l'officialité respectueuse et civilisée ont toujours refusé de se rendre. Son écriture concrète étaie et investit le souterrain et ses méandres, jetant loin le masque des apparences comme les marques entretenues de l'apparat.

▪ La filière Meckert

Avec *La mort n'oublie personne* (Denoël), le romancier poursuit son travail d'investigation. Le roman est dédié à Jean Meckert. Autrement dit, au véritable patronyme de l'auteur de la Série Noire, Jean Amila. Et ceci n'est pas le fait du hasard. Didier Daeninckx n'écrit pas «A Jean Meckert dit Amila», mais simplement «A Jean Meckert». C'est que l'hommage n'est pas de pure forme ni même de simple amitié. Nous avons vu dans l'étude consacrée à cet auteur, qu'avant de devenir Amila, Jean Meckert avait publié des romans que nous qualifierons ici de sociaux. Nous avions laissé de côté, à dessein, l'un de ces romans, publié en 1952. Ce roman de Jean Meckert a pour titre *Je suis un monstre*. Il décrit les conséquences d'un assassinat commis sur la personne d'un jeune élève d'une école de plein air en Savoie, pour des raisons politiques : il était communiste. L'histoire est racontée par un moniteur qui, dans un premier temps, a choisi de maquiller l'assassinat en accident.

Quant à Didier Daeninckx, dans *La mort n'oublie personne*, Marc Blingel enquête sur le procès, survenu en 1948 à Saint-Omer, d'un certain capitaine Camblain, chef de groupe de la Résistance. Pour ce faire, il va interroger un de ses compagnons de lutte, Jean Ricouart, un ancien résistant qui fut, lui aussi, inculpé dans ce procès de complicité de meurtre, alors qu'il agissait pour la Résistance en service commandé. De plus, le procès de Camblain-Ricouart et de leurs compagnons a été conduit par un avocat général qui officiait déjà sous Pétain. Condamné à mort, Camblain sauvera sa tête. Ricouart sera condamné à sept ans d'emprisonnement. Le roman (c'est Blingel qui raconte) s'ouvre sur ces mots à la fois sibyllins et lourds de conséquence : «Je l'ai connu mais il m'est impossible de le lui dire. Le portrait dans son cadre surplombe le reflet assombri de mon visage que me renvoie le verre bombé du téléviseur. J'étais pareil à lui vingt-cinq années plus tôt.» Qui est ce «lui» dont parle Blingel ? Ni plus ni moins que le fils de Jean Ricouart (Lucien) qui s'est suicidé voilà vingt-cinq ans, quand ses camarades de collège le poursuivaient de leurs insultes en le traitant de «fils d'assassin». Le suicide ici sera maquillé en accident.

La filiation avec Jean Meckert est évidente. La complicité des deux écrivains, leur amitié réciproque justifient l'hommage placé en exergue. Cela dit, le roman de Didier Daeninckx se joue tout entier sur le dépouillement progressif des véritables faits et gestes de Ricouart et des autres lors de l'intervention commando qui leur a valu a posteriori ce procès pour assassinat (reconstitution méthodique d'une histoire replacée dans son contexte, qui n'est pas sans nous rappeler le montage du film d'Angelopoulos, *Les Chasseurs*). Pris au jeu de la vérité, c'est Blingel qui s'emploiera à parachever une enquête dont Ricouart ne possède pas tous les détails et qui, renversant son postulat de départ, finira par révéler à ce père la véritable mort de son fils dont il fut, lui Blingel, le condisciple au collège de Bla-vaincourt en 1963. La puissance qui sourd de ce roman (comme de toute l'œuvre de ce romancier) vient d'abord du fait qu'il ne se borne pas à dénoncer. Il fait mieux : il énonce. Et s'il aime à brûler le terrain, ce n'est pas pour construire à la hâte quelques brûlots édifiants et vite consumés, mais bien pour bâtir, à force de patience, de sincérité et de courage, une œuvre durable, inscrite dans le temps, c'est-à-dire au cœur de tous nos âges.

Référence
Entretien avec Alain Abellard et Jean-Paul Morel publié dans *Le Matin de Paris.*

Ebersohn Wessel
(1940)

Des saisons en hiver

En Afrique du Sud, l'état d'apartheid est toujours un apartheid d'État et Wessel Ebersohn paie pour le savoir. Cet ancien technicien des télécommunications, aujourd'hui écrivain à plein temps, subit dans son quotidien un exil intérieur qui l'a contraint, pour des raisons de sécurité, à quitter sa femme et à vivre retiré, loin de son domicile familial. Les trois romans qu'il a écrits ont été frappés d'interdiction dans son pays.

En mars 1989, en France, les éditions Bernard Coutaz publiaient *Les Greniers de la colère*. C'est à cette occasion que les éditions Sombre Crapule apprenaient que Wessel Ebersohn était également l'auteur de deux romans noirs : *La Nuit divisée* et *Un coin perdu pour mourir*. Dans le premier, un psychiatre est amené à enquêter sur les agissements d'un commerçant qui vient d'abattre une jeune fille noire laquelle, d'après lui, tentait de pénétrer par effraction dans sa boutique. Le problème, c'est que ce commerçant a déjà abattu sept personnes dans les mêmes circonstances. Dans le second, un important politicien meurt après avoir absorbé des champignons vénéneux. Un domestique noir est accusé. Mais Yudel Gordon, le médecin psychiatre de la prison, ne croit pas à la culpabilité du valet et mène une enquête qui le conduira jusqu'à la lisière de la mort.

Ebersohn, c'est d'abord un état des lieux d'une Afrique du Sud en état de ségrégation raciale érigée en système de gouvernement. C'est aussi l'apport d'un talent au service de l'expression littéraire la plus active de ce siècle, inscrite ici dans la lutte pour la libération de tout un peuple. Ses romans restent interdits en Afrique du Sud.

Nouvelles
Dans son anthologie des *Meilleures Nouvelles de l'année* (quatre volumes parus de 1987 à 1991, aux éditions Syros), Christine Ferniot n'oublie jamais que les auteurs de romans noirs sont aussi d'excellents nouvellistes de même couleur. Le lecteur pourra donc confronter leurs textes avec ceux de leurs collègues aux blancs manteaux et juger sur pièces.

Douglas John
(1947)

Le doigt sur les plaies

« La mort de tout homme me diminue parce que je suis solidaire du genre humain. Ainsi, n'envoie donc pas demander pour qui sonne le glas, car il sonne pour toi » (John Donne).

Tout homme devrait savoir qu'avant de bâtir une tour, on creuse sa fosse.John Douglas le sait. Il est le prototype même de l'auteur qui ne passe inaperçu que pour mieux fignoler son trou. Quand les fondations seront là, loin de ces routes aux lunes gratuitement sanglantes, quand les lampions des Polaroïd de circonstance seront éteints et qu'on pourra mieux apprécier la nature réelle de ce paysage romanesque, alors, John Douglas viendra se planter devant nous comme une évidence. Pour l'heure, ses deux romans parus à la Série Noire n'ont pas réussi à détourner l'attention de nos minutieux scrutateurs.

Deux romans donc : *La Mort à grandes guides* et *Arrêtez le folklore* (traduits par Simone Hilling). Le premier se déroule de nos jours à Shawnee, un bled perdu dans les Alleghanys. Comme partout, on y côtoie des nantis et des fauchés. Comme toujours, sous la respectabilité perce la turpitude. C'est ce que le photographe Jack Reese apprendra à ses dépens. Le second se décline au passé : en 1922 et en Virginie au milieu de gueules noires en grève, de prospecteurs assassinés, de spéculateurs criminels, de flics vendus, de milices achetées, et s'achève dans un duel au sommet entre un jeune privé inexpérimenté et un vieux routard de la combine, féroce propriétaire minier. Nous ne sortons pas de tout cela intact, mais remercions Robert Soulat de nous avoir permis d'y entrer.

Origines
Natif de Cumberland, dans l'État du Maryland, où ses grands-parents travaillaient dans le chemin de fer. C'est ce qui explique sans doute que le premier roman de John Douglas, *La Mort à grandes guides*, tisse sa trame autour du rail... Il vit aujourd'hui en Virginie.

K.C. Constantine
C'est sous ce pseudonyme qu'un écrivain américain qui tient à conserver l'anonymat a inauguré en 1989, aux éditions Actes-Sud, la collection Polar-Sud, avec un roman intitulé *Meurtres à Rocksburg Station*. Son protagoniste est un flic italien nommé Mario Balzic, commissaire de son titre. Dans *L'homme qui aimait se regarder*, tout commence au milieu d'une partie de chasse, quand le chien du chef de la police fouille le sol pour en exhumer un fragment d'os humain. Pour *L'homme qui aimait les tomates tardives*, l'auteur a choisi de nous embarquer dans la famille du commissaire et celle d'un nommé Mike Fiori, père tranquille, dont le hobby consiste (a priori du moins) en la culture des solanacées. Avec *Un coup fumant*, Mario Balzic (devenu chef de la police) a fumé le calumet avec le capo mafioso local. Rien ne vient plus troubler la paix de cette bonne ville de Pennsylvanie jusqu'au jour où un certain Fat Manny digère mal plusieurs de coups couteau. Et revoilà Balzic dans les ennuis. Mais l'enquête, il connaît. Et la traque aussi. Comme son créateur, qui se sert de lui pour brosser de roman en roman un tableau très personnel d'un coin d'Amérique.

Vilar Jean-François

(1948)

Le promeneur oculaire

« Si nous ne dormons pas, c'est pour guetter l'aurore qui prouvera qu'enfin nous vivons au présent » (Robert Desnos).

Quand on aura dit de lui que son premier éditeur l'a défini comme « un enfant de mai 68 et de Marcel Duchamp » (*Why not sneeze, Rrose Sélavy ?*), on aura déjà pas mal dit. Quand on aura ajouté qu'il aime le cinéma de Wenders, de Coppola, de Cassavetes, les bandes dessinées de Munoz et Sampayo et que ses héros romanesques favoris ont nom Joseph K, Sam Spade, Sherlock Holmes, Jacques Vingtras…, on pensera en avoir appris davantage, mais on n'en saura guère plus. Il ne nous restera plus, alors, qu'à lui donner la parole. « J'ai personnellement tendance à penser que le roman noir n'est pas un genre mais un style […], que nos histoires "policières" tirent nécessairement du côté du baroque, du désordre et que c'est pour cela qu'elles perturbent une lecture par trop policière de l'Histoire. »

▪ Derrière les masques

Le nom de Jean-François Vilar apparaît pour la première fois en 1982 avec *C'est toujours les autres qui meurent*. Le titre reprend l'épitaphe qui figure sur la tombe de Duchamp. Le protagoniste a nom Blainville, village où naquit Duchamp. Quant à l'inspecteur Villon, il porte le pseudonyme du frère de Duchamp. C'est assez dire que le récit (habité) de ce jeune journaliste qui découvre par hasard, dans une vitrine, le cadavre nu d'une jeune femme est traversé de part en part par le fantôme de… Rrose Sélavy. Deux ans plus tard, dans *Le Passage des singes* le même, parti pour interviewer la veuve d'un artiste américain assassiné, se retrouve avec un gang de faussaires et de tueurs aux trousses et va passer quatre jours et quatre nuits dans un Paris que n'aurait pas renié le Nestor B. des origines.

État d'urgence raconte l'équipée sauvage du cinéaste Adrien Leck aux prises, en plein carnaval de Venise, avec le terrorisme des Brigades rouges et Vilar en profite pour mettre à mal quelques masques.

Pour *Bastille tango*, tout part d'une affiche représentant un homme sous la torture et cette fascination qu'éprouve Blainville (toujours lui) va le pousser dans un univers de mort sur fond d'exilés argentins à Paris. Une descente politique, noble comme une danse populaire et grave comme un accent de révolte autour d'un quartier excavé, beau comme un « Grand Verre » inachevé. En 1989, *Les Exagérés* démarre trois ans plus tôt sur la disparition, au musée Grévin, de la tête de cire de la princesse de Lamballe pour plonger Victor Blainville dans le Paris révolutionnaire de 1792, quand la tête de la vraie Lamballe se promenait au bout d'une pique…

Quant à l'auteur, qui aurait tant aimé être Marcel Duchamp, nous lui savons gré d'avoir réussi à être, d'abord, Jean-François Vilar.

Œuvres
C'est toujours les autres qui meurent (Fayard/Noir) ; *Passage des singes*, *État d'urgence*, *Bastille tango* (Presses de la Renaissance, rééd. J'ai lu) ; *Djemila* (Calmann-Lévy) ; *Les Exagérés* (Seuil/Points).

Nouvelles
En octobre 1987, la société Eden (déjà responsable des agendas du polar, du jazz et du cinéma) publiait sous la direction de Henri Labbé un recueil de cinq nouvelles (Cook, Vilar, Daeninckx, Fajardie, Villard) intitulé *Rue de Lappe* et illustré par Miles Hayman. Ce recueil devait être le premier d'une série mettant en scène des rues mythiques de la capitale. Faute de moyens, un seul recueil vit le jour. Mais aussi bien l'idée que les textes, la maquette que l'illustration valent encore le détour.

Delacorta
(1945)

Ticket chic...

Alias...
« La question du **pseudonyme** devrait être un jour abordée avec toute la gravité qui sied. Pourquoi un auteur éprouve-t-il le besoin de s'inventer au point de rompre avec ceux qui l'ont conçu ? »

En 1979, les éditions Seghers lancent à grand fracas le roman d'un inconnu en affirmant qu'il est, sous son vrai nom, un auteur chevronné qui compte plusieurs romans à son actif. Il n'en faut pas davantage à la critique pour courir en chœur derrière la carotte et *Nana* (dédié à Émile Z.) se taille un beau succès. L'auteur, c'est Daniel Odier (*Le Voyage de O'Flaherty*, *La Voie sauvage*, *L'Année du lièvre* et, plus tard, le très bref mais très saisissant *Petit Déjeuner sur un tapis rouge*). Déjà adapté par le grand cinéaste suisse Alain Tanner (*Les Années lumière*, Prix spécial du jury au Festival de Cannes, d'après *La Voie sauvage*), son deuxième polar (de la série *Alba-Gorodish*) *Diva* sera porté à l'écran par Jean-Jacques Beineix et sera suivi de trois autres aventures : *Rock*, *Luna* et *Vida*. En 1976, comme le fait remarquer Denis-Fernandez Recatala, Daniel Odier avait publié, dans la collection Best-Sellers aux éditions Laffont, un roman intitulé *Ming* dans lequel un des personnages avait nom John... Delacorta.

Klotz Claude
(1933)

...Et polar choc

...Suite
« A défaut d'éclaircissements définitifs sur le sujet, Odier/ Delacorta fournit un élément de réponse pratiquement borgésien : l'auteur est une invention du personnage de fiction et non l'inverse comme on le croit communément » (Denis-Fernandez Recatala, *Le Monde du polar*, Éd. M.A. 1986).

En 1971, apparaît un personnage original, entier, qui doit tout à son créateur, lequel le définissait ainsi : « Prenez Humphrey Bogart, saint Vincent de Paul, Dracula, Einstein et Dillinger. Agitez, servez et ce ne sera pas lui. » Lui, autrement dit Reiner (devenu Raner suite à la plainte déposée par un certain Sylvain Reiner, écrivain de son état), l'impitoyable héros sans visage qui fume des Pablo Neruda avec filtre. Une implacable mécanique, glaciale et calculatrice, lancée contre des ennemis tout aussi impitoyables, ex et néo-nazis et leurs épigones. Raner donc sera le fil rouge de treize épisodes dont chacun des titres (*Casse-cash*, *Alpha-Beretta*, *Bing-banque*, *Flic-flash*, *Jap-job*, *Putsch-punch*, *Dingo-dague*, etc.) rappelle un roman de Klotz paru trois ans avant sa série, une sorte de western-opéra marseillais intitulé *Sbang-sbang*. Treize électrochocs en l'espace de deux ans seulement, et puis Klotz se « pseudonymise » en Patrick Cauvin et publie des romans d'un genre moins défini mais tout aussi personnels, tout en continuant de faire paraître des ouvrages signés Klotz et plus particulièrement le fulgurant *Jungle* (1986). Une œuvre plurielle d'un bien singulier auteur.

Pouy Jean-Bernard

(1946)

Le fond de l'air est noir

«L'humanité est un puits à deux seaux. Pendant que l'un descend pour être rempli, l'autre monte pour être vidé» (Samuel Beckett).

Nous ne dirons pas de Jean-Bernard Pouy (diplômé en histoire de l'art, originaire de Nérac et né à Paris) qu'il est un auteur à part, même s'il prétend que l'endroit où il aimerait le mieux vivre, c'est très précisément «à côté». Comme écrivain, Pouy est au contraire en plein dedans. A ceci près, cependant, qu'à la différence de certains de ses collègues, lui ne transige pas. Il transgresse.

▪ Personnellement sien

Après un premier roman paru dans la collection Sanguine (que dirigeait Patrick Mosconi), il entre à la Série Noire avec *Nous avons brûlé une sainte* (1984) où le groupe Rimbaud, à la tête duquel se trouve une prénommée Anne (jadis violée par des Anglais), s'en prend, de Paris à Orléans via Compiègne, à tout ce qui touche aux intérêts britanniques. Outre l'image béate de Jeanne d'Arc qui en prend un rude coup, la structure même du roman et la poésie féroce qui le traverse font de cette œuvre un des romans noirs français parmi les mieux construits et les plus inventifs de ces dernières années.

Dans *Suzanne et les Ringards* (1985), Dumbo le garde du corps au visage disgracié (qui sortit de la Marquise à cinq heures) va partir à la recherche de ceux qui ont «overdosé» la groupie du groupe. Une sérénade noire sur les touches du «rockbizness», conduite d'une main sûre. *La Pêche aux anges* (1986) recoupe un trafic d'enfants et la condition du Gitan moyen sur la Côte d'Azur. Ça use. Mais pas notre auteur dont le sens de la progression et l'acuité sensorielle font merveille. *L'Homme à l'oreille croquée* (1987) met en scène un adolescent de 15 ans et une prostituée qui, à la suite d'un accident ferroviaire, lui tombe dessus et lui croque un bout d'oreille. A côté de l'anecdote, un parcours initiatique à la fois tendre et cruel, ponctué d'une chute

Philippe Conil (1955)
De petits marginaux ferrés par un politicien en eaux troubles (*Flip-frac*) à une très forte peinture de l'enfance criminelle (*Le Treizième môme*) en passant par l'assassinat d'une petite vieille à Belleville (dans le superbe *Été glacé*) avant même que cela ne devienne un fait divers grandeur nature ou par la fuite en avant d'un mannequin recueilli par des braqueurs en cavale (le très sobre et très efficace *La Queue du lézard*), Philippe Conil, né à Paris et fils d'Alain Page, a su se tailler une place de choix dans le roman noir français. Le rythme même de sa production (quatre romans en cinq ans) dénote bien qu'il n'est pas entré en littérature pour avancer à marche forcée. Il prend son temps et ses romans s'en ressentent. En bien. Cela s'appelle élaboration d'une œuvre. Il s'agirait maintenant de ne pas aller se perdre dans les usines à rêves du prime-time.

Patrick Mosconi (1950)
Le chasseur de talents. Un véritable découvreur. Nombre d'auteurs de polars des années 80 lui doivent le jour. Car Mosconi (Mosko, pour les intimes), contrairement à quelques-uns de ses collègues, n'est pas allé souffler sous le nez des autres des auteurs déjà connus pour les faire signer dans les collections qu'il a dirigées. Lui, il les a débusqués et publiés. A son tableau d'honneur : Jean-Michel Dagory, Thierry Jonquet, Jean-Bernard Pouy, Luc Vernon, Michel Quint, Gérard Delteil, Patrick Raynal, Tonino Benacquista et quelques autres. Du beau travail. Et puis Mosconi écrit lui aussi. Après trois romans en demi-teinte, sa *Nuit apache* (1990) mérite sa place à la Série Noire.

mordante dans le ton Pouy. Il répétera avec *La Clef des mensonges* (1988) l'histoire d'un couple décalé, assorti d'une cavale effrénée convenant parfaitement à un auteur qui, depuis longtemps, a oublié de faire vérifier ses freins. *Le Cinéma de papa* (1989) embarque Bertrand Bernat («ma mère est morte et la langouste est excellente») dans une histoire de films et de politique où le romancier mêle tragique et burlesque tout en guignant vers Musil, Murnau et quelques autres grands fantômes du passé.

Indéniablement, il y a une manière Pouy. Son intrusion dans le roman noir (sept ans déjà et pourvu que ça dure) revigore en permanence un genre dont l'une des tendances cycliques (cliniques ?) parmi les plus néfastes est de vivre sur ses acquis. Avec Pouy, ce danger d'endormissement sur ses propres lauriers n'existe pas. Son degré d'invention, sa légèreté toujours grave, son humour ravageur, son écriture éruptive le préservent de ne jamais aller assez loin. Et sous ses pavés d'insolence, tempête une immense tendresse.

Pennac Daniel

(1944)

Les pleins et les déliés

Ce romancier que la critique a eu l'occasion de saluer haut et fort à deux reprises entre 1985 (*Au bonheur des ogres*) et 1987 (*La Fée carabine*) a quitté la Série Noire, après deux salves d'honneur, pour la collection «crème» de Gallimard, avec *La Petite Marchande de prose* (1990). Mais, à y regarder de plus près, il ne s'agit là que d'un retour aux sources, puisque c'est chez Lattès d'abord et Grasset ensuite, respectivement en 1976 avec *Les Enfants de Yalta* et en 1978 avec *Père Noël*, qu'il avait fourbi ses premières armes romanesques, avant d'écrire trois romans pour la jeunesse entre 1982 et 1984.

Pour lui donc, le roman noir n'aura été qu'un interlude, une sorte de remise en jambes et peut-être aussi une manière de remise en cause. N'écrivait-il pas lui-même à Françoise Poignant : «Quand je lis roman noir, je vois d'abord le mot roman. Avec quelques contraintes supplémentaires, bien sûr, mais que nombre de romanciers blancs feraient bien d'appliquer s'ils voulaient être plus lisibles.» Deux galops d'essai pour un nouveau départ. Rien de tel que deux tasses de café noir bien serré pour tenir en éveil le sens des réalités. Cependant, son monde était ailleurs. Là où les phrases ont du temps à perdre et où les mots prennent du plaisir rien qu'à se regarder passer. Décidément, le roman noir reste une sacrée école de littérature. Dommage qu'en cette occurrence il ait servi de bouc émissaire. Mais bon : si ça peut aider la collection «crème».

Référence
Lettre à Françoise Poignant, parue dans le magazine *813*, juillet 1987.

Jaouen Hervé

(1946)

Un coup de tonnerre

«Les livres que le monde appelle immoraux sont ceux qui lui montrent sa propre ignominie» (Oscar Wilde).

En 1978, un petit éditeur breton publie le roman d'un nommé J.M. Kérity intitulé : *Les binious bombardent*. Ce roman sera réédité, deux ans plus tard, dans une version remaniée, sous le titre *La Fille et le Pêcheur* avant qu'il ne paraisse dans la collection Carré Noir sous le titre définitif de *Pleure pas sur ton biniou*.

▪ La mariée était en sang

Entre-temps, J.M. Kérity s'est défait de son pseudonyme et a inauguré, sous son véritable patronyme, le premier fleuron de la collection Engrenage, dirigée alors par Jean-Alex Varoux aux éditions Goujon, avec *La Mariée rouge* (1979). Roman d'une rare violence et qui en choquera plus d'un, à tel point que lors de sa réédition en Livre de Poche (1979) Jaouen lui-même a cru bon de préciser : «Le vocabulaire a paru terriblement cru et pourtant ce ne sont que les mots du dictionnaire : sexe, verge, vulve et non pas les euphémismes ou tournures argotiques habituels. Justement. Le livre est immoral, les personnages sont abjects, les bons et les méchants sont mis dans le même sac de la laideur et de la médiocrité ; l'histoire est crue, cruelle, obscène, soit, mais le roman n'est pas pornographique.» De quoi s'agit-il ? D'une histoire comme il s'en produit de plus en plus souvent dans nos journaux. En fait, d'une noce contrariée. Un couple de jeunes dévoyés (Camille Mell et Didier Cloumard) associé à un trio de ferrailleurs crapoteux (les frères Zimon) s'en viennent percuter un cortège matrimoniaire breton passablement aviné ainsi qu'un groupuscule de croisés locaux, partisans de mettre la jeunesse au pas. Tout cela ne va pas sans laisser de traces et finira mal, dans le courant de la nuit, au bord d'un fossé qui prendra des allures de gouffre. Dans sa préface à l'édition de poche, le romancier Pierre Magnan note : «J'ai été hanté par cette robe de mariée, plantée au milieu du bouquin comme le drapeau blanc sur quelque radeau de la Méduse. Elle soubresaute comme une carotte fallacieuse devant la libido démesurément béante d'une galerie d'imbéciles comme il paraît difficile d'en réunir autant en aussi peu de pages. Elle flotte fantomale sur les pires excès et elle est bien la seule à parvenir intacte jusqu'à la dernière phrase. [...] Et que je sois changé en calvaire breton, si vous sortez de cette *Mariée rouge* avant d'en avoir lu le dernier mot.» Bref, attention : écrivain.

Bio-biblio

Né à Quimper le 18 novembre 1946, Hervé Jaouen entre à la BNP à 18 ans, tout en poursuivant ses études. Diplôme d'études supérieures des Arts et Métiers. Devient directeur d'agence et professe l'économie politique dans un centre de formation permanente. Découvre le roman noir et en particulier Chase, Cain, Chandler, Hammett, Manchette... Parmi ses autres romans : *Quai de la fosse* (prix du Suspens 1982), *Toilette des morts* (1983) et *Histoire d'ombres* (Denoël, 1986) que beaucoup considèrent comme son chef-d'œuvre. Il a reçu en 1990 le Grand Prix de littérature policière pour *Hôpital souterrain* (Denoël).

Ellroy James
(1948)

Légitime défiance

«Moi, je suis un type de droite. Je n'ai jamais aimé les hippies, la contre-culture, les gauchistes... Je suis pour la peine de mort» (James Ellroy).

Lu et approuvé
«Il a suffi à James Ellroy de six romans pour que Chandler, Hammett, Thompson et Goodis nous apparaissent comme des auteurs roses, Robin Cook un romancier pour jeunes filles sentimentales et le "*cauchemar climatisé*" américain un éden pour intellectuels exilés» (Frédérick Larsen). «C'est peu dire du *Dahlia noir* qu'il est un livre nécessaire. Prodigieuse catharsis pour Ellroy, il entraîne aussi ses lecteurs à travers un cauchemar californien très peu climatisé [...]. On dirait *L'Enfer* de Dante revu par Raymond Chandler» (Frédéric Vitoux). «Ellroy rêve de devenir le Dostoïevsky de l'Amérique actuel. Peut-être n'en est-il pas si loin» (Pierre Job).

Un personnage, a dit quelqu'un, n'est pas un individu en mieux ou en pire. On pourrait ajouter qu'un personnage n'est pas un individu du tout, qu'il ne saurait être question qu'il le soit et que celui qui s'abaisserait à l'être apparaîtrait aussi faux et fade qu'un individu voulant s'élever au rang de personnage. Or, ici, les personnages, tous les personnages, sont précisément ces individus dont la littérature narrative n'a que faire, surtout lorsque l'auteur se considère lui-même comme le tenant d'un réalisme paroxystique. Car ici donc, les personnages n'existent pas. Ils n'agissent pas, ils sont «agis», en ce sens qu'ils sont empêchés d'accéder à la vie propre et autonome de personnages à part entière au profit d'une vie «légumière» que l'auteur alimente en tirant les ficelles au gré de «son» bon vouloir, de «ses» humeurs, de «son» idéologie. Ils sont comme ces scènes de films derrière lesquelles on sent peser la caméra, non parce que le réalisateur l'a voulu (comme ce fut le cas dans *La Dame du lac* de Robert Montgomery), mais parce qu'il s'est montré incapable de l'abstraire du champ de l'action proprement dite.

▪ De bric et de broc...

Comme l'écrivaient Boileau-Narcejac à propos de Chase : «Le roman cruel n'est pas un roman policier auquel on aurait simplement injecté une dose de cruauté.» Il en va de pair pour les romans de violence à l'état brut. Autrement dit, le roman violent n'est surtout pas ce qu'on en fait là. Un étalage de bric et de broc, plaqué comme un vernis-mode, une façade de carton-pâte, une devanture sans fonds. Le parallèle avec Chase n'est d'ailleurs pas dénué d'intérêt. On a souvent dit de lui qu'il «n'épargnait rien à son lecteur». Mot pour mot, on a redit la même chose d'Ellroy. A ceci près que la puissance de l'écrivain Chase s'exerçait autour d'un imaginaire hyperstructuré, alors que l'imaginaire d'Ellroy commence avec des fantasmes au ras des pâquerettes pour se finir dans une rancœur très ordinaire. Nous nous trouvons ici en présence d'un imaginaire autarcique, limité par son défaut patent d'imagination et de créativité.

Dans la plupart de ses romans, Chase a réussi à décrire une Amérique de l'imaginaire plus réelle que l'originale. Partant d'une représentation intérieure de ce pays, il réussissait (à travers des personnages soigneusement étoffés) à conduire l'expression de son univers personnel dans un mouvement de verticalité qui donnait à toucher du doigt une image de l'Amérique, telle qu'il la ressentait, fondant dans cette démarche la raison même de son réalisme cruel. Ellroy, lui, aspire à décrire, dans un réalisme hypertrophié et à partir de son petit vécu intime (dont le monde entier se fiche), une réalité de l'Amérique qu'il ne réussit, au bout du compte, qu'à rendre on ne peut mieux incrédible, tant ses moyens manquent de finalité extérieure, objective. Si les romans d'Ellroy donnent le tournis, c'est parce que l'auteur se prend lui-même les pieds dans une spirale dénuée d'intérêt puisqu'elle ne se réfère qu'à lui-même.

De surcroît, cet immature complaisantiel développe une psychologie des plus primaires. Dans ses romans, chaque meurtre de femme contient celui de sa propre mère. Dans l'un d'eux, il ira même jusqu'à la tuer deux fois : sous les traits de Maggie Calwallader, puis sous ceux de l'infirmière. Aussi, quand on prétend que le meurtre effectif de sa mère a profondément atteint Ellroy, on passe pour moitié à côté du vrai débat. Le syndrome du botaniste Dahl, qui, depuis le premier roman, le poursuit de livre en livre, n'est pas contenu dans l'assassinat proprement dit de sa mère. Ce n'est pas tellement le délit stricto sensu qui a choqué le jeune enfant, mais tout ce qui gravitait autour.

▪ Nom de code Jocaste...

Ce qu'il transbahute avec lui, depuis ce jour, c'est le fait que si sa mère ne s'était pas fait lever dans un bar, on ne l'aurait pas retrouvée étranglée. Ellroy est un petit malin, mais il porte de trop gros sabots pour passer inaperçu. Quand il dédie à sa mémoire le roman où est décrit l'assassinat d'Elizabeth Short, la seule coincidence tient en ce que ces deux meurtres n'ont jamais été élucidés. Le vrai roman «contre» sa mère est celui où intervient le jeune flic Fred Underhill. Dans sa longue descente dans le gouffre sociétal (alcool, drogue, larcins, etc.), l'individu Ellroy mortifiait seulement (si l'on peut dire) sa conscience sociale et son organisme physiologique. Ce calviniste qui se dit antichrétien est en réalité chargé jusqu'aux yeux d'un double sentiment de frustration et de culpabilité. Mais dans ses glissements successifs de l'écrit, l'auteur s'est vu contraint de revêtir cette tenue de spéléologue de lui-même dont il s'était refusé jusqu'alors d'explorer les vraies cavités. Et ce qu'il y découvre ne lui plaît pas. Voici pourquoi il se croit obligé, pour les masquer, d'ajouter tout un fatras de déclarations provocantes telles que : «J'ai écrit ce roman contre les communistes et les homosexuels», ou encore : «Mes livres reflètent l'angoisse de l'Américain moyen, blanc, anglo-saxon, protestant, de droite et hétérosexuel.» Mais pourquoi diable tant insister sur la revendication de son... hétérosexualité ?

Personne n'ignore que, devant l'acte récognitif, la connaissance est contrainte d'opérer une régression, laquelle produit une fonction progressive, en permettant aux représentations interdites d'exprimer peu à peu cette vérité intime que la raison sociale veut nier. Or, la mémoire ainsi restaurée ne peut plus se suffire du cadre réel. On a parlé à propos de cet auteur de «monde halluciné». C'est exact. Et ce monde qu'il redécouvre par l'écriture doit aboutir à l'explosion du cadre ontogénétique dans lequel sa mémoire s'est trouvée enfermée. Son choix est simple : il doit, sous peine de se révéler totalement, continuer de nous faire «son» cinéma en tuant perpétuellement la Jocaste qu'un inconnu lui a trucidée quand il n'avait que 10 ans. De ce cortège de fantômes macérés, littérairement inexpri-

Déclarations

«Le policier, pour un écrivain, c'est un matériau extraordinaire. Il vit dans les bas-fonds, il rencontre des gens horribles et se trouve confronté à des situations terribles [...]. Mais les flics d'aujourd'hui sont devenus trop humains. Je préfère ceux des années 50, plus durs, plus classiques.»

«Comme mes héros, je voulais toutes les femmes mais je rêvais à une vie bien tranquille et au grand amour. Mais il faut payer pour y arriver. J'ai enfin découvert la femme ultime, celle qui m'a sauvé de cette vie de dingue. Le soir de mon mariage, je fous son diaphragme à la poubelle» (James Ellroy, *Télérama* n° 2020, 28 octobre 1988).

més, le lecteur est irrépressiblement exclu. Jamais un instant il ne peut ressentir un quelconque sentiment de danger pour lui-même à travers ce pot-pourri de violences grand-guignolesques qui, parties d'un petit néant personnel, n'aboutissent qu'à un grand rien du tout intime.

■ Un burlesque involontaire

Quant au style, prenons quelques exemples : « Il fracasserait le casier pour l'ouvrir en arrachant la porte de ses gonds. » 1) Personne n'a jamais eu l'idée de fracasser quoi que ce soit pour le maintenir fermé. 2) Il s'agit de savoir si l'on veut fracasser ou dégonder, les deux actions simultanées représentant une débauche d'énergie parfaitement inutile... Autre part : « Lloyd fit sauter la serrure de la porte d'un coup de pied bref et bien à plat. La porte s'ouvrit violemment, il la referma derrière lui et se dirigea tout droit sur la chambre à coucher. » 1) Étant donné que le héros se trouve sur un palier, il est peut-être redondant de préciser que la serrure qu'il va faire sauter est celle d'une porte. 2) Peut-on nous expliquer ce qu'est un coup de pied « bref » et, corollairement, un coup de pied long ? On ne peut pas refermer une porte (même derrière soi !) quand la serrure a sauté... Et ça continue : « La boîte était lourde ; Lloyd grimaça en la mettant d'abord sur ses épaules puis sur le sol de la chambre. Il traîna la boîte sur le lit et s'agenouilla à côté, en faisant sauter le verrou décoratif en or au moyen de son porte-menottes. » 1) Pourquoi (et comment ?) mettre une boîte lourde sur ses deux épaules ? Une devrait suffire à sa peine. 2) Pourquoi, si cette boîte est lourde, la faire transiter de l'épaule au sol pour la soulever à nouveau afin de la poser sur un lit ? 3) Comment traîne-t-on directement une boîte lourde du sol sur un lit ?

Et que dire de tous ces verrous qui sautent après qu'on a fracassé porte, boîte ou casier, sinon qu'ils dénotent un petit air de haine sexiste tellement évident et épidermique que cela en devient pitoyable. Qu'on ne nous fasse surtout pas le coup de la traduction-trahison. Comme le remarquait fort bien Élie Fréron voici plus de deux siècles : « Les traducteurs sont comme les peintres de portraits ; ils peuvent embellir la copie, mais elle doit toujours ressembler à l'original. » Or, ce genre de phrases alambiquées, d'erreurs grossières, de manque de psychologie et de maîtrise textuelle qu'un débutant éviterait, foisonnent chez Ellroy. S'y ajoutent une incohérence de la pensée, une immaturité chronique, une accumulation abusive d'images qui s'annulent et produisent, ce faisant, un effet de burlesque involontaire. On a tellement vanté ce

Marc Behm (1925)
Avant 1980, cet auteur né à Trenton, dans le New Jersey, n'avait publié qu'un seul roman intitulé *La Reine de la nuit*, histoire d'une jeune Allemande qui s'engage dans les SS et qui meurt pendue à la fin de la guerre. Jusqu'alors, Marc Behm (qui a effectué son service militaire en Europe pendant le deuxième conflit mondial et qui a épousé une Française) avait surtout travaillé comme scénariste pour le cinéma : *Charade* de Stanley Donen, *Help* de Richard Lester, *La Blonde de Pékin*, d'après James Hadley Chase, *Quelqu'un derrière la porte*, d'après Jacques Robert, etc. Puis, en 1980, il écrit le récit étouffant, superbe, de la filature d'une tueuse par un privé un rien détraqué, obsédé par le souvenir de sa propre fille, et qui a pour titre *Mortelle Randonnée* (Série Noire, porté à l'écran par Claude Miller avec Isabelle Adjani et Michel Serrault).

Joseph Harrington (1903)
Né à Newark, dans le New Jersey, il commence à travailler dans la presse comme garçon de courses puis comme reporter. En 1935, il crée le personnage du sergent Francis Kerrigan dans un roman intitulé *Dernier Domicile connu* que José Giovanni portera à l'écran de façon remarquable (avec Lino Ventura et Marlène Jobert). Deux autres aventures de Kerrigan ont paru à la Série Noire : *Le Voile noir* (1966) et *La Dernière Sonnette* (1969). Disciple de Hillary Waugh, Harrington fait mieux que prolonger le maître du roman de procédure policière : il apporte sa pierre à l'édifice.

style réaliste que nous ne résistons pas à l'envie d'en appeler à Chandler qui, dans *Le crime est un art simple* notait : «Le style réaliste est souvent mal employé : écriture bâclée, manque de recul, incapacité à combler le fossé entre ce qu'un écrivain voudrait pouvoir dire et ce qu'il sait exprimer [...]. La brutalité ne remplace pas la force, ni la légèreté d'esprit [...]. Les échanges de tendresse avec des blondes faciles peuvent être fastidieux quand ils sont l'œuvre de jeunes libidineux qui n'ont d'autre chose en tête que d'écrire des échanges de tendresse avec des blondes faciles.» Pour l'heure, Ellroy n'est ni plus ni moins qu'un Gérard de Villiers attardé. Tout ce qu'on a condamné, hier, chez l'un, avec raison, on le loue aujourd'hui, chez l'autre, parce qu'il est Américain. Mais pas davantage n'importe quel Américain. Un de l'ordre établi. On a toujours prêté, de ce côté-ci de l'Atlantique, beaucoup plus d'attention aux films de John Ford qu'à ceux d'Emile de Antonio, au Nabokov de *Lolita* qu'à celui de *Bend Sinister*, au théâtre de Williams qu'à celui de Miller. Parce que, sous leurs dehors immédiatement violents ou provocateurs, ils sécurisent. Et, dans une certaine mesure, les romans d'Ellroy (toutes proportions gardées) sécurisent une frange d'intellectuels dont le plus petit commun dénominateur est la moyenneté d'esprit. Voici pourquoi, ils portent ce trublion au pinacle et passent sous silence John Douglas, Tom Topor, ou réduisent à la portion congrue Joseph Wambaugh, Thomas Sanchez, Michael Collins et nombre d'autres. Cette fin de millénaire est née d'un siècle de vingtième ordre.

Œuvres
James Ellroy est publié aux éditions Rivages, collection Rivages/Noir. Parmi les titres parus à ce jour : *Brown's Requiem* (1981), *Clandestin* (1982), *Lune sanglante* (1983), *A cause de la nuit* (1984), *La Colline des suicides* (1986), *Le Dahlia noir* (1987), *Le Grand Nulle Part* (1988), *L.A. Confidential* (1990).

McIlvanney William
(1947)

Made in Scotland

Glasgow est une ville typiquement écossaise. C'est elle qu'a choisi de nous faire découvrir McIlvanney et c'est à François Guérif et Jean-Pierre Deloux que les lecteurs français doivent de connaître cette œuvre qui a suscité l'admiration de Kenneth White. A juste titre. Car ici, le romancier est bien réel. Il connaît la partition narrative sur le bout des doigts et l'imaginaire a beau serrer de près une réalité certaine, il n'en est pas moins cet univers de l'intérieur que l'auteur réussit à traduire au plus chair de sa vision personnelle. L'osmose se fait sans bavure.

De l'inspecteur Jack Laidlaw de la brigade criminelle (*Les Papiers de Tony Veitch*) à l'herculéen Dan Scoular (*Big Man*), d'une recherche d'identité à la découverte d'une personnalité enfouie, d'un milieu l'autre, l'auteur travaille dans l'épaisseur d'une écriture essentiellement physique, sans jamais forcir le trait. La peau humaine de l'âme, voilà ce que nous donne à lire le déjà grand McIlvanney.

Ouvrages
Les deux premiers romans de McIlvanney, ont été repris dans la collection Rivages/Noir. Il s'agit de *Laidlaw* (1977) et de *Les Papiers de Tony Veitch* (1983). Le troisième, traduit à ce jour, s'intitule *Big Man* (1985). Il est paru dans la même collection et a été porté à l'écran par David Leland.

Delteil Gérard

(1939)

Un auteur dans l'azimut

« Ce qui est extraordinaire, c'est la cadence de production de Delteil qui, malgré le nombre élevé de titres en un temps limité, n'a jamais rien proposé d'inintéressant ou de mal écrit » (Jean-Paul Schweighaueser).

C'est en 1983 que Gérard Folio dit Delteil rencontre Patrick Mosconi. Il n'a, pour l'heure, écrit qu'une poignée de nouvelles noires publiées dans le magazine *Magnum*. Mais Mosconi, le catalyseur du gang Sanguine, ce chasseur obstiné toujours à l'affût de nouveaux talents, flaire une nouvelle fois le bon coup et met dans le mille. Deux ans plus tard, Gérard Delteil décroche trois prix avec trois romans : le Grand Prix de littérature policière pour *N'oubliez pas l'artiste*, le prix Polar de la ville de Reims pour *Votre argent m'intéresse* et le prix Moncey pour *Histoire d'os*. Le Fleuve Noir ne s'était jamais trouvé à pareille fête. L'exploit est d'autant plus remarqué que cette même année 85, Gérard Delteil fait encore paraître *Un garçon ordinaire*, *Le Nouveau Crime de l'Orient-Express*, *Coup de cafard*, *Ici le chat est le patron*, soit un total de sept romans. Un an plus tôt, il avait ouvert le bal avec *Solidarmoche*, un récit enlevé qui contait les tribulations d'un jeune instituteur français naïvement embarqué à bord d'un minicar, destination Varsovie, avec mission de passer en fraude du matériel radio sophistiqué pour les clandestins du syndicat Solidarnosc. Son deuxième roman, au titre crépitant, *Kalashnikov*, proposait un programme chargé, au menu duquel l'Armée rouge prolétarienne s'apprêtait à frapper un grand coup de terreur urbaine.

▪ L'appétit vient en dévorant

Gérard Delteil est lancé et bien lancé. Les années se suivent et se ressemblent. L'abondance ne nuit pas à la qualité. *Le Festin de crabes* (1987), qui s'inspire d'une chronique « fait-diversière » (Éd. Liana Levi) est tout à fait réussi. Deux ans plus tard, il entre à la Série Noire avec *Riot Gun*, ce fusil à pompe que l'infortuné Brisson, vigile chez Protector, devra apprendre à manier à ses propres dépens, puis avec *Balles de charité* (1990) et *La confiance règne* (1991) dans lequel un escroc de haut vol en fait voir de toutes les couleurs aux bons comme aux méchants. Avec son écriture à fleur de mots, Delteil jongle dans l'espace et le temps pour nous bâtir des

En scène
François Dragon, directeur de la compagnie Art et Action, a remis au goût du jour les lectures-spectacles de textes romanesques. A son tableau de chasse figurent plusieurs auteurs de romans policiers et de romans noirs : Gaston Leroux, Stanislas-André Steeman, Albert Simonin, Didier Daeninckx, Jerome Charyn...

Richard Matas (1948)
Traducteur de Stephen King, Dashiell Hammett, Eric Ambler..., il publie en 1971, un premier polar intitulé *Mauvais Sang*, dans la défunte collection Fayard/Noir. Neuf ans plus tard, les éditions Actes-Sud publient son deuxième roman noir : *Folies douces*, une ballade amère sur fond de souvenirs blêmes entre Espagne et France pour un duo d'amitié en miettes...

André-Paul Duchâteau (1925)
Son premier roman est publié en 1941. Il n'a que 16 ans. En 1950, il rencontre le dessinateur Tibet et ils créent ensemble le célèbre journaliste enquêteur Ric-Hochet : quarante-deux albums. En 1974, il décroche le Grand Prix de littérature policière avec *De cinq à sept avec la mort*. La plupart de ses romans sont publiés aux éditions du Rocher.

récits qui prennent l'Histoire immédiate en point de mire et les comptes rendus d'actualité à contre-pied. Ses décors, mobiles juste ce qu'il faut, s'éloignent de nos cartes routinières. Ses protagonistes, humains sans plus, quotidiens mais pas de trop, se propulsent à l'avant-scène d'un théâtre dont l'enjeu les dépasse, et nous entraînent dans des azimuts où la mort travaille sans filet ni relâche. Du côté de chez Delteil, l'appétit vient en dévorant ; il suffit de lire et de laisser mourir.

François Joly (1939)
Une erreur sur la cible, un témoin à effacer, des trafiquants d'armes et quelques ripoux sur fond de jazz, le premier roman de Joly, *Be-Bop à Lola* (1990), démarrait sur les chapeaux de roue. Sa deuxième Série Noire, *L'Homme au mégot* (1990), nous ramène à Curveillé, le gone gastronome, toujours suivi d'aussi près par Morizio et rattrapé de plein fouet par une certaine guerre d'Algérie qui frappe en plein front, comme un redoutable retour de manivelle.

Michel Quint (1949)
Originaire du Pas-de-Calais, il écrit des pièces de théâtre pour France-Culture (interprétées entre autres par : Daniel Gélin, Roger Blin, Anna Prucknal). Après neuf romans au Fleuve Noir (dont *Hôtel des Deux Roses*, *Posthume*, *Mascarades*, *Bella Ciao*), il obtient, en 1989, le Grand Prix de littérature policière pour *Billard à l'étage* (Calmann-Lévy), l'histoire inquiétante d'un rebaptisé Joseph, qui entre dans un bar, se dirige vers la salle de billard, s'y installe pour ne plus la quitter. Le lendemain matin, il affirme qu'un meurtre a été commis pendant la nuit : une jeune fille qu'on aurait poussée dans un bassin. Après quoi, il ne reste plus qu'à jouer serré... Suivront *Cadavres au petit matin* (Éd. Syros) et, en 1990, *Sanctus* (Éd. Terrain Vague).

Deux nouveaux auteurs de Série Noire méritent qu'on s'arrête à leurs noms.

Le premier s'appelle **Tonino Benacquista** (1961). Il a publié deux romans à ce jour. L'un se passe dans un train de nuit, le Paris-Venise, s'intitule *La Maldonne des sleepings* (1989) et vaut largement mieux que son titre. A ceux qui croient avoir tout lu sur les trains, nous conseillons vivement ce manuel du « couchettiste » pigmenté à la sauce Benacquista. L'autre a pour titre *Trois Carrés rouges sur fond noir* (1990), est dédié à Mosko et se déroule dans le milieu de la peinture. Milieu, pourrait-on dire en cette occurrence, est le mot juste, sans compter le passé qui revient de loin, au grand dommage d'un petit champion de billard qui en perdra la main. Au Fleuve Noir, Benacquista est également l'auteur d'un roman intitulé *Épinglé comme une pin-up dans un placard de G.I.*

Le second auteur a nom **Jacques Syreigeol** (1935, Oran). Son premier roman, *Vendetta en Vendée* (1990), raconte, dans un style sobre, steinbeckien, l'histoire d'un dénommé Marc Martin, 53 ans, accusé de viol sur la personne de Marie Ducept, mineure. Le problème, c'est que Martin n'a violé personne. La susdite ayant été plus que consentante. En préventive, quand les jours durent des mois, il voit sa femme le quitter, son père décéder, sa propriété péricliter. Alors, quand il sort, il décide que trop c'est décidément assez et se met à faire le nécessaire pour que cela ne se reproduise plus jamais. La mise à plat de cette narration rappelle le Clément de *Exit*, avec des pointes d'humour âcre qui n'appartiennent qu'à Syreigeol. Cette même année 90, il a publié un deuxième roman, sur fond de guerre d'Algérie : *Une mort dans le Djebel.*

Lous Alexandre
(1942)

D'un genre, l'autre

De Jean Genet :
« La société cherche à éliminer ou à rendre inoffensifs les éléments qui tentent de la corrompre. Il semble qu'elle veuille diminuer la distance morale entre la faute et le châtiment, ou mieux, le passage de la faute à l'idée de châtiment » (*L'Enfant criminel*).

De son vrai nom Jean-Baptiste Baronian, il s'est consacré sous son patronyme à la littérature fantastique à travers des essais (*Panorama de la littérature fantastique de langue française*, *La France fantastique de Balzac à Louÿs*, *La Belgique fantastique avant et après Jean Ray*, etc.) et des anthologies (*Histoires terribles d'animaux*, *Treize histoires sataniques*, *Treize histoires de sorcellerie*, etc.). Après quoi, comme il tenait depuis quelque temps la chronique polar du *Magazine littéraire*, il a décidé de passer de la menace à l'exécution. Ce fut tout d'abord *Matricide* (Rééd. U.G.E. 10/18) qui décrit un terrible face à face entre un fils-flic névrosé et sa mère. L'intrigue de son deuxième roman, *La Nuit du pigeon* (Fleuve Noir) est la description syncopée d'une machination ourdie à l'encontre d'un jeune chômeur. *Les Quatre Coins du monde* (Laffont, publié sous son vrai nom) est considéré par lui-même comme sa meilleure production. *Meurtres sans mémoire* (Denoël) est le récit d'une confrontation entre deux Arméniens, frères et terroristes. *Tableaux noirs* (Clancier-Guénaud) croque la descente aux enfers d'un artiste peintre agressé par des inconnus lors d'une exposition. Polar belge, pas forcément mort.

Pagan Hugues
(1947)

Flic et romancier

De Jean Genet :
« Quiconque par la douceur ou des privilèges essaie d'atténuer ou d'abolir la révolte, détruit pour soi toutes chances de salut. Et personne ne peut excuser le crime s'il n'est pas d'abord coupable ou condamné » (*L'Enfant criminel*).

En premier lieu, tellement de flics ont publié de faux souvenirs, de mémoires autocensurés, de rapports tronqués ou d'ouvrages écrits par d'autres, qu'il est bon de saluer en Hugues Pagan (flic de son état) un authentique écrivain. En même temps, ce n'est pas parce que ses héros sont des flics : le principal Schneider dans *La Mort dans une voiture solitaire* (1982, Engrenage) et *Vaines Recherches* (1984, Engrenage), Simon le fonctionnaire désabusé de *Je suis un soir d'été* (1983, Engrenage), l'inspecteur Katz du *Boulevard des allongés* (1984, Engrenage) ou l'ex-commissaire Jacques Cavallier dans *Les Eaux mortes* (1986, Rivages), qu'il faut se croire obligé de rapprocher le monde de Pagan avec celui de McBain. Enfin, ce n'est pas parce qu'on rechigne à le suivre sur quelques terrains pentus et savonneux qu'on est autorisé à colporter n'importe quoi sur son compte. Risquons la redite : Pagan est un authentique écrivain. *Last Affair* (1986, Albin Michel) et *L'Étage des morts* (1990, Albin Michel) le confirment.

Demure Jean-Paul

(1941)

Une musique personnelle

« Là, chaque œuvre individuelle, si capricieuse et si isolée qu'elle semble, a sa place et sa saillie » (Victor Hugo).

Après avoir exercé toutes sortes de métiers, comme il sied à tout futur auteur de romans noirs qui se respecte (chauffeur-livreur, facteur, réanimateur culturel, vendeur de bibles et de machines à écrire, jardinier, etc.), et après avoir placé ses premiers textes dans des revues telles que *Les Temps modernes*, *Minuit* et *Milieux*, Jean-Paul Demure (natif de Clermont-Ferrand et résidant à Aix-en-Provence) publie ses deux premiers polars en 1983 dans la défunte collection Engrenage : *Razzia sur la paroisse* (où l'on trouve un vendeur de bibles transformé en monte-en-l'air) et *L'Embrouille*.

■ Densité et maîtrise

Après quoi, c'est l'entrée à la Série Noire avec *Le Fils du vent*, roman très abouti qui joue sur le velours de l'opposition entre un flic obtus et pète-sec et un flic profil bas, mais objectif, qui préfère le dessous des cartes aux évidences qui crèvent la vue. *L'Amour en miettes* raconte l'itinéraire d'un jeune chômeur embauché comme O.S. chez Citroën et qui découvre, juste à côté du travail à la chaîne, tout un arsenal de combines couleur marron, de syndicats tirant sur le jaune et de briseurs de grève en rouge à faire pâlir de jalousie le P.-D.G. du concurrent et ami de Montbéliard. En 1987, avec *Aix abrupto*, Jean-Paul Demure remporte, on ne peut plus justement, le Grand Prix de littérature policière. Un festival d'actes racistes allié à toutes sortes de corruptions sur fond officiel de soft opera. L'année suivante, *Découpe sombre* confirme l'auteur au rang des valeurs sûres : son humour (noir), son écriture (dense), son sens de la progression (élaboré), sa maîtrise technique (solide) le situent parmi les tout premiers. Ce qu'il s'empresse d'entériner en 1989 avec un recueil de nouvelles, *Petites Chroniques de la nuit*, (Éd.de l'Aube) où un certain Joseph Chopard sert de conducteur à neuf parcours « noctambuliers » au gré desquels la langue de l'auteur prend sa véritable amplitude.

Paul Andréota (1917)
Né à La Rochelle, il obtient une licence de lettres. Pendant l'Occupation, il écrit trois romans psychologiques qui seront publiés après-guerre. Scénariste, il collabore à des films de Jean Dréville (*Copie conforme*, 1946), Pierre Chenal (*Rafles sur la ville*, 1957), Christian-Jaque (*La Tulipe noire*, 1963), André Cayatte (*Verdict*, 1974)... En 1968, il publie son premier roman policier, suivi deux ans plus tard du très puissant *Zigzags* qui enlève le Grand Prix de littérature policière. *La Pieuvre*, publié la même année, est également une réussite. Il s'est quelque peu éloigné de la littérature pour se rapprocher de la télévision.

Patrick Raynal (1947)
Quelques galops d'essais dans la défunte collection Sanguine (*Un tueur dans les arbres*, *La Clef de seize*), puis au Fleuve Noir (*Nice, 42e Rue*, *La Vie duraille* en collaboration avec J.-B. Pouy et D. Pennac) et un album (*Nostalgia in Times Square*) illustré par J. Ferrandez, avant d'écrire, en 1988, dans la collection S.O.S. Racisme (chez Calmann-Lévy) un *Nice Est* aussi loin de son versant « ouest-strass-story » que les peuples du Sud le sont généralement de ceux du Nord ; d'obtenir, en 1989, le Prix Mystère de la Critique pour *Fenêtre sur femmes* (Albin Michel) ; de persister chez cet éditeur avec son *Arrêt d'urgence* (1990) entre Côte d'Azur et côte Basque pour un convoyage pas ordinaire, et de signer également la rubrique polar dans le quotidien *Le Monde*.

Halter Paul

(1956)

Retour au local clos

«Le jeu qui se rapproche le plus du roman d'énigme, ce n'est pas le jeu d'échecs, comme on le soutient communément, mais le labyrinthe» (Jacques Bens).

Labyrinthe

« Une des particularités du labyrinthe, c'est de désorienter celui qui le parcourt, c'est de lui offrir, à chaque tournant, une perspective inattendue sur des chemins qu'il s'apprêtait à reconnaître, c'est de présenter les embranchements, les arrière-plans, les ronds-points, les clairières, les horizons et les culs-de-sac autrement que ce qu'ils sont vraiment. Point n'est besoin pour provoquer l'insolite et le merveilleux de déployer l'arsenal du surnaturel et de l'interplanétaire : le moindre changement d'angle, le plus petit écart de visée peuvent les faire découvrir, cela dépend du coup d'œil de l'opérateur » (Jacques Bens, revue *Roman* n° 24, sept. 1988).

Natif d'Haguenau, Paul Halter plaçait des assurances vie avant d'être payé en retour par le crime. Opérant aujourd'hui comme technicien des Télécom, il meuble ses nuits en concoctant quelques meurtres en vase clos du plus surprenant effet. Cet admirateur de James Hadley Chase et de John Dickson Carr est tombé du côté où il penchait probablement le plus, celui de l'énigme à double tour, et c'est en excellent disciple de Carr qu'il planifie de savants mystères, truffés de références et de clins d'œil.

▪ A contre-courant

En 1987, son premier roman, *La Quatrième Porte* (Le Masque), a justement obtenu le prix du Festival de Cognac, récompense qui (une fois n'est pas coutume) n'a pas mis pile à côté de la plaque. L'année suivante, son stupéfiant *Brouillard rouge* (Le Masque) décroche tout à fait logiquement le prix du Roman d'aventures. Dans cet ouvrage, Halter superpose deux histoires : l'une se situe en 1887 à Blackfield pour la résolution d'un meurtre en chambre close qui a eu lieu neuf ans plus tôt, l'autre se déroule à Londres, un an plus tard, et met aux prises l'inspecteur John Reed au terrible Jack l'Éventreur dont les assassinats font trembler le quartier populaire de Whitechapel. Deux autres romans suivront sur le même schéma que les précédents : *La mort vous invite* (1988) et *La Mort derrière les rideaux* (1989).

La nouveauté Halter, c'est que cent cinquante ans après Poe et à rebours des courants, il se joue des ficelles d'un mécanisme usé jusqu'à la corde pour tirer son épingle d'un genre qu'on croyait révolu.

Alexis Lecaye (1951)

Lui et Alexandre Terrel ne sont qu'un seul et même auteur. Alexis Lecaye a obtenu le prix du Suspens en 1983 avec un roman intitulé *La Voyante, le Bagnard et l'Espion*. Alexandre Terrel a reçu le prix du Roman d'aventures l'année suivante pour *Le témoin est à la noce*. Le premier récompensait les éditions Fayard chez qui publie Lecaye ; le second, Le Masque où est édité Terrel. Avant cela, Lecaye avait publié en 1981 un brûlot très enlevé : *Marx et Sherlock Holmes*. Après cela, Terrel a créé, en 1985, un personnage de série d'une espèce un peu particulière et qu'il a nommé *Le Croque-mort*. Pendant ce temps, le roman policier compte les points. Et Janus, dans tout ça ?

Complément d'enquête

Documents de base

Un fichier non exhaustif pour entrer sans se frapper dans l'univers du roman policier et du roman noir. Mes remerciements à Hervé Delouche et Alain Régnault sans lesquels ces annexes auraient manqué à certains de leurs devoirs.

▪ Articles

(parus dans des journaux, magazines ou revues non spécialisés)

Du roman policier au roman noir, par Claude Elsen (*NRF* vol. I, n° 3, 1953).

Le roman policier dans l'imaginaire, par Edgar Morin (*NRF* vol. XVI, n° 31, 1959).

Philosophie de la Série Noire, par Gilles Deleuze (*Arts et Loisirs* n° 18, 1966 ; repris dans la revue *Roman* n° 24, sept. 1988, Presses de la Renaissance).

Petites notes sur le roman policier, par Jean-Pierre Richard (*Le Français dans le monde* n° 50, 1967).

De l'approche stylistique d'un mauvais genre littéraire, par Jean-Pierre Colin (*Linguistique et Littérature*, 1968).

Le roman policier, par Bertolt Brecht (*Le Magazine littéraire* n° 15, 1968).

Quelques vedettes de la Série Noire, par Robert Soulat (*La Quinzaine littéraire* n° 123, août 1971).

Le roman policier prend valeur de témoignage, par Henri Collard (*France-Soir*, 8 juin 1973).

Policiers d'hier et d'aujourd'hui, par Bertrand Poirot-Delpech (*Le Monde*, 12 juillet 1973).

Le Polar-frites ou les Jeunes Loups de la Série Noire, par Jean Kaminsky (*Gulliver* n° 9, juillet 1973).

Du rififi dans les polars, par Jacques Gaubert (*Le Figaro littéraire*, 6 avril 1974).

Les tueurs de la bande à Gallimard n'ont pas changé de Remington, par François Coupry (*Le Matin de Paris*, 30 mars 1977).

Enquête sur des commencements au-dessus de tout soupçon, par Robert Deleuse (revue *Roman* n° 15, juin 1986).

Les États d'âme du privé, par Hervé Delouche (*Révolution* n° 499, sept. 1989).

Le noir saigné à blanc, par Marianne Alphant, François Rivière, Sophie Rostain, Michèle Budot (*Libération*, 19 oct. 1989).

Polar français et guerre d'Algérie, par Hervé Delouche (*Révolution* n° 572, fév. 1991).

▪ Études

(parues dans des magazines ou revues non spécialisés)

Violence et sociologie : le roman noir, articles de : Robert Louit, Francis Lacassin, Juliette Raabe, Gilles Costaz, Pierre Ysmal (*Le Magazine littéraire* n° 78, juillet-août 1973).

La fiction policière, articles de : Pierre Gamarra, François Rivière, Maxime Chastaing, Maurice-Bernard Endrèbe, Roger Bonniot, François Bussière, Christian Robin, Francis Albany, Marie-Hélène Huet, Yves di Manno, Véronique Auricoste, François Guérif, Yves-Olivier Martin, Jacques Baudou, K. Arne Blom, J. Broberg, Paul Gayot (revue *Europe* n° 571-572, nov.-déc. 1976).

Noirs comme de l'encre, articles de : Jean-François Josselyn, Michel Grisolia, Pierre Ajame, Jean-Claude Zylberstein (*Le Nouvel Observateur* n° 666, 1977).

Spécial Arsène Lupin, articles de : Boileau-Narcejac, Yves-Olivier Martin, Maurice Dubourg, Paul Gayot, Francis Lacassin, François Raymond, Jean-Claude Vareille, Jean-Pierre Colin, Maurice Limat, J.-C. Dinguirard, Henri Bordillon, Nelly Stéphane, Jean Kéry, Michel Lebrun, Jacques Baudou, François George, Gérard-Philippe Guasch, J.-P. Bonixou, Hervé Dumont (revue *Europe* n° 604-605, août-sept. 1979).

Spécial Gaston Leroux, articles de : Yves-Olivier Martin, Madeleine Lépine-Leroux, Daniel Compère, Gilles Costaz,

Maurice Limat, Maurice Dubourg, Évelyne Dicbolt (revue *Europe* n° 626-627, juin-juillet 1981).

Spécial Pierre Véry, articles de : Pierre Siniac, Maurice Dubourg, Alain Demouzon, Paul Gayot, Jacques Baudou, François Raymond, Roger Bozzetto, Yves-Olivier Martin, Daniel Compère, Michel Lebrun, François Rivière, François Guérif, Claude Beylie (revue *Europe* n° 636, avril 1982).

Vingt ans de littérature policière, articles de : François Guérif, Alain Demouzon, Jean Vautrin, Alexandre Lous, Jean-Pierre Deloux, Robert Louit, Jean-Jacques Brochier, Jacques Baudou *(Le Magazine littéraire* n° 194, avril 1983).

Le roman noir américain, articles de : Jacques Baudou, Jean-Jacques Schléret, Walter Albert, Dashiell Hammett, Alain Demouzon, Claude Mesplède, Jean-Pierre Deloux, Jean-Paul Schweighaueser, Harry Altshuler, Harry Whittington, Arnold Hano, Daniel Compère, François Guérif, Paul-Louis Thirard (revue *Europe* n° 664-665, août-sept. 1984).

Raymond Chandler, articles de : Jean-Patrick Manchette, Francis Lacassin, Patricia Highsmith, Marc Villard, Alain Demouzon, Frank Mac Shane, Jean-Baptiste Baronian, François Guérif, Jean-Pierre Deloux, Philip Durham, Tito Topin (*Le Magazine littéraire* n° 211, oct. 1984).

Scerbanenco vivant, dossier réalisé par Robert Deleuse, comprenant les deux scénarios inédits relatant les 5e et 6e enquêtes de Duca Lamberti et des extraits du journal inédit de l'auteur (revue *Roman* n° 10, mars 1985, Presses de la Renaissance).

Le roman policier français, articles de : Alain Dugrand, Raphaël Sorin, Edwy Pienel, Josyane Savigneau, Frédéric H. Fajardie (*Le Monde*, supplément au n° 12512, avril 1985).

Le roman policier, articles de : Annie Favier, Claude Combert, Alain Brunet. (*Livres-Hebdo* n° 44, oct. 1986).

Sherlock Holmes, articles de : Robert Louit, Francis Lacassin, Simone Arous, Graham Greene, René Réouven, Christine Jordis, Guillermo Cabrera-Infante, Umberto Eco, J.-B. Baronian, Basil Rathbone, Jacques Baudou, François Landon, Anthony Burgess, Jacques Meunier (*Le Magazine littéraire* n° 241, avril 1987).

Spécial Jean Vautrin, articles de : Michèle Gazier, Pierre Lepape, Christiane Baroche, Georges-Olivier Châteaureynaud, Didier Daeninckx, François Coupry, Patrice Delbourg, Michel Grisolia, François Guérif, Gérard Mordillat, Marc Villard (revue *Jungle* n° 11, avril 1988).

Poétique du polar et Europolar, articles de : François Coupry, Robert Deleuse, Robert Soulat, Gilles Deleuze, Alain Demouzon, Jacques Bens, Rafael Pividal, Jacques Baudou, Sol Gadi, François Barat, Isaure de Saint-Pierre. Ce numéro comprend également : deux entretiens avec Marc Villard et Thomas Narcejac, un dossier sur le roman noir européen, des nouvelles de Maurice Périsset, Pierre Siniac, Didier Daeninckx et une histoire chronologique du roman policier de 1841 à 1988.

▪ Dossiers

(réalisés par des bibliothèques municipales ou des universités)

Enquête sur le roman policier, ce dossier comprend, entre autres, un dictionnaire de base des auteurs de romans policiers et noirs ainsi qu'un petit répertoire des héros de polars (Bibliothèques de la Ville de Paris, 1978).

Pages noires sur écran blanc, ce dossier concerne les romans noirs adaptés au cinéma et fait exclusivement référence aux auteurs et réalisateurs anglo-saxons (Bibliothèque municipale d'Angers, 1986).

Drôles de dames, dossier présenté par Michel Amelin et qui, comme son titre l'indique, regarde exclusivement les auteurs féminins de romans policiers et de romans noirs (Bibliothèque municipale d'Angers, 1988).

Le roman policier et ses personnages, dossier placé sous la direction de Yves Reuter (Presses universitaires de Vincennes, 1989).

L'homme masqué : le justicier et le détective, dossier réalisé par Jean-Claude Vareille (Presses universitaires de Lyon).

Enjeux et portée symbolique chez Pierre Véry, dossier réalisé par Thierry Picquet (Presses universitaires de Nantes).

■ Ouvrages

(d'ordre général comprenant des études sur le genre)

Approches de l'imaginaire, de Roger Caillois (Gallimard).

Conférences, de Jorge Luis Borges (Gallimard).

Entretiens sur la paralittérature, sous la direction de Noël Arnaud, Francis Lacassin et Jean Tortel (Plon).

La Bibliothèque idéale des littératures d'évasion, de Juliette Raabe et Francis Lacassin (Éd. Universitaires).

Histoire des littératures t. III, sous la direction de Raymond Queneau ; le chapitre sur le roman policier a été rédigé par Boileau-Narcejac (Gallimard/La Pléiade).

Les Contre-littératures, de Bernard Mouralin (P.U.F.).

Histoire du roman noir américain, de Marc Saporta (Gallimard/Folio).

Poétique de la prose, de Tzvetan Todorov (Éd. du Seuil/Points).

La Prairie perdue, de Jacques Cabau (Éd. du Seuil/Points).

La Notion de littérature, de Tzvetan Todorov (Éd. du seuil/Points).

La Bibliothèque idéale de Lire, préface de Bernard Pivot, sous la direction de Pierre Boncenne, Hugues de Kerret et Alain Jaubert. Le «rayon» roman policier a été agencé par Robert Deleuse (choix des titres et rédaction des notules) et Dinah Brand pour les entretiens et les énigmes (Albin Michel).

■ Ouvrages

(consacrés aux romans policiers et noirs)

Le Detective Novel et l'Influence de la pensée scientifique, de Régis Messac (Éd. Slatkine Reprints, 1929).

Histoire et Technique du roman policier, de François Fosca (Éd. Nouvelle Revue critique, 1937).

La Fin d'un bluff, de Thomas Narcejac (Éd. Le Portulan, 1949).

Le Film noir, de Raymond Borde et Étienne Chaumeton, préface de Marcel Duhamel (Minuit, 1955 ; rééd, Éd. d'Aujourd' hui, 1975).

Quelques aspects du roman policier psychologique, de Serge Radine (Éd. du Mont Blanc, 1960).

Le Roman policier, de Boileau-Narcejac (Payot, 1964).

Petite Histoire du roman policier, de Fereydoun Hoveyda, avant-propos de Jean Cocteau, préface dialoguée de Jean-Louis Bory et Cécil Saint-Laurent (Éd. du Pavillon, 1966).

Lettres, de Raymond Chandler (U.G.E. 10/18, 1970).

Le Roman policier, de Siegfried Kracaner (Payot, 1972).

Le Roman policier, de Josée Dupuy (Larousse, 1974).

D'Arsène Lupin à San-Antonio, de Jean-Jacques Tourteau (Mame, 1974).

Mythologies du roman policier, de Francis Lacassin, deux tomes (U.G.E. 10/18, 1974).

Le Roman noir américain, de Alain Lacombe (U.G.E. 10/18, 1975).

Le Roman policier : une machine à lire, de Thomas Narcejac (Denoël/Gonthier, 1975).

La Loi et le Phénomène, de François George (Bourgois, 1978).

Underwood U.S.A., ballade sur les touches du roman noir américain, de Michel Martens ; cet ouvrage comporte également un dictionnaire de cent auteurs U.S. réalisé par François Guérif (Balland, 1980).

Enquête sur un enquêteur : Maigret, de Jean Fabre (Éd. des Études sociocritiques, 1981).

Le Vrai Visage du Masque, de Jacques Baudou et Jean-Jacques Schléret, deux volumes (Futuropolis, 1982).

Voyage au bout de la Noire, de Claude Mesplède et Jean-Jacques Schléret (Futuropolis, 1982 et additif de 56 auteurs en 1985).

Le Roman criminel, de Stefano Benvenuti, Gianni Rizzoni et Michel Lebrun ; préface de Jean-Patrick Manchette (Éd. de l'Atalante, 1982).

Les Grands Détectives, de Julian Symons (Atlas, 1982).

Autopsies du roman policier, textes présentés par Uri Eisenzweig (U.G.E. 10/18, 1983).

Le Roman noir français, de Jean-Paul Schweighaueser (P.U.F., «Que sais-je ?» n° 2145, 1984).

Le Monde du polar, de Denis-Fernandez Recatla (Éd. M.A., 1986).

Panorama du roman français contemporain, de Maurice Périsset (Éd. de l'Instant, 1986).

Panorama des maîtres du polar étranger, de Roger Martin (Éd. de l'Instant, 1986).

Meurtres exquis, de Ernest Mandel, préface de Jean-François Vilar (Éd. La Brèche, 1986).

Les Métamorphoses de La Chouette, de Jacques Baudou et Jean-Jacques Schléret (Futuropolis, 1986).

Le crime est un art simple, de Raymond Chandler (*Nouvelles* vol. 1, Presses-Pocket n° 2663, 1986).

L'Art du suspens : mode d'emploi, de Patricia Highsmith (Calmann-Lévy, 1987).

Le Guide du polar, histoire du roman policier français, de Michel Lebrun et Jean-Paul Schweighaueser (Syros, 1987).

Le Roman policier, de Boileau-Narcejac (P.U.F., «Que sais-je ?» n° 1623, 1988, 3e éd.).

Hard Boiled U.S.A. : histoire du roman noir américain, de Geoffrey O'Brien (Éd. Encrage, 1989).

Les Couleurs du noir, de François Rivière (Éd. du Chêne, 1989).

Meurtres en série, de Jacques Baudou et Jean-Jacques Schléret (Éd. du VIIIe Art, 1990).

British Mystery, de Leroy Panek (Éd. Encrage, 1990).

Quatre-vingt-dix-neuf chambres closes, de Roland Lacourbe (Éd. Encrage, 1991).

Histoire des plus mauvais romans policiers (titre provisoire) de Bill Pronzini, préface de Ed McBain (Éd. Encrage, 1991).

▪ Ouvrages

(concernant des auteurs de romans policiers/noirs)

La Vie de sir Arthur Conan Doyle, de John Dickson Carr (Robert Laffont, 1958).

Raconte pas ta vie, de Marcel Duhamel (Mercure de France, 1972).

Regrets sans repentir, de Chester Himes (Gallimard, 1979).

La Vie de Dashiell Hammett, de Richard Layman (Fayard, 1981).

Raymond Chandler : le gentleman de Californie, de Frank Mac Shane (Balland, 1982 ; rééd. Points/Seuil, 1984).

L'Univers de Simenon, sous la direction de Maurice Piron avec la collaboration de Michel Lemoine (Presses de la Cité, 1983).

David Goodis : la Vie en noir et blanc, de Philippe Garnier (Payot, 1984).

Émile Gaboriau ou la Naissance du roman policier, de Roger Bonniot (Vrin, 1985).

Frédéric Dard, de Louis Bourgeois (Éd. La Manufacture, «Qui suis-je ?», 1985).

Tandem ou Trente-cinq ans de suspens, de Boileau-Narcejac (Denoël, 1986).

Agatha Christie, de Janet Morgan (Éd. Luneau-Ascot, 1986).

Vaurien, de Jim Thompson (Éd. de l'Atalante, 1986).

Arthur Conan Doyle, de James McCearney (Éd. de la Table ronde, 1988).

La Vache enragée, de Léo Malet (Éd. Hoëbeke, 1988).

Léo Malet sous pli discret, Collectif (Éd. Séries B, 1988).

Georges Simenon, de Alain Bertrand (Éd. La Manufacture, 1988).

Dashiell Hammett : une vie, de Diane Johnson (Payot, 1989).

Maurice Leblanc, de Jacques Derouard (Librairie Séguier, 1989).

Simenon : une biographie, de Stanley Eskin (Presses de la Cité, 1990).

Frédéric Dard dit San-Antonio, de Jean Durieux (Éd. Renaudot, 1990).

▪ Périodiques

(spécialisés dans le roman policier et/ou noir)

Hard Boiled Dicks : fondée en 1980 par Roger Martin, cette revue, publiée avec le concours du Centre national des lettres, consacre chaque numéro à un auteur et a obtenu le prix Maurice Renault au Festival du roman et du film policiers de Reims en 1984. Vingt-deux numéros parus. Parmi les auteurs traités : Marvin H. Albert, Joseph

Hansen, William Peter McGivern, Chester Himes, Don Tracy, Jean Sabran, Joseph Wambaugh, Elmore Leonard, Giorgio Scerbanenco, Manuel Vasquez Montalban. (1, route d'Halanzy-Piedmont. 54350 Mont-Saint-Martin.)

Enigmatika : dirigée par Jacques Baudou. La revue de l'OULIPOPO (Ouvroir de littérature policière potentielle), branche de l'OULIPO fondé par Raymond Queneau et qui compte parmi ses membres : Jacques Bens, Jacques Baudou, Francis Debyser, Évelyne Diebolt, Paul Gayot, Michel Lebrun, Yves-Olivier Martin, Juliette Raabe, François Raymond. Jacques Baudou est l'homme-orchestre de cette revue, comme il fut à l'origine de la fondation de l'Association 813 et de la création de (feu) le Festival du polar à Reims. Sa revue, qui a accumulé depuis 1976 une quarantaine de numéros, accomplit un travail de fond sur le roman policier et son sérieux en fait une somme de documents indispensables sur les auteurs et héros du genre. Entre autres : Arsène Lupin, Stanislas-André Steeman, Gilbert Keith Chesterton, Pierre Véry, Léo Malet, Maurice-Bernard Endrèbe, Pierre Magnan, Sherlock Holmes, Michel Lebrun, Louis C. Thomas. (4, rue de l'Avenir, Les Mesneux. 51100 Rilly-la-Montagne.)

813 : du nom de l'Association des amis de la littérature policière, fondatrice des trophées 813 du roman policier. Près de quarante numéros depuis 1981. Le directeur de la publication est le président en exercice de l'association : actuellement Michel Lebrun. Il fut précédé dans ses fonctions par Alain Demouzon, Jean-François Vilar, Olivier Trouillas. La rédactrice en chef de la revue est Françoise Poignant. On y relève des dossiers et articles sur : Georges Simenon, Dashiell Hammett, Sherlock Holmes, Boileau-Narcejac, James Crumley, Raymond Chandler, Tony Hillerman, Andreù Martin, Seichô Matsumoto, André Héléna, etc. Des entretiens avec Marc Behm, Dan Marlowe, Julian Semionov, Maj Sjöwall, Michel Favart... (Association 813, 26, rue Poulet. 75018 Paris.)

Polar (ancienne formule) : un magazine qui a subi de nombreuses avanies financières et qui n'a jamais pu trouver le créneau éditorial qui lui aurait assuré une diffusion à la hauteur de son contenu. Avant sa mise en sommeil, une trentaine de numéros parus avec, aux manettes, François Guérif et un comité de rédaction composé de Jean-Pierre Deloux, Alain Demouzon, Michel Lebrun, Jean-Patrick Manchette, Pascal Mérigeau, Marie-Thérèse Naudon, etc. (Éd. NéO, 5, rue Cochin. 75005 Paris.)

L'Almanach du crime : un annuel, présenté sous forme d'ouvrage, dirigé par Michel Lebrun et publié successivement aux éditions Clancier/Guénaud (1980), Veyrier (1981 et 1982), La Butte-aux-Cailles (1983 et 1984) et Ramsay (de 1985 à 1988) sous le titre *L'Année du polar*. Une mine pour tous les fanatiques et collectionneurs qui a obtenu, en 1986, le prix Maurice Renault. Il a été remplacé par *L'Année du polar, du fantastique et de la science-fiction* de Jean-Claude Alizet (Éd. Encrage).

Les Amis du crime : dix-sept numéros parus depuis 1977. Initialement conçu et supervisé par François Guérif, c'est Jean-François Naudon qui en assure la succession. Dossiers parus : John Dickson Carr, Harry Whittington, William Irish, Errer-Mazarin, Michael Avallone, Peter Cheyney, Day Keene, Edgar Wallace, Frank Gruber, James Hadley Chase. Hors série : le catalogue des nouvelles policières publiées en France. (7, rue de l'Abbé-Grégoire. 92130 Issy-les-Moulineaux.)

Encrage : dirigée par Alain Fuzellier (dit Alfu), cette revue compte plus de vingt-cinq numéros avec des fiches encyclopédiques personnages (Chéri-Bibi, Duca Lamberti, Rocambole, Dave Brandstetter, etc.), auteurs (Ed Lacy, Fred Kassak, Horst Bosetzky, Joseph Hansen, Howard Fast, Mildred Davis, Hansjorg Martin...) et aussi des fiches romans et collections. C'est, de cette revue, que sont nées les éditions Encrage codirigées par Alain Fuzellier et Stéphane Bourgoin. (Éditions Encrage B.P. 0451. 80004 Amiens Cedex.)

Cahiers pour une littérature populaire : dirigés par Robert Bonaccorsi, publiés avec le concours du Conseil régional Provence-Alpes-Côte d'Azur et l'Office régional de la culture, ils se proposent de rendre compte de tout ce qui touche de près aux genres populaires. Une quinzaine de numéros parus parmi lesquels des dossiers et des articles sur le roman-feuilleton, la série Angoisse du Fleuve Noir, l'édition populaire de 1848 à 1870, le Grand Guignol, la littérature populaire au Québec, les actes du colloque de Mont-Saint-Martin ; des études sur Hervé Jaouen, Victor Hugo, Georges-Jean Arnaud, Jean Mazarin, Gérard Delteil, Charles-Louis Philippe, l'auteur du fameux *Bubu de Montparnasse*... (C.E.L.P., Robert Bonaccorsi, 107, chemin des Eaux, quartier Tortel. 83500 La Seyne.)

Polar (nouvelle présentation) : LA revue. Trimestrielle. Créée en 1990. Vendue uniquement en librairie. Produite par les éditions Rivages. Dirigée par François Guérif (directeur des collections Rivages/Noir/ Rivages/Mystère et Rivages/Thriller). Rédacteur en chef : Michel Lebrun. Comité de rédaction : Jean-Pierre Deloux, Stéphane Bourgoin, Alain Demouzon, Éric Libiot, Jean-Patrick Manchette. Le numéro 1 comporte une étude sur Tony Hillerman assortie d'un long et passionnant entretien (oct. 1990). Le numéro 2 consacre un dossier au retour du privé et un état des lieux du polar français (fév. 1991). Le numéro 3 devrait se pencher sur l'œuvre de Didier Daeninckx. (Éditions Rivages, 27, rue de Fleurus. 75006 Paris.)

Nouvelles Nuits : pour les amateurs de textes courts (auteurs et lecteurs), Claude Franqueville a créé cet espace de lecture et de création et publie des nouvelles d'auteurs connus aussi bien que débutants pourvu que la trame reste policière ou noire. (Clô Presse, Le Coularou. 30120 Le Vigan.)

▪ Collections

(où paraissent les romans policiers/noirs en France)

Le Masque : la plus ancienne des collections de romans policiers de type énigmatique a été fondée en 1927 par Albert Pigasse. C'est *Le Meurtre de Roger Ackroyd* qui a ouvert la collection. Dans l'ouvrage qu'ils ont consacré à ces éditions, *Le Vrai Visage du Masque* (Futuropolis, 1984), Jacques Baudou et Jean-Jacques Schléret ont répertorié six cent quatre-vingt-onze auteurs. Parallèlement a été créé Le Club des Masques qui réédite tous les «classiques» des petits livres jaunes au masque noir ainsi, par ailleurs, qu'une nouvelle collection (moins énigmatique, plus noire et de grand format), le tout sous la houlette de Michel Averlant et Hélène Amalric, dont la compétence et le sérieux ne sont plus à démontrer. (Éditions Hachette, 79, boulevard Saint-Germain. 75006 Paris.)

Série Noire : c'est sans doute la plus prestigieuse de toutes les collections. Fondée en 1945 (chez Gallimard) par Marcel Duhamel, lui-même initié par Marcel Achard. Jacques Prévert trouve le titre générique et sa femme dessine la couverture. Dans l'ouvrage qu'ils lui ont consacré, *Voyage au bout de la Noire* (Futuropolis, 1982/1985), Claude Mesplède et Jean-Jacques Schléret y ont répertorié sept cent quatre-vingt-huit auteurs sur plus de deux mille numéros. Cette collection, à forte dominante américaine, a pourtant ouvert sur deux auteurs anglais : Peter Cheyney et James Hadley Chase. Dirigée depuis la mort de son fondateur par Robert Soulat (entouré de Odile Lagay, Christian Mounier et d'une attachée de presse parmi les plus efficaces en la personne de Chantal Bruel), la Série Noire est restée fidèle à ses principes tout en sachant s'adapter aux changements. C'est chez elle qu'ont été publiés la quasi-totalité des «défricheurs» du roman noir français : de Amila à Daeninckx en passant par Ryck, Siniac, Manchette... (Éditions Gallimard, 5, rue Sébastien-Bottin. 75007 Paris.)

Fleuve Noir : c'est en 1986 que cette collection, fondée en 1949 par Armand di Caro et qui publie essentiellement des auteurs hexagonaux, a fêté son numéro 2000 avec l'un de ses piliers capitaux, Georges-Jean Arnaud. Mais elle est aussi la maison de Frédéric Dard alias San-Antonio, fut celle de Gérard Delteil et Thierry Jonquet (avant qu'ils n'émigrent sous des cieux jaune et noir), celle d'Alain Page, de Mario Rop, de Jean-Pierre Ferrière, de Brice Pelman, de Pierre Pelot... (Fleuve Noir, Éditions Presses de la Cité, 12, avenue d'Italie. 75013 Paris.)

Sueurs Froides : elle est, chez Denoël, la petite fille du Crime-Club et la descendante directe du Super Crime-Club. L'une dans l'autre elles ont hébergé quelques-uns des plus grands noms du roman policier français, parmi lesquels : Boileau-Narcejac, Sébastien Japrisot, Alain Page, Jean-François Coatmeur, René Réouven, Pierre Salva, Gilbert Tanugi, Hervé Jaouen, Frédéric H. Fajardie. Dirigée, voici quelques années par la romancière Noëlle Loriot, elle a été placée sous l'autorité avertie de Michel Bernard. (Éditions Denoël, 73, rue Pascal. 75013 Paris.)

L'Instant Noir : fondée par Guy Rolland et dirigée par le très dynamique Roger Martin, elle possède sans doute le catalogue le plus éclectique de l'édition «polarienne» française puisque ses auteurs vont de Gaboriau à Daeninckx en passant par Errer, Périsset, McGivern, Gerrard, Imbar, Himes, Bosetzky... Aux côtés d'auteurs connus, elle révèle aussi des premiers romans (Warton, Ellena) et des surprises comme *Le Mystère d'Edwin Drood* de Charles Dickens enfin résolu par Paul Kinnet. (Éditions de l'Instant, 50, rue du Faubourg-Saint-Antoine. 75012 Paris.)

Le Mascaret Noir : créée par Michel Mazon et René Martinez, en 1987, et dirigée de 1987 à 1989 par le passionné et compétent Claude Mesplède, cette collection a permis de faire découvrir quelques fleurons du roman noir européen, parmi lesquels : l'Allemand Horst Bosetzky alias Ky, les Espagnols Juan Madrid et Andreù Martin, le Suédois Per Wahlöö (d'avant Maj Sjöwall), le Portugais Justino Pamplona. (Éditions Le Mascaret, 52, rue des Menuts. 33000 Bordeaux.)

Le Miroir Obscur : créée en 1978, aux éditions NéO et placée sous la direction d'Hélène et Pierre-Jean Oswald, cette collection s'est essentiellement adonnée à la réédition de romans «classiques», la plupart du temps introuvables. Elle a également publié des inédits de Frédéric H. Fajardie, Pierre Siniac, Marc Villard... et fait beaucoup pour la publication des nouvellistes noirs. (Éditions NéO, 5, rue Cochin. 75005 Paris.)

J'ai lu Policier : Créée en 1983 et dirigée par Jacques Sadoul (efficacement secondé par Marion Mazauric et Sylvie Jos), cette collection dans la collection a réédité de solides auteurs français tels Boileau-Narcejac, Alain Demouzon, Didier Daeninckx, Jean-François Vilar, Michel Lebrun, Maurice Périsset auxquels s'ajoutent de sûrs talents étrangers comme Ellery Queen, Erle Stanley Gardner, Ross Macdonald, Gregory McDonald, William Irish, Ed McBain, Dick Francis, Patrick Quentin... (Éditions J'ai lu, 27, rue Cassette. 75006 Paris.)

Les Grands Détectives : dirigée par Jean-Claude Zylberstein, cette collection est en passe de se tailler un des catalogues parmi les plus affûtés du genre. Il est vrai que la réédition a régné en maître jusqu'à ce jour, mais tout de même : Robert Hans Van Gulik, Janwillem Van De Wetering, Maj Sjöwall et Per Wahlöö, Giorgio Scerbanenco, Léo Malet, Harry Kemelman, Gilbert Keith Chesterton, Nicolas Freeling, Ellis Peters, Claude Aveline, Chester Himes... Du beau travail. (U.G.E. 10/18, Éditions Presses de la Cité, 12, avenue d'Italie. 75013 Paris.)

Les Maîtres de la littérature policière : l'une des trois collections créée en 1984 par Jean-Paul Bertrand pour les Éditions du Rocher (avec les Dossiers Scotland Yard confiés à un surnommé J.-B. Livingstone et les Dossiers du Quai des Orfèvres confiés à Maurice Périsset). Cette série permet à des écrivains difficilement classables de ne pas se retrouver sur le bord de la route. Quand on aura dit que André-Paul Duchâteau, Louis C. Thomas, Michel Lebrun, Pierre Véry, Jacques Robert y ont vu leurs ouvrages publiés ou réédités, on constatera que le sérieux est au rendez-vous. (Éditions du Rocher, 28, rue du Comte-Félix-Gastaldi. 90000 Monaco.)

Spécial Suspens : créée en 1979 par Albin Michel et dirigée par Noëlle Loriot (transfuge de Denoël/Sueurs Froides), cette collection a ajouté à ses auteurs phares (Mary Higgins Clark, J.-F. Coatmeur, Hugues Pagan, Laurence Oriol, Stephen King, James Crumley, William Dickinson...) une autre série intitulée Spécial Police (1988) avec Patrick Raynal, Andrew Wahss, Lauwrence Sanders, William Bayer, Nino Silasto..., et hors collection l'un des plus grands romanciers français tous genres mêlés (transfuge de la Série Noire) : Francis Ryck. (Éditions Albin Michel, 22 rue Huyghens. 75014 Paris.)

Crime Parfait : il s'est agi pour Simone Gallimard (directrice des éditions Mercure de France) de créer une collection qui serait la réserve de chasse d'auteurs très connus n'ayant jamais écrit de romans policiers. Curieusement, un des romans les plus réussis de cette collection s'intitule *Le Dérapage* (prix du Suspens) et est l'œuvre de Gilles Perrault (auteur de *L'Orchestre rouge*, *Le Dossier 51*, *Le Pull-over rouge*, *Un homme à part*, *La Longue Traque*, *Notre ami le roi*, etc.) qui, dans les années 60, publia sous le pseudonyme transparent de Gil Perrault, une douzaine de romans de ce genre justement, dans la collection La Chouette dirigée par Frédéric Ditis. Cependant, une fois que l'exception a confirmé la règle, les romans «policiers» de Suzanne Prou, Roger Peyrefitte, Didier Decoin, Jean Raspail, Jean Lartéguy, Pascal Lainé, Jacques Laurent... attestent (si besoin est encore) qu'écrire un polar ne relève ni du jeu de (bonne) société ni du pur et simple exercice de style. (Éditions Mercure de France, 26, rue de Condé. 75006 Paris.)

Triangle Jaune : créée en 1986 par les éditions Liana Levi et dirigée un temps par Michel Friedman, cette collection fait partie de la longue cohorte des portées disparues. Cinq titres à peine au catalogue (qui restent néanmoins disponibles) : Michel Grimaud (*42 rue Saint-Sauveur*), Jean-Michel Guenassia (*Pour cent millions*), Jean-Michel Béquié (*Lumière cendrée*), Noël Balen (*La musique adoucit les meurtres*) et surtout un très efficace Gérard Delteil : *Le Festin de crabes*. (Éditions Liana Levi, 31, rue de l'Abbé-Grégoire. 75006 Paris.)

Rivages/Noir : créée en mars 1986, dirigée par François Guérif à qui l'on doit nombre de découvertes américaines, cette collection publie quasi exclusivement des auteurs anglo-saxons qu'elle permet de redécouvrir (Thompson, Williams, Goodis, Ellin, Latimer, Westlake, Wetering), de suivre (Cook, Hillerman) ou de connaître (Ellroy, Corris, McIlvanney). Elle a ajouté deux cordes à son arc fort bien tendu : un Rivages/Mystère (Rex Stout, John Dickson Carr, Joséphine Tey...) et un Rivages/Thriller (Ellroy, Cook, Willeford...). Le talent de découvreur de François Guérif n'est plus à promouvoir. Il est un des guetteurs les plus attentifs de l'édition française. Par ailleurs les éditions Rivages publient la revue trimestrielle *Polar* dont le rédacteur en chef est Michel Lebrun (voir Périodiques). (Éditions Rivages, 27, rue de Fleurus. 75006 Paris.)

Sombre Crapule : créée en 1988 et dirigée par Philippe Gavardin et Jean-Michel Nicollet. Une vingtaine de titres à ce jour dont *La Reine de la nuit* de Marc Behm, *Un cœur en or massif* de Russel H. Greeman, *Et l'homme a saigné noir* de Richard Lortz, *Persona non grata* de Timothy Williams, *La Nuit divisée* et *Un coin perdu pour mourir* de Wessel Ebersohn, etc. (Éditions Crapule Productions, 23, rue Royale. 75008 Paris.)

Polar-Sud : créée en 1989 par les célèbres et dynamiques éditions Actes-Sud de Hubert Nyssen, cette collection a d'abord proposé plusieurs romans d'un auteur américain sous pseudonyme, K.C. Constantine (dont *Meurtres à Rocksburg Station*, *L'homme qui aimait se regarder*, *Un coup fumant*), un de Sébastien Grand (*La mort est diplomate*), un de J.-P. Autheman (*L'Homme du général*), avant de changer d'orientation en optant pour un polar qui se veut «littéraire» avec, à ce jour, et entre autres, un roman de André-Louis Rouquier (*Le Sentier de la guerre*) et de Richard Matas (*Folies douces*) qui avait déjà publié, quelques années plus tôt, un roman intéresssant (*Mauvais Sang*) dans la défunte collection Fayard/Noir. Bertrand Py, assisté de Marie-Catherine Vacher, assure la bonne tenue de cette collection. (Éditions Actes-Sud, passage du Méjan. 13200 Arles.)

Série policière japonaise : créée en 1987 par les éditions Picquier, elle publie exclusivement les grands maîtres du polar nippon (périodes «tantei era» et «suiri era»). Parmi les titres et auteurs parus : *Le Vase de sable* et *Tokyo-Express* de Seichô Matsumoto ; *La Ritournelle du démon* de Seishi Yokomizo ; *La Proie et l'Ombre*, *La Chambre rouge*, *Ville panorama* de Ranpo Edogawa.

(Éditions Picquier, 55, rue du Temple. 75004 Paris.)

Par ailleurs, il existe, depuis quelques années, de nombreuses collections de récits policiers pour la jeunesse. Parmi celles-ci :

Souris Noire (aux éditions Syros), dirigée par Joseph Périgot qui compte près de cinquante titres à son catalogue et a vu plusieurs de ses auteurs adaptés sur FR3. Elle associe un auteur et un dessinateur. (Éditions Syros, 6, rue Montmartre. 75001 Paris.)

Les Maîtres de l'Aventure : créée en 1982 par les éditions Hatier, précurseur dans le genre, cette collection est dirigée par Caroline Westberg et compte dans ses rangs la série des Sans Atout du célèbre tandem Boileau-Narcejac (adaptée pour FR3). Elle est la suite logique de collections déjà créées par cet éditeur dès 1972, qui a fait du roman policier un genre privilégié pour la jeunesse. (Éditions Hatier, 8, rue d'Assas. 75006 Paris.)

Nuits Noires : créée en 1990 par les éditions Nathan et dirigée par Béatrice Decroix (attachée de presse, Chantal Clos), elle publie des récits pour les jeunes au-delà de 7 ans dans lesquels un auteur est associé à un dessinateur. Par ailleurs, les éditions Nathan publient une autre collection, *Arc en poche* (fondée par Isabelle Jean, reprise par Laurence Kiéfé et dirigée aujourd'hui par Gilles Laurendon), qui possède à son catalogue une série «Polars-Jeunesse», une série «Jonathan-Cap» et une série «Kangourou». (Éditions Nathan, 9, rue Méchain. 75014 Paris.)

Mystères : créée en 1988 par les éditions Casterman (responsable du département jeunesse, Clotilde Guislain) et dirigée par Marie Allouet, cette collection publie des récits illustrés pour les jeunes à partir de 10 ans. Une quinzaine de titres à son actif. (Éditions Casterman, 66, rue Bonaparte. 75006 Paris.)

▪ Prix littéraires

(exclusivement réservés aux polars)

Le Grand Prix du roman d'aventures : l'ancêtre du genre. Créé par Albert Pigasse en 1930, il comptait parmi ses jurés des écrivains aussi célèbres que Joseph Kessel, Francis Carco, Pierre Mac Orlan. Le premier auteur à l'obtenir fut Pierre Véry. L'ont également décroché : Stanislas-André Steeman, Jean Toussaint-Samat, Jean Bommart, Pierre Nord, Pierre Boileau, Thomas Narcejac, Charles Exbrayat, Hélène de Monaghan, Gilbert Picard, Paul Kinnet, Pierre Salva, Catherine Arley, Ruth Rendell, June Thomson, Alexandre Terrel, Michel Grisolia, Peter Lovesey...

Le prix du Quai des Orfèvres : créé par Jacques Gatineau en 1946, il est décerné sur manuscrit par un jury composé d'auteurs et de fonctionnaires de police. Parmi les lauréats les plus connus : Francis Didelot, Saint-Gilles (alias Georges-Jean Arnaud), Cécil Saint Laurent (à savoir le futur académicien Jacques Laurent), Noël Calef, Louis C. Thomas, Christian Charrière (pour son excellent *Dites-le avec des fleurs*), Jacquemard-Sénécal, Pierre Magnan, Maurice Périsset... Il est publié par les éditions Fayard.

Le Grand Prix de littérature policière : fondé par Maurice-Bernard Endrèbe, il a récompensé depuis 1948, quelques grands noms du roman policier/noir parmi lesquels Léo Malet fut le premier lauréat. Ont suivi entre autres : Gilles Morris-Dumoulin, Michel Lebrun, Frédéric Dard, Fred Kassak, Paul Gerrard, Hubert Monteilhet, Sébastien Japrisot, Laurence Oriol, Dominique Fabre, Francis Ryck, Paul Andréota, René Réouven, Gilbert Tanugi, Jean-Patrick Manchette, Madeleine Coudray, Joseph Bialot, Pierre Siniac, Jean Mazarin, René Belletto, Gérard Delteil, Didier Daeninckx, Michel Quint... Parmi les éditeurs les plus récompensés, Denoël se taille la part du lion. Parmi les auteurs étrangers qui l'ont également obtenu, citons : Giorgio Scerbanenco, Patricia Highsmith, Chester Himes, Louis Malley, William Irish, Nicolas Freeling, John Dickson Carr, Charles Williams, Mary Higgings Clark, Herbert Lieberman, Manuel Vasquez Montalban, Janwillem Van De Wetering, Tony Hillerman, Elizabeth George...

Le prix Mystère de la critique : créé en 1972 par Georges Rieben, il est (tant par la composition de son jury que par la qualité des romans primés) l'un des plus prestigieux. Son premier lauréat a été Albert Simonin.

L'ont également obtenu : Fred Kassak, Boileau-Narcejac, Raf Vallet, Louis C. Thomas, A.D.G., Georges-Jean Arnaud, Michel Grisolia, Alain Demouzon, Jean Vautrin, Jean-François Coatmeur, Brice Pelman, René Réouven, Pierre Magnan, Tito Topin, Jean Amila, Didier Daeninckx, Joseph Bialot... Parmi les auteurs étrangers, relevons les noms de : Donald E. Westlake, Eric Ambler, Tom Topor, Horst Bosetzky, Robin Cook, J.A. Vance, Robert Ludlum, William Peter McGivern, James Ellroy...

Le prix du Suspens français : créé en 1979 par Valérie Saint-Clair pour récompenser le meilleur roman de ce type paru au cours de l'année écoulée. La première lauréate en fut Catherine Arley pour son roman *A tête reposée*. Suivirent : Caroline Camara, Bernard Lentéric, Hervé Jaouen, Alain Page, Alexis Lecaye, Maurice Périsset, Gilles Perrault...

Le prix Moncey : créé en 1976, il récompense un ouvrage de langue française qui met en scène et même en valeur la Gendarmerie nationale. Le jury, placé sous la présidence du directeur général de la Gendarmerie, est composé d'écrivains et d'officiers généraux de gendarmerie. Les lauréats intègrent ce jury pendant cinq ans. L'ont obtenu (entre autres) : Pierre Nemours, Pierre Billard, Bernard Gouley, Jean-Jacques Mollaret, Nancy Markham, Gilbert Picard, Gérard Delteil, Erwan Bergot...

▪ BILIPO

(Bibliothèque des littératures policières)

C'est en 1982 que la direction des Affaires culturelles de la Ville de Paris donna son accord de principe pour constituer une bibliothèque spécialisée dans la littérature policière. Ce centre de documentation, niché au premier étage de la bibliothèque Mouffetard-Contrescarpe dans le Ve arrondissement de Paris, n'a pas d'équivalent en Europe. Son conservateur, Mme Claude Goumöens (entourée d'une équipe compétente et passionnée : Alain Régnault et Emmanuelle Baer) règne sur un fonds littéraire unique composé d'un fonds de référence de deux mille ouvrages (français et étrangers) auxquels s'ajoutent une série de dossiers de presse, des audio et vidéo cassettes, trente collections de périodiques spécialisés (français et étrangers), vingt-cinq mille romans ou recueils de nouvelles, des bandes dessinées à thème policier, des collections de fascicules populaires publiés entre 1910 et 1960, trois mille numéros de périodiques anciens (français et étrangers) ainsi que des fonds spéciaux tels le fonds Régis Messac (deux cent cinquante romans anglo-saxons inédits en France et cinq cent cinquante numéros de revues spécialisées anglaises et américaines), le fonds Gallimard (comprenant des originaux anciens des premiers romans parus à la Série Noire). Par ailleurs, la BILIPO publie *Les Crimes du trimestre*, une revue qui dissèque tout ce qui paraît en France sur le roman policier (romans, nouvelles, B.D. polars, ouvrages de référence, périodiques spécialisés, etc.).

La BILIPO est fréquentée par un lectorat de plus en plus nombreux composé aussi bien d'amateurs, d'étudiants en maîtrise et en doctorat, d'éditeurs, que de scénaristes de films policiers, de metteurs en scène de théâtre, d'animateurs culturels, de spécialistes. Le professionnalisme de l'équipe et la richesse du fonds littéraire qui leur est proposé expliquent sans doute cette assiduité dans la fréquentation. BILIPO, bibliothèque Mouffetard-Contrescarpe, 74-76, rue Mouffetard. 75005 Paris ; tél. : 43 37 96 54 M° Monge ou Jussieu. (Ouverte au public tous les mercredis de 14h à 19h et tous les samedis de 10h à 12h et de 14h à 18h.)

Cette bibliothèque a donné des idées au Suédois Thomas Böös qui a créé à Eskilstuna, en Suède, la Svenska Deckarbiblioteket. De même qu'en Belgique, Jean-Marie Graitson a créé la bibliothèque des paralittératures Stanislas-André Steeman, Au Passou n° 40. B 4600, Chaudfontaine (Mehagne), Belgique.

▪ Librairies

(spécialisées dans le roman policier et noir)

Le Troisième Œil : la librairie de Stéphane Bourgoin qui fêtera d'ici peu ses vingt ans d'âge. La première en Europe et qui a fait des émules. Elle fut aussi le siège des éditions Clancier/Guénaud et de Série 33.

Stéphane Bourgoin, qui est aujourd'hui (avec Alain Fuzellier) le conducteur des éditions Encrage, est également traducteur (Burnett, Matheson, Whittington, Dickson Carr...), auteur d'ouvrages sur le cinéma et le réalisateur de soixante anthologies sur le polar et le fantastique. Il fait partie du comité de rédaction de la revue *Polar* et siège au bureau de l'Association 813. Ce passionné sincère est un véritable bénédictin de l'imaginaire «polarien» et sa librairie, le passage obligé de tout amateur. (37, rue de Montholon. 75009 Paris ; tél. : 48 74 73 17)

L'Introuvable : 25, rue Juliette-Dodu. 75010 Paris ; tél. : 42 00 61 43.

Choc Corridor : 7, rue des Trois-Maries. 69005 Lyon ; tél. : 78 42 63 42.

Roland Buret : 6, passage Verdeau. 75009 Paris ; tél. : 47 70 62 99

L'Arnaqueur : 3, rue Papillon. 75009 Paris ; tél. : 42 46 53 13.

Fantasmask : 17, rue de Belzunce. 75010 Paris ; tél. : 48 78 72 44.

Librairie de la Santé : 15, rue de la Santé. 75013 Paris ; tél. : 43 36 61 16.

La Canicule : 241, Chaussée d'Ixelles. 1050 Bruxelles.

▪ Festivals

(et manifestations autour du roman policier/noir)

Après les décès du Festival de Reims (dirigé par Jacques Baudou) suite à sa huitième édition et du Festival de Grenoble (dirigé par Jean-François Carrez-Corral et Alain Léger) trois ans après sa naissance, le roman noir est, en France tout au moins, orphelin d'une devanture mondiale qu'il mérite amplement. Néanmoins, des manifestations continuent ici et là d'assurer sa promotion. En voici quelques-unes :

A Saint-Nazaire, existe **Le Festival du crime** (renseignements : Centre de culture populaire, 16, rue Jacques-Jolivier. 44600 Saint-Nazaire).

A Angers, se déroule **La Quinzaine du Noir** (renseignements : Librairie Contact, 3, rue Lenepveu. 49100 Angers, également éditrice de *La Tête en noir*).

A Sèvres, se tient **Jazz et Polar** (renseignements : S.E.L., 47, Grande Rue. 92310 Sèvres).

A La Roche-sur-Yon, se produit **le Festival du Polar** (renseignements : Association Polar, 81, Bd d'Angleterre. 85000 La Roche-sur-Yon).

A Liège, se déroule **le Festival Simenon Polar** (renseignements : Office du tourisme, En Féronstré 92. 4000 Liège. Belgique).

A Mont-Saint-Martin, se tiennent les **Rencontres de Mont-Saint-Martin** (renseignements : Roger Martin, l, route d'Halanzy-Piedmont. 54350 Mont-Saint-Martin).

Enfin, à Cattolica, se déroule, à ce jour, la plus attrayante vitrine du roman policier, le **MysFest**, sous la direction de Irene Bignardi et Giorgio Gosetti (renseignements : Elisa Rese Gotti, Via dei Coronari 44. 00186 Rome. Italie).

Une bibliothèque de base

Par ordre de parution, 124 romans policiers et noirs, à raison d'un titre par auteur, conscient de ce que ce choix peut avoir de subjectif, même s'il tente de donner une vue d'ensemble assez large de cette typique littéraire.

1863. ***L'Affaire Lerouge*** de Émile Gaboriau (L'Instant noir) : depuis deux jours, la veuve Lerouge n'a plus donné signe de vie. Inquiètes, cinq de ses voisines se présentent au bureau de police de Bougival. Ainsi commence le premier roman policier de l'histoire littéraire.

1870. ***Le Mystère d'Edwin Drood*** de Charles Dickens (L'Instant noir) : Drood est-il vraiment mort ? Qui est M. Datchery ? A la mort de l'auteur, le roman est demeuré inachevé et l'énigme posée. La voici enfin résolue par Paul Kinnet, après plus d'un siècle de controverses.

1887. ***Une étude en rouge*** de Arthur Conan Doyle (Le Masque) : pour s'être déplacé du 221 Baker Street au 3 Lauriston Gardens, un jeune détective amateur du nom de Sherlock Holmes va entrer dans la légende.

1908. ***Le Mystère de la chambre jaune*** de Gaston Leroux (Le Livre de Poche) : comment sortir d'une pièce dans laquelle on ne pouvait pas davantage accéder et inversement ? Rouletabille n'est pas au bout de ses surprises et l'auteur opère, sous nos yeux, un fulgurant retour à Œdipe.

1909. ***L'Aiguille creuse*** de Maurice Leblanc (Le Masque) : une des plus célèbres aventures du gentleman au grand cœur. Son nom : Arsène Lupin. Sa profession : cambrioleur. Signe particulier : insaisissable.

1925. ***La Proie et l'Ombre*** de Ranpo Edogawa (Éd. Picquier) : un vieux mari, une belle femme et son ex-amant. La belle femme confesse au narrateur les soupçons qu'elle a sur son ex-amant. Et puis, le vieux mari est retrouvé mort. Il ne reste plus au narrateur qu'à mener l'enquête.

1926. ***Le Perroquet chinois*** de Earl Derr Biggers (Le Masque) : un drôle d'oiseau, ce Tony. Perroquet de son état, bilingue et de surcroît plus bavard qu'une pie. Sans compter Charlie Chan qui débarque sous les traits d'un cuisinier chinois. De quoi y laisser des plumes.

1926. ***Le Meurtre de Roger Ackroyd*** de Agatha Christie (Le Masque) : la plus stupéfiante des trente-trois enquêtes romanesques de Poirot Hercule, celle qui a fait de son auteur un maître de l'énigme, la seule personne (selon Churchill) pour qui le crime a payé.

1929. ***La Moisson rouge*** de Dashiell Hammett (Série Noire et Folio) : la première œuvre du père du roman noir à propos de laquelle Gide écrivit : «Ces dialogues sont menés de main de maître et en remontrent à Hemingway ou à Faulkner même.» Vingt-quatre meurtres plus tard, on en redemande.

1929. ***Un nommé Louis Beretti*** de Donald Henderson Clarke (Série Noire et Folio) : en pleine prohibition, au beau milieu des crépitements de mitraillettes, une femme accouche en pleine rue d'une larve d'homme, grosse et rouge. Ainsi naquit Louis Beretti, le très puissant «bootlegger» dont l'auteur nous dissèque l'irrésistible ascension.

1930. ***La Tête d'un homme*** de Georges Simenon (Presses de la Cité) : deux femmes mortes : assassinées. Le présumé meurtrier arrêté, jugé et condamné à mort. Mais Jules Maigret, le flic «peseur d'âmes», ne croit pas à la culpabilité de ce Joseph Heurtin que tout accuse. Alors, il va le faire évader.

1932. ***Préméditation*** de Francis Iles (Folio) : le tout, quand on a décidé de tuer sa femme, c'est de ne pas s'y prendre n'importe comment pour éviter d'être pris. Et le docteur Edmund Alfred Bickleigh n'a pas du tout l'intention de se laisser prendre.

1932. ***La Double Mort de Frédéric Belot*** de Claude Aveline (U.G.E. 10/18 et Mercure de France) : un soir que le jeune inspecteur Rivière se rend au domicile du commissaire Frédéric Belot et qu'il le trouve gisant dans son salon, ce jeune flic ne s'attend pas à trouver, derrière le rideau, un second cadavre, surtout si c'est encore celui de Frédéric Belot.

1933. ***Le Mystère des frères siamois*** de Ellery Queen (J'ai lu) : quand deux flics (père et fils) sont hébergés par un médecin et qu'ils le retrouvent, le lendemain matin, dans son bureau, avec un trou rouge au côté droit, les suspects n'ont plus qu'à croiser les doigts. Surtout si ces deux flics ont nom Richard et Ellery Queen.

1933. ***Sur la corde raide*** de Erle Stanley Gardner (J'ai lu) : elle est jeune, belle et élégante. Elle toque à la porte d'un célèbre avocat et lui confie ses ennuis. Elle prétend s'appeler Eva Griffin. Lui, se nomme Perry Mason. Et il va y jouer sa carrière.

1934. ***Le facteur sonne toujours deux fois*** de James Mallahan Cain (Folio) : quand un homme et une femme que tout oppose se rencontrent pour s'offrir un bout de paradis, cela débouche tout de suite sur un enfer très convenable. Dans ce premier roman, devenu un classique et porté quatre fois à l'écran, l'auteur a taillé à la serpe un physique à l'écriture.

1935. ***Les Disparus de Saint-Agil*** de Pierre Véry (Éd. du Rocher) : d'un côté, un crâne décharné, le squelette d'une main, un rouleau de parchemin. De l'autre, un pensionnat, un nommé Mathieu Sorgues alias le numéro 95 de la bande des Chiche Capon qui disparaît brusquement du collège de la rue Croix-Saint-Loup à Meaux. Mais Prosper Lepicq, dans tout ça ?

1936. ***Tueur à gages*** de Graham Greene (Le Livre de Poche) : Raven, l'homme dont le destin colle à la peau. Il tuera le ministre parce qu'on l'a payé pour ça. Et puis, il se mettra à la recherche des commanditaires qui l'ont réglé en monnaie de singe.

1937. ***Un linceul n'a pas de poches*** de Horace McCoy (Série Noire et Folio) : en se servant de son reporter Mike Dolan comme d'un véhicule sans freins, lancé en plein corps des tares nationales, l'auteur dénonce avec une telle force la lâcheté, la corruption, et le racisme qu'il s'est longtemps vu interdit de publication aux U.S.A. «Et si ce matin-là, Myra avait pris son café ?» Inoubliable.

1937. ***La Bête qui sommeille*** de Donald Tracy (Série Noire et Folio) : une petite ville du Maryland, avec son petit port, ses petites gens, sa petite vie. Soudain, un meurtre dont une prostituée est la victime et un Noir l'accusé. Aussitôt, tout le monde voit rouge et veut broyer du Nègre. Les passions se déchaînent, le lynchage est au bout. Un récit hallucinant.

1937. ***La Chambre ardente*** de John Dickson Carr (Éd. NéO) : un policier gothique, en vase clos, avec tous les ingrédients du genre sur fond de logique incontournable qui n'empêche pas l'ensemble de basculer dans le fantastique. Pour les fervents, un régal.

1938. ***Puzzle pour acteurs*** de Patrick Quentin (J'ai lu) : il est fréquent, pour les acteurs, de mourir en scène, notamment lorsque le jeu le commande. Mais quand trois acteurs d'une même pièce se mettent à tomber comme des mouches, assassinés par la main d'un tueur anonyme, alors là plus question de jouer sur le même registre.

1940. ***Noir comme un souvenir*** de Jonathan Latimer (Rivages/Noir) : pour fuir un souvenir obsédant, Jay Nichols s'est engagé dans l'expédition du professeur Huntley, à l'autre bout de son passé. Mais, contrairement à ce qu'on croit, les fantômes ont la peau dure et eux aussi savent voyager.

1942. ***Quai des Orfèvres*** de Stanislas-André Steeman (Le Livre de Poche) : rédigé entre 1938 et 1942, paru sous le titre *Légitime Défense*, adapté à l'écran par Henri-Georges Clouzot, ce roman fait logiquement figure de classique du roman policier.

1943. ***120, rue de la Gare*** de Léo Malet (U.G.E. 10/18) : le premier roman noir français. Du stalag XB à la France occupée. Et la naissance littéraire de Nestor Burma de l'agence Fiat lux. Le privé de choc qui met le mystère K.O. Historique à plus d'un titre.

1944. ***L'Heure blafarde*** de William Irish (Série Noire et Folio) : pour Quinn et Bricky, tout va se jouer entre une heure moins dix et six heures moins le quart. Ils n'ont qu'une chance sur mille d'en réchapper, mais comment prendre l'aube de vitesse ? Une œuvre de haute tension par le maître incontesté de l'angoisse.

1946. ***J'irai cracher sur vos tombes*** de Boris Vian (U.G.E. 10/18) : objet de scandale, énorme succès de librairie, puis interdit à la vente, éreinté par une critique qui n'avait pas digéré le canular Sullivan, réédité en 1973 dans sa version originale intégrale, voici la ballade sexuelle et meurtrière de Lee Anderson, l'homme qu'on pendit non pas tant parce qu'il avait tué que parce qu'il était un peu Nègre sur les bords.

1947. ***La nuit tombe*** de David Goodis (Série Noire et Folio) : pourquoi James Vanning se sent-il poursuivi par l'image préoccupante d'un énorme calibre, d'une carrosserie défoncée et d'un homme mort par balles ? Une descente aux enfers sans espoir de recours.

1948. ***Comme un frère*** de Samuel Wooley Taylor (Série Noire/Carré Noir) : c'est assez simple. Vous vous appelez Charles Graham. Un soir, vous téléphonez à votre femme et elle ne reconnaît pas votre voix. Vous croyez à une blague. Alors, elle vous passe « son » mari. Et il vous parle. Du moins, vous vous parlez. Vous, le vrai lui et lui, le faux vous. Un face à face à tête de cauchemar.

1948. ***Traquenards*** de James Hadley Chase (Série Noire/Carré Noir) : mon premier est un nazi en cavale, mon deuxième un détraqué sexuel, ma troisième une voleuse et mon tout un trio d'enfer réuni dans un huis clos de même acabit. Un joyau purement chasien. Violent et cruel.

1949. ***Quand la ville dort*** de William Riley Burnett (Série Noire et Folio) : le premier volet d'une trilogie urbaine dont le personnage central est la ville, jungle de béton et d'asphalte. Et plus précisément encore, ses entrailles nocturnes et mal famées que l'auteur met à jour sans complaisance, signant par là même un des plus hauts faits de la littérature noire.

1950. ***L'Inconnu du Nord-Express*** de Patricia Highsmith (Presses-Pocket) : Guy Haines, un architecte de 29 ans, se trouve dans un train en direction de Metcalf (Texas) où sa femme l'attend pour divorcer. Il fait la connaissance de Charles Anthony Bruno, 25 ans, fils à papa et à problèmes. S'engage une conversation que Bruno conduit au paroxysme de ses idées fixes, proposant à Haines d'accomplir de concert un double crime parfait. Et le cauchemar va s'installer.

1950. ***Cadavre en douce*** de Ross Macdonald (J'ai lu) : c'est au moment où Olivia Slocum s'entête à refuser de vendre sa propriété à la Pacific Refining Company qu'on la retrouve au fond de la piscine. Et c'est à Lew Archer, le célèbre privé de Santa Teresa, qu'échoit l'enquête. Un véritable sac de nœuds. Avec vipères au milieu.

1950. ***Meurtre au vestiaire*** de Rex Stout (Rivages/Mystère) : déjà que Nero Wolfe n'apprécie guère les Monténégrines, en voilà une qui lui rend visite pour lui annoncer tout à trac qu'il a une fille et qu'elle est compromise dans une histoire de vol. Mais il en faut quand même davantage pour flétrir l'assurance et la réputation de l'homme aux orchidées.

1951. ***Nettoyage par le vide*** de Mickey Spillane (U.G.E. 10/18) : sans Mike Hammer, le privé facho. Mais avec Johnny Mac Bride qui, sur ce plan-là, ne vaut guère mieux et dont certains citoyens de Lyncastle se souviendront longtemps. Quant au lecteur…

1952. ***D'entre les morts*** de Boileau-Narcejac (Denoël et Folio) : une intrigue à la lisière du surnaturel que le protagoniste traverse rivé à son passé où le fantôme de la femme aimée l'attire comme dans un vertige. Le roman qui a inspiré à Hitchcock son film *Vertigo* et dont le titre français *Sueurs froides* est devenu le générique d'une célèbre collection de romans policiers.

1952. ***La Vieille Dame sans merci*** de Maurice-Bernard Endrèbe (Le Masque) : le monde de la haute couture, de la presse et du spectacle. Un carré de reines qui ne pensent qu'à séduire le beau Serge. Et, au bout du compte, la mort. C'est alors que débarque la désuète mais charmante Elvire Prentice, l'héroïne d'Endrèbe, le fondateur du Grand Prix de littérature policière.

1953. ***Touchez pas au grisbi*** de Albert Simonin (Série Noire et Folio) : le roman d'une langue. Verte et crue. Une préface de Mac Orlan (de l'académie Goncourt) et une histoire de demi-sel, de vrais de vrais, de poulardins et d'enfouraillés jusqu'aux crocs.

1953. ***Sur un air de navaja*** de Raymond Chandler (Série Noire et Folio) : l'œuvre la plus aboutie du père de Philip Marlowe. La rencontre du fameux privé de Santa Rosa avec Terry Lennox et Roger Wade pour une histoire d'amitié trahie. A bout touchant.

1954. ***Autopsie d'un kidnapping*** de Robert Bloch (Éd. NéO) : un méticuleux ce Stanley Kolischek. Quand il monte sur un coup, il ne s'embarque pas sans biscuits. Pour ce rapt, par exemple, il va même se documenter en bibliothèque. Reste les impondérables, comme disent les braves gens. Et ceux-là, Kolischek ne pouvait pas les prévoir.

1954. ***Le Pigeon*** de Charles Williams (Série Noire/Carré Noir) : le jour où Lee Scarborough fit la connaissance de Diana James et qu'elle lui proposa une affaire de cent vingt mille dollars, il aurait mieux fait de prendre les jambes à son cou sans demander son reste. Mais il se contenta de partir, pour mieux revenir. Pauvre pomme.

1954. ***La Colère noire*** de William Peter McGivern (Série Noire/Carré Noir) : Steve Retnick a eu cinq ans pour méditer sur l'erreur judiciaire. Soixante longs mois passés au pénitencier de Sing-Sing ont fait de lui un fauve chauffé à blanc. Amato et son gang, responsables de son incarcération, n'ont qu'à bien se tenir parce que Retnick vient juste d'être libéré, et le lecteur n'a qu'à bien s'accrocher parce que ça déménage.

1954. ***Le rouge est mis*** de Auguste Le Breton (Série Noire/Carré Noir) : des malfrats braquent un caissier et descendent un agent. Ce qui, bien entendu, produit un certain rififi dans le mitan comme chez les poulagas. D'autant que, sur ce coup-là, même les garagistes s'en mêlent.

1955. ***Reproduction interdite*** de Michel Lebrun (Éd. du Rocher) : la peinture est un art (cela va de soi), mais c'est aussi un bon placement (cela va sans dire). Surtout lorsqu'on fait le commerce des tableaux comme Mark Kelber et que l'on veut s'approprier un Gauguin. Et maintenant, imaginez un peu la tête du susdit quand l'expert lui dévoile qu'il s'agit d'un vrai faux ?

1956. ***Le Mal des cavernes*** de John McPartland (Série Noire/Carré Noir) : quand Pearl Dobson demande à son copain Lee Farr de venir le retrouver d'urgence, il saute dans sa voiture et avale trois mille kilomètres. Mais quand il arrive à la ferme, c'est pour se retrouver nez à nez avec le cadavre torturé de Dobson. Et les ennuis ne font que commencer.

1956. ***Le Sonneur*** de Ed McBain (Série Noire/Carré Noir) : d'abord il les frappe, ensuite il leur demande de ne pas crier, enfin quand il les a délestées de leur sac à main, il s'incline devant elles pour les saluer. Les gars du 87e District d'Isola, Carella le premier, vont avoir du pain sur la planche.

1957. ***Le Doulos*** de Pierre Vial-Lesou (Série Noire/Carré Noir) : en argot, un doule signifie un chapeau. On dit aussi un bada et, quand on le porte, c'est qu'on en croque avec les poulets. Pas très bon tout cela, surtout quand on fait partie du mitan. Le problème avec les erreurs de jugement, c'est qu'elles peuvent se terminer sur des erreurs de tir.

1958. ***La Reine des pommes*** de Chester Himes (Série Noire et Folio) : ici commence l'épopée brutale et dantesque des deux tornades noires de Harlem, Ed Coffrin dit Ed Cercueil et Grave Diggers Jones dit Fossoyeur. Deux flics dénués de préjugés et qui, lâchés dans les boyaux grouillants de Harlem, usent et abusent de méthodes expéditives. Se boit d'un trait.

1958. ***La Promesse*** de Friedrich Dürrenmatt (Albin Michel) : après la découverte du cadavre de la jeune Gritli Moser, l'inspecteur Matthieu (qui se sent lié par le serment fait à la mère de retrouver l'assassin de sa fillette) va mener une enquête personnelle qui le conduira au tréfonds de lui-même.

1958. ***Tokyo-Express*** de Seichô Matsumoto (Éd. Picquier) : sur une petite plage de l'île Kyushu, on découvre les corps d'un couple empoisonné au cyanure de potassium. Tout porte à croire qu'il s'agit d'un double suicide et tout le monde est prêt à le croire. Excepté le commissaire adjoint Mihara qui, à la lumière des indices recueillis par l'inspecteur Torigai, va mettre à jour une sordide histoire de corruption.

1958. ***On n'enterre pas le dimanche*** de Fred Kassak (Le Masque) : Philippe René Valence, de Pointe-à-Pitre, innocent d'un crime commis huit mois plus tôt, va se débrouiller pour endosser à son insu la peau du plus parfait des coupables.

1958. ***Le Deuxième Souffle*** de José Giovanni (Série Noire/Carré Noir) : un vieux de la vieille, ce Gu. A son âge, se faire la belle, ce n'est déjà pas rien. Mais quand, de surcroît, il faut venir remettre de l'ordre dans ses «affaires», participer à un braquage tout en assurant une fausse réputation de balance, il reste peu de temps pour souffler.

1959. ***Le Lien conjugal*** de Jim Thompson (Série Noire/Carré Noir) : les couples, ce n'est pas ce qui manque. Un couple qui exerce le même travail, c'est déjà moins fréquent. La spécialité commune du ménage McCoy (Carter dit Doc et Carol), c'est le gangstérisme. Activité lucrative à haut risque. Pour le meilleur et pour le pire.

1959. ***Deuil en rouge*** de Paul Gerrard (L'Instant noir) : l'épouse et la fille d'un industriel ont été tuées par un chauffard qui a aggravé son cas d'un délit de fuite. L'industriel charge son homme de confiance de retrouver le meurtrier. De surprises en suspenses, le roman défile à la vitesse d'un bolide et l'auteur sait conduire.

1959. ***Coma*** de Frédéric Dard (Fleuve Noir/Presses-Pocket) : dans le train qui le conduit à Hambourg, Jean Lecœur fait la connaissance de Gertrud Schiketenz. Un accident va l'immobiliser chez la jeune femme qui vit avec un vieil oncle et une jeune sœur disgraciée. Mais Lecœur se trouve-t-il réellement chez Gertrud et pourquoi lui fait-elle absorber une telle quantité de barbituriques ?

1959. ***L'inspecteur mourra seul*** de Charles Exbrayat (Le Masque) : à 55 ans, l'inspecteur Helmut Schwenke est revenu de tout ou presque. La seule chose dont il soit fier, c'est d'avoir tiré jadis la jeune Annelore du gouffre où elle allait sombrer. Aussi, lorsque Annelore meurt, assassinée, l'inspecteur Schwenke se jure de retrouver son meurtrier. Et il est prêt, pour cela, à payer le prix fort.

1960. ***Meurtre à Canton*** de Robert Hans Van Gulik (U.G.E. 10/18) : des Arabes qui commercent en plein Canton, des complots politiques à fleurets démouchetés, la disparition d'un haut dignitaire du régime, un financier en eau trouble et, bien évidemment, le Juge Ti délégué sur place et pris entre marteau et enclume.

1962. ***Compartiment tueurs*** de Sébastien Japrisot (Denoël et Folio) : dans la couchette 222 du *Phocéen*, un cadavre de femme. Le premier d'une bonne série. Et l'inspecteur Grazziano dit Grazzi aux prises avec un assassin qui réussit toujours à le devancer dans son enquête. Mais il arrive un moment où le vent finit par tourner.

1962. ***Manie de la persécution*** de Louis C. Thomas (J'ai lu) : il s'appelle Georges Campo. Juste après son retour du Brésil, il est victime d'un accident de voiture. Il se réveille dans une clinique où on l'a inscrit sous le nom de Romery et où une femme (la sienne) qu'il ne connaît ni des lèvres ni des dents lui parle de son séjour au Viêt-nam. De quoi ne pas se sentir au mieux dans sa tête. A moins que…

1963. ***A jeter aux chiens*** de Dorothy Belle Hughes (Série Noire/Carré Noir) : le docteur Densmore, en route pour Phœnix, prend en stop une jeune adolescente. Le lendemain, la jeune fille est découverte morte, dans un canal. C'est à partir de ce moment-là que les problèmes vont commencer pour le docteur dont la couleur de peau n'est pas l'élue de la blanche Amérique.

1963. ***Frontière belge*** de Nicolas Freeling (U.G.E. 10/18) : une enquête de l'inspecteur Van der Valk de la police d'Amsterdam. Le flic qui avance dans ses recherches avec l'air de celui qui ne veut pas y toucher et qui finit toujours par arriver à ses fins, hors des sentiers mille fois battus.

1964. ***La Lune d'Omaha*** de Jean Amila (Série Noire/Carré Noir) : vingt ans après la fin des hostilités, parmi les croix de l'immense nécropole militaire d'Omaha Beach, en Normandie, un homme retrouve une tombe sur laquelle figure son nom.

1965. ***Ventre à terre*** de Dick Francis (Série Noire/Carré Noir) : sur l'air bien connu de «on achève bien les chevaux», le spécialiste du polar hippique nous mitonne un coup fourré dont il a le secret et que les acharnés du turf et les autres feraient bien de lire avant d'aller poinçonner leurs tickets dominicaux.

1965. ***Dernier domicile connu*** de Joseph Harrington (Série Noire) : l'inspecteur Francis Kerrigan et la détective Jane Boardman sont extraits de la routine aux fins de dénicher un témoin capital qui paraît s'être évaporé dans la nature. Cette traque au quotidien est un des morceaux de choix du roman noir américain.

1967. ***L'Homme au balcon*** de Maj Sjöwall et Per Wahlöö (U.G.E. 10/18) : un Martin Beck, flic de son état, désabusé et mal marié ; un Stockholm à l'opposé des clichés ressassés et puis un homme sur son balcon, épiant les petites filles qui jouent dans la rue et dont certaines sont retrouvées sauvagement assassinées.

1968. ***Les Enfants du massacre*** de Giorgio Scerbanenco (U.G.E. 10/18) : une jeune institutrice faisait la classe à un groupe de garçons dont plusieurs étaient hérédosyphilitiques et avaient connu la prison. Elle en mourut. Assassinée. Offrant à Duca Lamberti la descente aux enfers la plus dure de sa brève carrière. Écrit, voici un quart de siècle, ce roman reste étonnamment actuel.

1969. ***Dites-le avec des fleurs*** de Christian Charrière (Fayard) : Jean-Claude Berger a une tache de vin sur le visage. Il n'a jamais levé les yeux sur une femme et il pense que les femmes ce n'est pas pour lui. Du moins jusqu'à l'arrivée d'Ursula. Une fille au pair différente des autres. Très différente. Et soudain, toute la vie de la famille Berger bascule. Dans l'amour pour les uns, dans la mort pour les autres.

1970. ***Pierre qui brûle*** de Donald Edwin Westlake (Série Noire/Carré Noir) : d'une part, John Dortmunder et les siens toujours prêts à réaliser un coup fumant. D'autre part, l'ambassadeur du Talabwo, qui voudrait voir son pays récupérer la symbolique émeraude du Balabomo d'une valeur d'un demi-million de dollars. Et au milieu de tout cela, un sac d'embrouilles. Humour en prime.

1970. ***Un blond évaporé*** de Joseph Hansen (Série Noire/Carré Noir) : Dave Brandstetter, l'enquêteur homosexuel de la compagnie d'assurances Medallion, est chargé de trouver une explication plausible à la disparition d'un certain Fox Olson, devenu vedette des médias après des années de vaches maigres. Suicide ou suicidé ?

1971. ***Le Contexte*** de Leonardo Sciascia (Denoël et Folio) : qu'est-ce que l'inspecteur Rogas est venu faire dans cette galère ? Juste son métier de flic. Élucider une série d'assassinats commis sur les personnes de plusieurs magistrats. Seulement voilà : si la vérité est toujours révolutionnaire, elle n'est pas forcément bonne à dire. Rogas l'apprendra à ses dépens.

1972. ***La Nuit des grands chiens malades*** de A.D.G. (Série Noire et Folio) : hippizes, dreugues, ouiskies et petites mémés. Avec péquenots du cru et ganguestères saigneurs. Une langue à vous couper le sifflet. Ce «il était une fois dans le Berry» est garanti avec fractures.

1972. ***La Femme du dimanche*** de Fruttero et Lucentini (Seuil/Points) un phallus de vingt-neuf centimètres de haut et de deux kilos et demi qui s'écrase sur une tête, ça peut tuer. Surtout s'il est marbré. Le crâne du foireux architecte Garrone n'y résistera pas. Et le commissaire Santamaria n'aura plus qu'à s'engluer dans une bourgeoisie turinoise homicide, veule, parasitaire, dépravée à vous faire dresser les spaghetti sur la tête.

1973. ***Là où dansent les morts*** de Tony Hillerman (Rivages/Noir) : quand le jeune Ernesto Cata disparaît de la circulation sur le territoire Zuni, c'est le lieutenant Joseph Leaphorn, le flic Navajo, que l'on charge de l'enquête. Et bien qu'il ne soupçonne pas le jeune Bowlegs, il aimerait quand même lui dire deux mots. Mais lui aussi semble s'être volatilisé. Un vrai casse-tête. Et un vrai grand roman. Dense.

1973. ***Le Grand Soir*** de Roger L. Simon (U.G.E. 10/18) : Moses Wine, privé désenchanté, divorcé et père de deux enfants, est contacté par une ancienne liaison pour découvrir l'opérateur du sabotage de la campagne du sénateur Hawthorne. Tout cela n'ira pas sans plaies et bosses et ne sera pas fait pour relever le moral de notre détective.

1974. ***Deuil en acier*** de Gilbert Tanugi (Le Masque) : qui est véritablement Monsieur Joe ? Le sait-il lui-même ? Et pourquoi ne se sépare-t-il jamais de ce couteau de marin à lame d'acier gravé d'une fleur de lys ? Quant au commissaire Leonardi, après six mois, treize jours et sept heures d'enquête, il eut encore le temps de s'étonner de la justesse de son raisonnement.

1975. ***Fausse Piste*** de James Crumley (U.G.E. 10/18) : Helen Duffy, assistante d'anglais à l'université de Storm Lake, vient trouver Milodragovitch afin qu'il recherche son jeune frère porté disparu. Pour un type comme Milo, ex-flic reconverti en privé, qui connaît chaque recoin de Meriwether, l'affaire paraît plutôt simple. Elle se compliquera pourtant dès qu'il aura retrouvé le jeune Raymond. Aussi froid qu'un poisson dans sa glace.

1976. ***Mouche*** de Alain Demouzon (J'ai lu) : Robert Flécheux, la cinquantaine moralement affaissée, détective privé de son état, croise sur sa route monocorde, une vieille dame qui lui demande de rechercher sa petite-fille. Et voilà Flécheux qui reprend la piste. Sans illusion. Et qui s'en ira subir une descente en flammes dans les coulisses du cinéma douteux.

1976. ***Marylin la Dingue*** de Jerome Charyn (Série Noire et Folio) : quand Isaac le Vertueux se trouve aux prises avec le gang des Sucettes qui terrorisent les commerçants de son secteur, cela permet à l'ignoble tribu des Guzman d'avoir les coudées franches pour s'adonner à leur trafic de chair fraîche. Sans compter Marilyn Sidel, sa progéniture, qui s'envoie en l'air avec Z'yeux bleus l'assistant bien aimé d'Isaac le Pur. Une comédie noire.

1977. *La Solitude du manager* de Manuel Vasquez Montalban (U.G.E. 10/18) : Antonio Jauma est découvert assassiné, avec une culotte de femme dans la poche. Mais Jauma était aussi le représentant espagnol d'une importante multinationale. Et derrière cette mort que l'officialité voudrait réduire à un banal fait divers, percent les soubresauts de la bête immonde que Pepe Carvalho, le privé barcelonais, se fera un devoir de mettre à jour.

1978. *Le bourreau prend la pose* de Peter Lovesey (Le Masque) : dans l'après-midi du lundi 12 mars 1888 à Park Lodge, Miriam Jane Cromer, épouse de Howard Cromer, photographe, assassine Josiah Perceval, l'assistant de son époux. L'issue du procès ne fait aucun doute. Il ne reste plus à James Berry, bourreau de son métier, qu'à prendre la route pour la capitale. Toutefois, avant d'accomplir son office, il aimerait bien se faire tirer le portrait.

1978. *Boulevard des trahisons* de Thomas Sanchez (Seuil/Points) : l'histoire d'une Los Angeles peu connue. Celle des bas quartiers hantés par les bandes de Zoots, les zazous, les hordes profascistes et, au milieu de ce désordre convenu, le jeune agent de police Nathan Younger chargé d'enquêter sur les activités anti-américaines de ces groupuscules et de remonter les filières.

1978. *Le Salon du prêt-à-saigner* de Joseph Bialot (Série Noire et Folio) : deux cadavres dans le Sentier. Gorges tranchées, corps tailladés. Un carton en banlieue sur un ex-roi de la petite reine, achevé au rasoir sur son lit d'hôpital. Un Yougo en Alfa puis en mauvaise posture. Un Arabe gagnant puis raide mort. Quand le Sentier s'agite en dessous, ça peut prendre des allures de coupe réglée.

1978. *Barbarie Coast* de Michel Grisolia (U.G.E. 10/18) : pour Dahleckson dans un urinoir de Venise, Nemijevski au bord du lac de Genève, Hoffman dans les douches publiques de Londres et Novarese sur une plage de San Sebastian, la mort se présenta, sévices compris, sous l'apparence d'un homme en loden vert. Et l'inspecteur David Géant de Nice dut entrer en scène car, de leur vivant, tous ces clochards avaient résidé dans la baie des Requins et frayé avec des groupes fascistes.

1979. *Bloody Mary* de Jean Vautrin (Le Livre de Poche) : un cocktail détonnant. A l'instar de la banlieue qu'il épingle, véritable fabrique à paumés, délinquants, acculturés et divers coups de folie. Une mécanique féroce. Un engrenage sans retour. Une langue superbe. Le plus grand roman de Vautrin et un immense roman tout court.

1979. *La Mariée rouge* de Hervé Jaouen (Le Livre de Poche) : la route de Camille Mell et Didier Cloumard, responsables d'un vol à main armée et autres grivèleries, croise celle des frères Zimon, un trio de ferrailleurs crapoteux. Le quintet en vadrouille s'en va percuter de plein fouet une noce passablement éméchée et un groupuscule d'autodéfense. Le bilan sera lourd.

1980. *Le Coucou* de Georges-Jean Arnaud (Fleuve Noir) : quand un homme de ménage découvre par hasard un appartement inhabité qu'il décide de faire sien, sans savoir que tout a été préconçu à ses dimensions pour qu'il devienne, à l'heure dite, l'hallucinant jouet d'un long conditionnement.

1981. *Banquise* de Hervé Prudon (Fayard/Noir) : banlieue dortoir et ville-bidon. C'est du pareil au même. A Sainte-Mouise-sur-Dèche, il n'y a pas trente-six manières d'en sortir. Sans moyens, par la porte ou sans façon, par la fenêtre. C'est, semble-t-il, cette solution qu'a choisie Schmitz (rue des Petits-Tapins) pour se tirer d'un bond dans le vide. Enfin, «choisi», c'est vite dit. Parce que ici on ne choisit guère.

1981. *Femmes blafardes* de Pierre Siniac (Fayard/Noir) : lorsque Séverin Chanfier, détective privé, entre pour la première fois de son existence dans cette ville des Charentes pour recueillir des informations sur un dénommé Davailland dont la famille est sans nouvelles depuis cinq ans, il ne se doute pas encore dans quel pétrin il va se plonger.

1981. ***Corvette de nuit*** de Marc Villard (Fayard/Noir) : il y a une nommée Edith Starsky qui a été découverte avec une lame de quinze centimètres plantée dans le ventre. Il y a aussi Dany Waxman, mini-rock-star activement recherchée par la police. Il y a encore cette histoire de Lamberville, dans les années 60. Sans oublier Robert Languedonne dit Harry qui porte toujours en lui la blessure de l'autre.

1981. ***Exit*** de Paul Clément (Série Noire) : Raider, photographe de presse. Une nuit, il reçoit un appel du centre de police du XIVe arrondissement. L'inspecteur Geille lui annonce que sa femme Laura a été assassinée de deux balles de 9 mm. Raider feint la surprise. Il n'y a vraiment pas de quoi. C'est lui qui a tiré. Et ce n'est qu'un début.

1981. ***Le Crépuscule des flics*** de Joseph Wambaugh (Presses de la Cité/Le Livre de Poche) : Nigel Saint-Claire, directeur d'un grand studio à Hollywood, meurt assassiné. Quatre équipes de deux flics sont concernés par l'enquête. Parmi eux, les sergents Al Mackey et Martin Wellborn. Mais le terrible secret dont ce dernier est porteur le conduira à l'ultime extrémité. Magistral.

1981. ***La Vierge dans la glace*** de Ellis Peters (U.G.E. 10/18) : pour échapper aux soudards qui déferlent sur Worcester, en cet hiver de l'an de grâce 1139, les habitants valides fuient vers le nord. Le monastère de Shrewsbury en a accueilli son lot. Mais deux jeunes nobles et une nonne ont disparu et le frère Cadfael est chargé de les retrouver. Une peinture saisissante.

1981. ***La Position du tireur couché*** de Jean-Patrick Manchette (Série Noire et Folio) : le dernier Manchette. Un roman sobre et glacé comme ce vent venu de l'Arctique qui balaie la périphérie nord de Worcester où Martin Terrier, le tueur à gages, l'assassin professionnel, guette sa proie tandis que son destin l'attend.

1981. ***La Nuit divisée*** de Wessel Ebersohn (Éd. Sombre Crapule) : Wizmann, petit Blanc et «patriote», abat une adolescente noire qui tentait de pénétrer par effraction dans son négoce. Le problème, c'est que Wizmann a déjà abattu sept personnes dans les mêmes circonstances. Yudel Gordon, psychiatre près de l'autorité judiciaire, va tenter de démêler les fils de cette affaire. Mais, au pays de l'apartheid, il ne suffit pas de démêler des fils. Ce roman a été interdit en Afrique du Sud.

1982. ***Tchao Pantin*** de Alain Page (Denoël et Folio) : il s'appellait Bensoussan, dealer et paumé. Sa rencontre avec Lambert et ses 45 berges se produisit une nuit d'averse, avenue Philippe-Auguste. Lambert était pompiste et paumé lui aussi. Mais il n'avait pas toujours été comme ça. La mort de Bensoussan allait une nouvelle fois remettre sa vie en question. Et ce ne furent ni Lola la dingue ni l'officier de police Bauer qui y changèrent quoi que ce soit.

1982. ***Le Labyrinthe aux olives*** de Eduardo Mendoza (Seuil/Points) : tout cela paraît limpide. Un ministre convoque un privé aliéné pour lui demander de transporter une valise contenant quelques millions de pesetas, entre Barcelone et Madrid. Mais tout cela se gâte dès qu'un larbin manchot se fait assassiner dans un hôtel à la place du porteur de valise. S'ensuit une poursuite échevelée au cours de laquelle l'auteur en profite pour gifler tout ce qui ne veut pas bouger dans l'Espagne postfranquiste. Il a de quoi se démener.

1982. ***Un été glacé*** de Philippe Conil (Série Noire) : le flic Stein, partisan de l'échafaud, une certaine Diane, starlette du porno, un légiste qui a un penchant pour l'absinthe, des loubards en état de désœuvrement avancé, le quartier de Belleville, soudain en émoi, parce que lors de ce mois d'août caniculaire une vieille dame vient de se faire assassiner à domicile.

1982. ***Mon pote le vendu*** de Bill Pronzini (Série Noire) : une affaire très personnelle pour le Nameless, le privé sans nom de Frisco. Son copain, le flic Eberhardt, vient d'être gravement blessé sur le seuil de sa porte par un Chinois armé d'un 11.43 et lui-même a bien failli se faire repasser. Et puis voilà qu'un autre Chinois lui téléphone dans sa chambre d'hôpital pour l'informer que son pote se faisait arroser en pots-de-vin.

1982. ***On ne meurt que deux fois*** de Robin Cook (Série Noire et Folio sous le titre *Il est mort les yeux ouverts*) : le 30 mars, Charles Staniland est retrouvé mort dans Albatros Road à Londres, la tête écrasée à coups de masse de carrier. Un sergent détective, chargé des affaires inexpliquées, va découvrir un journal sur cassettes enregistré par la victime. Et tandis qu'il remonte la piste de l'assassin, le lecteur amorce sa descente dans le trente-sixième dessous.

1982. ***Pour l'amour de l'art*** de Andreu Martin (Le Mascaret/Noir) : un bellâtre de discothèque en passe de commettre deux homicides. Une association de mécènes perturbés, amateurs d'art conceptuel. Un privé sans scrupule chargé d'enquêter sur le vol de trois Picasso commis au domicile d'un industriel. Une fois les ingrédients mis en place, l'horreur peut aller son train.

1983. ***La Plage vide*** de Peter Corris (Rivages/Noir) : côté fumée et alcool, Cliff Hardy, le privé de Sidney, s'est assagi. Côté boulot, les affaires restent toujours aussi délicates. Ici, la riche veuve d'un magnat du jackpot l'engage pour éclaircir un mystère : puisque son mari est mort d'une noyade voici deux ans, pourquoi lui câble-t-on qu'il est toujours en vie ? Une enquête entre la vie et la morgue.

1984. ***Meurtres pour mémoire*** de Didier Daeninckx (Série Noire et Folio) : Paris, mardi 17 octobre 1961. Une sanglante répression policière fait plusieurs dizaines de morts dont un professeur d'histoire, Roger Thiraud... Toulouse, vingt ans plus tard. Bernard Thiraud, fils de Roger, est abattu de huit balles. L'inspecteur Cadin, spécialiste de la mutation administrative, va poser sa griffe sur l'une des plaies honteuses de l'Histoire hexagonale.

1984. ***L'Orchestre des ombres*** de Tom Topor (Série Noire) : si le pianiste Max Weill a disparu dans la tourmente des camps nazis, comment sa femme peut-elle prétendre l'avoir aperçu à six reprises entre 1957 et 1982 ? Et s'il avait pu sauver sa peau d'Auschwitz, pourquoi ne lui a-t-il plus jamais donné signe de vie ? Kevin Fitzgerald n'est pas au bout de ses surprises et de ses déconvenues.

1984. ***Meurtre au mont Fuji*** de Shizuko Natsuki (Le Masque) : dans la demeure des Wada, le grand oncle de la jeune Chiyo est retrouvé assassiné. La jeune étudiante s'accuse du meurtre devant les siens et la famille décide de lui venir en aide. Mais l'inspecteur Nakazato n'est pas le premier venu en matière de crime en local clos.

1984. ***Nous avons brûlé une sainte*** de Jean-Bernard Pouy (Série Noire) : le groupe Rimbaud, à la tête duquel se trouve une prénommée Anne (jadis violée par des Anglais), s'en prend, de Paris à Orléans via Compiègne à tout ce qui touche aux intérêts britanniques. L'image béate de la Pucelle en prend un coup dans le sternum, mais c'est pour la bonne cause. Salutaire et décapant.

1984. ***Solidarmoche*** de Gérard Delteil (Fleuve Noir) : on lui propose un voyage tous frais payés en minicar pour Varsovie afin de passer clandestinement du matériel radio destiné au syndicat Solidarité. Avec lui, Nadine : une nana plutôt sympa. L'obstacle ne paraît pas infranchissable. Jusqu'au moment où on leur fait savoir qu'ils sont surveillés. Et tout à coup la température descend de plusieurs degrés.

1984. ***Miami Blues*** de Charles Willeford (Rivages/Thriller) : nom, Martin Waggoner. État présent, mort par fracture du doigt. Ce n'est pas tous les jours qu'un légiste est amené à dresser ce type de constat. Et ce n'est pas Hoke Moseley de la Criminelle qui dira le contraire. A ceci près que le type qui a retourné le doigt du Hare Krishna s'appelle Frederick J. Frenger Jr. et qu'il arrive tout droit de la prison de San Quentin. Mais cela, Hoke Moseley l'ignore encore.

1984. ***Mygale*** de Thierry Jonquet (Série Noire) : pourquoi le professeur Lafargue enferme-t-il son Ève à double tour ? Est-elle folle comme sa fille Viviane, pensionnaire d'une institution psychiatrique ? Et pourquoi l'oblige-t-il à se prostituer ? Quant à Alex Barny, qui a tué un flic, il aimerait bien changer de tronche. Avoir une belle petite gueule comme celle de son pote Vincent. Mais, au fait, où est passé Vincent ?

1986. ***Du feu pour le grand dragon*** de Horst Bosetzky (L'Instant noir) : Berlin. Dans le quartier ouvrier de Kreutzberg où des klanistes à la mode germanique relayés par des nostalgiques du IIIe Reich veulent extirper de l'Allemagne son «chancre turc» Le commissaire Mannhardt va jouer une partie sur le fil du rasoir, tandis que le dénommé Kochale est déjà embarqué dans l'œil du cyclone.

1986. ***Bastille Tango*** de Jean-François Vilar (J'ai lu) : un coin de Paris, la Bastille, en état d'excavation avancée. Des réfugiés politiques argentins que la sanglante dictature semble vouloir rattraper avant qu'ils ne puissent porter témoignage. Et Victor Blainville emporté dans le tourbillon de cette danse infernale. Un roman orange vif au cœur d'une nuit brune.

1986. ***Un certain goût pour la mort*** de Phyllis Dorothy James (Le Livre de Poche) : ce matin-là, le 18 septembre à 8 h 45, une vieille fille de 65 ans et un jeune garçon de 10 ans découvrent dans la sacristie de l'église de Paddington deux cadavres saignés à blanc. L'un est celui de Harry Mack, un clochard. L'autre, celui de sir Paul Berowne, membre du gouvernement. L'enquête du commandant Adam Dalgliesh s'avère pour le moins délicate.

1986. ***L'Homme à la tortue*** de Ruth Rendell (Presses-Pocket) : voici l'histoire de Victor, l'homme qui violait des femmes. Arrêté par la police, après avoir blessé un détective, il est condamné à dix ans de prison. David Fleetwood, le détective qui l'a arrêté, vit depuis dix ans dans un fauteuil roulant. Mais il est devenu une sorte de symbole. Et Victor n'aime pas ça. Aussi, à sa sortie de prison, va-t-il s'employer à se venger. Et Clare, la fiancée de David, représente la proie idéale.

1986. ***Les Courriers de la mort*** de Pierre Magnan (Denoël et Folio) : Pencenat Émile s'est mis en tête de creuser et façonner sa dernière demeure. Un soir d'automne, il découvre sur une tombe voisine une enveloppe adressée à une certaine Véronique Champourcieux. Il l'affranchit et la dépose dans la boîte aux lettres du cimetière. La destinataire en mourra. D'autres lettres viendront, d'autres morts aussi. De quoi laisser perplexe le commissaire Laviolette.

1986. ***Un cheval mort dans une baignoire*** de Francis Ryck (Albin Michel) : Framer, ancien agent des services secrets, coule des jours tranquilles dans le Ventoux aux côtés de sa compagne Laurence et du fils de celle-ci, Rol. Jusqu'au jour où un fil de nylon, tendu entre deux arbres, provoque sa chute de moto et le réveil d'un passé qu'il croyait révolu. Qu'attend-on de Framer ?

1987. ***Un détour par l'enfer*** de Emmanuel Errer (L'Instant noir) : le jour où il est décoré par le préfet pour faits de résistance, Jean Maurepain est abattu en pleine cérémonie par un tueur solitaire armé d'un pistolet automatique. Quelques heures plus tard, le meurtrier se pend aux barreaux de l'infirmerie de la prison de Dôle. Chargé de l'enquête, l'officier de police Lucien Lesourd va se heurter au mur du silence et déranger le «personnel» en place.

1987. ***Le Dahlia noir*** de James Ellroy (Rivages/Thriller) : 15 juin 1947, Los Angeles. Fait divers : le corps d'Elizabeth Short est découvert, dans un terrain vague, sectionné au niveau de la taille. Fiction : deux flics (Blanchard et Bleichert), anciens boxeurs, sont chargés de l'enquête.

1987. ***Aix abrupto*** de Jean-Paul Demure (Série Noire) : côté jardin, de l'opéra soft. Côté cour, exactions d'un genre hard. Les loups politiques connaissent la partition. En général, ils se déguisent en agneaux pour faire bloc devant la mangeoire. Excepté pendant les campagnes électorales où tous les coups sont permis. Allegro, al dente et tutti quanti.

1987. ***La Fée Carabine*** de Daniel Pennac (Série Noire et Folio) : il y a une vieille qui va déraper sur une plaque de verglas. Il y a un flic qui veut lui éviter la glissade. Il s'avance et elle en profite pour lui loger une balle de P.38. Quant à Benjamin Mallaussène, le bouc émissaire du grand magasin, le voici transféré comme émissaire du même type dans l'édition. Un exercice de style bien enlevé.

1987. ***Le Fou au flingue*** de Michael Collins (Série Noire) : elle a 22 ans. Elle s'appelle Jeanne-Marie Johnson. Pour quelques instants encore, elle court, seule dans sa nuit, ses chaussures à la main. Une seule balle de 9 mm suffira à la stopper pour toujours. Une nouvelle enquête de Dan Fortune, le privé manchot new-yorkais. Révélateur des maux de la société américaine où les plus démunis ne cherchent plus à exister mais seulement à survivre.

1987. ***Clause de style*** de Frédéric H. Fajardie (Denoël et Folio) : un ponte du trafic de drogue, un conseiller municipal véreux, un proxénète de haut vol sont abattus par un commando du genre «escadron de la mort». Le problème, pour le divisionnaire Grindel chargé de l'affaire, c'est que certains de ses collègues qui enquêtent sur ces meurtres sont aussi les meurtriers. Un roman superbe, où le récit et le style sont une brillante réponse à ses détracteurs.

1988. ***Arrêtez le folklore*** de John Douglas (Série Noire) : un bled minier de la Virginie de l'Ouest en 1922. Mineurs en grève, prospecteurs assassinés, spéculateurs criminels, flics vendus, milices achetées. Et deux privés : un vieux loup expérimenté et un jeune débutant. Le premier se fera éliminer et le second, livré à lui-même et à l'adversité, aura l'occasion de considérer la mort de près. Une Amérique à nu, dépouillée de son aura parisiano-parisienne.

1988. ***Le Brouillard rouge*** de Paul Halter (Le Masque) : Blackfield, 1887. Neuf ans après le meurtre de Richard Morstan, commis dans une pièce close, un homme qui se prétend journaliste vient enquêter sur cet assassinat. Un an plus tard, à Londres, Jack l'Éventreur terrorise le quartier de Whitechapel. Mais quel lien peut-il y avoir entre ces deux affaires ?

1989. ***Vous parlez d'une paroisse !*** de Hillary Waugh (Série Noire) : Sally Anders, une collégienne de 16 ans est violée et assassinée près de la maison des Parker où elle faisait son baby-sitting. La police locale arrête un vagabond du nom de Wilfred Grenne qu'elle est contrainte de relâcher faute de preuves. C'est alors que la défiance va donner libre cours à sa petitesse coutumière et qu'en ville chacun se met à suspecter l'autre.

1990. ***Vendetta en Vendée*** de Jacques Syreigeol (Série Noire) : il s'appelle Marc Martin. Un soir, à bord de sa bétaillère, il charge une gamine pas farouche qui se donne à lui sans regarder à la dépense. Sur quoi, les flics viennent l'arrêter. Viol et voie de fait sur mineure. Incarcération. Préventive. Sa femme divorce. Son père meurt. Son exploitation périclite. Alors, vient un moment où trop, c'est vraiment assez.

Index

Le lecteur trouvera ici répertoriés les noms des auteurs et des critiques. Les noms et les folios en gras renvoient à ceux qui font l'objet d'un article ou d'un développement.

Q

R

S

T

V

W

Y

Z